循化区域经济研究文集

主　编：马维胜

编　委：马成俊　张　明　张　科　姚　鹏

本书由青海民族学院民族学文库（2009）
青海民族大学民族学博士点建设文库（2013）
青海民族大学青藏高原民族与社会研究丛书（2018）经费资助

循化区域经济研究文集

XUNHUA QUYU JINGJI YANJIU WENJI

马维胜　主编

民族出版社

前 言

《循化区域经济研究文集》的形成源于编写《循化区域经济史料汇编》的过程，我们通过知网和其他渠道收集了几乎所有关于循化经济研究的相关论文论著。由于体例和“史料”编辑本身的限制，这些论文的内容无法完整纳入《循化区域经济史料汇编》中。于是，决定从所收集到的140多篇论文中，选择40篇论文独立汇编成册，作为《循化区域经济史料汇编》的重要补充和姊妹资料。

《循化区域经济研究文集》对新中国成立前循化经济研究的相关内容，包括土地交易、粮食贸易、田赋征收、捐纳制度等方面。新中国成立后的内容主要收集农业、工业、商业、金融及乡镇企业等方面的研究成果。同时还有科技、经济政策及区域发展综合研究等方面成果。按专题分：新中国成立前的经济研究、产业发展研究、综合性研究。从内容来看，这些论文研究领域涉及自然环境与经济地理、县域经济发展历史与现状、国家战略与区域经济变迁、三次产业发展与结构演变、财政金融与经济政策、改革开放与所有制结构变化、经济文化与特色经济等方方面面，比较清晰地反映了循化区域经济发展的基本线索和相关研究的历史脉络，对区域经济发展具有重要的智库价值和实践参考意义，对进一步开展循化区域经济研究具有重要的资料价值。但是，在系统阅读这些论文的过程中，我们也发现一些问题，由于史籍文献资料的缺失，对新中国成立前的循化经济研究明显不足，仅有的几篇论文基本上是在兰州大学杨红伟教授组织下完成的针对清代至民国时期循化厅档案文献资料撰写的学术论文。由于历史文献记载的局限性，从而也限制了学者们的视野，无法全面呈现民国以前循化地区的经济发展全貌。当然，这也给后学提供了继续研究的空间。至于1949年新中国成立以来的循化经济研究成果，尽管取得了一定的成就，但是综合性、系统性、全面性仍然不够，也是下一步重点攻关的地方。

《循化区域经济研究文集》由姚鹏副教授负责文稿收集、目录编写，张明副教授牵头电子文稿整理校对工作，经济与管理学院马米娜老师，2022级博士生张秋雯，2022

级金融硕士赵宜航，2021级金融硕士陈斌、陈则阳、刘文卓、马腾高承担了电子文稿整理和文字校对工作。组稿过程中，除确因特殊原因无法联系到个别作者外，其他文稿我们均征得了作者的同意。2023年11月，根据出版社反馈意见，由我、马成俊教授、姚鹏副教授、博士研究生刘子平、硕士研究生刘平剑进行了二次校对，对所录文章中一些不符合新时代要求的提法和原文中明显有误的内容做了必要修改，对照原文对文字、表格、数据、引文注释等进行了全面校对。同时，由于收录文章原文有的有“摘要”和“关键词”，有的没有，为了保持统一性，全书文章均没有设“摘要”和“关键词”。在此，对所有收入《循化区域经济研究文集》的论文作者的支持表示衷心感谢，对参与文稿收集整理的老师同学们表示衷心感谢，对本书出版给予大力支持的民族出版社表示衷心感谢。

主编：马维胜

目　录

新中国成立前的经济研究

产业发展研究

综合性研究

新中国成立前的经济研究

清代甘肃省循化厅歇家研究

杨红伟　欧麦高

自20世纪70年代以来，随着史学界研究视角的逐渐下移，中国明清歇家因广泛涉及赋税[①]、漕粮[②]、诉讼[③]、商贸[④]诸多领域，开始引起研究者的兴趣。研究者普遍认同歇家的基本性质为客店的同时，又强调其因兼营各种业务而与客店存在差别。[⑤]但也有人强调在贸易领域中，“客店”“歇家”“牙家”“牙歇”等，都采取“客店”与“牙行”相结合的经营方式，且都具有“开肆”的功能，实际上是名异实同，可将其统称为“歇家牙行”模式。由此可见，研究者在对歇家基本性质的界定上，尚存内在的逻辑困境。

在明清时期的歇家群体中，藏边歇家无疑是一道独特的风景。它不仅因为存续时间长，于其他地区歇家消失之后，犹然为观察歇家现象的活化石[⑥]；亦因服务对象、社

① 胡铁球:《明及清初“歇家”参与赋役领域的原因和方式》，载《史林》，2007（3）。

② ［日］谷口钉矩雄:《关于明代的歇家》，见《明代史研究会创立三十五周年纪念论集》，241—254页，东京，汲古书院，2003。

③ 胡铁球:《“歇家”介入司法领域的原因和方式》，载《社会科学》，2008（5）；太田出:《明清时代“歇家”诉讼との関わりを中心に》，载《东洋史研究》，2008（1）。

④ 胡铁球:《明清贸易领域中的“客店”、“歇家”、“牙家”等名异实同考》，载《社会科学》，2010（9）。

⑤ ［日］西村元照:《清初の包攬－私徵体制の確？解禁から鍒鑈徵莗制へ－》，载《东洋史研究》，1976（3）；夫马进:《明清时代的讼师与诉讼制度》，载滋贺秀三等著:《明清时期的民事审判与民间契约》，王亚新、梁治平编译，396—397页，北京，法律出版社，1998；许文继:《歇家与明清社会》，见《明史研究论丛》，第6辑，486页，合肥，黄山书社，2004；胡铁球、霍维洮:《“歇家”概况》，载《宁夏大学学报》(人文社会科学版)，2006（6）；许文继:《明清小说中的“歇家”》，载《明清小说研究》，2006（4）。

⑥ ［法］古伯察:《鞑靼西藏旅行记》，耿昇译，348—349页，北京，中国藏学出版社，1991；徐珂:《清稗类钞》，第17册，76页，北京，商务印书馆，2003；高良佐:《西北随轺记》，84页，兰州，甘肃人民出版社，2003；刘如虎:《青海西康两省》，45页，上海，商务印书馆，1931；黄奋生:《藏族史略》，379页，北京，民族出版社，1989。

会功能、经营方式与组织类型的特殊性与多样性，而在歇家研究领域中备受关注。不过，对藏边歇家的研究，主要集中在商贸领域，并强调歇家的客店性质。[①]甚至有人认为藏边歇家最初由山陕商人创办，类似于在其他地区各处设立的“会馆”。[②]这显然是将歇家误读成了同乡组织。在藏边歇家产生的时间上，早期的研究认为出现于清朝道光年间，近期研究认为至迟在明朝弘治时期已经出现。[③]然而对藏边歇家早期的历史尚无专门的探讨，因而尚未有说服力的解释。在藏边歇家的构成及其来源上，研究者强调多由回民担任[④]，并指出清代循化厅歇家，“是由茶马互市时的通译演变来的。他们熟悉几个民族的语言，谙于贸易知识，担任民族间贸易的中介人，成为甘青一带一种特殊职业”[⑤]。这种说法接近藏边歇家的真实起源，但并未能给出直接的证据，且将歇家误认为是甘青特有的职业类型。关于藏边歇家的功能，研究者普遍强调了官歇家作为官民中间代办机构的性质，但也有夸大其社会功能的倾向，如胡铁球强调官歇家“集贸易、办案、征税于一身，说明青海地区的基层社会实际上是由商人代表政府管理”[⑥]，难以令人信服。

由此可见，在明清歇家，特别是在藏边歇家的研究中，尚有诸多基本问题有待于进一步厘定。如清代甘肃省西宁府循化厅歇家，无疑为“粮赋型歇家”，并具有明显的衙役色彩。然而，胡铁球却将循化厅歇家所具有的征收赋役、通语词讼、办理案件、稽查走私等职能看做是清政府为了控制“沿边贸易”，在“官歇家”取代“茶马司”贸易垄断职能的过程中，赋予“官歇家”的新职能。这显然抹杀了藏边歇家的区域差别，并将多种歇家的角色功能叠加在了一起。王致中先生看到了藏边歇家的区域差别，并

---

① 朱世奎主编：《青海风俗简志》，20页，西宁，青海人民出版社，1994；杜常顺：《清代丹噶尔民族贸易的兴起和发展》，载《民族研究》，1995（1）；阎成善：《湟源的歇家洋行山陕商人和座地户及刁郎子》，见中国人民政治协商会议湟源县委员会文史资料组编：《湟源文史资料》，第2辑，70页，1996；Bianca Horlemann, Tibetan Nomadic, the Chinese'Xiejia System and the Sino-Tibetan Border Marketin STong “Khor/Dan' Caaer' in 19th/20th Century AMdo, in Studies on the History and Literature of Tibet and the Himalaya, Edited by Robreto Vitali, Kathmandu: Vajra Pubications, 2012, 109-142。

② 李刚、卫红丽：《明清时期山陕商人与青海歇家关系探微》，载《青海民族研究》，2004（2）。

③ 蒲涵文：《湟源的“歇家”和“刁郎子”》，见中国人民政治协商会议青海省委员会文史资料委员会编：《青海文史资料选辑》，第8辑，44页，西宁，青海人民出版社，1981；王致中：《“歇家”考》，载《青海社会科学》，1987（2）；马明忠、何佩龙：《青海地区的“歇家”》，载《青海民族学院学报》（社会科学版），1994（4）；马安君：《近代青海歇家与洋行关系初探》，载《内蒙古社会科学》（汉文版），2007（3）；胡铁球：《“歇家牙行”经营模式的形成与演变》，载《历史研究》，2007（3）。

④ 田澍、何玉红主编：《西北边疆社会研究》，338页，北京，中国社会科学出版社，2009。

⑤ 芈一之：《撒拉族史》，116页，成都，四川民族出版社，2004。

⑥ 胡铁球：《“歇家牙行”经营模式的形成与演变》，载《历史研究》，2007（3）。

强调循化厅歇家“同牙侩而变为居间通商者，亦应有较大区别”①。但因史料的缺乏，他并未对循化厅歇家做全面的梳理。有鉴于此，本文乃试对清代循化厅歇家的历史流变与角色功能做长时段的勾勒，以展示其全貌。

一、从光绪九年（1883 年）边都沟粮赋之争看循化厅歇家

发端于光绪四年（1878 年）循化厅西番部落双朋与岗察（刚拭、刚查）间的草山纠纷，至光绪九年演化为边都部落内部的粮赋之争，使循化厅歇家卷入其间，成为此次社会冲突的当事者之一。因而，这次在部落冲突频仍的循化厅境内看似平常不过的番案，却在藏边歇家史研究中具有重要的典型案例意义，提供了解读循化厅歇家历史渊源与角色功能的重要线索。

光绪四年，循化厅西番双朋与岗察两个毗邻部落为争夺草山，发生械斗。②此后冲突逐渐升级，至光绪七年（1881 年），岗察部落邀集尕楞、边都三沟番众，帮同打仗。③并由边都寺活佛拉乙仓出头，将双朋以强占草山为名，禀控于循化厅衙门。④循化厅受理案件后，断令双方，将所争夺之草山，“岭南归双朋，岭北归冈拭”⑤。拉乙仓不服，接连向循化厅申诉，循化厅坚决维持原判。

循化厅的判决引起拉乙仓的强烈不满，越级上诉至西宁办事大臣衙门。然而在四月至六月的禀控中，拉乙仓的话锋逐渐转向，在暗指循化厅不作为的同时，将矛头直指差役与歇家：“厅署总役率众散役包揽词讼，抵庄任竟酷虐受贿卖法……并有本方歇家酷虐胜役，每至收粮之时，不肯依昔之旧例，私造大斗，任意收取，但原昔番民七族之众共纳粮数六石，目今直上十石之数，尚不足恶等之意，是以民等俱受其陷，因而贫民流离他方者。”请求西宁办事大臣：“并赐告文示谕衙役歇家莫令侵凌良弱之民，恳放七族头目，使立原昔之规模，减免烧柴兼定粮章。倘有词讼小者令番目评议，大者番目呈明官长训究，勿使衙役歇家擅专横行侵凌良弱之民。”⑥

① 王致中：《“歇家”考》，载《青海社会科学》，1987（2）。
② 《刚拭寺寺主佛僧塞尕仓等为恶番串通恶役坑害事上的禀》，青海省档案馆，档案号：7-永久-2723。
③ 《循化厅为不准私相械斗给双朋、刚拭的谕》，青海省档案馆，档案号：7-永久-2714。
④ 《保安营都府为双朋、刚查争夺草山给循化厅的移》，青海省档案馆，档案号：7-永久-2721。
⑤ 《循化厅为押令拉乙仓回籍而息双朋、刚拭番案给宪台的禀》，青海省档案馆，档案号：7-永久-2725。
⑥ 《青海大臣为边都寺他乙佛僧的禀札循化厅》，青海省档案馆，档案号：7-永久-2723。

至此，案情发生了变化，也反映出拉乙仓为岗察出头的真正目的并不在于主持正义，实际上是为了利用宗教影响，实现对边都部落的控制，并借机向岗察、尕楞等部落渗透。边都沟分上中下三沟，居住番众分为七部，各有头目，故又称为边都沟七寨，或七头，初由百户一名总管。[①] 至迟光绪初年（1875 年），边都沟七寨晋升为千户部落，统领各部头目如故。拉乙仓请求西宁办事大臣委任七族头目，目的是在原有头目之外另立新人，使之脱离边都沟千户而直接隶属于自己。西宁办事大臣不查其情，竟然应允，封银巴等六人为百户，并迭令循化厅彻查。[②] 这不仅为边都部落的粮赋之争埋下了隐患，还直接将其歇家推向了此次社会冲突的旋涡中心。

循化厅无意纠缠，仍以双朋、岗察冲突为名，传集双方于六月五日到案审查。拉乙仓并不到案，竟于六月七日再次于西宁办事大臣衙门，状告歇家、衙役等非但不知收敛，反而变本加厉，挟嫌报复。西宁办事大臣鉴于案件已经涉及循化厅，六月十四日转令西宁府受理此案，并委派差役赴循化厅解提原被告及受牵连之歇家与差役。[③]

西宁府对案件的重审同样未使胜诉的天平偏向拉乙仓。是年十一月，西宁府裁定，双朋、岗察争山案维持循化厅原判；拉乙仓所控歇家马来迟，并无私收派费之事，因于光绪七年已革，故仍不准充任歇家。[④] 这对拉乙仓来说无疑是一记重击，但也在意料之中。或许当边都千户才仁加指认“小的边都六头、中库一头，共七头，共上贡粮七十一石六斗，每年交给歇家自行完纳”[⑤]，并无冒收苛掠时，拉乙仓已经预见到了结局。不过，边都千户的证词，却将两者隐藏已久的矛盾推向了前台，让拉乙仓倍感有失颜面；被革歇家马来迟也没有受到进一步的惩罚，让拉乙仓犹感不甘。

于是，一股针对边都千户与歇家的暗流开始涌动起来。十一月十五日，循化厅新同知莅任，开仓收赋。十七日，边都沟千户七庄纳粮；二十四日，其余六头则在拉乙仓属下僧人银巴的带领下自行赴仓纳粮。此举不仅宣告了拉乙仓与千户的公然决裂，也表明他们不再通过歇家纳粮。街子工撒回遂在循化厅禀控边都沟六头，“实欲开新路，居心难测”，“今边都歇家历有年所，且无过可指，不料番子仅有一二坏人，煽惑番愚，谣言上宪斥革歇家，他们私自完纳粮石等语。况小的等备知西南二番歇家亦有

---

① 龚景瀚：《循化志》，173—174 页、135 页、31 页、171 页，西宁，青海人民出版社，1981。
② 《边杜寺七族番民控差役的禀》，青海省档案馆，档案号：7- 永久 -2723。
③ 《西宁府为移提事给循化厅的关》，青海省档案馆，档案号：7- 永久 -2724。
④ 《西宁府为处理双朋、刚拭番案给宪台的祥》，青海省档案馆，档案号：7- 永久 -2725。
⑤ 《边都千户为拉乙仓诬告厅役、歇家上的禀》，青海省档案馆，档案号：7- 永久 -2724。

五六十人，倘边都得行其诈，势必效尤成风，地方上亦难保无他虞”。[①]

与此同时，拉乙仓再次越级上控歇家马来迟与总役杨玉，西宁府命令将二人提案。十二月十八日，马来迟被带至西宁，接受审理。在辩护词中，马来迟称：

> 歇家马来迟、马八十，系街子工回民，情缘小的祖先原籍河州人，充当本州厅主案下歇家，催办番粮，业已历有年所。后至雍正八年，建设循化城池，小的祖先奉拨来循，始入街子籍贯，以收边都七族番粮。向有粮开一把，从来边都千户、法台喇嘛并各族头目人等，自古公众造就，若到二三十年破坏之时，千户、喇嘛等聚集寺院，从新较换，仍用番字印章为记。小的祖先自当歇家以来，至今一百五十年，并无拖欠粮石，诈索百姓等弊。及至小的来迟于咸丰年间充当此役，总以小心当差，罔敢或懈为念。殆后又值克复，仍令小的与侄八十充当差遣。[②]

然而，尚在西宁府提调马来迟等人之际，边都沟内部的龃龉已经演化为暴力冲突。银巴声称："循化官员潘丞被伊控撤，衙役被伊控革，旧日千户已经革除，专由百户管领地方。又谓西宁上控多费银钱，摊派三沟众番每户节节钱五百文、粮一升。"[③]千户七庄不服。银巴率领六头持械，于十二月十二日夜攻打千户七庄。至光绪十年（1884年）正月初六，共打死千户七庄7人，打伤17人，粮食、财物、衣服等抢掠一空。[④]边都沟番案震动甘肃省，陕甘总督、西宁办事大臣、布政使高度关注，饬令河州镇、循化营、循化厅会审。银巴等人见事情闹大，就在西宁办事大臣衙门诡称此案因千户庄头目杨玉浮收粮石，银巴等人不服所致。对此，循化厅当即予以喝破：

> 查千户庄头目名才仁加，实非杨玉。该头目素无催粮之责，多年以来从未签派，及之厅属西南番粮全系歇家催收。歇家者，番民来往歇宿于回民之家，回民能番语相与熟习，故名。世继充，外人不与焉。边都三沟系歇家二名，回民马来迟、马八十也。……杨玉系厅总役，亦非千户庄之头人，与歇家同案责革。卑职于去年十一月十五日到任，十七日即奉此文，遵即签票拘

① 《街子工老人为边都诬告歇家上的禀》，青海省档案馆，档案号：7-永久-2724。

② 《歇家马来迟等为被诬告上的禀》，青海省档案馆，档案号：7-永久-2724。

③ 《会办边都沟番案委员上陕甘总督的禀》，青海省档案馆，档案号：7-永久-2736。

④ 《千户沟老人等状告边都抢杀的禀》，青海省档案馆，档案号：7-永久-4754。

提有案，何至冒昧如此，仍派催粮？[①]

至此，无论边都沟粮赋之争如何结局，循化厅歇家的历史轮廓却已得到较为清晰的呈现：一是歇家即行人往来歇宿之家，循化厅歇家的服务对象主要是境内西、南乡番民，属于典型的番歇家；二是循化厅歇家承担着催办番粮的职责，与衙役不同，但具有散役的性质，属于官歇家中的粮赋型歇家；三是循化厅歇家因具有地方官府与番民中间代办机构的性质，使其职业角色必须具备兼通番语的能力，并与之互相熟悉；四是循化厅歇家多由回民充任，固定服务某个部落，且具有世代相承的特点；五是充任歇家的回民，随河州同知由河州迁徙至循化厅境内，并择催办番粮部落相近之地居住。由此可见，循化厅粮赋型歇家除具有一般歇家会番语，与番相互熟悉，歇住其家的特点外，尚需官办与以催办粮赋为主的职能要求。上述认识虽仍显粗疏，却为进一步考证循化厅歇家的渊源及其职能提供了难得的线索。

二、从河州同知设置看循化厅歇家的渊源

循化厅粮赋型歇家本为河州同知之办事机构河州厅治下催办番粮的歇家，后迁移至循化厅境内，催收番粮。循化厅正式建制，始于乾隆二十七年（1762 年）。是年，吏部议准陕甘总督杨应琚奏称："兰州同知，驻扎河州城内，所管番民七十一寨、一十五族，计一万四千余户，俱散处边外之循化、保安、起台三营地方，距城门远，难于控制。查该丞，从前兼管河司茶务，嗣裁，应请移驻三营适中之循化营城内。"[②] 所谓"兰州同知"，应为"兰州府同知"。兰州府为乾隆三年（1738 年），清政府应甘肃巡抚元展成之请，迁临洮府而改置。[③] 因而，兰州府同知即应由临洮府同知顺延而来。清初，临洮府同知有三，即驻临洮者称临洮同知，驻河州者称河州同知，驻兰州者称兰州同知。[④] 由其驻扎河州城内可知，所谓"兰州同知"并非兰州同知，实为兰州府河州同知。府同知的办公机构为"厅"，河州同知在河州时，其办公机构即河州厅；迁往循化营城后，则称循化厅，既指办公机构，也指政区。故史载："循化厅之名始此，而今厅关防之文犹曰河州监收钱粮兼管水利，盖沿旧未及更正也。兼管水利始于乾隆二十四年

① 《循化厅为边都沟抢杀事上陕甘总督等的禀》，青海省档案馆，档案号：7– 永久 –4754。
② 《清实录》，第 17 册，342 页，北京，中华书局，1986。
③ 陈士桢修，涂鸿仪纂：《兰州府志》，卷 1，9 页，道光十三年（1833 年）刊本。
④ 高锡爵修，郭巍纂：《临洮府志》，卷 11，1—4 页，康熙二十六年（1687 年）刻本。

（1759年）巡抚明之奏，换给关防，增此四字。然监收钱粮，犹沿明之旧名。明时卫所皆有监收厅，以司出纳。河州厅在明初河营、贵、保、起粮饷数万，皆仰给焉。至国初而专司茶马，已无其实矣，然河州卫犹在所辖也。”[①]由此可见：一是河州同知的设置及其职官功能的演变，即为考察循化厅官办粮赋型歇家的关键所在；二是河州同知的设置，乃清承明制；三是河州同知具有监收钱粮、招商中马与管理水利三大职能。唯兼管水利已迟至乾隆二十四年，彼时河州厅官办粮赋型歇家已经迁至循化境内，故循化厅官办粮赋型歇家的源头当在其监收钱粮与招商中马两职能中追寻。

明代河州同知的设置较晚，其基本职能是由临洮府监收通判发展而来的。史载："明初设通判，河营、贵、保、起台粮饷数万皆仰给，辖三十六族、二十四关土司，招商中马，州卫指挥、千户俱听辖。明万历三十二年，改设同知，然钱粮归布政，纠核属本府，惟茶马专司。"[②]通判品级略低于同知，同为知府之佐贰官，"同知、通判分掌清军、巡捕、管粮、治农、水利、屯田、牧马等事"[③]，往往根据其职掌而称其职衔，有时职专其一，有时则兼司多责。监收通判，即为管粮之府佐贰官，负责粮食收储与粮饷的发放。

明初粮食管理，因地方政权组织分属于府州县系统与都卫系统而有别。前者根据所辖民户的多寡，或由正印官主管，或由佐贰官专责，主要负责田赋的收储与出纳；后者则在卫所之内，由经历司负责征收屯粮与军粮的收储与发放。[④]不过明代河州卫作为边地实土卫所的情况又略有不同。河州卫设立于洪武四年（1371年），一度于洪武六年（1373年）"河州卫请设州县，专掌钱粮，诏从其请，置河州各府州县"[⑤]，至洪武十二年（1379年）"改河州右卫指挥使司为河州军民指挥使司，革河州府"[⑥]。虽然缺乏直接的证据，但可以肯定的是，河州卫军政合一体制的确立，使其经历司在河州府革除后，不仅经管屯粮、军粮，还要负责向本地居民征收粮赋。

明代以卫经历司经管卫仓粮储收支的体制，维持了60余年，即因岁久弊滋，不得不进行改革。宣德十年（1435年），明廷因"税粮于军卫收受，奸弊百出""通行天下司府州县，原有仓分者，以卫所仓并属之，原无仓分者就以卫所仓改易，其名隶之。

① 龚景瀚：《循化志》，31页，西宁，青海人民出版社，1981。
② 王全臣：《河州志》，卷2，74页、8页、39页、79页，康熙四十六年木刻本。
③ 张廷玉等：《明史》，1850页，北京，中华书局，1974。
④ 张金奎：《明代卫所经历司制度浅析》，载《故宫博物院院刊》，2007（2）。
⑤ 《明太祖实录》，卷78，1422页，台北，"中央研究院"历史语言研究所校印，1962。
⑥ 《明太祖实录》，卷125，2004页，台北，"中央研究院"历史语言研究所校印，1962。

惟辽东、甘肃、宁夏、万全沿海卫所无府州县者，仍旧卫所”。[①] 正统元年（1436年），巡抚陕西为事官罗汝敬即奏准“宁夏等六卫并洮、河、岷三卫仓无附近州县，欲如行都司例，改隶陕西布政司管辖”[②]。次年明廷又“令各府仓收粮四十万石以上者，添设同知或通判一员，专一提督收放”[③]。此时是否已经在河州设置“河州管粮临洮府通判”尚不得而知，但至少可以说明河州卫仓储应已归临洮府监收。至成化九年（1473年），巡抚都御史马文升奏准：“土达人户，实被军职扰害，且地相隔远，赋役不便。乞复河州，仍隶临洮府，除知州、同知、吏目各一员，专除判官一员，监收河州卫仓粮。”[④] 此后，河州开始进入以卫负责征收屯粮、河州判官负责征收民粮并监收河州卫仓粮的阶段。

河州管粮临洮府通判正式设立，应始于嘉靖六年（1527年）。是年，边备副使翟鹏“因边储浩大，判官职专催督，不便收放，奏添本府通判一员，驻州监收”[⑤]。但通判初设，并未成为定制。嘉靖三十九年（1560年），“复设兰州督饷郎中、河州管粮临洮府通判各一员”[⑥]。可见，河州管粮临洮府通判曾一度罢设。但迟至隆庆六年（1572年），明廷方始“铸给陕西兰州、河州监收钱粮关防”[⑦]。至此，由临洮府通判监收钱粮，河州卫负责征收本卫屯粮，河州判官负责征收本州税粮的管理体制正式确立。河州管粮临洮府通判监收的钱粮，除本卫本州的屯粮、税粮以外，还因河州边卫的性质，掌管着大量的外调军粮。如洪武年间曾规定：“兰州、凉州、河州、岷州、洮州、宁夏、庄浪、西宁、临洮、甘肃、山丹、永昌等卫军粮，每岁令西安等府，送纳大路官军，转运边卫。二十四年令岷州、临洮、宁夏四卫官军，以平凉、巩昌等府民纳米麦对拨供给，其洮州、凉州、河州、西宁、庄浪、甘肃、山丹、永昌八卫以各府见在仓粮，陆续僱运供给。”[⑧] 万历二十六年（1598年），巡抚陕西兵部右侍郎贾待问又条议，将西、漳二县盐课银“改解临巩道，转发河州监收官收贮，预买刍粮，专备客兵支用”[⑨]。

河州大仓作为明代地方的重要仓场，应该为歇家的产生创造了良好的条件。明代

① 《明英宗实录》，卷7，135页，台北，“中央研究院”历史语言研究所校印，1962。
② 《明英宗实录》，卷22，450页，台北，“中央研究院”历史语言研究所校印，1962。
③ 徐溥等撰，李东阳等重修：《明会典》，卷40，见《影印文渊阁四库全书》，第617册，466页，台北，台湾商务印书馆，1986。
④ 《明宪宗实录》，卷123，2363页，台北，“中央研究院”历史语言研究所校印，1962。
⑤ 吴祯：《河州志》，卷2，2.2—4.4—5.4—5，仕优堂刊本。
⑥ 《明世宗实录》，卷485，8092页，台北，“中央研究院”历史语言研究所校印，1962。
⑦ 《明穆宗实录》，卷67，1616页，台北，“中央研究院”历史语言研究所校印，1962。
⑧ 徐溥等撰，李东阳等重修：《明会典》，卷25，见《影印文渊阁四库全书》，第617册，287页，台北，台湾商务印书馆，1986。
⑨ 《明神宗实录》，卷320，5954—5955页，台北，“中央研究院”历史语言研究所校印，1962。

河州外运军粮，除军运外，尚有民运与开中盐引，① 大量民夫转运军粮，至河州必有歇宿之处。不过，即使产生了仓场型歇家，因其服务对象均为外来人口，与番民无涉，故与循化厅歇家应无渊源关系。河州税粮征收同样不具备产生循化厅歇家前身的必要条件。明代河州卫疆域："东西相距八百六十里，南北相距四百五十里。至狄道县三渡水界，东百八十里；至守御归德千户所生番界，西七百里；至洮州卫界，南二百八十里；至西宁卫界，北百七十里。"② 由此可知，清循化厅几尽在明河州卫辖内。洪武十六年（1383 年），敕谕："西番之民归附已久，而未尝责其贡赋，闻其地多马，宜计其地之多寡以出赋。如三千户，则三户共出马一匹；四千户，则四户共出马一匹，定为土赋，庶使其知尊君亲上，奉朝廷之礼也。"③ 纳马部落，不编户，不纳粮科，纳马领茶。故河州所征田赋"旧制额分三十一里，每里设有里长、书手等役，一切钱粮俱归掌握"。可见，明廷不仅对所谓"西番"各族不起粮科，即对河州征收粮科之责也掌握在里长、书手的手中，并不存在粮赋型歇家。

监收钱粮职能与循化厅歇家产生无关的另一重要证据，即在万历三十二年（1604 年）由通判改设同知后，虽在万历三十八年（1610 年）仍有朝廷铸给"河州监收钱粮关防各一颗"④，但实际上已无监收钱粮之实，故史载"河州厅自明以来专司茶马"⑤。清初相沿，即河州卫茶马由"河州监督同知经管，每岁奉部颁引目，散给商人赴湖广产茶地方采买，每引给茶拾蓖，重壹百斤。每引外给附茶拾肆斤，为本商脚运费，纳茶司一半入库易马，一半给商货卖"⑥。又雍正四年（1726 年），清廷始令"西宁都统达、西宁镇总兵周出口安插降番、清理田土，并令旧管各族将所种中马香田田地造册定赋……皆于雍正四年起课"，并使之遥隶于河州同知。那么最早在雍正四年出现的河州厅粮赋型歇家，若非募民充任，则催办番粮必有赖于河州厅招商中马之人员。

河州通判兼理招商中马起于何时，已难考证，但至少不会晚于万历三年（1575 年）。史载，河州茶马司"自御史李润更修至今，积久颓坏，不堪积贮。万历三年监收府通判脱镐议允，除官价外，捐俸金数十两，委州判赵应魁重修"。由此可知，在此之前，河州通判已经接手对河州茶马司的管理，成为招商中马的实际管理者。

① 米小强：《明代河、洮、岷州三卫军粮补给考》，载《兰州教育学院学报》，2011（6）。
② 吴祯：《河州志》，卷 1，4 页，仕优堂刊本。
③ 《明太祖实录》，卷 151，2379 页，台北，"中央研究院"历史语言研究所校印，1962。
④ 《明神宗实录》，卷 478，9017 页，台北，"中央研究院"历史语言研究所校印，1962。
⑤ 升允、长庚修，安维峻纂：《甘肃全省新通志》，卷 22，2—3.1，宣统元年木刻本。
⑥ 高锡爵修，郭巍纂：《临洮府志》，卷 10，2 页，康熙二十六年（1687 年）刻本。

明代为推行茶马贸易，在藏边各地设置茶马司，河州茶马司即设置于洪武七年。[①]不过需要强调的是，茶马司并不负有对番直接交易的权限，实际上更类似于设置在藏边地区的茶叶国家仓库。正德二年（1507年），何孟春奏称："访得洮州、河州、西宁三卫各茶马司茶斤……三年一次差京官选调各卫大势官军，深入番境，扎营调集夷众，比对金牌信符，将前茶斤给与各族，征纳差发马匹。……后因地方多事……或差堂上官，或止差行人巡视整理，续改御史巡禁私茶，一年一次招番易马。……臣愚，乞敕该部行移本官再加审处，合无今年暂免差官赍领金牌，且于陕西三司行委才干官员，各赴洮河等处，会同守备官，各差该卫谙晓夷情的当指挥、千百户各带通事、军马，分投境外，抚调番族，或国师、禅师、番官、指挥、千百户、镇抚、驿丞、头目、番人各赶马匹，前来上纳。"[②]

由此可见，明代中前期官营茶马贸易演变之脉络。首先，明初或委堂上官，或差行人，或改御史，无论职衔高低，均有代表朝廷直接管理茶马贸易的味道。正德二年"于陕西三司行委才干官员"，实际上已经表明随着弘治年间招商中茶制的推行，茶法遭到破坏，开始出现了管理权的下移趋势。这应是明中后期茶法进一步破坏后由通判监管茶马贸易的前奏。其次，随着"深入番境，扎营调集夷众"向"分投境外，抚调番族"转变，茶马贸易的军政体制开始向民政体制转变，并最终随着嘉靖三十年"以勘合与之，每岁以是为验"勘合制的确立，[③]为河州通判取代河州卫管理境内纳马番族铺平了道路。最后，对番歇家的产生也可能是最重要的，即通事成为茶马贸易中沟通朝廷与番族不可或缺及最熟悉双方情形的纽带。

与官营茶马贸易相伴，明廷"许令各该番人，四时前来各边，交易买卖，委官管领"[④]。大量番民进入沿边各城贸易，纷纷投宿于相熟之家，故史载"自建茶马司以来，诸番悉假居民舍"。不论这些番民歇脚之家是否在当时已经被称为歇家，实际上已经具备了歇家之实。在这些歇家中，通事人等无疑是番众在沿边各城的"陌生世界"中，可以投靠并代办相关业务之熟人，是以通事为名兼营歇家者。民间贸易增进了族群交流，但也造成了明廷管理上的困境："西宁河州、洮州地方，土民切邻番族，多会番语，

① 《明太祖实录》，卷93，1628页，台北，"中央研究院"历史语言研究所校印，1962。

② 何孟春：《何文简疏议》，卷2，见《影印文渊阁四库全书》，第429册，45—46页，台北，台湾商务印书馆，1985。

③ 《明世宗实录》，卷369，6606页，台北，"中央研究院"历史语言研究所校印，1962。

④ 马文升：《马端肃奏议》，见《影印文渊阁四库全书》，第427册，721页，台北，台湾商务印书馆，1985。

各省军民流聚巨万，通番买马，雇请土民传译导引，群附党援，深入番境，潜住不出。……如今之贩者横行恣肆，略不知惮，沿边镇店集聚如丘，外境人方载行如蚁。”①面对大规模的贸易走私，明廷一方面加大了打击力度，“今后但有将私茶潜往边境，兴贩交易，及在腹里贩卖与进贡回还边人者，不拘斤数，事发并知情歇家、牙保俱问发南方烟瘴地方卫分，永远充军”②；另一方面则尽可能实行族群隔离政策，“至嘉靖已酉创建番厂，番汉截然，交通遂绝”。这样，在相当长的一段时间内，通事就成为早期歇家中唯一仍然可以合法地与番众保持交流者。

随着河州通判对茶马贸易管理职能的增强，特别是在万历三十二年（1604年）改设同知专司茶马后，河州同知几乎就成为河州卫纳马番族的实际管理者。这种情况延续至清初，时“甘肃向分西宁、庄浪、甘州、河州、洮岷为五司，每年榷茶中马，各厅员实掌其事”，“每年西宁、庄浪、河州、洮岷四司于茶院到任行文之后，各厅催令土司、头目牵中马匹”。③由此，河州厅虽为临洮府的派出机构，但已渐俱实土政区的格局。王全臣曾称康熙年间河州中马番族19族，“惟撒剌住居积石关外，余尽杂处二十四关之内，去州治或四五十里、百余里不等。其珍珠、洪化、灵藏、乩藏、杀马等族承袭国师、禅师、土司等职事，由河州卫。余族头目，俱由监督府评委，仍俱听河协辖制”。河州同知对中马番族，不仅要通过茶马贸易的形式征收作为土赋的差发马，还具有考评、委任部族头领的权力。这就要求河州厅的衙役应具备一定的番语能力，或者通事越来越多地具备衙役的色彩。

河州厅所辖中马番族，前引王全臣言“辖三十六族、二十四关土司”，不知所据为何，同书又载“现在中马番族”19族，今已俱无之“古族”36族，则明代河州厅应辖中马番族55族。清康熙年间，河州厅所辖已经萎缩至19族。这与杨应琚所言“所管番民七十一寨、一十五族”似乎矛盾，实则不然。杨言“一十五族”实际上就是王言“现在中马番族”19族中在河州厅缴纳粮赋者；对比36古族与“番民七十一寨”，也可发现番语音译的部族名称中的某些相似之处，如令咂族即郎家寨，火尔藏族即火力藏寨，龙瓦尔族即隆哇部落，等等。所谓已经消失的36古族，大部分应该是当时青海蒙古控制的河州西南番，故在河州厅辖区之内无从发现。

---

① 杨一清：《关中奏议》，见《影印文渊阁四库全书》，第428册，68页，台北，台湾商务印书馆，1985。

② 杨一清：《关中奏议》，见《影印文渊阁四库全书》，第428册，69页，台北，台湾商务印书馆，1985。

③ 汪元絅修，田而穟纂：《岷州志》，卷9，10—11页，康熙四十一年（1702年）刻本。

这些部族虽不在纳马番族之内，仍可前往河州城进行贸易，“积石以西……沸唇之属，同其妻子，驱其马、牛、羊，挈其缨皮之类而来市者，悉寓民房，称一家人”①。这些受茶马贸易吸引而来的番众，习惯性地居住在茶马司附近。史载：“国朝初，诸番往来，尽居沙塄歇家”。而河州“茶马司，河州在监收厅治内”②。河州厅即在后来循化厅同知行署之东，而“同知行署在河州城中钟楼西街”。沙塄作为番歇家聚集之地，恰在旧河州厅南邻之地。这说明河州番歇家与河州同知必然存在某种内在关联。故，虽不能排除河州其他职业类型的社会角色充当番歇家，但通事出身的番歇家显然无论是在历史久远性，还是在与河州厅隶属关系上，均具有其他番歇家所不能比拟的优势。由此可以推测，至少是以通事出身为主的河州沙塄番歇家，构成了循化厅官办粮赋型歇家的前身。他们在官府主导下完成了自身身份的转变，相继迁往循化厅境内，表明循化厅粮赋型歇家的出现实际上是清廷在罗卜藏丹津事件后强化对藏边地区控制的重要结果与手段。

三、循化厅粮赋型歇家的多重角色职能

明清之际，河州同知的基本职能从监收钱粮转向监督茶马，进而迁移至循化营城转向抚番，其办公之“厅”也由派出机构，转变为实土性的政区及其治理机构；相应地，对该区域番族的治理，也随着从中马转变为纳粮起科，由单纯的羁縻发展为正式行政区划下的政治治理。区域社会治理体制的转变，不仅使循化厅歇家与番族的主要关系从征马转向了征粮，还使其成为官府对番族治理过程中不得不依赖的重要社会角色。换言之，这种粮赋型歇家不仅要催征番粮，还要承担地方官府所赋予的多种职能。如在乾隆年间，循化厅歇家“以内地汉回民充之，如内地之里书、图差，雇纳粮赋，征调徭役，皆歇家主之，词讼亦以歇家通语”。不过需要强调的是，对循化厅粮赋型歇家而言，无论其职能如何变化，内涵如何扩大，催收番粮始终是其最基本的职能，其他职能只是在此基础上的拓展。

自雍正年间创设循化厅歇家，承揽包纳番粮，即成为区域社会粮赋管理的定制。这一传统在循化厅得到了较好的保持，如嘉庆道光之际，循化厅奉令清查歇家，称：“查歇家王秀、沈木洒等，系循化厅官歇家，即系衙役、经催各番族钱粮之人……此外尚有

① 王全臣：《河州志》，卷6，14页，康熙四十六年（1707年）木刻本。
② 高锡爵修，郭巍纂：《临洮府志》，卷6，18页，康熙四十六年（1707年）刻本。

西番歇家八名，现赴各路催收番粮。”[①] 光绪年间亦然，“西南各番贡粮向来均由歇家粮差名下承揽包纳，档房并无花名粮册”[②]。每年开仓收粮之时，即由循化厅差传歇家，齐集厅内，发给粮票，赴各番族催办。如光绪七年（1881 年），循化厅差传各歇家称：“为差传事，照得西、南番歇家承催各族、寨番民应纳本年番贡粮石，本府定于八月初一日开仓征收，合行差传，为此仰役前去，即照后开各歇家姓名限□日内逐一传案，以便给发粮票。”[③] 可见，粮赋型歇家自始至终是循化厅赖以征收西南番粮赋的唯一合法途径。

循化厅歇家与包纳番粮部族之间形成世代相继的对应关系。循化厅创办粮赋型歇家之时，即根据旧歇家接歇番族的情况，使其各负其责，成为世代相承的职业。一般而言，这些歇家除非因事被革，或者出现了绝嗣的情形，否则他们与包纳番粮部族的关系就会一直维持下去。即便是在经历了同治陕甘回变事件之后，循化厅歇家与绝大多数番族的对应关系仍得以保存。其中在南番歇家中，仅有火力藏寨因其旧歇家“被逆匪裹去叛乱”[④]，乃差衙役罗新福代为催办。见循化厅南番各族歇家概况表。[⑤]

循化厅南番各族歇家概况表

族分	歇家	族分	歇家
黑错且夫旦寨	陕福禄、马尕林	下南拉寨	马麻二力
那力工等寨	陕福禄、马尕林	火力藏寨	粮差罗新福
哈恰木锁胡洞寨	马自新	下哈家扎什那卜寨	马尕三
下哈家丁自他等寨	马正延	沙塘寨	马仲良
其暗等寨	陕福禄、马尕林	甘家嚷南寨	马信个
希力宁巴寨	马尕三	那苍寨	马信个、马万林
上哈家寨	马得元	什作黑寨	马顺
甘家具令端古住古寨	马元顺	上哈达昂石工拭寨	丁尕仓
甘家塄寨	马正元	甘家瞎什仓寨	丁福禄
下哈家多尔只寨	铁三五		

世代相承的征粮、接歇关系，使歇家成为对应部族了解最为翔实之人，即“一个

① 《循化营参将胡超、循化同知林倬奎、保安营部司高勇臣禀》，见那彦成：《那彦成青海奏议》，宋挺生校注，251 页、253 页，西宁，青海人民出版社，1997。

② 《奉查南番粮赋案》，青海省档案馆，档案号：7- 永久 -2531。

③ 《循化厅为催粮传各歇家事》，青海省档案馆，档案号：7- 永久 -1634。

④ 《为南番甘家川各番民依限完纳额粮事饬拉卜楞嘉木样呼图克图》，青海省档案馆，档案号：7- 永久 -1697。

⑤ 《呈开南番各歇役名单》，青海省档案馆，档案号：7- 永久 -4722。

番歇家或藏歇家对于他所从属部落的习惯、语言与人物的知识，了解得最为广泛和精确”①。

循化厅粮赋型歇家所具备的通番语、熟番情、睦番谊等特点，使循化厅在处理民政司法事务时，不得不赋予他们更多的职责；而番族入城公干、贸易，同样需要依赖他们作为通译。由此，循化厅歇家的职能就具有多样化的特点。

第一，循化厅粮赋型歇家具有稽查户口的职能。清代自雍正年间开始实施“摊丁入亩”，以土地面积作为征收田赋的标准，循化厅也不例外。然而，农业生产是土地与劳动力相互作用的结果，人口的变化将直接影响粮食生产，进而影响田赋的征收。因此，对应部族户口的变化，将会引起歇家灵敏的反应。如光绪十五年（1889 年），上拉不拉歇家禀称：“小的承催上拉不拉额粮内有哇的帐房二十余家，该庄粮户你卡加父子等帐房三家，于光绪十三年被拉布塄他哇十三庄番民一百余人前来，搬往桑禾和住坐。前有应纳三年贡粮无差，以致小的赔垫承纳，为此具禀。”② 又如光绪二十九年（1903 年），南番众歇家禀控：“今有南番火力臧仓佛之捏力哇罗臧尖错呈其豪势，将甘家川三寨番民威逼服从……一同越界，移居甘家川地方……似此越界强霸草山……必致粮户溃散，而且所纳额粮无从征服。”③

第二，循化厅粮赋型歇家具有词讼通语的职能。循化厅西南番普遍信仰藏传佛教，故仅有的教育即为以藏语进行的寺院教育，懂汉语识汉字者寥寥无几。同样，那些接受儒家教育的循化厅同知，基本上也不懂藏语。由此，歇家就不得不介入司法领域，成为番民与官府在词讼中的媒介。此种情形，即如拉乙仓在上西宁办事大臣禀中所言：“惟上司不通番语，僧等不知汉话，下情不能上达，一任双舌播弄，两相欺哄。”④ 青海省档案馆馆藏“清代循化厅档案”中保留的大量以方言所译案卷，即是歇家们通语词讼的结果。

第三，循化厅粮赋型歇家协助调查案件的职能。通语词讼只是完成了歇家介入司法领域的第一步。其后，传唤原被告、人证及案件调查，都少不了歇家的身影。如光绪六年（1880 年），官受、贺尔与多哇发生械斗，循化厅委派西番加咱族歇役马瑞前往，查明“因何起衅，有无伤人，多哇一族究有帐房若干顶，能打仗者实有若干人，

① William Woodville Rockhill. The Land of The Lamas. London: Longmans Green And Co., 1891, p.51.

② 《歇家为哇的帐房搬往他处，额粮无着上的禀》，青海省档案馆，档案号：7– 永久 –2531。

③ 《南番甘家川歇役马元顺等为强番互串越界占牧上循化厅的禀》，青海省档案馆，档案号：7– 永久 –3045。

④ 《青海大臣为查办双朋与刚拭寺冲突给循化厅的札》，青海省档案馆，档案号：7– 永久 –2722。

火器多少，居住地方是山是川，距循若干里，是否与别族番子狼狈为奸”①。光绪九年（1883年），崖慢工牲畜被抢，循化厅即遣“歇役前赴西番、南番各族、各寨，协同千百户番目人等，挨庄顺户，逐细严密确查”②。诸如此类歇家协助官府调查案件的案例，比比皆是。

第四，循化厅粮赋型歇家具有调解社会纠纷的职能。清代循化厅对当地民族政策执行上的特殊性，在司法领域即表现为各种案件的处理依据并非《大清律》，而是《番例番规》，即当事双方在中间人的调解下，互相顶抵损失，罚服了事。正因如此，循化厅粮赋型歇家不可避免地要在各种案件中充当中间人，调解社会纠纷。如光绪元年（1875年），循化厅得知西番加咱等4族欲过河抢劫滋事，即委“歇役前赴加咱等四族会同隆务寺昂锁、加咱等族千户红布人等上紧开导弹压该族番子，务须安静住坐，不许过河行抢为非滋事”③。光绪二十七年起台番众杀毙立加八乙案，同样有歇家参与其中，“军功等询悉前情，随即协同歇役、原差、番目人等，邀集两造，仍照番规在下开导理处”④。

第五，循化厅粮赋型歇家具有协助稽查贸易的职能。循化厅歇家趁接歇番民之机，涉足商贸领域，是非常方便的。不过循化厅歇家兼营商业的规模并不大，各歇家“俱系与本城及附近四屯十庄熟番、屯民，坐卖生理零星货物”⑤。这大概与清廷对藏边粮茶贸易的控制有关，而循化厅歇家同样负有协助稽查贸易的职责。如循化厅同知曾令“差役马美，歇家马良伏等前往该处晓谕加杂族番目什噶洛，带领本族番众在于噶布古渡口防堵，以防河南番子偷渡河北，并阻河南番子、汉奸私贩粮、茶叶、违禁等物”⑥。

四、小结

藏边番歇家是明清时期，在各族群间因地域自然分工、物质交流不断扩大的基础上，为满足各番族入城贸易而产生的为其提供食宿的处所。这些歇家，无论是在河州，还是在循化，大多就“家”接歇番众，并未成为专业经营歇家者，故而较少发展成为

① 《西番加咱族歇役马瑞为奉查官受、贺尔与多哇械斗情形的禀》，青海省档案馆，档案号：7-永久-2694。
② 《为差缉抢夺崖慢工撒回牲畜之强番事》，青海省档案馆，档案号：6-永久-233。
③ 《循化厅为不准隆务四族渡河抢劫的谕》，青海省档案馆，档案号：7-永久-2663。
④ 《拟议起台番众杀毙立加八乙案的处理方案》，青海省档案馆，档案号：7-永久-4752。
⑤ 《循化厅为勤心用事给鸿化族等乡约的谕》，青海省档案馆，档案号：7-永久-253。
⑥ 《为发售官茶获银交来差持回事饬拉卜楞寺贸易行约等》，青海省档案馆，档案号：7-永久-3069。

“客店”的形式。这或许对于我们重新思考明清歇家的性质，具有一定的启示作用。另外，他们与接待的番族之间世代相交，维持着良好的关系，“称一家人”。这就使得河州厅在逐渐向实土政区转变的过程中，不得不依赖这些歇家。向粮赋型歇家转型后，受路径依赖定律的作用，循化厅歇家在地方官府对西南番的治理中发挥着不可或缺的作用。

循化厅歇家以催办粮赋为基本职能，并在此基础上拓展出众多职能。但应该看到，除稽查户口为催办粮赋职能的直接延伸与必然结果外，其他职能不过是附加在循化厅粮赋型歇家通番语、熟番情、睦番谊之上的，甚至某些职能只不过是提供相应的翻译功能而已。同时，还应看到，循化厅粮赋型歇家所承揽的粮赋仅限于西南番，明代与西南番同为中马番族的关内洪化等族，则由官府委派的乡约“催纳粮石，稽查奸宄”①。即便是在西南番，在管理市场，稽查走私方面，乡约、行头也远较歇家更有权力。如循化厅在拉卜楞设置了行约与行头，负责市场的管理与秩序维护；② 在隆务寺则设立了乡约“经管贸易商旅，稽查奸细私贩粮茶”。尤其值得强调的是，循化厅西南番浓厚的部落社会、宗教社会色彩，无论是部落头人，还是藏传佛教的宗教领袖，都拥有歇家无法望其项背的权力与权威性。因而，即便是催办番粮，如果不能得到他们的支持，歇家也往往无可奈何。如循化厅曾谕，“本府前将南番各寨番民应纳本年额粮票差粮差歇役前往催办，迄今数月之久。今据粮差回称，阿木撮合各庄推抗不交本年粮石”，仰拉卜楞香措、阿木撮合工拭卜、干布等“帮同粮差歇役，催令阿木撮合各庄番民速将应纳本年额粮，限□日内一律照数清交粮差，转纳上仓”。这就说明，循化厅歇家虽然是地方官府实施对西南番政治治理所能依赖的不可或缺的手段，但还远远未达到代表官府管理基层社会的程度。

（原载《青海民族研究》2013 年第 4 期）

① 《委任全福禄为隆务寺乡约》，青海省档案馆，档案号：6- 永久 -122。

② 《为协差将应纳本年额粮照数清交事饬拉卜楞寺香措等》，青海省档案馆，档案号：7- 永久 -1680。

羁縻抚驭之道：清代循化厅基层社会治理中的乡约与歇家

储竞争

20世纪80年代以来区域史研究的发展，一方面是学界对“中国幅员广阔，各地区的经济、政治、文化发展不平衡，区域特征各异”[①]现状正视的自然路径选择；另一方面得益于各类地方档案文献的发掘、整理与利用。如近年来，借助清代循化厅档案，学者们在对清代循化厅的权力运作机制进行整体研究的同时，对诸如循化厅的乡约、歇家、乡老、祭祀、教育、粮价以及司法实践等问题进行了具体研究，成绩十分显著，但其研究的广度与深度仍有较大拓展的空间。[②]因此，本文以循化厅档案为基础，通过对循化厅基层社会治理中乡约与歇家的对比研究，探求清代治边政策中的羁縻抚驭之道。

一、国家权力介入：循化厅乡约、歇家的设置与选任

羁縻政策，是中国历代王朝治理边疆民族聚居区最常用的治策，羁縻思想是“在中国古代传统治边思想体系中，最能体现因时、因地、因人而治原则”[③]的边治思想。羁縻

① 隗瀛涛：《四川近代史稿·序言》，成都，四川人民出版社，1990。

② 相关研究的代表性著作为杨红伟的《清朝循化厅藏族聚居区之权力机制》（北京，高等教育出版社，2015）一书。代表性论文有高晓波：《晚清藏边民族纠纷中的角色职能析论——以光绪年间循化厅所格藏区为例》[《西藏大学学报》，2011（1）]；赵春娥：《清朝时期儒学在青海循化地区的传播及难以展开的原因分析》[《青海民族研究》，2011（2）]；杨红伟、欧麦高：《清代甘肃循化厅歇家研究》[《青海民族研究》，2013（4）]；佘开亮：《清代晚期地方粮价报告研究——以循化厅档案为中心》[《中国经济史研究》，2014（4）]；李稳稳：《清代乡约制度在甘肃循化厅的推行》[《青海民族研究》，2016（1）]；马成俊：《清末甘肃循化厅应对少数民族诉讼策略探析》[《中国边疆史地研究》，2017（2）]；李守良：《清末甘肃循化厅少数民族诉讼策略探析》[《中国边疆史地研究》，2017（2）]、《乡老与晚清循化厅藏区部落纠纷的诉讼审判》[《青海社会科学》，2018（2）]等。

③ 马大正：《中国边疆经略史》，437页，武汉，武汉大学出版社，2012。

的要义在于“控制”，虽然控制的强弱可能有很大差异，但“与中原地区的‘划一’”是其必然的结果。[①]清初，清廷为集中全力对付南明势力及各地反抗力量，对循化厅地区“原有官职者，许至京朝见授职。一切政治悉因其俗”[②]，实施较为宽松的羁縻之策。但当雍正年间罗卜藏丹津公开反清被平定后，清廷即挟战胜之威转变对循化厅地区的统治方式，通过在循化厅地区分设乡约与歇家，加速循化厅由羁縻到“内地化”的转变。而循化厅乡约、歇家的设立则体现了国家权力对基层社会渗透与控制的不同路径。

首先，从循化厅乡约、歇家的设立与推行来看。循化厅乡约最初设立于“凡切近河、洮、岷州内地番人与百姓杂处者，向通汉语”之地，“就其原管番目，委充乡约、里长……久则化番为汉，悉作边地良民”。[③]将乡约设于“通汉语”“改换内地服色”的“番人”之中，可有效减少因文化差异而出现的制度建设阻力。乡约设立的目的在“化番为汉”，这是力图以制度的“内地化”推动民族的融合。乾隆四十六年（1781年）的苏四十三回变平定后，清廷开始在循化厅穆斯林聚居地区推行乡约，着手限制基层社会中阿訇的宗教权力，使其行政化，以便国家权力的下移。为此，清廷强调：“回民不得复称总掌教、掌教、阿洪、阿衡、师父名目，择老成人充乡约，稽查约束。”至光绪年间，循化厅乡约设置的范围进一步扩大，并主要推行于循化厅所属“口内十二族”，“口外撒喇、回民八工”，保安四屯地区，这些地区农耕较为发达，藏民也因“与汉民错居”汉藏文化交融较深被称为“熟番”。即所谓“循化所属熟番十八寨四屯……俱耕种垧亩，完纳番粮……设有千户、百户、乡约等头目管理”。

与乡约这一颇具“内地化”色彩的基层组织不同，歇家在循化厅地区本就存在，但与西北普遍存在的专营“番汉贸易”的商贸型官歇家不同，[④]循化厅歇家则是由“原来河州厅治下以通事出身为主的番歇家，转由官办发展起来的粮赋型歇家”[⑤]。其来源概况，可从光绪九年（1883年）歇家马来迟的辩护词中看出。据马来迟声称：“小的祖先原籍河州人，充当本州厅主案下歇家，催办番粮，业已历有年所。后至雍正八年，建设循化城池，小的祖先奉拨来循，始入街子籍贯，以收边都七族番粮。”[⑥]值得注意

① 李大龙：《关于中国古代治边政策的几点思考：以“羁縻”为中心》，载《史学集刊》，2014（4）。

② 西藏研究编辑部：《清实录藏族史料·第1册》，11页，拉萨，西藏人民出版社，1982。

③（清）龚景瀚：《循化厅志》，李本源校，21页、276页、120—147页、267页、149页、21页、276页、149页、279页、276页，西宁，青海人民出版社，2015。

④ 竟凡：《历代汉番茶马互市考》，载《开发西北》，1935（5）。

⑤ 杨红伟、欧麦高：《清代甘肃循化厅歇家研究》，载《青海民族研究》，2013（4）。

⑥《歇家马来迟等为被诬告上的禀（光绪九年十二月十八日）》，青海省档案馆，档案号：7-永久-2724。

的是，循化厅歇家设置的范围与乡约具有很强的互补性，循化厅歇家主要设置在“作为生番”的“西南番各寨”。光绪七年（1881 年），循化厅曾差传西南番歇家，“以便给发粮票”，计传“西番歇家王成、沈六十”等 8 人，“南番歇家马正延、马自新”等 17 人，总计 25 名歇家。[①] 至光绪九年（1883 年），“西南二番歇家亦有五六十人”[②]。

其次，循化厅乡约、歇家人员的组成与选拔，展示了国家权力对基层社会不同的控制力。循化厅乡约初建之时，多“就其原管番目，委充乡约”，穆斯林聚居地区则以“阿洪改为乡约”。此时，清廷为减轻国家权力深入基层社会的阻力，不得不对部落头人、阿訇等妥协，承认他们的传统权力。但随着国家权力的日益深入，循化厅乡约的人员组成逐步摆脱地方实力派的把持，呈现出多元化趋势。许多“历练老成”“实堪服众”的“社民”“商民”“老民”等也开始充任乡约。同时乡约的选任也更加制度化，一般来说乡约任期为三年，期满后经由“百姓公举”，报经官府“看验点充”，并“领换戳记”方具有合法性。如光绪六年（1880 年），循化厅鸿化灵藏族各社呈称：“今举得本社民人为人老诚正直，堪充乡约之任……恳请电鉴，俯赐赏约谕帖戳记，以便办公。”[③] 光绪七年（1881 年）隆务寺旧乡约期满，循化厅“谕隆务寺汉回商民”公举新乡约，“连人呈送到辕，以凭看验点充”。[④] 光绪八年（1882 年）鸿化族三社“公举老民米生存”为乡约，“伏乞赏发牌戳”。为此，循化厅“除批准外合行给牌”，“计发戳记一颗”。[⑤] 新任循化厅同知到任后，往往会再次查验乡约并更换戳记。如光绪九年（1883 年）循化厅新任同知就差传川撒牙党族、鸿化灵藏等族乡约王殿宣等，“限日内按名传案，听候本府当堂验看是否胜任，再予换给戳记”[⑥]。除此之外，乡约也不能自由请辞，如同治十二年（1873 年）托坝乡约“恳请辞去乡约”，循化厅责备道：“用人取长舍短本府自有定衡，尔等能当乡约与否不能自由，所禀不准。”[⑦] 可见，不但循化厅乡约的人员组成日益多元化，乡约的人事任免权也牢牢掌握在官府手中，国家权力

① 《循化厅为催粮传各歇家事（光绪七年闰七月二十五日）》，青海省档案馆，档案号：7- 永久 -1634。

② 《街子工老人为边都诬告歇家上的禀（光绪九年十一月十七日）》，青海省档案馆，档案号：7- 永久 -2724。

③ 《循化厅为勤心用事给鸿化族等乡约的谕（光绪六年五月九日）》，青海省档案馆，档案号：7- 永久 -253。

④ 《循化厅为公举乡约给隆务寺商民的谕（光绪七年十月五日）》，青海省档案馆，档案号：7- 永久 -253。

⑤ 《关于批准米生存为乡约的牌（光绪八年十月十九日）》，青海省档案馆，档案号：7- 永久 -254。

⑥ 《为更换戳记差传乡约事（光绪九年十二月十四日）》，青海省档案馆，档案号：7- 永久 -254。

⑦ 《为恳请辞去乡约事（同治十二年闰六月十一日）》，青海省档案馆，档案号：6- 永久 -31。

在乡约设置地区不断深化。

与乡约的人员组成与选任方式不同，循化厅歇家“以内地汉回民充之”，这从光绪七年（1881 年）循化厅差传的西南番歇家姓名中能窥得一斑，当时计传“西番歇家王成、沈六十、马瑞、马成禄、马兴、马源、马成、沈七一；南番歇家马正延、马自新、马兴旺、马顺喜、马元贤、马正源、铁三五、马麻二力、马外加、马尕三、马五个、马仲良、马信个、马万林、马顺、丁尕仓、丁福禄”。此外，循化厅歇家身份一旦确定，往往父子相继，即所谓“世继充，外人不与焉”[①]。歇家马来迟也称，“小的祖先自当歇家以来，至今一百五十年”。一直到民国，循化县歇役仍“成世袭，父子相传”[②]。但是，当歇家后代不能承担歇家之责时，可由“喇嘛头人”等作保，由官府查验后择人充任。如光绪二十五年（1899 年）档案记载，“有南番黑错等寨歇役陕福禄去年因病亡故，其子均非安分之人，不便接充，查有该处为商回民马三益为人谨慎，堪以承充此差，小的等通知黑错寺庄各喇嘛头人均情愿作保……恳请祈□□□俯准验充，赏谕”[③]。当然，官府亦有视情况剥夺歇家身份的权力。如光绪七年（1881 年）循化厅同知差传西南番歇家，并严令“倘有一名不到，定行斥革不贷”。正是在这一年，马来迟的歇家身份“因事”被革除，从此他“再莫接歇番子”。[④]

总之，循化厅乡约及歇家在设置范围及人员构成、选任等方面都存在差异，这一方面体现了因地制宜这一羁縻政策的核心，另一方面则暗示着中央军事政治力量在循化厅不同区域内的强弱程度。具体来看，循化厅军事力量主要由循化营、保安营、起台营构成，但此三营防区仅限循化厅半农半牧区域，这与循化厅乡约设置范围相吻合，也是循化厅能对乡约具有较强控制力的基础。与之相对，“循化所属生番五十二寨”不但不受头目约束，且“伊亦不见官长”。在此区域，“长官信牌，实不若歇家凭证之可恃”[⑤]。故此循化厅在“西南番”地区以歇家为代理人进行管理，其对歇家的控制力自然较弱。羁縻政策作为“大一统”的权宜之计，会随着国家政治军事力量日益深入区域社会，向“一体化”政策转变，但事实上清廷在循化厅地区的军事力量不但没随时间增强反而不断弱化。据《循化厅志》记载：“当雍正、乾隆之际，循化有兵八百

① 《循化厅为边都沟抢杀事上的禀》，青海省档案馆，档案号：7- 永久 -4754。

② 《边疆时事·循化县歇役制度迭生流弊》，载《蒙藏月报》，1937（5）。

③ 《为恳请马三益验充黑错歇役事（光绪二十五年三月十七日）》，青海省档案馆，档案号：7- 永久 -177。

④ 《循化厅为处理双朋、刚拭番案给宪台的详》，青海省档案馆，档案号：7- 永久 -2725。

⑤ 《羌海歇家》，见徐珂：《清稗类钞·第 5 册·农商类》，2312 页，北京，中华书局，1984。

名……而当事无识，日裁月减”以至于“无兵可用”。继而光绪年间甘肃再行淘汰冗兵，循化三营的兵额所存仅马兵 69 人，步兵 187 人，守兵 215 人。[①] 如此一来，清廷不得不长期赋予循化厅乡约、歇家更多的官府职能，从而降低统治成本。

二、羁縻而治：循化厅乡约、歇家的角色职能

军事力量是国家权力介入循化厅基层社会的基础，但是循化厅复杂的民族与文化环境以及强大的部落、宗教权力，使得清廷在循化厅的驻兵远不敷震慑之用，故遇事常以“勿致轻启事端”[②] 为原则，“畏事隐忍，苟且了局”。加之作为国家权力代理人的循化厅官员大多因“循化地处极边，缺分清苦，番回多事”而视为畏途，“故数月辄一易其人”，致使“官既视为传舍，苟安岁月，风土情形，毫不熟悉”。在此背景下，循化厅不得不赋予乡约与歇家多种官府职能，依靠他们来执行基层社会的治理工作。

作为官府治理基层社会的执行人，歇家与乡约在功能上自然有诸多相同之处，如在基层行政方面，两者都具有催收粮赋、稽查户口的职能。其中，承揽包纳番粮是循化厅歇家最基本的职能，其从创设之初即“雇纳粮赋，征调徭役”，光绪年间循化“厅属西南番粮全系歇家催收”，直至民国，循化县仍“有所谓歇役者……于征收粮款之时，特设置之”，因此循化厅歇家亦被称为“催粮歇役”或“歇家粮差”。歇家因包纳粮赋需要制订粮户的花名清册，故又具备稽查粮户变动之责。如歇家马仲良“承催上拉不拉贡粮”，因光绪十三年（1887 年）“寨内哇的帐房三家被拉卜楞搬去”，未能“即时查禀”被斥为“懒惰荒谬”。[③] 不仅如此，循化厅要求马仲良将“应纳粮之户”的“花名册呈案，以凭与户房所存花户粮册互相比对”。[④] 除此之外，歇家因熟习“番情、番语”，一些重要公文的传达也由他们负责。如光绪元年（1875 年），循化厅为奉交蒙古郡王、拉卜楞寺公文，“速即责差妥干弁兵、歇役驰交该旗寺收领”[⑤]。光绪二十年（1894 年），青海大臣所发“蒙番公文”同样由循化厅“差妥靠歇役，星夜驰交该呼图

① 杨红伟：《清朝循化厅藏族聚居区之权力机制》，128 页，北京，高等教育出版社，2015。
② （清）那彦成：《那彦成青海奏议》，宋挺生校，73 页、49 页、146 页、160 页，西宁，青海人民出版社，1997。
③ 《奉查南番粮赋案》，青海省档案馆，档案号：7- 永久 -2531。
④ 《歇家为哇的帐房搬往他处，额粮无着上的禀（光绪十五年九月五日）》，青海省档案馆，档案号：7- 永久 -2531。
⑤ 《循化厅为奉交蒙古郡王等公文给拉卜楞寺的谕（光绪元年七月）》，青海省档案馆，档案号：7- 永久 -4050。

克图及郡王等首领”。[①]

与歇家一样，雍正年间循化厅乡约亦以“催收赋科”为要，光绪六年（1880 年）循化厅还告诫鸿化族新任乡约，“催纳粮石，稽查奸宄等情，务须小心办理”。此外，乡约上任需“将所管户口分别造册送厅以凭稽核”[②]。在商贸较发达的拉卜楞寺、隆务寺等地，乡约还“有经管贸易商旅，稽查奸细私贩粮茶之责”[③]。回族的管寺乡约还需对“境内现有礼拜寺若干座”，“某回户应归某寺”等，“查明造册备案”年底甘结。值得注意的是，相较于歇家，循化厅乡约的官府职能更为广泛，除催收赋科、稽查户口外，“乡约之设，原为上办公事，下察民情”，故对于“一切大小公事务须小心办理”。例如，同治十二年（1873 年），循化厅欲“将各庙所寄旅榇一律查办”，就“仰该回目、乡约等遵照妥为办理”。[④]同年，循化厅立春“塑画芒神春牛其塑画颜料木匠”事也由“乡约妥为承办”。[⑤]光绪元年（1875 年），循化厅还命令各乡约“遵照赶急传谕就近商贾贩子携带货物邀赶牲畜至期来境贸易”[⑥]。

除行政职能外，循化厅乡约、歇家还在各类社会冲突的处理中扮演重要角色，这可能与循化厅地区民族、文化冲突，特别是因资源竞争而引发的部落冲突长期存在有关。其中，循化厅乡约就具有协助官府办案之责。如光绪六年（1880 年），循化厅晓谕鸿化族新乡约：“如能缉获大盗，及邻封要获，本府定有重赏。”光绪九年（1883 年），有军犯逃脱，官府随即派差役张延应“协同乡约在于城乡严密缉拿逃犯”[⑦]。对于离城较远地方的“细故兴讼”，循化厅虽允许“乡约等平允议结，准其销案”[⑧]，但必须在授权之下进行，否则“倘敢在下私受民词，擅自和息”，“决不姑宽特宥”。可见，循化厅乡约的司法权责较为有限。除协助官府办案外，乡约更多在“化导地方”，调解纠纷、维护社会治安方面发挥作用。如同治十二年（1873 年），官府晓谕起台堡乡约：

---

① 《循化厅为会派公文上青海大臣的申（光绪二十年八月二十四日）》，青海省档案馆，档案号：7-永久 -4048。

② 《为举报起台堡乡约事（同治十二年五月三日）》，青海省档案馆，档案号：6- 永久 -32。

③ 《委任全福禄为隆务寺乡约》，青海省档案馆，档案号：6- 永久 -122。

④ 《里民局回目乡约等知照遗骸死者镌刻砖石设立号簿预备家属搬葬事（同治十二年九月八日）》，青海省档案馆，档案号：6- 永久 -80。

⑤ 《为立春供神塑画事饬乡约王兴贤马成》，青海省档案馆，档案号：6- 永久 -39。

⑥ 《为就近商贩到境贸易以通商旅事晓谕起台堡等乡约（光绪元年八月二十日）》，青海省档案馆，档案号：7- 永久 -3299。

⑦ 《为差派张延庆协同乡约严密缉拿逃军犯李小儿事》，青海省档案馆，档案号：7- 永久 -3732。

⑧ 《造赉光绪十六年三月分审理新旧词讼并禁押各案人犯四柱月报》，青海省档案馆，档案号：7-永久 -3553。

“务须开导汉番回民互相和洽不许滋闹……如户民不遵约束在外滋生事端以及外来痞匪在地方滋事许尔指名具拿。”光绪七年（1881 年），隆务寺商人马如海也因“堪以化导地方”被委以乡约之职。①

在处理循化厅“西南番”各民族、部落间的冲突及诉讼案件中，歇家是官府的重要依靠力量。这一方面是歇家对“他所从属部落的习惯、语言与人物的知识，了解的最为广泛和精确”②；另一方面则是歇家世代相承，在地方上有一定的威望及财力，用歇家协助“办番案”可避免所用之人“既无根底，其中多不可深信，且身家既轻，用之亦不得把握”的现象；再有就是清廷所设专为沟通语言的通事（或称通丁、通役）日益腐败，“若辈盘踞日久”，“所传之话则又颠倒是非……勾通煽惑，以有事为乐，遂致滋生大案，实为番案中之一积蠹，不可不除”。循化厅档案也显示：“争闻案件，地方官全凭通役翻译传递。通役又从而舞弊需索，以致番案辗转拖延。”③因通事等差役“积习太深”，冲突各方“畏衙门如虎，相戒为训。遇有人命盗案，官不能差提”④。由是之故，循化厅“西南番”各类纠纷及诉讼案中，常能见到歇家参与词讼通语、传唤、调查、传示等事项。如同治十三年（1874 年）隆哇红布一案中，就由“隆哇之差役、歇家”前往“彼处传调”。⑤光绪九年（1883 年）隆务寺与河南蒙古发生冲突，循化厅随即“派歇役持谕帖一纸随同宪台衙门张通丁先往隆务寺传知务须遵照宪台示谕”⑥，此后，循化厅不断派“歇役前去查明隆务昂锁有无带兵打仗情事”⑦。最后循化厅同知准备亲往查办，又“特专派歇家、差役持谕前来该寺传示一切”⑧。除协助办案外，歇家还常代表官府对各类冲突进行调解、善后。如光绪元年（1875 年），循化厅委“歇役前赴加咱等四族会同隆务寺昂锁、加咱等族千户红布人等上紧开导弹压该族番子……倘有不遵者，着该歇役等即将该管千户等押令来辕听候本分府严加究办”⑨。

① 《为委派隆务寺乡约的牌（光绪七年正月二十七日）》，青海省档案馆，档案号：7– 永久 –253。
② William Woodville Rockhill. The Land of The Lamas. London: Longmans Green And Co., 1891, p.51.
③ 《治下马安良谨禀太尊大人阁下》，青海省档案馆，档案号：7– 永久 –4164。
④ 《陕甘总督为查办买吾、黑错番案的札》，青海省档案馆，档案号：7– 永久 –4164。
⑤ 《循化厅禀覆奉札查明循化所属隆哇番目横行各情一案及隆哇不遵查办情形由》，青海省档案馆，档案号：6– 永久 –187。
⑥ 《循化厅为隆务寺欲攻打河南蒙古上的青海大臣的禀》，青海省档案馆，档案号：7– 永久 –2727。
⑦ 《循化厅为派差查隆务寺抢杀郡王事（光绪九年六月六日）》，青海省档案馆，档案号：7– 永久 –2726。
⑧ 《循化厅为亲往查办蒙番案件给隆务寺昂锁的谕（光绪九年六月二十三日）》，青海省档案馆，档案号：7– 永久 –2726。
⑨ 《循化厅为不准隆务四族渡河抢劫的谕（光绪元年六月三日）》，青海省档案馆，档案号：7– 永久 –2663。

光绪三年（1877年），西番狼家“抢去官兵鸟枪、衣食”，循化厅令歇役沈六十“持谕开导”，并“带领该番或到城内或到军门认错赔礼”。[①] 光绪二十七年（1901年）“起台番众杀毙立加八乙案”，由军功协同“歇家、原差番目人等，邀集两造，仍照番规在下开导理处”。[②]

综上可见，循化厅乡约与歇家作为国家权力与基层社会沟通的主要媒介，被赋予了广泛的官府职能。清廷通过权力的交换把乡约与歇家纳入官府管理体系之中，使他们以“役”的面目出现，从而进一步加大对其控制与利用，这一点从循化厅档案中称乡约为“地方官署外之役”[③]，以及大量出现的“歇役”一词中可以窥见。但虽同为基层社会管理力量，乡约与歇家的职能却有不同的侧重。具体来看，乡约的职权主要体现在管理地方“庶务”，保护百姓“权能”“权利”，[④] 其行政职能较为突出，而歇家在司法领域发挥的作用较为凸显，这应该与乡约、歇家设置的区域特征有关。循化厅乡约设置之区一般“俱纳粮、当差，与汉民无异”。循化厅对于此一地区的管理意在“化番为汉，悉作边地良民”，故对于基层的控制与渗透较为积极，乡约作为国家权力的触角，自然承担了更繁杂的社会管理、治理的职能，同样也会受到来自上层官府更为严格的监督与控制。而循化厅歇家设置的“西南番”地区，“劫夺仇杀，习以为常。檄之不应，召之不来。有司仰体大吏息事宁人之心，未敢轻议剿杀。番民知之，益无所忌”。在此背景下，清廷对此区域“若全任厅、营稽查约束，恐难周遍，不得不以番治番”。故此，循化厅对这一地区的统治则在征收赋税之外，以“无事”为目标。但作为官府代理人的歇家，在“西南番”地区自然在包纳粮赋之外，主要协助官府处理各类社会冲突与诉讼，加之循化厅藏族聚居地区的冲突往往“照依番规议结”[⑤]，这无疑留给熟知番规、番例的歇家更多的发挥空间。

---

① 《保安营参将为开导狼家给歇家的谕（光绪三年十一月二十日）》，青海省档案馆，档案号：7-永久-2668。

② 《拟议起台番众杀毙立加八乙案的处理方案（光绪二十七年四月一日）》，青海省档案馆，档案号：7-永久-4752。

③ 《为禁革乡约私设公堂擅干民词事致循化分府张（光绪七年十月十日）》，青海省档案馆，档案号：7-永久-3455。

④ 《循化厅为持票传人给八工的谕》，青海省档案馆，档案号：7-永久-4715。

⑤ 《会办买吾、黑错番案订立条程请发执照事》，青海省档案馆，档案号：7-永久-4755。

三、余论：羁縻之治下的社会秩序失范

中国传统的“夷夏”二元的民族观以及“大一统思想”，是羁縻政策产生并长期存在的思想根源。“大一统”的理想，与各王朝政治、军事实力难以长期直接统治边疆民族地区的现实之间的矛盾，则是羁縻政策长期存在的客观原因。清初，正是在“大一统思想”引导下，清廷着手把循化厅地区纳入国家权力体系之中，但是受统治成本的制约及传统民族观影响，清廷对于循化厅地区的统治政策仍以“羁縻”为主。值得注意的是，清廷在循化厅所实施的羁廉政策本身具有较大的差异性与灵活性。如循化厅在“内地化”程度较高的地区，则以“化番为汉”为目标，“就其原管番目，委充乡约、里长”，设置源于内地的基础社会管理系统；而对“与切近内地者不同”的部落，则以“息事宁人”为目的，“就其原有番目，给与土千、百户职衔，颁发号纸，令其管束”，或保留原有“番目”，同时赋予粮赋型歇家多种官府职能，作为官府“强化对藏边地区控制的重要结果与手段”。

从历史上看，循化厅乡约与歇家的设置的确为国家权力的下移提供了条件。循化厅乡约的建立，不但“提供了地方政府深入到基层社会的血脉管道”，而且在一定程度上弥合了“官员与少数民族之间存在的文化张力与信仰上的差异性”。[①]歇家的创设也是“地方政府实施对西南番政治治理所能依赖的不可或缺的手段”。当然，如果清廷能以乡约、歇家的设置为契机，积极利用地方社会的“权力文化网络”为国家权力的介入提供合法化机制，并进一步重塑循化厅原有的社会结构和权力结构，是有希望逐渐实现国家权力对基层社会的全面掌控的。但事实上，循化厅乡约、歇家获得国家权力的支持与承认之后，并没有完全转换成国家意志的代言人，相反，他们常常滥用国家权力从而造成社会秩序的失范。

例如，乡约因被赋予处理地方大小公事之责，权势极大“一言灭人家，一言兴人家”[②]。据循化厅档案显示：光绪年间，乡约“在下私受民词，擅自和息，及籍公科敛，拷磕百姓等弊”时有发生。光绪七年（1881年），西宁府亦因丹噶尔同知王恩海禀称：“红牌者即乡约之别名也”，“今胆敢私立公堂擅作威福私设刑具欺吓乡民，具有太爷之称……民间词讼先经红牌严问一番，如准后百姓方敢来厅投呈候讯也”，而令循化厅对

① 李稳稳：《清代乡约制度在甘肃循化厅的推行》，载《青海民族研究》，2016（1）。
② 《裕固族、东乡族、保安族社会历史调查》，109页，兰州，甘肃民族出版社，1987。

“此等恶风即一体禁革”。同时，歇家借包纳粮赋之便“勒索舞弊，增减粮赋，摊派烧柴各情”①不绝。如光绪九年（1883年）边都寺法台他乙佛僧等控告循化厅“歇家私造大斗，抗章越例，多冒粮数”②，指出“本方歇家酷虐胜役，每至收粮之时，不肯依昔之旧例，私造大斗，任意收取”，“且恶等素见美妇而奸淫，或见良马即乘去，斯民莫之敢阻”。③时至民国，仍有时人指出循化县歇役“流弊层出，官府受其操纵，人民遭其鱼肉”。

由上可见，清廷在循化厅地区的羁縻政策，以“国家经纪人”的形式把传统社会力量纳入国家秩序之中。这种“权力承包”一方面使国家权力得以依附地方社会的文化网络在基层展现，但另一方面却阻断了国家与广大民众的直接联系，分割国家政治认同的资源，导致国家政治权威合法性的缺失。不仅清末“西南番”部分地区出现“各番均横逆不法，以致额粮年年该番总抗不完纳”④的现象，甚至到民国时期，循化厅广大藏族同胞仍“极少政府之认识，故县府政令之不能推行”⑤。

（原载《青海民族研究》2019年第1期）

① 《循化厅为押令拉乙仓回籍而息双朋、刚拭番案给宪台的禀（光绪九年六月五日）》，青海省档案馆，档案号：7-永久-2725。

② 《边杜寺七族番民控差役的禀（光绪九年六月七日）》，青海省档案馆，档案号：7-永久-2723。

③ 《青海大臣为边都寺他乙佛僧的禀札循化厅（光绪九年五月二十日）》，青海省档案馆，档案号：7-永久-2723。

④ 《循化厅为恳派大兵捉拿多哇贼人禀督抚蕃臬钦道镇西宁府（光绪六年四月）》，青海省档案馆，档案号：7-永久-2691。

⑤ 马无忌：《甘肃夏河藏民调查记》，42页，贵阳，文通书局，1947。

清代晚期地方粮价报告研究

——以循化厅档案为中心

余开亮

一、清代粮价奏报制度研究的回顾

粮食问题历来为统治者所重视，清代为此而建立了一套自下而上、层层上报的粮价奏报制度。清代粮价奏报制度创始于清初，其建立过程经过了三个阶段，即康熙朝后期为初成期，雍正朝为孕育期，乾隆初年正式确立。这一制度前后运行了两百多年，留下了数万件粮价档案资料，成为研究清代经济史的重要资料。学术界较早就开始了对清代粮价资料的研究，整理出版了大规模的粮价数据资料，① 也吸引了国内外的众多学者利用粮价数据对清代的物价变动及市场运作等问题的关注与研究。②

粮价奏报制度的研究至为关键，关系到如何正确利用粮价数据，是所有清代粮价相关研究的基础性问题，因此以往学者在粮价奏报制度研究上也用力颇多。全汉昇和

① 清代粮价数据的大规模整理工作主要来自两个方面：一为汤向龙先生等于20世纪30年代从故宫档案资料中摘抄的道光至宣统年间粮价单资料，并重新编排制作成粮价统计表，抄档藏于中国社会科学院经济研究所图书馆，现已由中国社会科学院经济研究所整理出版为《清代道光至宣统间粮价表》（桂林，广西师范大学出版社，2009）；二为王业键先生进行的粮价数据收集整理工作，王业键先生自20世纪60年代随全汉昇先生研究粮价资料起，就一直致力于清代粮价数据的整理工作，多次组织人力汇集藏于各处的粮价档案，先后历时三十多年，终于在2003年建成了“清代粮价资料库”。

② Thomas G. Rawskiand Lillian.M.Li, eds., Chinese History in Economic Perspective, Berkeley: University of California Press, 1992. 对以上研究的评述参见吴承明：《利用粮价变动研究清代的市场整合》，载《中国经济史研究》，1996（2）。更多相关研究，参见［日］岸本美绪：《清代物价史研究现状》，见岸本美绪：《清代中国的物价与经济波动》，刘迪瑞译，3—60页，北京，社会科学文献出版社，2010。朱琳的综述文章总结了清代粮价研究最新发表的研究成果，详见朱琳：《回顾与思考：清代粮价问题研究综述》，载《农业考古》，2013（4）。

克劳斯（Richard A.Kraus）最早介绍了清代的粮价奏报制度，描述了粮价数据从县级开始层层上报的流程，将粮价奏报分为经常性奏报和不规则奏报加以分析，为后来研究者指出了基本的研究方向。① 威尔金森（Endymion P.Wilkinson）也较早对清代粮价奏报制度进行过深入研究，② 其利用的主要资料为清末陕西省粮价细册，展示了县级粮价数据产生过程中的诸多细节，如粮价信息的采集渠道、上报过程及各个环节的执行人员等方面的情况，更为清晰地勾勒了粮价数据由县级到省级的奏报流程。

王业键先生三十多年致力于粮价资料的搜集整理，发表了《清代的粮价陈报制度及其评价》③ 一文。文中利用的粮价档案主要是由督抚上报到皇帝的粮价折和粮价单，还结合少数地方府县一级的档案，详细地陈述了粮价由县（厅）、府（州）、省各级地方奏报至中央的程序，并列出了各级奏报清单的具体格式和奏报内容，首次完整地呈现了粮价奏报制度的全部流程，较以往学术界对这一制度的研究要深入准确许多。

此外，国内陈金陵④、王道瑞⑤ 和陈春声⑥ 等学者也利用粮价折和粮价单档案对粮价奏报制度进行过概括性的研究，对于深化这一制度的认识及粮价数据的利用具有借鉴意义。近年来，罗畅和王玉茹等从粮价数据质量的角度对清代粮价报告制度进行了研究，提出应该分时段、分地区利用清代粮价数据的建议，他们的研究也加深了我们对粮价奏报制度的认识。⑦

目前，大多数研究粮价奏报制度的文献利用的资料都是粮价单或粮价折，由于利用的史料基本为中央一级的档案，这类研究只能触及清代粮价奏报的最终形式，对该制度在地方实际执行过程中的真实情况所知甚少。同时，由于地方粮价档案保存数量稀少，学术界对于最能真实反映粮价奏报制度执行实态的地方档案的研究还

① Han-sheng Chuanand Richard A. Kraus, Mid-Ching Rice Marketsand Trade; An Essay in Price History, Cambridge: East Asian Research Center, Harvard University: distributed by Harvard University Press, 1975, pp.1-16.

② Endymion P. Wilkinson, Studies in Chinese Price History, NewYork: Garland Pub., 1980, pp.97-137.

③ 王业键：《清代的粮价陈报制度及其评价》，见《清代经济史论文集》（二），1—36 页，台北，稻香出版社，2003。

④ 陈金陵：《清朝的粮价奏报与其盛衰》，载《中国社会经济史研究》，1985（3）。

⑤ 王道瑞：《清代粮价奏报制度的确立及其作用》，载《历史档案》，1987（4）。

⑥ 陈春声：《清代的粮价奏报制度》，见《市场机制与社会变迁——18 世纪广东米价分析》（附录一），207—216 页，北京，中国人民大学出版社，2010。

⑦ 罗畅：《两套清代粮价数据资料的比较与使用》，载《近代史研究》，2012（5）；王玉茹、罗畅：《清代粮价数据质量研究——以长江流域为中心》，载《清史研究》，2013（1）。

很薄弱。目前利用地方档案的研究，只有岸本美绪对太湖厅粮价报告文书的研究。[①]岸本美绪利用了日本国会图书馆收藏的80余件宣统年间江苏省太湖厅的文书，这些粮价报告的原始文书是太湖厅向上级报告粮价时所用的底稿，其中包括各种有关当时县级粮价报告执行情况的具体信息，包括粮价报告单的内容和形式、上级衙门对该厅报告的指示以及太湖厅粮价报告与其他文献所载清代州县报告方法的异同等。岸本美绪的研究深入县级衙门档案，加深了我们对清代粮价奏报制度中最低层级的官方报告的认识。

本文除利用清代雨雪粮价折和粮价单等中央档案外，还将利用尚未被学术界注意到的地方粮价报告档案来考察清代县级粮价奏报制度的执行实态，对县级粮价数据的采集、编制、上报等关键环节进行具体的考察，以深化我们对清代粮价奏报制度在地方执行实态的认识。

本文主要利用青海省档案馆保留的清代循化厅档案，以清后期同治至宣统朝的档案为主。[②]循化厅置于乾隆二十七年（1762年），隶属于兰州府，道光三年（1823年）改隶西宁府。[③]循化厅档案中有部分关于粮价奏报的档案，时间集中在光绪年间（1875—1908年），在数量和内容上都非常丰富，是目前所见反映县级粮价报告的珍贵史料。本文所利用的循化厅粮价报告档案包括两类：第一类为循化厅的米粮斗行向该厅衙门定期报告米粮时估价的禀文，以清单的形式报告该厅粮价，档案中还保留了循化厅官员所作的批示。前述岸本美绪利用的太湖厅粮价报告是向上级官员报告粮价的底稿，在某种程度上来说是经过了加工的报告，而循化厅粮价档案则是直接来自斗行的原始报告清单，是反映清代粮价奏报制度在底层执行情况的最直接材料。现存循化厅档案中保存了约五十份斗行以清单形式向厅衙门报告粮价的禀文，时间从光绪六年（1880年）至光绪二十年（1894年），其中以光绪十年（1884年）、十一年（1885年）较为完整。第二类为循化厅和上级官员之间往来的申呈、关、札、火签等各类公文，其中包含了大量来自上级官员对该厅呈报粮价的各种指示，能够较为全面地反映各级官员或自上而下或自下而上对该制度的实际执行情况的态度。

① ［日］岸本美绪：《关于清末江苏省太湖厅的晴雨粮价报告》，见《清代中国的物价与经济波动》，刘迪瑞译，207—216页，北京，社会科学文献出版社，2010。

② 同治、光绪、宣统三朝档案全宗号分别为006、007、009，档案的详细介绍参见青海档案信息网，http://www.qhda.gov.on/readnews,asp?newsid=133，2014年2月26日。

③ （清）邓承伟修，来维礼等纂：《西宁府续志》卷1，《地理志》，32页，西宁，青海人民出版社，1985。

下面主要利用以上两类档案分别对循化厅粮价报告的来源和去向、报告的时限、报告的内容及报告的查核等方面分别加以考察。

二、报告的来源与去向

循化厅粮价的报告人为该厅斗行。西北地区歇家、斗行、米户融为一体经营米粮市场，斗行有铺面、仓库等场地，接待进城农民住宿、吃饭、粜粮。[①]循化厅的一份档案记载了选任斗行的情形，光绪六年该厅保安城乡约王正全、商民干元当等人向厅官员恳请发给安其俊斗行执照：

> 情缘保安地方设在极边，向有斗行，每逢商贩，杂货、青盐、青油、碎小等物公卖公买，自世乱以后，未有斗行，每来各物，时抬时压，价值不定，以致行市大有不利。是以小的等同商将民人安其俊为人勤慎小心，堪以公举，以当斗行，因而公议，恳祈恩宪大老爷怜念下情，恩准赏发执照，著伊小心专责以利行市。[②]

保安城地方虽然“设在极边”，也是“向有斗行”，显然斗行不仅在城内设立，在远离县城的城外边远之地也有设立。该厅“世乱以后，未有斗行”，待到社会稳定市场恢复，便要重新选任斗行。斗行的充任要经过地方商民人士的推举，并由地方官府批准发给执照。

① 董万鹏：《银川斗行与粮食加工作坊》，见《宁夏文史资料》第20辑《宁夏老字号》，146—147页，银川，宁夏人民出版社，1997。关于西北地区斗行的经营特点，参见胡铁球：《“歇家牙行”经营模式的形成与演变》，载《历史研究》，2007（3）。

② 保安城乡约王正全等：《为公举安其俊以当斗行恳发执照事》（光绪六年十二月十八日），青海省档案馆藏，循化厅档案，档案号：07-3315-9。

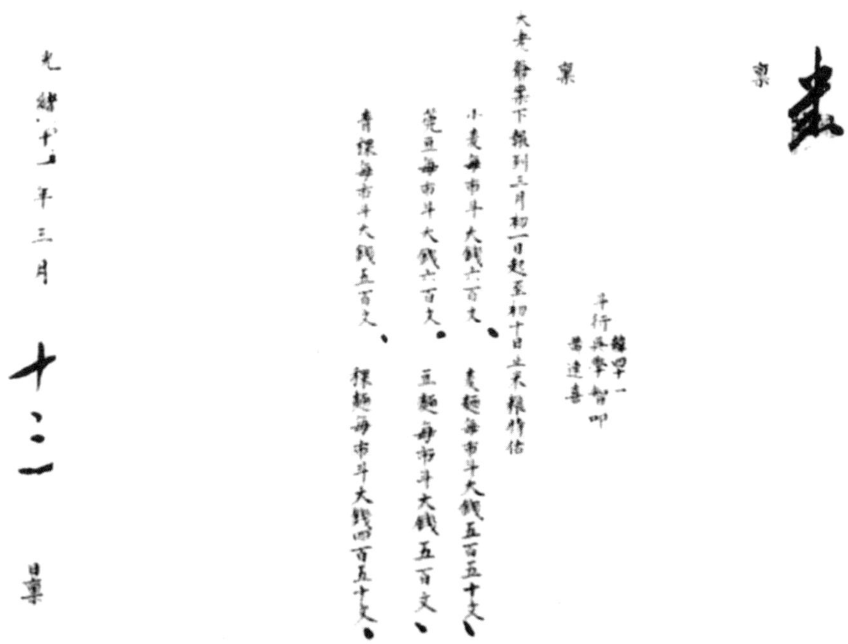
禀
大老爺案下報到三月初一日起至初十日止米糧時估
小麥每市斗大錢六百文
麥麵每市斗大錢五百五十文
豌豆每市斗大錢六百文
豆麵每市斗大錢五百文
青稞每市斗大錢五百文
稞麵每市斗大錢四百五十文
斗行 韓早一 吳登智 黃連喜 叩
禀
光緒十一年三月十三日禀

循化厅斗行呈报粮价的禀文

资料来源：斗行黄连喜等：《为报三月初一至初十米粮时估价事》（光绪十一年三月十三日），循化厅档案，档案号：07-3383-3。

上图是循化厅斗行呈报粮价的档案原件。从这份档案的具名可看出，循化厅的粮价一般由两至三名斗行联名奏报。斗行对市场上的粮价变化极为敏感，相互之间应该经常沟通粮价信息，联名奏报也起到了商人间相互监督的作用。从这点分析来看，斗行联名上报粮价在一定程度上可以使粮价造假的行为减少，据此我们可以认为循化厅获取的粮价信息应该是较为准确的。王业键前引文通过地方志及督抚奏折等材料，认为县级粮价为州县衙役和书吏到市场上调查所得，或由粮行和米牙报告。[①] 本文则通过循化厅中斗行粮价报告的原始档案，更加直接地证实了粮价报告在基层是真实存在并得到切实执行的。

关于县级报告的去向问题，前人多认为是按照“县—府—省—中央”的顺序逐级上报，即县级报告呈到知府，知府将所属厅县粮价汇总概况后汇呈布政使，布政使再上报给督抚，最后由督抚以粮价奏折附粮价清单的形式奏报皇帝。[②]

① 王业键：《清代的粮价陈报制度及其评价》，见《清代经济史论文集》（二），20—21 页，台北，稻香出版社，2003。

② 王业键：《清代的粮价陈报制度及其评价》，见《清代经济史论文集》（二），9 页，“经常报告程序图”，台北，稻香出版社，2003；陈春声：《清代的粮价奏报制度》，见《市场机制与社会变迁——18 世纪广东米价分析》，208 页，北京，中国人民大学出版社，2010。

由于前人研究利用的资料多为粮价折及粮价单等档案，缺乏对地方粮价报告档案的系统分析，对于地方粮价报告制度执行情况的认识还不够完整，他们忽略了县级粮价上报的另一个去向，即由厅县直接向布政使及督抚报告粮价。如果对县级地方档案加以注意的话，将会发现厅县向省级官员报告粮价的现象在多地档案中都有出现。如岸本美绪利用清末太湖厅地方粮价报告档案的研究，发现太湖厅直接向布政使报告粮价的制度。① 从已出版的四川南部县衙档案目录中也可以发现，南部县除了向川北道报告粮价外，还要向四川总督报告粮价，如光绪三十二年（1906 年）就可见多份粮价档案保存。② 循化厅档案中也有大量的证据表明循化厅向甘肃布政使报告粮价，而且该厅经常收到布政使关于粮价报告事务的指示。如前引同治十三年（1874 年）二月循化厅上呈西宁府的禀文中就明确指出，该厅将粮价报告“径赍督宪暨藩（道）宪”③。光绪十三年（1887 年）四月，循化厅收到甘肃布政使催报粮价的火签，也明确指出“各属每月申报米粮时估雨水报折应于下月初旬一律开折报司”④，可见在甘肃各厅县向布政使定期报告粮价是一项长期以来就普遍执行的制度。

通过以上多地的地方粮价报告档案，我们已经发现清代粮价奏报制度的流程中，县级粮价除了要上报到府一级外，还需要直接向布政使或督抚报告。以往的研究使用的资料集中在粮价奏折及粮价清单上，仅强调县级粮价报告流向府级的去向，未能揭示流向布政使的去向。因而，以往的研究在讨论粮价奏报制度执行效果时，仅仅以皇帝对督抚奏报的批示作为评判标准，其实这只是对经过布政使汇总之后的粮价进行评价，并不是影响粮价报告质量的决定性因素。县级粮价数据是督抚奏报数据的来源，粮价在从厅县官员上报到布政使的过程是否按时、如实报告，才是决定粮价报告质量的最直接影响因素。从这个角度来说，布政使对府县官员粮价报告的评价也是我们评判粮价报告制度执行效果的重要参考，应与皇帝的关注程度同时考虑，这一点是以往研究较少揭示的。在本文接下来的论述中，还有更多档案材料反映布政使在粮价奏报制度中所发挥的关键作用。

---

① ［日］岸本美绪：《关于清末江苏省太湖厅的晴雨粮价报告》，见《清代中国的物价与经济波动》，刘迪瑞译，453 页，北京，社会科学文献出版社，2010。

② 西华师范大学、南充市档案局（馆）编：《清代南部县衙档案目录》，2383 页，北京，中华书局，2009。

③ 循化厅：《为查各属雨雪粮价事呈西宁府》（同治十三年二月二十九日），青海省档案馆藏，循化厅档案，档案号：06-98-1。

④ 甘肃布政使：《为催报米粮时估雨水清折事》（光绪十三年四月初八日），青海省档案馆藏，循化厅档案，档案号：07-3377-6。

三、报告时限

循化厅粮价的报告时限经历了一个逐步统一规范化的过程，由半月报逐渐转变为旬报，且对提交报告的时限也逐渐有了明确的规定。这一转折发生在光绪九年（1883 年）十一月，在此之前循化厅的粮价报告为半月报，现存档案中有光绪六年（1880 年）二月至八月的半月报粮价单，[①] 档案抬头格式均为“光绪六年某月上（下）半月时估”。在光绪九年（1883 年）十一月的粮价报告中，循化厅官员对斗行粮价报告的时间做了新的批示，要求斗行“此后每月初一日至十日止到十一日呈报，十一日至二十日廿一日报，至卅日下月初一日报”[②]。光绪九年十二月的粮价报告中，斗行未详细声明所报粮价的时间跨度，厅官即批示“以后具禀应叙明白某月某日起某日止十天时价，做一次呈报，不准似此含混取戾，每月初十、二十、三十日三次呈报”[③]。从现存的粮价报告档案来看，光绪十年（1884 年）、十一年（1885 年）的粮价报告均遵照以上规定，每十天报告一次，报告时注明起止日期，且在固定的时间按时上报。

为何循化厅会在光绪九年对粮价报告的时限特别加以强调？对这一问题，循化厅留存的另一份档案可以做出一定的解释。这份档案是西宁府向循化厅传达陕甘总督和甘肃布政使命令的关文，其中包括了户部发给陕西司“催陕甘二省月报粮价”的咨文，内容如下：

> 乃查陕甘等省自同治初年以后始因军兴，继以旱荒，历年粮价迄未据造册报部。该省历次军需奏销案内所开采买面斤价值经臣部行查，仅据复称照依逐月具报市价合银等因。而该省各州县每月粮价实在情形均未据按月造报，不惟诸事漫无稽察，民食所关尤难远计。该省军务早平，比年岁收丰稔，自应将各州县粮价按月报部，以照核实。相应请旨饬下陕甘总督陕西巡抚转饬藩司，自光绪九年正月起，务当查照定例，将该省各处粮价照例按月详细造册报部，以凭查核，倘再延不造报，除将该藩司照例参处外，以后凡军需奏

① 青海省档案馆藏，循化厅档案，档案号：07-3386。

② 斗行黄连喜等：《为报米粮时估价事》（光绪九年十一月），青海省档案馆藏，循化厅档案，档案号：07-3380-18。

③ 斗行黄连喜等：《为报米粮时估价事》（光绪九年十二月十七日），青海省档案馆藏，循化厅档案，档案号：07-3380-21。

销案内采买面斤价值各款，臣部概不准销，以杜虚开含混之弊。[1]

陕甘二省同治军兴以来，督抚一直坚持都向皇帝奏报粮价，仅在同治五年（1866 年）至同治十二年（1873 年）间暂停了粮价奏报，同治十三年（1874 年）时陕甘总督已经重新开始了定期奏报粮价。[2] 但是，依据部例各省还要将粮价“按月详细造册报部”，而陕甘二省同治初年以来“历年粮价迄未据造册报部”。这一问题的直接后果是影响到了军需奏销，户部没有各州县每月粮价的实在情形，军需奏销也只能是一笔糊涂账。因此，户部“请旨饬下陕甘总督陕西巡抚转饬藩司，自光绪九年正月起，务当查照定例，将该省各处粮价照例按月详细造册报部，以凭查核”。循化厅接到来自上级的这一要求，也马上做出反应，对该年斗行的粮价报告做了更为严格的时限规定。可见只要上级官员能够重视，粮价奏报制度在甘肃仍然能够自上而下地贯彻下去。

当然，州县不能按时报告粮价的事情也时有发生，光绪十三年（1887 年）四月甘肃布政使还为此直接向循化厅发出一份催报粮价的火签：

> 签循化厅知悉：案查各属每月申报米粮时估雨水报折应于下月初旬一律开折报司，司中于下月中旬将上月粮价雨水汇开清折详院请奏，历办有案。近来该厅并不按月分旬开报，又不将上月下旬报折于下月初旬造赍到司，以致司中无凭汇报，案关通省每月具奏要件，岂容任意玩延。本应记过，姑从宽。合亟严签飞催，签到该厅遵照刻将每月应报米粮时估并雨水报折按月分旬造赍至，上月下旬务于下月初旬一律开折报司，以凭汇详请奏，毋再玩延致干未便，凛遵速速，此签即□。光绪十三年四月初八日。[3]

这份火签指出循化厅向布政使报告的粮价本应该每月报告一次，关系到“通省每月具奏要件”能否按时顺利上奏。且当月粮价应于下月初旬上报到布政使司，布政使再于中旬将上月各厅县粮价汇详上报，以备督抚缮造清单具折请奏。而循化厅的粮价

① 西宁府孔：《为催陕甘二省月报粮价事致循化分府的关》（光绪九年四月十一日），青海省档案馆藏，循化厅档案，档案号：07-3369-2。

② 陕甘总督左宗棠：《奏报本年正月份甘肃雪泽粮价情形事》（同治十三年三月十八日），中国第一历史档案馆藏，朱批奏折，档案号：04-01-24-0157-094。

③ 甘肃布政使：《为催报米粮时估雨水清折事》（光绪十三年四月初八日），青海省档案馆藏，循化厅档案，档案号：07-3377-6。

报告存在两个问题，一为“不按月分旬开报”，二为“不将上月下旬报折于下月初旬”报告到司。这导致布政使无法按时收到符合规范的州县粮价报告，造成“司中无凭汇报”，因此布政使才向循化厅发出这份火签催促。

又，光绪十六年（1890）闰二月，布政使为西宁府所属各厅县未按时造报粮价事向西宁府发来公文，西宁府传达至下属各厅县，循化厅收到的关文为：

> 光绪十六年闰二月十七日蒙署藩宪裕札开：案查各属米粮银价时估阴晴日期均系按旬折报到司，由司按月汇详请奏，历经办理在案。今该府所属各厅县每月按旬应报米粮银钱时估阴晴日期折报，并不按旬造报，甚至有每月上旬折报迟至下旬者，亦有迟至下月上旬始行造报者，如大通县二月分上中下三旬折报至今尚未造赍前来。似此漫不经心，将每月入奏要件视为泛常，实属不合，合亟由四百里严札饬催。为此札仰该府遵照，刻即饬属一体遵照，将前项报折务须按旬造报，以凭汇办。倘该厅县仍前玩延，定即照例详参不贷，凛遵速速等因，蒙此拟合移知，为此令关，贵厅烦照来文事理，希将前项报折务须按旬造报藩宪汇办，并报各宪暨敝府查考，幸勿仍前迟延，有干未便，切速施行。①

由以上档案可见甘肃布政使对于通省厅县粮价报告是非常重视的，频频发文催促府县官员按时上报粮价。这也说明在粮价报告制度中，粮价能否按时上报是影响制度执行效果的重要因素，上级官员尤其是布政使对此是否重视也将影响到上报粮价数据的可靠性。在循化厅档案中，西宁知府和甘肃布政使等上级官员发文指责该厅报告粮价的诸多弊病中，强调最多的就是关于未按时报告粮价的问题。

四、报告品种和单位

根据乾隆《循化志》，循化厅粮食作物的分类和种植格局如下：

> 附城左右多种青稞、小麦、大麦，而大麦尤多。豆则小莞豆、小扁豆、

① 西宁府倭:《为按旬造报米粮银价时估阴晴日期事致循化分府长》（光绪十六年闰二月二十一日），青海省档案馆藏，循化厅档案，档案号：07-3372-13。

白莞豆、蚕豆、绿豆，园中间有种刀豆者。秋田种大糜子、谷子，其荞麦则青稞割后方种，惟此为两收。起台堡近大山，地气较冷，惟种青稞、小麦，而青稞为多，亦有小莞豆，不种秋田。西番上隆务、下隆务等寨亦种青稞、小麦、小莞豆、白莞豆，秋田亦种小谷子。阿巴拉合儿等寨及南番多以牧放为生，种地者少，间有种者惟种青稞。①

在循化厅档案中，斗行报告的粮食品种包括六种，分别为小麦、麦面、莞豆、豆面、青稞、稞面。王业键对清代粮价数据进行整理的过程中对粮食品种做过统计，清代甘肃省奏报粮价清单的粮食品种共有五种，分别为粟米、小麦、豌豆、青稞、糜子。②从粮价清单来看，具体到每个府，所报的粮食品种略有不同，一般只有四种粮食，即粟米、小麦、豌豆、青稞（或糜子），循化厅所在的西宁府奏报的品种为粟米、小麦、豌豆、青稞四种。③州县粮价汇集到布政使后，布政使会综合通省各府县的粮价并对粮食品种进行归并，统一为几种常见的品种以府为单位上报督抚同时编制细册上报户部。

斗行报告米粮时估所使用的计量单位也经历了一个变化的过程。在循化厅光绪六年的几份粮价报告中，斗行使用的容量和货币计量单位是“每市石大钱若干文”④，光绪九年十一月的粮价报告则使用了“每市斗混大钱若干文”的计价方式。⑤自光绪九年十二月起，斗行使用的容量和货币单位开始固定下来，此后均使用“每市斗大钱若干文”作为计价方式。从计价单位的变化中我们可以看出几个问题：第一，斗行报告使用的容量为市石，说明粮食交易量较大，所报应为粮食的批发价而非零售价，这也验证了王业键和陈春声的看法。⑥第二，循化厅粮价报告使用的货币为“大钱若干文”，非普通的钱文，也非银两，这反映了清末当地的货币使用情形。岸本美绪所研究的清

① （清）龚景瀚：乾隆《循化志》卷 7《物产》，293—294 页，西宁，青海人民出版社，1981。

② 王业键：《清代的粮价陈报制度及其评价》，见《清代经济史论文集》（二），23—25 页，台北，稻香出版社，2003。王砚峰也对各省粮价奏报品种做过统计，但其文中误将“小麦”写作“小米”。参见王砚峰：《清代道光至宣统间粮价资料概述——以中国社科院经济所图书馆馆藏为中心》，载《中国经济史研究》，2007（2）。

③ 陕甘总督恩麟：《呈甘肃各属同治三年十二月份粮价清单》（同治四年五月初二日），中国第一历史档案馆藏，录副奏折，档案号：03-4962-166。

④ 青海省档案馆藏，循化厅档案，档案号：07-3386。

⑤ 青海省档案馆藏，循化厅档案，档案号：07-3380。

⑥ 威尔金森和全汉昇等学者认为州县报告的粮价为零售价，王业键认为是产地价或批发价。参见王业键：《清代的粮价陈报制度及其评价》，见《清代经济史论文集》（二），22—23 页，台北，稻香出版社，2003；陈春声也认为批发价的可能性更大。参见陈春声：《清代的粮价奏报制度》，见《市场机制与社会变迁——18 世纪广东米价分析》，207—216 页，北京，中国人民大学出版社，2010。

末江苏省太湖厅粮价报告用银元作为计价单位，而地处西北的循化厅则习惯用大钱来结算交易。第三，清代粮价清单中的单位均以“每仓石银若干”表示，[①]而县级粮价报告的单位为“每市石钱若干文”。从循化厅的粮价报告来看，计价单位的换算应该是在州县一级完成的，转换成统一单位后上报到府和布政使，再由布政使上报到督抚。循化厅官员甚至在斗行的粮价报告单上批示，要求斗行“呈报市估须将市石多少价折合仓石多少价一并呈明”[②]，还在另一份粮价报告单的批示中询问“银子市估向经何人，□应令其呈报”[③]，即希望斗行在报告粮价时就把计价单位统一，便于其向知府和布政使上报。

五、报告的查核

上级对粮价的查核是粮价奏报制度的重要环节，这对于粮价数据的可靠性具有关键作用。除了皇帝对粮价奏折和粮价单的不定期查核外，布政使等官员对各省州县粮价报告的可靠性也需加以关注。布政使常常结合雨水情形及收成分数等信息，或比较各地不同品种的粮价，如果发现粮价变动和天气收成情况有不合，或发现各地粮价过于悬殊，或不同品种的粮食价格差距过大等可疑之处，便会要求道府官员对所属厅县粮价报告进行查核。同时，布政使也不定期向府县官员发出通告，提醒他们不可虚报捏报，要据实查报各属粮价。

光绪六年（1880年）四月初十日，循化厅收到由西宁府转达的甘肃布政使的札饬中，布政使明确表示了对该年甘肃各厅县所报粮价真实性的怀疑：

> 甘省辖境去岁雨旸时若，年岁丰稔，近来粮价平减，远近咸知，乃核各州县具报粮价，往往一府所属此县与彼县悬殊，难保无任意高抬情事。本司酌议所有各属米粮时估折报，亦仿照雨水阴晴折报，由该管道府州就近查核明确，如果价值核实并无欺饰，即汇折报司核办。若各属敢有捏报者，查出即行详参。仍将上月时估于下月二十以前汇报到司，以凭详办。幸勿任其延

① 甘肃粮价的容量单位与其他省份不同，甘肃为京石，其他省份为仓石。

② 斗行吴学智等：《为报五月下半月时估价事》（光绪六年五月十七日），青海省档案馆藏，循化厅档案，档案号：07-3386-12。

③ 斗行吴学智等：《为报七月上半月米粮时估价事》（光绪六年七月初二日），青海省档案馆藏，循化厅档案，档案号：07-3386-13。

缓混填，切切施行。[①]

又，光绪八年（1882年）四月二十四日的档案记载，总督查核布政使汇总的通省粮价，发现各属报告粮价颇多不合常理之处，随即通告布政使，并由西宁府下发至循化厅知悉：

> 督宪札饬案照，该司详赉甘省各属本年正月分米粮时估清折，本督部堂详加察核，并将兰州、巩昌、宁夏各属所开粮价互相比较，有贵至二三倍不等者，有贵至四倍有余者，市价低昂虽无一定，然必无一府之中数县所报高下之数倍之理。且巩昌府粮价前据巩秦阶道所禀，采买之价甚贱，何以该府月折□开悬殊至此？合行札饬，为此札仰该司即饬各属以后务宜查明实在价值分晰声叙，以凭察核具奏，毋稍迟延。[②]

甘肃地处西北，交通不便，且以陆路运输为主，运输效率低下，粮食流通的成本很高，虽然“必无一府之中数县所报高下之数倍之理”，但是“一府所属此县与彼县悬殊”也可能是正常的现象。而加上布政使参考天气和收成情况，认为上年年岁丰稔，粮价平减，各州县所报粮价不应该过于悬殊，据此认为各县“难保无任意高抬”的可能，因而责令道府州就近查核明确。尽管我们不知道府州查核的结果是否确实存在州县捏报粮价的情况，但是从这些档案来看，布政使对于州县粮价报告是保持着警惕性的，对于不合常理的粮价悬殊现象会表示怀疑，同时让府县官员知晓并令其查核。这些措施在一定程度上能够使州县官员不敢在粮价报告上敷衍，对于保证粮价数据的真实可靠性具有重要作用。

当然，仅仅依靠督抚及布政使的查核不可能完全杜绝地方官员捏报、错报粮价的可能，尤其是到了光绪末年，部分地方官员对于政务虚于应付，对雨雪粮价报告漫不经心。陕甘总督及布政使屡屡札饬各属，指斥地方粮价报告的不实之处，并采取了惩处措施。如光绪二十四年（1898年）八月，陕甘总督发现汇总的府县粮价出现自相矛盾的问题：

① 西宁府徐：《为按旬通报米粮时估价事致循化分府沈》（光绪六年四月初十日），青海省档案馆藏，循化厅档案，档案号：07-3386-9。

② 西宁府定：《为查明粮价事致循化分府张》（光绪八年四月二十四日），青海省档案馆藏，循化厅档案，档案号：07-3367-12。

光绪二十四年八月初六日蒙藩宪曾札饬，案奉陕甘总督部堂陶札饬，案据该司详赍甘省各属本年五月分雨水及粮石市估清折到院，查阅一府所属价值高下悬殊，即如夏间旱象以省城为最重，粮价因之昂贵，然所载兰州府属小麦每京石价银九钱一分至五两二钱五分九厘，同在三四百里内，何至相悬如此之甚？且青稞一项又报每京石一两四钱至四两二钱七分三厘，是小麦竟较青稞为尤贱，亦属不确。宁夏、经〔泾〕州所属糜子每京石报三钱二三分，果尔则贫民易于糊口，亦属可喜，第不知所报各价是否可靠，抑任令书吏意为轻重。即如省城四月内仅得雨一次，此外偶有微雨，见风即止，官民忧旱甚切，而皋兰县竟报得雨九次，并未声明微雨字样。地方官吏漫不经心，一至于此，实属非是。①

这份档案指出报告中各府粮价出现了几处明显不合常理的矛盾之处。首先是该府小麦价格从每京石银九钱一分至五两二钱五分九厘，各地虽然只间隔了三四百里，却相差了五倍多。其次是青稞价格从每京石一两四钱至四两二钱七分三厘，最低价要比小麦最低价还要高，粗粮比细粮还贵显然不合常理。再次是宁夏、泾州所属糜子每京石三钱二三分，价格低得有些令人怀疑其可靠性。同时还指出，雨水的报告也敷衍了事，并未具实造报。

又，光绪二十八年（1902 年）七月二十日，甘肃布政使札饬各属，由西宁府传达至循化厅：

查雨泽粮价攸关奏报，前因各属未能按限报司，当即札饬上月下旬雨水时估务于下月初三日开折具报，以凭汇报在案。兹查古浪县应报前项旬折仍敢日久未赍，其余各属亦多玩延，并有任听书役信手填注某日雨泽若何、粮价若何，竟不过问。一到青黄不接，托词平粜，从中渔利。究其所以，毫无惠及贫民，亟应切实整顿，以挽积习。除将古浪县王令先记大过一次以示薄惩，并将该县户房书吏杨清由司斥革另充，并报院查考外，合再由四百里移知，为此合移。请烦查照转饬所属，将上月下旬雨泽粮价务于下月初三日开折，由三百里发递，倘逾限三日记大过一次，依次递加，至三大过止，一月以上请详撤参以

① 西宁府燕：《为据实开报雨水粮价毋疏漏事致循化分府黄》（光绪二十四年八月十三日），青海省档案馆藏，循化厅档案，档案号：07-3404-19。

儆玩泄。如有不恤民隐，任听书役信笔填报，致不肖市侩高抬价值者，一并严惩。本司言出法随，决不姑宽，勿贻后悔，望切施行等因。准此。[①]

这份档案中，厅县官员未按时造报粮价，布政使当即札饬要求各属按时造报，仍然有部分厅县日久玩延，将上级命令视同具文。更为严重的问题是，古浪县竟然“任听书役信手填注某日雨泽若何、粮价若何，竟不过问”，等到青黄不接之时假借平粜从中渔利。这一不法行为使布政使采取惩罚措施，将县令记大过一次，并将负责编制粮价报告的户房书吏革职查考。布政使对于地方官员虚报粮价的行为给出了具体的惩罚措施，意欲借此整顿各地报告粮价的种种不端行为。

清代甘肃的粮价报告制度中，布政使与地方官员在制度的执行上形成了张力。一方面地方官员懈怠政务、虚与应付，将粮价报告视为具文，使粮价报告制度失去其原本功效；另一方面则是布政使不断地督促查核、惩罚整顿，力图使粮价报告发挥其应有作用。由于甘肃地处西北军事要冲，是清朝对西北的军事活动中的重要军需补给线路，具有重要的战略地位，朝廷和各级地方官员历来都非常重视这一地区的粮价变动情况。[②]

布政使的催督查核对厅县报告粮价的影响，在循化厅斗行所报粮价数据中也可窥见一斑。文后附表中按时间开列了循化厅档案中的斗行粮价数据。从这些有限的数据所表现的特点来看，该厅的粮价在不同粮食品种之间及不同季节之间均存在一定的差价，大体符合农产品价格的市场规律，可以说该厅粮价数据的真实可靠程度应该是比较高的。

六、结论

甘肃经过清末的动乱之后不久，就恢复了定期粮价奏报的制度，并在奏报的形式和内容上逐渐实现规范化。粮价报告制度需要依靠上级官员的不断督催才能得以良好地执行，一旦上级放松监管的力度，下属州县也很容易懈怠。由于地方州县未按时报告粮价的行为直接影响到布政使和督抚每月的例行上奏，循化厅经常因此而收到上级

① 西宁府张：《为限期具报雨泽粮价事致循化分府付》（光绪二十八年八月初二日），青海省档案馆藏，循化厅档案，档案号：07-3395-24。

② ［美］濮德培：《清政府与甘肃谷物市场（1739—1864）》，见叶显恩主编：《清代区域社会经济研究》，1047—1069页，北京，中华书局，1992。

的催促和警告，循化厅档案中保留了大量上下级官员关于粮价报告的往来公文。

前人研究专注于从粮价奏折和粮价清单等中央档案中透视粮价奏报制度的执行效果，多强调皇帝个人注意力在粮价奏报制度中的作用，并以皇帝的关注度作为评价粮价奏报执行效果的参考指征。本文从地方粮价报告出发，从斗行、循化厅、西宁府、甘肃省直至中央各级人员留下的档案中，梳理了粮价从下到上的整个报告过程及其执行实态。从地方粮价报告中可以看出，地方官员，尤其是负责全省粮价报告的布政使，对该制度的执行效果具有关键的作用。

布政使是地方和中央粮价信息传导的枢纽。州县粮价汇集于布政使，督抚上奏皇帝的粮价来源于布政使，造册报部的粮价细册也出自布政使之手，这些职能使布政使在清代的粮价报告制度中的角色极为关键。州县若不按时报告粮价，将造成布政使向督抚汇报时无据可依，给布政使工作带来极大的不便，也将直接关系到督抚能否按时向皇帝奏报粮价。布政使能否适时地督促所属各府州县按时上报粮价，能否认真查核粮价数据的真实性，是粮价奏报制度能否取得较好执行效果的关键所在。

本文仅是对晚清循化厅档案的个案研究，要对清代粮价报告制度进行更深入的认识，还需要研究者发掘更多区域个案和更长时段的档案资料。对粮价报告制度在地方执行的实际情况的全面了解，是认识粮价数据特性的基础，对于利用粮价数据进行的研究具有重要的价值。

附表　光绪年间循化厅斗行的粮价报告（单位：文/市斗）

起止时间	小麦	麦面	莞豆	豆面	青稞	稞面	档案号
光绪六年二月下半月	900	800	800	650	600	500	07-3386-6
光绪六年三月上半月	900	800	800	650	600	500	07-3386-7
光绪六年四月下半月	900	800	800	650	600	500	07-3386-8
光绪六年五月上半月	900	800	800	650	600	500	07-3386-11
光绪六年五月下半月	900	800	800	650	600	500	07-3386-12
光绪六年七月上半月	700	600	600	460	500	330	07-3386-13
光绪六年七月下半月	700	530	600	430	500	330	07-3386-14
光绪六年八月下半月	700	500	600	460	500	330	07-3386-16
光绪九年十一月	550[2] 500[3]	—	500[2] 450[3]	—	400[2] 350[3]	—	07-3380-18
光绪九年十一月下半月	550[2] 500[3]	500[2] 450[3]	500[2] 450[3]	450[2] 400[3]	400[2] 350[3]	350[2] 300[3]	07-3380-19
光绪九年十二月上旬	500	450	450	400	350	300	07-3380-20

续表

起止时间	小麦	麦面	莞豆	豆面	青稞	稞面	档案号
光绪九年十二月	500	450	450	400	350	300	07-3380-21
光绪十年二月二十一日至二十九日	500	450	450	400	350	300	07-3381-5
光绪十年三月十一日至二十日	500	450	450	400	350	300	07-3381-6
光绪十年三月二十一日至二十九日	500	450	450	400	350	300	07-3381-7
光绪十年四月初一至初十	500	450	450	400	350	300	07-3381-8
光绪十年四月十一至二十	500	450	450	400	350	300	07-3381-9
光绪十年四月二十一至三十	500	450	450	400	350	300	07-3381-10
光绪十年五月初一至初十日	500	450	450	400	350	300	07-3381-17
光绪十年五月二十一日至二十九日	500	450	450	400	350	300	07-3381-16
光绪十年闰五月十一日至二十日	500	450	450	400	350	300	07-3382-18
光绪十年六月十一日至二十日	500	450	450	400	350	300	07-3383-20
光绪十年六月二十一日至三十日	500	450	450	400	350	300	07-3380-3
光绪十年七月二十一日至二十九日	500	450	450	400	350	300	07-3381-19
光绪十年八月十一日至二十日	550	500	500	450	400	350	07-3381-1
光绪十年九月二十一至三十日	550	500	500	450	400	350	07-3381-2
光绪十年十月初一至初十	550	500	500	450	400	350	07-3381-3
光绪十年十一月十一日至二十日	550	500	500	450	400	350	07-3381-4
光绪十年十一月二十一日至三十日	550	500	500	450	400	350	07-3381-7
光绪十年十二月十一日至二十日	600	530	550	450	460	400	07-3382-8
光绪十年十二月二十一日至三十日	600	530	550	450	460	400	07-3382-9
光绪十一年正月初一至初十	600	530	550	450	460	400	07-3382-11
光绪十一年正月二十一日至三十日	600	530	550	450	460	400	07-3382-12
光绪十一年二月初一日至初十	600	530	550	450	460	400	07-3382-13
光绪十一年二月十一日至二十日	600	530	550	450	460	400	07-3382-14
光绪十一年二月二十一日至二十九日	600	550	600	500	500	450	07-3383-6
光绪十一年三月初一至初十	600	550	600	550	500	450	07-3383-3
光绪十一年三月初一日	600	550	600	500	500	450	07-3383-7
光绪十一年三月二十一日至二十九日	600	550	600	500	500	450	07-3383-8
光绪十一年四月二十一日至三十日	600	550	600	500	500	450	07-3383-9
光绪十一年五月十一日至二十日	600	550	600	500	500	450	07-3383-10
光绪十一年六月二十一日至二十九日	550	500	550	450	450	400	07-3383-13
光绪十一年八月初一至初十	550	500	550	450	450	400	07-3383-12
光绪十一年八月十一日至二十日	550	500	500	450	400	350	07-3381-1
光绪十二年十一月初一日至初十	640	550	560	500	520	430	07-1651-9

续表

起止时间	小麦	麦面	莞豆	豆面	青稞	稞面	档案号
光绪十三年正月十一至二十日	640	550	560	500	520	430	07-3376-16
光绪十三年二月二十一日至三十日	660	570	580	520	540	450	07-3377-3
光绪十九年四月初一至初十日	1350	1100	1280	1000	1200	900	07-3409-4
光绪二十年正月初一至初十	900	750	850	700	750	530	07-3409-13

注：1. 光绪六年单位为“每市石大钱若干文”，其余年份单位为“每市斗大钱若干文”，现统一为“每市斗大钱若干文”；2. 以“混大钱”计价；3. 以“净大钱”计价。

（原载《中国经济史研究》2014 年第 4 期）

晚清甘肃循化厅粮食贸易探析

丁阿洁

不同的自然和人文环境的交界地带往往催生出具有跨越边际的经济类型和经济元素，正如论者所言："大凡两个民族接触的地方，因环境风俗不同，所需各异，往往容易形成一个贸易要地。"①清代循化厅辖区位于青藏高原东北缘，既是农耕经济与游牧经济的交错区，又是多民族交流交往交融的地区。该地特殊的经济地理区位和民族分布格局，以及农耕经济的稳定性与游牧经济的不稳定性②天然地形成互补，使之较早成为农牧经济交往、族际贸易的活跃地区。对于该地的经济贸易，学界多关注肇始于唐宋、发展于明、衰落于清的茶马贸易③以及光绪朝兴起的国际皮毛贸易④，并形成甘青地区跨民族的农牧经济交往在明清时期主要为"茶—马贸易模式"、在近代主要为皮毛贸易的认识。实际上，形成这种认知正源于他们认为游牧民族"衣皮食肉"及"番人以茶为命"，一直延续而不加怀疑。甘青地区的游牧民族的食物真的以肉为主、以茶为命吗？他们的饮食结构真如胡铁球所言，在近代受皮毛贸易的深刻影响而从"衣皮食肉"为主转变为以炒米、炒面、茶、羊肉、奶食品为主吗？⑤中央王朝对"番众"的生计制

① 李式金：《拉卜楞在西北地位的重要性》，载《东方杂志》，1946，42（8）。

② 林干：《中国古代北方民族通论》，109页，呼和浩特，内蒙古人民出版社，1998。

③ ［韩］朴文焕：《清代茶马贸易衰落及其原因探析》，载《西南民族学院学报（哲学社会科学版）》，2003（2）；王晓燕：《论清代官营茶马贸易的延续及其废止》，载《中国边疆史地研究》，2007（4）；沈祯云：《清代茶马贸易制度及其对汉藏关系的影响》，载《敦煌学辑刊》，2017（1）；魏明孔：《西北民族贸易研究——以茶马互市为中心》，北京，中国藏学出版社，2003；王晓燕：《官营茶马贸易研究》，北京，民族出版社，2004。

④ 目前，学界对近代西北皮毛贸易研究可分为如下几方面：一是对近代西北皮毛贸易始末的总体研究，二是对近代西北皮毛输出的量化研究，三是对近代西北皮毛贸易之于西北社会经济影响的研究，四是对近代西北皮毛贸易的商人、市场、运行机制乃至贸易网络等的研究，五是对皮毛贸易发展的影响因素的研究。参见杨红伟：《近代西北羊毛贸易的几个问题》，载《兰州大学学报》，2019（5）等，余者恕不赘列。

⑤ 胡铁球：《近代西北皮毛贸易与社会变迁》，载《近代史研究》，2007（4）。

驭仅限于茶叶一项吗？对此，本文拟借助清朝循化厅档案及时人奏议、地方志等资料，探究晚清循化厅族际贸易中的粮食贸易，以丰富我们对当时农牧经济交往过程中货物的多样性和市场活力的认识。

一、蒙藏民族的饮食结构与循化厅的粮食贸易

茶为“南方之嘉木”[①]，其生长习性与西北地区的自然环境不符，故西北地区蒙藏民族对茶叶的消费就不得不依赖于跨地区、跨民族的商业贸易。唐宋以来的中央王朝往往借以控制“番人”，“行以茶易马法，用制羌、戎”，至明朝时制度设计尤为繁密。[②]清承明制以后，清朝各皇帝加以相仿，历史悠久，相沿成习，继而各代臣工逐渐形成了蒙藏游牧民族“衣皮食肉”“以茶为命”的认识，以至于“番人嗜乳酪，不得茶，则困以病”的认知袭之久远。例如，清同治年间，时任西宁办事大臣豫师在《请饬禁四川私贩黄茶折》仍称：“蒙番夙性肉食为粮，牧畜藩滋，取资甚便，然不饮茶，则膨滞生疾。”[③]

不得不说，所谓“番人嗜乳酪，不得茶，则困以病”的认知缺乏科学依据。首先，饮茶习尚在涉藏地区流行之前，并未见有“不饮茶，则膨滞生疾”的直接记载，且亦未见生活在青藏高原与蒙古高原上的诸民族因未饮茶而自相衰落的案例。其次，这种论断将蒙藏游牧民族以肉食饮作为判断的前提，而蒙藏游牧民族——包括寺院僧侣的饮食结构中并非以肉食为主，且粮食占有大量比重。[④]

不过，受高寒气候的影响，特别是耕地不足的制约，循化厅涉藏地区民众的粮食生产无法自给自足，不得不仰赖于外地。正如《循化志》所载：循化厅农桑缺乏殊甚，除“撒喇回民及起台、边都二堡番民颇有水田，得灌溉之利”外，其余各地“番民以畜牧为生，耕种者不及半”。[⑤]因而乾隆年间有载，田地甚少的“孟打工之索同庄、他撒坡庄、木厂庄”民众，“以背柴炭赴积石关内之韩、何家集、平定铺变卖米面糊

① 陆羽、陆廷灿：《茶经续茶经》，志文注译，3页，西安，三秦出版社，2005。

② 张廷玉等：《明史》，卷80，《食货（四）·茶法》，1299页，北京，中华书局，1974。

③ 《请饬禁四川私贩黄茶折》，见吴丰培编：《豫师青海奏稿》，161页，西宁，青海人民出版社，1981。

④ 王志通：《论英国人连福川青海传教与〈生锈的铰链〉的史学价值》，载《青藏高原论坛》，2019（3）。

⑤ 龚景瀚编，李本源校：《循化厅志》，卷7，《农桑》，12页，台北，成文出版社，1968。

口”。[①]故而，至嘉道年间，陕甘总督那彦成因办理“蒙番”纠纷案而前往循化厅进行实地调查，当得知甘青涉藏地区粮食贸易频繁活跃后，采取了“控粮茶以制番命”的措施，严格执行，效果显著。这在一定程度上反映了蒙藏民族并非只有游牧经济，并且粮食也是他们日常消费的大宗，故他们不可能只是食肉饮乳。

蒙藏民族无法生产足以自给的粮食，回汉商人将附近农业区富余之粮贩运至涉藏地区，进而大大满足了他们的需要。回汉商人从事涉藏地区粮食贸易的记载甚多，如西宁县属丹噶尔回民苏城早年随其父私出口外与蒙藏民族交易，“伊父故后，即自行置办炒面、茶叶、川芋等物，与伊次子苏四九子并雇工马尕满拉出口与特礼贝勒暨察汉诺们罕旗下各蒙古、番子并刚咱族野番处交易，每年一二次不等”，“遇有蒙古、野番进口时，该犯即私当歇家容留居住，为其置办口粮货物”。[②]至道光二年（1822年）被拿获前，他还置办炒面、茶等物前往口外与“刚咱族”易换羊皮等物。大通县“九寺中惟班固、加尔多二寺离城较远，僧人以放牧为生，口粮向系至城市易换”[③]。循化厅厅治附近的街子、查家等撒拉回民八工种有粮田，只有丰年才稍可敷用，常年则须从外地调粮，“其中无业之家平日在于巴燕戎地方兴贩粮食，驮运隆务、宗卡二寺易换羊毛、羊皮、羊只等物”[④]。循化厅四屯十庄民众虽种水地，但所产粮食尚不敷用，故其所需口粮“全赖巴燕戎并河州刘家集驮运前来接济”，毗邻贵德厅的“叶什郡［群］族、加杂族、瓜什济族、新有双勿族”诸民众所需口粮则“向由贵德所属之地方办买”。隆务寺“该族所管番僧一千余家，皆系熟番，种地者十之三四，余俱牧放为业。其不敷口粮向由巴燕戎之甘都堂地方并拉布楞寺二处驮运”，“宗卡寺所管贺尔族、索乃黑族、沙布浪族、加杂族、管贡玛族、麦受族、官受族等七族，生、熟番杂处，其间种地看十之一二，余皆牧养为生。其需口粮，因路近贵德易换者七，宗卡寺易换者三”。可见，在循化厅涉藏地区，无论是兼营农牧的撒拉族、回族民众，还是从事游牧业的蒙古族、藏族民众，以及出家入寺的僧人，他们日常所需的粮食部分或全部仰赖于外地输入，故粮食成为循化厅藏区商业贸易中具有稳定性的大宗商品。

另外，循化厅内驻守兵丁所需粮食亦大量依靠从内地输入。循化刚设营之时，游

① 龚景瀚编，李本源校：《循化厅志》，卷8，《回变》，26页，台北，成文出版社，1968。

② 《十一月二十四日奏为审明交通野番之重犯即行正法，恭折具奏，仰祈圣鉴事》，见那彦成：《那彦成青海奏议》，宋挺生校注，153页，西宁，青海人民出版社，1997。

③ 《大通县知县应曙霞禀》，见那彦成：《那彦成青海奏议》，宋挺生校注，256页，西宁，青海人民出版社，1997。

④ 《循化营参将胡超、循化同知林倬奎、保安营都司高勇臣禀》，见那彦成：《那彦成青海奏议》，宋挺生校注，251页、251—252页、252页，西宁，青海人民出版社，1997。

击胡详就说此地贫瘠，“并无颗粒余资，亦无尺寸闲土为兵丁开垦之所，一切麦豆油盐，系从内地托运而至”①。据《循化厅志》载，乾隆年间，循化厅境内“循化营兵八百二名，马二百六十五匹，每年供支粮料六千八十九石；保安营兵五百一名，马六十匹，每年供支粮料二千七百三十四石；起台营兵二百五十一名，马三十二匹，每年供支粮料一千三百八十四石八斗”，总计循化厅三营岁支粮料一万零贰佰零柒石八斗。然循化厅仓每年额征番粮1031石，其中需支给喇嘛口粮540石，再加之催纳粮赋艰难，循化厅采取“半本半折”发放粮饷，即“夏秋二季粮料全支折色，冬春二季全支本色”。按此计算，循化厅兵营粮料所需，即为循化厅每岁可供支三营粮赋的十倍之多，换句话说，循化厅仓每岁可支给兵营粮料不敷所需十分之一。更遑论兵丁数量之增加、每岁粮食收成情况及实际纳粮数。乾隆四十八年（1783年）时，兵丁粮料已按“四本八折”支领，这意味着粮食采买量大大增加。循化地方“番民”耕种田地尚不足自食，本地粮食市场自是无法满足兵营之需。但是，兵粮储备兹事体大。为保证粮食安全，河州遂每间岁采买数万石以备所需，计划在循化本城、起台堡之韩家集分别采买四五千石，在西宁巴燕戎厅和河州两地一共陆续采买一二万石。由此可知，仅循化厅兵营粮料所需粮食贸易规模已属不小。况且，兵丁皆有父母妻子随营，因而兵丁附带家庭日常所需也会扩大粮食贸易的需求量。

可见，循化厅蒙藏回等众多民族的饮食并非以肉、乳为主，粮食占量很大，加之当地无法生产足够的粮食，继而由附近农业区输入粮食的商贸活动频繁。随着不少兵丁及其家属移驻循化厅，他们生活所需的粮食亦仰赖于附近农业区，进而提升了循化厅粮食贸易的活跃程度。由此，循化厅涉藏地区的粮食贸易也就出现了私营和官营两种方式，不同族群、不同身份者参与其中。

二、清廷对循化厅粮食贸易的管控

粮食乃循化厅蒙藏回汉等众多民族的生活必需品和生存资料，无论是从事游牧、兼营农牧的蒙藏民族，还是主打农业的回汉民族；无论是生活于本地的世居民众，还是从外地移驻的官兵及其家属，他们对从外地输入粮食的依赖性很强，故清廷从多方面着手来管控粮食贸易。

---

① 龚景瀚编，李本源校：《循化厅志》，卷3，《兵粮》，16页、16页、17—18页、24—26页、23页、23页、23—24页，台北，成文出版社，1968。

首先，对粮食依赖皆深的蒙藏民族纠纷不断，清廷从管控粮食贸易入手来调处蒙藏纠纷。自平定罗卜藏丹津叛乱后，清廷对青海实行蒙藏分治，以黄河为界插旗定地，“河北二十四旗蒙古，河南有五旗蒙古，其余均安番族。而河北地土肥饶，河南则水草不能皆好”①，故而蒙藏各部常常因草山等生存资源的竞争而冲突不断。至嘉道年间，青海河南藏族大规模徙牧河北，清廷多次武力驱逐均未能遏制。时任陕甘总督那彦成奉命前往调处，调查后认为河南藏族“纠聚抢掠，只为谋食”②，如果以“断绝粮茶以制其生命”③为出发点，采取掌控粮茶的措施，就可逼迫河北藏民返回驻牧之所而不再滋事。同时，他还查得“各属回汉民人并熟番私贩茶叶、火药、口粮前往番帐贸易者，日久熟悉”，认为“野番”不过贪图小利以谋食，而“回番”与“内地奸民”勾结严重威胁到清朝对藏边社会的控制。

对此，那彦成酌定《蒙古买茶章程》和《易换粮茶章程》，命蒙藏各族请票易粮、计口授食，“所必需之布、线、靴、帽、木碗之类亦与（于）票内注明，一同换买”④。青海民族言语各异而不便沟通，故易买粮茶什物均由歇家经理。⑤为杜绝“官歇家沟通蒙、番私卖口粮，并夹带违禁器物”，那彦成遂“令西宁、大通、循化、贵德、丹噶尔各属地方文员并哈拉库图尔营员将所有城关歇家无论在官在私，均一律造具花名清册，由官经管”⑥，并立循环印簿发至各歇家记录蒙、番交易细则。与此同时，为防止私营贩运粮茶，官府还广设关卡，“至甘、凉、肃州所属边地，请拨兵分安各要隘。其河南循化、贵德两厅属，请派兵严密巡防。又河州镇属二十四关，添设卡兵”⑦，严行稽查。这些管控粮食、茶叶贸易的政策和举措实施后，“其各族野番，内不通消息，又不得粮茶，入冬后已经冻饿，道殣相望，惶俱不知所之”。如道光二年（1822年），“自九月

① 《十一月二十四日奏为清厘河南番族，编查户口，明定〈章程〉并河北贼番情形，恭折具奏，仰祈圣鉴事》，见那彦成：《那彦成青海奏议》，宋挺生校注，159页，西宁，青海人民出版社，1997。

② 《九月二十五日奏为遵旨确查青海现在情形，酌安卡隘，严拿汉奸，恭折具奏，仰祈圣鉴事》，见那彦成：《那彦成青海奏议》，宋挺生校注，132页，西宁，青海人民出版社，1997。

③ 《二月二十七日奏为编查番族户口完竣，青海各旗蒙古俱已复业，边境义安，番案告蒇，恭折具奏，仰祈圣鉴事》，见那彦成：《那彦成青海奏议》，宋挺生校注，224页，西宁，青海人民出版社，1997。

④ 《十一月二十四日奏为清厘河南番族，编查户口，明定〈章程〉并河北贼番情形，恭折具奏，仰祈圣鉴事》，见那彦成：《那彦成青海奏议》，宋挺生校注，161页，西宁，青海人民出版社，1997。

⑤ 杨红伟、欧麦高：《清代甘肃省循化厅歇家研究》，载《青海民族研究》，2013（3）；杨红伟：《藏边歇家研究》，载《江汉论坛》，2015（3）。

⑥ 《十月二十三日奏为擒获抢掠蒙古、扑犯卡隘之蒙古、番子审明正法，并筹定防卡兵数，稽查歇家，裁革通事，严定〈蒙古卖茶章程〉，恭折具奏，仰祈圣鉴事》，见那彦成：《那彦成青海奏议》，宋挺生校注，144—145页，西宁，青海人民出版社，1997。

⑦ 《宣宗成皇帝实录》，卷44，道光二年十一月丁丑条，783页，北京，中华书局，1986。

间断绝粮茶，野番等惟日食牛羊肉渡命，人多生病，饿毙者亦复不少”[①]。清廷严控茶粮输往河北藏族各地导致不少藏民口粮短缺乃至断绝，人口数量减少，偷渡至河北的各藏族无以为计，遂膜拜口称：“番子等愚人无知，误犯王法，但求大皇帝天恩，免其饿死，情愿率领阖族渡河。”

可见，那彦成推行请票制度、歇家制度及严设防卡等措施严禁私贩粮茶以杜绝“蒙番”及“内地奸民”私通，成功办理了蒙藏纠纷案，这皆因其对边地民众日常生活的了解，并认识到其中之要害，即蒙藏民众对农耕资源——粮茶存在的巨大依赖，且“粮茶并重”。

晚清以降，清廷以粮茶制驭蒙藏民族的政策继续推行，延续不绝。道光十八年（1838 年），青海办事大臣苏勒芳阿在《奏定青海番族章程》说到，他已分定界址，详查户口实数，规定“该番等应照依蒙古易粮之例，按季赴青海大臣衙门，请领照票，易买粮茶，以免私贩接济”[②]。咸丰九年（1859 年），西宁办事大臣福济收抚、投住青海，明定善后章程：“日需粮茶计口授食，必须按季由府管衙门请领印票，执持进口，方准放行；若无印票，概不准入卡办买。”[③]同治元年（1862 年），西宁办事大臣多慧在星奏的《严禁越卡私贩章程》中，规定蒙藏民人一律严行请票易买粮茶及粮茶搭配制度，并严令歇家登记循环号簿核查蒙藏民进口办买粮茶事宜，进出口均需守卡兵弁稽查放行以杜私贩。[④]不过，同光年间的陕甘回民起义致使原定章程废弛。

严格实行请票制度是清廷治理甘青藏边的重要措施，故回民起事被平定以后，清廷立即重新恢复实施请票制度。首先是循化厅涉藏地区众多土官深感请票制度废弛后，当地的粮食贸易陷入混乱，主动要求清廷恢复并严格实施请票制度。光绪五年（1879 年），刚咱族千、百户等称：“从前我们八族原定章程，大小人口，计口授食，所需粮茶皆由各千户查明呈恳大人衙门发给照票，只准丹噶尔一处置办交易，不准绕越别处。”[⑤]自回民起事后，藏族各部私自进口在毛伯胜、大通、永安及甘、凉州私相贸易，“内地汉回各民亦无大人印票私运粮茶等物出口交易，各口卡官兵并不稽查有无印票，盖准私行出入，所以野番易于混迹、勾引、滋抢”。随即，清廷予以响应。次年，西

① 《十二月十八日奏为占踞河北番族及察汉诺门罕一旗全数渡河回巢，河北肃清，恭折奏闻，仰祈圣鉴事》，见那彦成：《那彦成青海奏议》，宋挺生校注，183 页、184 页，西宁，青海人民出版社，1997。

② 《宣宗成皇帝实录》，卷 314，道光十八年九月壬寅条，890 页，北京，中华书局，1986。

③ 《为严禁汉蒙番民私行贸易粮茶事致循化厅》，青海省档案馆，档案号：7- 永久 -202。

④ 《穆宗毅皇帝实录》，卷 21，同治元年三月庚寅条，584—585 页，北京，中华书局，1986。

⑤ 《为守卡官兵认真盘查无印票粮茶贸易者事致循化厅》，青海省档案馆，档案号：7- 永久 -3272。

宁府饬循化厅查编户口及各番族所需粮茶，稽查窝藏匪徒，“除青海各族、蒙古应准照旧进口置办外，其余驻牧八族番众如无本衙门印票者，不准进口易换粮茶，倘有奸民、歇家人等暗地偷运、安济，一经发觉，定为该营地方官是问”①。官府告示、晓谕不断②，严禁私贩粮茶、火药等禁物③。同时，西宁府严饬各边卡官兵“实力严查，嗣后无本衙门印票，勿论汉回蒙番贸易者一概不准出入，各处商户、歇家均不准私相交易”。此外，地方官府还借助基层管理者的力量查禁粮食私贸，如保安营“隆务寺设立乡约，原有经管贸易商旅，稽查奸细私贩粮茶之责”④。其后，左宗棠等对西北茶法实行改革，茶叶贸易由原来的“驭番”手段成为国家谋取财政课税的主要途径，票引制度扩大了茶叶贸易规模，边地人民日常需求更能得到满足，继而中央政权借对粮茶贸易的管控来控驭蒙藏各族的功能有所弱化。

其次，正如上文提及，循化厅内驻有不少官兵，无论他们本人及其家属，还是军营仓库存储都需要大量的粮食。官府严禁出口私贩粮食、保证军民储存就是为了保障地方的粮食安全。循化厅设立的目的之一，就是为了“番民”完纳粮赋免于远途损耗并就近支给循化营兵丁。⑤不过，乾隆四十六年后，捐监之粮停且兵额渐增，“厅仓每岁所入不过一千石之番粮不敷者十之九”，再加之兵丁父母妻子日常所需，则大部分粮食还需发给折色办买。“春夏二季，青黄不接，河州易于变卖，而本地难于得粮；秋冬二季，粮广价贱，本地易于得粮，河州难于出脱”，再加上从河州运粮路途远、风险大、损耗多，故而保证本地粮食供应的任务越发艰巨。至晚清时期，循化厅驻扎厅城及起台堡的官军“月需粮十余万斤，而计秋成之时尚需一两月，兼之雨泽愆期，秋成未必全行丰稔”⑥，为免八工及“近番”各寨贪图邻境粮食斗价高而运出贩卖，特晓谕八工回民⑦及“近番”储藏粮食殷实之户严禁出关贩卖粮食“以备官军采买而接本地青黄”。如若有违禁贩卖出关者，无论“汉回番撒”均由官兵、头人等阻拦同驮骡一并押送厅府，严查不怠。

最后，循化厅属民众多贫苦，清廷保持粮食充裕、控制粮价，以确保民众生活之需。循化厅涉藏地区地处高寒地带，气候干燥，土地贫瘠，产粮无多，丰稔之年勉强

① 《为限日稽查各族番众日需粮茶事致循化厅》，青海省档案馆，档案号：7-永久-3272。
② 《为严禁私贩粮茶接济野番事饬循化营》，青海省档案馆，档案号：7-永久。
③ 《为禁止私贩粮茶火药事》，青海省档案馆，档案号：7-永久-203。
④ 《委任全福禄为隆务寺乡约》，青海省档案馆，档案号：6-永久-5。
⑤ 龚景瀚编，李本源校：《循化厅志》，卷1，《建置沿革》，32—33页，台北，成文出版社，1968。
⑥ 《为严禁粮食出关贩卖事》，青海省档案馆，档案号：6-永久-81。
⑦ 《为上下四工等查禁贩卖粮食事》，青海省档案馆，档案号：6-永久-120。

供应本地民众，平常皆需要由内地贩入大量粮食[①]，故需官府管控粮食贸易，保证粮食安全。例如，光绪十八年（1892年），循化厅“夏禾既无收成，秋苗又被雨打，本地有囤聚粮石者尽被皋兰一带任行贩运，旧谷既没，民生无路”[②]。光绪二十七年（1901年），循化厅“四乡收成虽谓丰稔，仅足供本地军民之需”[③]，而当地囤粮之户贪图利益，任意高抬物价，贩运出境[④]，严重威胁当地粮食安全。对此，官府屡屡出台政策，严禁粮食私贩出境、囤积居奇，以裕民食，“粮食出境必计算来年粮食籽种若干，并酌算本境贫户今冬及来岁新陈不接时粮买”[⑤]。

需要另外说明的是，晚清时期厘金制度的推行和西北茶法改革以后，清廷对循化厅粮食贸易的管控出现了新的变化，其政治功能的色彩有所弱化，经济功能的色彩更加浓郁，即严控粮食贸易是为了防止私商贩卖透漏税厘。有不少史料记载，在循化厅等边地社会从事茶叶、粮食等贸易的商人，运送“往来贸易货物并不由大陆路行走，辄敢偷绕小道，显系规避税厘”[⑥]。故而，清廷明文规定，出境贸易者由各地方官府发给护照并注明人数、货物，[⑦]作为常规贸易的粮食贸易自然被列入严格控制的行列之中，作为循化厅大宗贸易的粮食贸易自然成为当地官府着眼点，故西宁府、循化厅三令五申，要求商人出入报纳厘税，以防透漏。[⑧]

三、对晚清循化厅粮食贸易的反思

以往学界多将目光聚焦于西北传统茶马贸易及近代以来的国际皮毛贸易，且过分依赖形成于内地官僚之手的正史史料，继而形成了对甘青民族地区人民饮食结构的误判，仅认为茶叶是当地民众的生活必需品，对他们对粮食需求的认知仅停留在民国

① 《为移明查禁赴拉布埚贩粮贸易事致循化厅长》，青海省档案馆，档案号：7-永久-1917。
② 《为严禁运粮出境贩卖事饬鸿化灵藏二族绅约老民张世英等》，青海省档案馆，档案号：7-永久-1917。
③ 《为严禁将粮石高抬市价贩运出境事》，青海省档案馆，档案号：7-永久-1902。
④ 《为严禁私贩囤粮出境事》，青海省档案馆，档案号：7-永久-1717。
⑤ 《为饬发严禁私粜粮食出境告示张贴事致循化厅安》，青海省档案馆，档案号：7-永久-1915。
⑥ 《为晓谕查拿惩办往来贸易偷绕小道商贾脚户事饬循化厅》，青海省档案馆，档案号：7-永久-1744。
⑦ 《为回民出境贸易由各地方官府填护照注明人数不准私带军器事致循化分府》，青海省档案馆，档案号：7-永久-1866。
⑧ 《为所有贩运客商无论本地出省应一律报纳透漏严办事饬循化厅》，青海省档案馆，档案号：7-永久-1781。

时期的考察调研结果，又未作以系统的贸易梳理。如前文所述，粮食是甘青民族地区蒙藏回等众多民族日常生活所需的重要食物，并且从农业区向牧业区输入的众多产品中，粮食确实占有无可替代的位置。加之，粮食的特殊性和贸易的双向互动性决定着粮食贸易中，贸易者担负着供给者和消费者的双重角色。所以，在循化厅粮食贸易活动中，不同民族、不同群体、从事不同经济生产方式者、不同身份者均参与其中，这在一定程度上丰富了该地贸易的多样性和灵活性，增强了不同地区间、同一地区内部的交流互动。

但是，当作为生存资源的粮食被中央王朝严格控制时，粮食贸易就不再完全处于市场经济规律的自由调节状态，这不仅违背了自然经济规律，而且在一定程度上导致了社会的不稳定。虽然那彦成认为通过粮食贸易的控制可以“不劳兵力，不延岁月，易于反掌”①地办理番案、厘清边界，但是通过掌握民众生活物资扼住蒙藏民族的咽喉并非长久之计，且这往往会促使被困扼者在面临生存危机时做出“越轨”行径，或抢劫粮食，或私自贩运粮食。如同治年间，“黄河南驻牧台吉达什端目、陋陋观布、才布坦等屡次枪杀蒙古易粮官员”②。循化、贵德两厅藏族部落与河南蒙旗毗邻而居，常年因资源争夺而冲突不断，双方常常发生武力争端，其中武力劫掠最多的便是私贩的粮食。正如前文所述，西宁府饬各厅属严禁粮食出关贩卖阻碍了地区间的族际贸易，当民众日常需求不能满足、“众口嗷嗷，互相怨望”③之际，私粮贸易便大肆潜行。另外，官府严查私粮的告示不断，这在一定程度上反映了私粮贸易一直存在，且屡禁不绝。那么，是什么力量促使循化厅蒙藏民众冒着巨大风险坚持不断地贩运私粮呢？其背后的经济利益不容忽视。当蒙藏民众生存受到威胁时，他们就会贩运和抢夺私粮。正如隆务昂锁在向循化厅的禀文中说：“今年我们地方上庄稼莫我成，人多者食粮不够。求大老爷将往我隆务哩贩粮的买卖人，万莫挡一个，若挡者不教来，是我们地方上穷人，多都做贼哩。”④虽然清廷对循化厅的粮食贸易严加管控，甚至将其作为控驭蒙藏民族的手段，但控制也不能太过严苛，否则会形成压抑之后的极度反弹，地方社会秩序会因蒙藏民众追利求生而深受影响，故而我们需要就清廷对循化厅粮食资源管控的意涵和不妥之处予以反思。

此外，晚清时期，中央政权对地方社会控制能力下降，尤其是外国洋行凭借列强

---

① 那彦成：《那彦成青海奏议》，宋挺生校注，165页，西宁，青海人民出版社，1997。

② 《为拿获抢杀蒙古易粮官员之番目陋陋观布七人事》，青海省档案馆，档案号：6-永久-107。

③ 《为严禁运粮出境贩卖事饬鸿化灵藏二族绅约老民张世英等》，青海省档案馆，档案号：7-永久-1917。

④ 《隆务沙力昂锁请求不要阻挡贩卖粮食人等的禀》，青海省档案馆，档案[illegible]-4721。

势力进驻各地贸易市场，推动了地方社会贸易结构的变化。一些洋行买办从内地收购粮食，贩运至包括循化厅在内的甘青边地从事贸易，重利盘剥牧民获取羊毛。如1892年8月25日，洋行商民苏长金等禀循化厅："新泰兴洋行，商民行中数人，因为食用，现在循化四乡，买就麦禾四、五百石之谱。行中数人在保安、隆务寺居住。此粮现时四乡阻挡，不准驮运保安地方。所有麦禾，商民买到隆务寺佛爷羊毛，其毛价言明归付青禾。至今四乡阻挡，不准驮粮，商民情出无奈，为此恳禀恩主大老爷，大施慈恩，将粮驮放。"① 虽然时任循化同知长赟批示"号做营粮，折价归公，因防营粮却也"，但鉴于当时形势，未被扣留粮食数量可想而知。可见，外国洋行势力介入循化厅的粮食贸易，严重破坏了传统族际粮食贸易秩序，危及边地民众日常生活。

四、小结

综上可见，清朝循化厅涉藏地区社会拥有蒙古族、藏族、汉族、回族、撒拉族等，他们生活在农业区、农牧交错区和游牧区，以此形成农耕经济、牧业经济和农牧复合型经济。由于不同经济生产出不同的产品，跨越多种经济类型的商业贸易活动非常活跃。以往学界在考察这些贸易活动中往往偏重"茶马贸易""皮毛贸易"而忽视了粮食贸易的重要性。实际上，清朝循化厅涉藏地区社会各族民众的粮食消费结构中，粮食所占有的比重和地位并不亚于茶叶。本文对循化厅粮食贸易的考察在一定程度上纠正了涉藏地区民众"衣皮食肉"、仅仰赖于农耕资源——茶叶的固有错误认知。正是因为粮食及粮食贸易在循化厅各族群众生活中占有举足轻重的地位，故清廷从控驭蒙藏民族、保障当地军民生活所需和粮食安全等方面入手，出台请票制度、严禁私贩、管理歇家、设立关卡查禁等，进而使粮食贸易处在严密管控的状态之下。不过，官府长期严格控制粮食贸易，虽然推动了畜产品在族际贸易中的参与度，丰富和活跃了农牧经济交流，但也在一定程度上损害了族际贸易自由健康发展，加剧了因粮食贸易而被官府严格控制的蒙藏民族违反禁令、私贩和劫掠粮食等，使得社会秩序存在诸多不稳定因素。可见，粮食贸易深系各民族生活，对它的管控就如一柄双刃剑，用好了就能调处纠纷，稳定社会秩序，用得不好，就会反噬政府对边疆社会的治理能力，催生出社会不稳定因素。

（原载《青藏高原论坛》2019年第3期，本书收录略有删改）

① 芈一之编著：《青海地方史略（征求意见稿）》，254页，内部印刷。

清代循化厅土地契约文书与土地交易

杨红伟　苗虹瑞

土地契约文书是中国传统社会进行土地交易的凭证，也是土地交易最为真实的记录载体，保存着大量社会经济史的宝贵信息。目前所见土地契约文书，以清朝为盛，因而成为清代经济史①、社会史②、法律史③三大研究领域不可或缺的支撑性资料。研究所及地域范围，主要集中在福建、两广，以及徽州、江南地区。整体而言，对清代土地契约文书的研究，北方弱于南方，尤其对西北边疆民族地区的研究更为薄弱，仅有

① 傅衣凌：《明清农村社会经济》，北京，三联书店，1961；叶显恩：《明清徽州农村社会与佃仆制》，合肥，安徽人民出版社，1982；章有义：《明清徽州土地关系研究》，北京，中国社会科学出版社，1984；章有义：《近代徽州租佃关系案例研究》，北京，中国社会科学出版社，1988；杨国祯：《明清土地契约文书研究》，北京，中国人民大学出版社，2009；彭超：《明清时期徽州地区的土地价格和地租》，载《中国社会经济史研究》，1988（2）；周绍泉：《试论明代徽州土地买卖的发展趋势——兼论徽商与徽州土地买卖的关系》，载《中国经济史研究》，1990（4）；陈支平：《从契约文书看清代泉州黄宗汉家族的工商业兴衰》，载《中国经济史研究》，2001（3）；曹树基、李楠、龚启圣：《"残缺产权"之转让：石仓"退契"研究（1728—1949）》，载《历史研究》，2010（3）。

② ［日］滋贺秀三等：《明清时期的民事审判与民间契约》，北京，法律出版社，1998；郑振满：《明清福建家族组织与社会变迁》，北京，中国人民大学出版社，2009；陈支平：《近五百年来福建的家族社会与文化》，北京，中国人民大学出版社，2011；江太新：《略论清代前期土地买卖中宗法关系的松弛及其社会意义》，载《中国经济史研究》，1990（3）；周绍泉：《徽州文书所见明末清初的粮长、里长和老人》，载《中国史研究》，1998（1）；王日根、卢增夫：《清代晋江店铺买卖契约文书的分析》，载《福建师范大学学报》，2005（1）；郝平：《晚清民国晋中地区社会经济生活初探——基于晋中地区契约文书的考察》，载《山西大学学报》，2014（4）。

③ 梁治平：《清代习惯法：社会与国家》，桂林，广西师范大学出版社，2015；赵晓力：《中国近代农村土地交易中的契约、习惯与国家法》，见《北大法律评论》（第1卷第2辑），427—504页，北京，法律出版社，1999；苏亦工：《发现中国的普通法——清代借贷契约的成立》，载《法学研究》，1997（4）；罗海山：《传统中国的契约：法律与社会》，长春，吉林大学博士学位论文，2005；陈学文：《清代土地所有权转移的法制化——清道光三十年山西徐沟县王耀田契（私契、官契、契尾）的考释及其他》，载《中国社会经济史研究》，2006（4）；刘高勇：《论清代国家法干预"先买权"的失败》，载《湖北大学学报》，2008（5）。

少数学者对清代河州和新疆地区时有所涉猎。[①] 对循化厅这一典型的边疆民族区域社会土地契约文书的研究，迄今尚无人关注。

清代，厅一级机构大多设在边陲要地或民族杂居地方。循化厅不仅是清朝在安多地区社会设立的政治前哨，更是一个典型的多元民族杂居之区。从清代循化厅档案中所发现的土地契约文书可见，其所反映的土地交易与地权转移趋势，既有与清代相一致的趋势与交易习惯，但也存在着诸多边疆民族社会的特点。从社会经济史的角度，对这些档案文书进行研究，不仅可以还原循化厅土地交易的历史原貌及其特点，亦可从中探析清代边疆民族地区的社会经济特征及其与土地交易的诸多联系。

一、循化厅土地交易的基本情况

目前所见清代循化厅土地契约文书共计 30 份[②]，跨越康熙至光绪 8 朝。具体分布，康熙朝和雍正朝各 1 份，均为红契；乾隆朝 2 份，均为红契；嘉庆朝 3 份，1 份红契，2 份白契；道光朝 2 份，1 份红契，1 份白契；咸丰朝 1 份，为白契；同治朝 5 份，均为白契；光绪朝 15 份，10 份红契，5 份白契。总计，红契 16 份，白契 14 份。红契即经官府纳税印押的契约，是官方认可的土地凭证，可在土地诉讼中作为所有权依据，其渊源可以追溯到宋代。白契即买卖双方避开官府，不纳契税，私下签署的契约。白契满足了民间低成本交易的需求，在封建时代一直与红契共存。

清代循化厅土地契约文书的立契双方均为普通百姓，土地交易的原因主要有两类：土地使用不便和家庭缺少用度。30 份契约中除去 3 份未说明原因及字迹不清外，剩余 27 份契约中，指明“使用不便”的 13 份，指明“缺少用度”的 14 份，各约占 50%。“使用不便”表述比较笼统，是何种原因引起使用不便，只有两份契约做了说明：“路土不顺”“抬埋母亲使用不便”。多数契约仅指明“使用不便”，地块位置偏远或人手不足而导致耕种不便可能是一大原因。导致缺少用度的原因多种多样，主要有：缺少粮食草料，如“粮草缺少使用无处拆变”“粮草不前”“食用不足”；家中发生丧事等

① 武沐：《清代河州度量衡制钱地亩计算单位及方法》，载《西北民族大学学报》，2004（3）；武沐、王敬伟：《清代河州契文中的土地买卖》，载《西北师大学报》，2008（4）；张世才：《清同治后吐鲁番地区土地买卖的形式及特点》，载《西域研究》，2006（4）；丁君涛：《清末民初吐鲁番葡萄地价的变化——以尼牙孜家族地契为中心》，载《西域研究》，2016（4）。

② 其中有一份包含典卖契和赎契，算为 2 份契约。

意外变故，如“埋葬次子缺少使用无处拆变”“身父出门身亡在家诵经囊费不足无处折变”；灾荒，如“年荒日度不过”；还债，如“阿木掇赈债一项归还”；房屋破损，如“祖遗庄科一处墙旷，倒塌无力修补住坐”。由于这些原因，部分民众陷入无法维持生计的境地，在有效社会救助体系尚未形成的时代，为渡过难关，最简便的方法就是出卖财物。在极度贫困的情况下，或许变卖土地是唯一的出路。

清代循化厅土地契约文书一开头便写明了交易土地的类型，一般表述为“立卖旱地”“立卖地土水分”“立卖铺面地基”“立卖庄窠场园”等。其具体类型，主要有田地、房屋地基及土地附属物（如水分、院落、铺面、园地、粪池、涝池等）三大类。田地按质量又分为水地、旱地、平地、坡地、山水地、平旱地、涧滩地、滩荒地等，房屋地基在契约中经常被表述为“庄窠”[①]。30 份契约中交易田地的有 16 份，约占比 53.3%，交易房屋地基的有 11 份，约占比 36.7%。田地和房屋地基混在一起交易的 2 份，单独交易水分的 1 份。田地和房屋地基一般单独交易，土地附属物随土地一起交易。

土地的处分权来源于其所有权和管业权。清代循化厅交易的土地绝大多数是祖遗产业。30 份契约中，除去 6 份未说明产业来源、2 份记载不清外，剩余的 22 份契约中，明确说明产业是祖业或祖遗的有 18 份，约占比 81.8%；说明自置的仅有 4 份，约占比 18.2%。这就决定了契约文书所呈现出的多位卖主共同出卖土地、家族商议及亲房画押等事宜。

二、循化厅土地交易规模与交易价格

研究土地交易规模和价格，就必须先解决度量衡及其换算问题。清代循化厅田地面积大多以“小麦或青稞下籽量的多少”计算，而不以“亩分厘”为单位计算。这在清代边远地区多有使用。循化厅“下籽量”的计量单位，官定和当地的度量单位均被采用。清代官方度量单位为石、斗、升，循化厅又称其为仓石、仓斗、仓升。另外还流行一套当地的度量单位，即“市石”“市斗”“市升”。“石、斗、升”是我国传统的市制容积计量单位，清代 10 升为 1 斗，10 斗为 1 石。《循化厅志》卷 3《兵粮》记载：“每一市斗合仓斗二斗八升；市斗三斗五升七合零即得一仓石。”[②] 即 1 市斗合 2.8 仓斗，

① 庄窠是青海东部农业地区回、土、撒拉等民族几百年来在同大自然做斗争中创造出的居住形式。
② 龚景瀚：《循化厅志》，97 页、56 页、97 页，西宁，青海人民出版社，2016。

1仓石合市斗3.570斗，1市石合仓石2.8石，1市升合2.8仓升。《循化厅志》卷2《山川》记载：“（循化）伏查揑贡川地实繁多……今就开垦而论，川地下籽每亩约一仓斗，旱地约八升。”也就是说，1仓斗可播种川地1亩，旱地1.25亩。换算之，1市斗可播种川地2.8亩，旱地3.5亩。

循化厅土地契约文书均以“市石、市斗、市升”为面积计算单位，土地交易以白银、小钱、大钱结算的都有，且市面上通行着国家和自身两套银钱比价。乾隆末年，循化厅“每银一两，换钱（制钱）一千八九十文至一百文不等”与内地相差不大。此后的银钱比价变化，由于资料有限未能推算出。但武沐教授据河州契文曾对河州地区银钱比价进行过研究，得出：“白银与小钱的比价出现于道光二十二年后，比值为白银1两易小钱5—5.4串。白银与大钱的比值出现于光绪十一年，比价为白银1两易大钱1.5串，此时白银1两易小钱6串左右。”[①] 循化厅与河州毗邻，经济社会属性比较相近，所以上述比值可作为循化厅的基本参照值。据此将循化厅的土地交易数量和价格汇总计算，如下表1、2。[②]

表1　房屋地基交易数量和交易价格

交易时间	交易形式	交易数量	交易总价	交易单价
乾隆□年	对换	庄科1处与族叔刘朝斌店房车场对换	—	—
嘉庆十七年	典卖	马营集西札门外作（坐）北向南铺面1连6间，后有粪园1处	厘钱70串文	约11.67串/间；约3.89两/间
嘉庆二十三年	抽赎	札门以裹铺面	厘钱13串文	—
同治三年	绝卖	坐东向西铺面2件（间）半	市钱32串文	12.8串/间；约2.46两/间
同治三年	指欠	房屋1院，土木相连随带田地6垧	厘钱31串文	—
同治五年	绝卖	自坐落地名崃嘴庄窠1进2院场，园子1连1处	厘钱16串文	—
同治五年	对换	阳山庄窠地4垧、阳山毛鎊坡坡地2垧、阴山房背后路西面地3块4垧、下块坪地3垧对换于脱良福名下岳家门地下沟东面地大小5块13垧	—	—
光绪八年	绝卖	里院1处、四合场1面园子1处、门前涝池半个取土半分	厘钱17串文	—
光绪十三年	绝卖	上白庄坐东向西铺面1所	纹银6两7钱	6.7两/所
光绪十五年	绝卖	下白庄塘坐南向北房屋地塞大小10间	银7两5钱	0.75两/间

① 武沐、王敬伟：《清代河州契文中的土地买卖》，载《西北师大学报》，2008（4）。

② 嘉庆十七年按1两换3串算，同治三年和同治四年按1两换5.2串算。除川地和旱地之外的其他类型的田地，按照加权平均数1市斗播种3.1亩计算。

续表

交易时间	交易形式	交易数量	交易总价	交易单价
光绪三十年	绝卖	上札门外 9 间铺面地	纹银 7 两	约 0.77 两 / 间
光绪三十年	绝卖	堡子门前草房 3 间土木相连空地 1 处	厘钱 19 串文	约 6.33 串 / 间；1.055 两 / 间

表 2　田地交易数量和交易价格

交易时间	交易方式	交易数量	交易总价	交易单价
康熙三十六年	绝卖	西边旱地大小 2 段共下籽 4 斗；共 14 亩、7 亩 / 段	纹银 6 两 8 钱	1.7 两 / 斗
雍正八年	绝卖	蟾沟门平旱地 2 半段约下籽 1 斗 5 升；共 5.25 亩、2.1 亩 / 段	纹银 2 两 4 钱	1.6 两 / 斗
乾隆□年	绝卖	东乱中平旱地 1 段约下籽 1 斗 5 升；共 5.25 亩、5.25 亩 / 段	纹银 2 两	1.33 两 / 斗
嘉庆十二年	绝卖	中渠庙后水地 1 段下籽市升 7 升；共 2.17 亩、2.17 亩 / 段	纹银 4 两	5.71 两 / 斗
道光七年	绝卖	高庄水地 1 段下籽市升内 1 斗、涧家涧滩 1 连大小 4 段下籽市升内 1 斗 5 升、写岭漫湾平旱地 1 段下籽 1 斗 1 升、上半截未□□头滩荒地 1 小段下籽 3 升；共 12.53 亩、1.79 亩 / 段	厘钱 112 串 600 文	约 28.87 串 / 斗；约合 5.89 两 / 斗
道光二十七年	绝卖	立夏之后十四日夜西沟枣会水 2 分	市钱 43 串文	—
咸丰四年	典卖	连刀湾平旱地连 2 段下籽市升 1 斗、又□□种滩平旱地 1 段下籽市升 1 斗 5 升；共 8.75 亩、约 2.92 亩 / 段	厘钱 15 串文	6 串 / 斗；约合 1.15 两 / 斗
光绪四年	绝卖	石头庄水地大小 11 块下籽 1 小石；共 31 亩、约 2.82 亩 / 块	银子 8 两	0.8 两 / 斗
光绪八年	绝卖	田地 1 块大小 4 块下籽 8 斗洪 24.8 亩、6.2 亩 / 块	大钱 10 串文	1.25 串 / 斗；约合 0.83 两 / 斗
光绪十年	绝卖	姜家□□大小 2 段市升下籽 7 升、庄东树湾三科水地 1 段市升下籽 3 升；共 3.1 亩、约 1.03 亩 / 段	厘钱 168 串文	168 串 / 斗；约合 28 两 / 斗
光绪十四年	绝卖	营房滩族地 1 块下籽 6 斗；共 18.6 亩、18.6 亩 / 块	白银 6 两	1 两 / 斗
光绪十八年	绝卖	本庄车子也日地大小 2 块下籽 1 斗 5 合；共 3.255 亩、1.6275 亩 / 块	银 8 两 5 钱	约 8.10 两 / 斗
光绪二十二年	绝卖	查汗大寺工中庄得改日麦地大小 13 块下籽 6 尕斗、又地大小 7 块下籽 4 尕斗、又一子個水；共 31 亩、1.55 亩 / 块	银 13 两	1.3 两 / 斗
光绪二十二年	绝卖	查汗大寺工中庄尕极大是水地大小 27 块两相中有水沟下籽共 9 尕斗、又哎他日木水内水半分；共 27.9 亩、约 1.03 亩 / 块	文银 13 两	约 1.44 两 / 斗
光绪二十四年	典卖	瓦匠庄山水地 2 大块下籽 5 小斗；共 15.5 亩、7.75 亩 / 块	市平纹银 10 两 5 钱	2.1 两 / 斗

续表

交易时间	交易方式	交易数量	交易总价	交易单价
光绪二十五年	绝卖	地腰立达呼拉水地 1 小石大小 24 块、又卖水 1 分；共 31 亩、约 1.29 亩 / 块	银 16 两	1.6 两 / 斗
光绪二十八年	绝卖	庄后祖遗杨官下水地大小 3 段下籽市升 8 升；共 2.48 亩、约 0.83 亩 / 段	厘钱 220 串文	275 串 / 斗；约合 45.83 两 / 斗

资料来源：《许楼龙为卖祖遗西边旱地于樊茂龙名下红契》，青海省档案馆，档案号：5- 永久 -6；《马品为卖祖遗蟾沟门平旱地于刘朝斌父子名下红契》，青海省档案馆，档案号：5- 永久 -7；《许照汉为卖祖遗东乱中平旱地于本堡罗名下红契》，青海省档案馆，档案号：5- 永久 -8；《刘刚为祖遗庄科一处与族叔刘朝斌店房车场对换红契》，青海省档案馆，档案号：5- 永久 -8；《张国权为卖祖遗中渠庙后水地于马天珍名下红契》，青海省档案馆，档案号：5- 永久 -16；《温永和为典卖铺面于马正魁名下白契》，青海省档案馆，档案号：5- 永久 -41；《刘成美等兄弟三人为卖祖遗高庄水地于张文宝兄弟名下红契》，青海省档案馆，档案号：5- 永久 -30；《韩尕主麻韩三三为卖水地于王可范名下白契》，青海省档案馆，档案号：5- 永久 -45；《刘生泰典卖平旱地于陈得刚名下白契》，青海省档案馆，档案号：5- 永久 -85；《肖万成为欠马四九名下房屋田地欠约》，青海省档案馆，档案号：6- 永久 -145；《辛奎将自置铺面卖于辛化麻且狼名下白契》，青海省档案馆，档案号：7- 永久 -1750；《赵福等将自置铺面卖于辛里木且郎名下白契》，青海省档案馆，档案号：7- 永久 -1750；《白玉英将自坐落地岵嘴庄卖于脱良福名下白契》，青海省档案馆，档案号：6- 永久 -2；《白玉印与脱良福对换土地耕种白契》，青海省档案馆，档案号：6- 永久 -2；《街子工三六房庄韩汗伍将自置水地卖于赵尕顺名下红契》，青海省档案馆，档案号：7- 永久 -1972；《石哈两为卖田地于马成福名下白契》，青海省档案馆，档案号：7- 永久 -1972；《兴盛永号为卖祖遗里院于周邦泰名下红契》，青海省档案馆，档案号：7- 永久 -1972；《唐有彦为卖水地于邓发源名下红契》，青海省档案馆，档案号：7- 永久 -1972；《赵拉隆等为卖祖遗铺面地基于杨七十八名下白契》，青海省档案馆，档案号：7- 永久 -1973；《张遇寿保为卖自遗地与王官卜加名下白契》，青海省档案馆，档案号：7- 永久 -1973；《杜腊月八为卖祖遗房屋地基与张名下白契》，青海省档案馆，档案号：7- 永久 -1973；《石头坡庄马乩山白、马一素等为卖祖遗土地于赵尕顺名下红契》，青海省档案馆，档案号：7- 永久 -1972；《马主麻为卖祖遗田地与韩玉堂名下红契》，青海省档案馆，档案号：7- 永久 -1973；《马乩山白为卖祖遗田地与韩玉堂名下红契》，青海省档案馆，档案号：7- 永久 -1973；《韩元祥为卖祖遗田地与刘名扬名下白契》，青海省档案馆，档案号：7- 永久 -1975；《查汗大寺工马大吾的为卖祖遗水地与韩玉堂名下红契》，青海省档案馆，档案号：7- 永久 -1973；《邓创牲牲为卖祖遗水地与邓发源名下红契》，青海省档案馆，档案号：7- 永久 -1974；《马勒个为卖祖遗铺面地于周进伏名下红契》，青海省档案馆，档案号：7- 永久 -1972；《童世昌为卖祖遗水地与童採芹名下红契》，青海省档案馆，档案号：7- 永久 -1974。

从交易频率来看，循化厅土地契约中有 3 件有编号，可以反映当地经官方审核记载的土地交易量。其中 1 件乾隆年间的契约编号为第 102 号，由于年份字迹不清，不作分析。其余 2 件，雍正八年五月初十日《马品为卖祖遗蟾沟门平旱地于刘朝斌父子名下红契》编号为第 100 号，说明雍正元年至雍正八年五月，官方记载的土地交易共 100 起，平均每年约 13 起。道光七年正月十九日《刘成美等兄弟三人为卖祖遗高庄水地于张文宝兄弟名下红契》编号为第 118 号，说明道光元年至道光七年正月，官方记载的土地交易共 118 起，平均每年 17 起。同时期，道光年间河州年平均土地交易 1138 起，光绪年间年平均 526 起。虽然，由于白契的存在，实际交易次数应较所编号数多，但一年仅有十几起官方审核的土地交易，实属太少。

从单笔交易量来看，房屋地基均未超过 10 间，但不乏 5 间以上者。16 起耕地交易中，在 5 斗以下的 9 起，5 斗以上的 7 起，换算成亩，交易量在 10 亩以下的 7 起，

10 亩以上的 9 起。这与同时代的其他地区相比，交易量略高。清代清水江下游地区单笔房屋地基交易量几乎均在 3 间以下，田地均在 3 亩以下[①]；清代河州每笔田地交易量维持在 1.5—3.5 斗；清代山西各类土地交易量维持在 5 亩左右；[②]徽州相当部分的土地买卖都在 10 亩以下，甚至大多数交易的土地没有超过半亩。[③]值得注意的是，虽然循化厅单笔交易量相对较大，但交易大都是一次性交易几块甚至十几二十块的土地。这些地块面积小且呈零散分布的状态，所以人们选择一次性交易多块土地，以获得较多的金钱收入。另外，从土地的位置及四至来看，还存在很多将整块土地分割出一部分交易的情况。小规模分散的交易，不可能形成土地集中，反而进一步加剧了土地的"碎割化"和"零散化"。即使某些业主拥有比较多的土地，但陆续购买的土地分散在若干不同的地区，未形成集中，如循化厅韩玉堂曾在光绪二十二年至二十五年间陆续 3 次购买共 29 斗的土地，约合 89.9 亩，共分为 71 块，每块土地仅约 1.27 亩。[④]

从交易价格来看，多为"公估时价"。循化厅土地契约在表述价钱条款时，通常表述为"对中三面言定，得到时值卖价纹银（厘钱）""同中言明时值估价纹银"等字样。此类表述强调"时值"二字，意在说明土地交易的价格属于当时的市场价，公平合理，以杜日后纠纷，如事后找价等。循化厅土地交易价格在光绪朝之前比较平稳，到了光绪朝则大涨大跌，波动较大。土地具体交易价格与交易形式、交易类型有关，绝卖价格高于典卖价格，田地价格随土地类型的不同而有异，其中水地的价格最高。光绪朝之前，房屋地基的价格基本在 2.5—4 两 / 间，水地基本在 5.8 两 / 斗左右，旱地基本在 1.5 两 / 斗左右。到了光绪朝，房屋地基有的突增至 6 两 / 间以上，增长了 1 倍还多，有的则骤降至 1 两 / 间以下，下降了 70%—80%；水地有的突增至每斗几十两，增长了 4—7 倍，有的则骤降至 2 两 / 斗左右，甚至 1 两 / 斗以下，下降了 64%—86%。这与当时的社会环境有很大的关系，同治年间的陕甘回民起事和光绪年间的河湟事变，导致循化厅社会动荡不安，自然影响到土地交易，使其变得极不稳定。

从交易的货币使用来看，30 份契约除去 2 份对换契无货币使用外，其余 28 起交易用银和制钱结算的各 14 起。嘉庆十七年之前的土地交易均使用银两交易，之后至同治

① 安尊华：《试论清代清水江下游地区的土地买卖——以天柱县高酿镇木杉村为例》，载《贵州大学学报》，2014（2）。

② 李宇：《契约所见清代山西土地价格研究》，13—26 页，太原，山西大学硕士学位论文，2015。

③ 赵忠仲：《徽商与明清时期的土地市场》，35 页，合肥，安徽师范大学硕士学位论文，2011。

④ 《马主麻为卖祖遗田地与韩玉堂名下红契》，青海省档案馆，档案号：7- 永久 -1973；《马乩山白为卖祖遗田地与韩玉堂名下红契》，青海省档案馆，档案号：7- 永久 -1973；《查汗大寺工马大吾的为卖祖遗水地与韩玉堂名下红契》，青海省档案馆，档案号：7- 永久 -1973。

年间均使用制钱交易，到了光绪朝银两使用比例又高起来，较制钱使用为多。循化厅土地交易的货币使用由银两向制钱转换，再向银两转换的现象与当时清代的情形是相符的。清前期铜料紧张，加之国内自给自足，处于出超地位，外国白银大量流入，造成“银贱钱贵”，自然用银多。到嘉庆五年后，由于鸦片的非法输入以及对外战争的失败，导致白银大量外流，银贵钱贱，民间用银日少，用钱日多。晚清由于铜价上涨，铸钱减少加之私销严重，使得银贱钱贵，用银增多。这种情形在循化厅土地交易中得到了明显地反映。

总之，循化厅土地交易不够频繁，加之小规模分散交易，呈现出“零散化”的特点。地价受社会环境的影响变化较大，货币使用则跟全国的变化趋势保持一致。

三、循化厅土地交易形式与交易保护

清代循化厅土地交易形式多样，有对换、指欠、典卖、赎回、绝卖等。典卖又称活卖，指卖主可以在约定年限之内（通常3—10年）将自己的土地赎回，只转让使用权、收益权而保留所有权。绝卖则指卖主将土地的所有权绝对让渡给买主。但无论何种形式的交易，交款方式只有一种，即当日现金交易。循化厅所有契约都写明“当日钱业交清”“当日银地交割明白，并不短少”“钱业当日两交，并无私债准折情弊”等。此类表述一方面规定了交款方式的时间地点，另一方面强调交易的公平合理。

清代循化厅大部分土地采取绝卖方式，30份契约中，对换契2份、指欠契1份、典卖契3份、赎回契1份，绝卖契23份（约占76.7%）。契约中体现土地交易形式的有四处：第一，在契约开头，通常表述为“立契永卖”“立杜卖”“立典”“立契永换”“永卖”“杜卖”为“绝卖”之意。第二，在契约中特意强调，通常表述为“情愿出卖于……名下永远为业”“问到……名下承买为业”，有“典”字的即为“典卖”，有“永远”字样的均为绝卖。第三，在契约末，未交代后续事宜，只规定双方权利与义务的，均为绝卖，如“自卖之后两家再无反悔之理，如有房亲户内以及远近人等反言争论者，一并卖主承管，不与买主相干。此系两家情愿，其中并无勒吝强为、准折私债情弊”①。一方面表明交易是在公平自愿的情况下完成的，另一方面规定交易完成后，双方再无牵连，以杜日后节外生枝。若是活卖，契约末会交代后续事宜，如“自

① 《马品为卖祖遗蟾沟门平旱地于刘朝斌父子名下红契》，青海省档案馆，档案号：5-永久-7。

典之后大小修补皆酌于典主”[①]，“自典之后日限不等，有钱赎回，无钱照旧”[②]。第四，在落款处注明，如“立永卖约人”。根据这四处，足以判断出交易的形式，但有一点值得注意，循化厅存在部分名为卖契但实为绝卖契的情况。

交易完成后，双方便形成一种交易契约关系，但契约的风险依然存在，如权利瑕疵风险、白契风险等。而规避风险，保护这种关系的力量：一是来自于法律。红契缴过契税，为官方认可，受法律保护，一旦出现纠纷，双方可以诉诸法律。二是来自自律。实际上是依靠社会舆论的压力，迫使人们遵守信用规则，自觉地履行契约。事实上，循化厅的土地契文约一半是民间白契，但未曾发现一则契约签订后的纠纷案件，很大程度上就是自律的结果。三是来自惩罚威慑。循化厅土地契约首先规定双方的权利与义务，如约定交易结束后，双方不得反悔，若有宗族亲房异言争论者，由卖主承当，不与买主相干。其次是违约处理：双方反悔者要受到惩罚。循化厅对违约者的惩罚措施，主要是罚交小麦，如乾隆年间的一份契约写明“如有反悔者，干罚小麦一石赴大仓以供军需”[③]。嘉庆十二年契约写明“两家反悔者，甘罚小麦一石入官公用以济军饷”[④]。光绪十年契约写明“若有两家异言争论，甘罚市斗小麦二石入官以需兵饷”[⑤]。光绪二十八年契约写明“倘有反悔争论者，有卖主准罚小麦三石”[⑥]。可见循化厅对违约者的处理随着时间的推移有加重的趋势，以起到威慑作用，为契约的权威性做出保障。

四、循化厅土地交易特征与边疆社会

清代循化厅土地交易的情势虽然跳不出王朝国家的大趋势，但仍然呈现出一些自身的特征。首先，循化厅土地交易欠发达。土地交易的形式没有太多变化，约76.7%的交易仍采取绝卖的传统土地交易形式，活卖比较少，永佃权、赔田契式以及“活洒”“死寄”“包纳”等内地土地的活买形式没有看到，反映出循化厅滞后的商品经济。另外，循化厅官方审核的土地交易平均每年仅有十几起，而且是小规模分散交易，未形成土地集中。土地交易的不频繁，在一定程度上反映了经济的不活跃。

① 《温永和为典卖铺面于马正魁名下白契》，青海省档案馆，档案号：5-永久-41。
② 《刘生泰典卖平旱地于陈得刚名下白契》，青海省档案馆，档案号：5-永久-85。
③ 《许照汉为卖祖遗东乱中平旱地于本堡罗名下红契》，青海省档案馆，档案号：5-永久-8。
④ 《张国权为卖祖遗中渠庙后水地于马天珍名下红契》，青海省档案馆，档案号：5-永久-16。
⑤ 《唐有彦为卖水地于邓发源名下红契》，青海省档案馆，档案号：7-永久-1972。
⑥ 《邓创牲牲为卖祖遗水地与邓发源名下红契》，青海省档案馆，档案号：7-永久-1974。

其次，循化厅土地交易主要是在村级土地市场进行。所谓村级土地市场，是指土地交易在以村落为中心的一个狭小地域内进行，主要包括同村人之间的交易，其次包括与邻村人的交易，个别时候涉及一些稍远的地区。[①] 循化厅的土地交易主要是同村人之间的交易。亲族、地邻基本在本村内，即使与第三人如族外异姓者交易，大多也是“本庄住人”“本堡人”及本村“在城住人”。如，康熙三十六年许楼龙卖旱地于在城住人樊茂龙名下；雍正八年马品连同孙子马进才及佛祖保卖旱地于本庄住人刘朝斌父子名下；嘉庆十二年张国权卖水地于本堡亲谊马天珍名下。

复次，循化厅土地交易中宗法关系较为浓厚，具体体现在交易的土地绝大多数是祖遗产业、“亲邻先买权”、多位卖主共同出卖祖产、同姓中人参与、画押亲房多等五个方面。循化厅土地交易只有 1 起明确写道：“自央中人韦存孝、邓彩邦，先问房亲地邻不愿受买，空手不能敬孝。又该中人韦存孝、邓彩邦往来说合，问到卖与本族祖父邓发源名下为业。”[②] 其余契约均无“取问亲邻”的文字说明，但这并不代表“亲邻先买权”的消失，恰恰相反，正如赵晓力所说：“有时候，契约内的略写或不写，恰恰表明这种习惯已经在社会生活和人们的意识中‘固化’下来，成为‘不言自明’的事情。”[③] 另外，循化厅交易的土地约 81.8% 来源于祖遗，表明土地归家族所有，个人只拥有管业权。故某人同子、同孙、同兄弟等几人共同出卖土地，将所有这些人的名字都写在契约开头，以消除族内亲人不承认土地买卖的情况。再者，循化厅一半的土地交易均有同姓中人的参与，参与居间询问买主和签字画押等事宜。画押亲房人数之多尤为突出，有不少超过 5 人，甚至有高达 10 人以上的，如《刘成美等兄弟三人为卖土地红契》[④] 中有 10 位亲房画押；《刘刚与族叔刘朝斌对换红契》[⑤] 画押亲房多达 13 人，而此时内地土地买卖契约中一般仅有 1—3 位亲房参与。亲房作为宗族势力的代表，只有征得其同意，土地交易才算成功。

循化厅土地交易的特征与其边疆区位的独特性紧密相关。循化厅地处西北边隅，位于青藏高原之上，气候严寒，境内山地较多，地势起伏。这种地缘与气候因素导致循化厅土地瘠薄，地产数量少，土地被分割成碎块，呈零散分布的状态，必然使得土

① 罗海山：《传统中国的契约：法律与社会》，55 页，长春，吉林大学博士学位论文，2005。

② 《邓创牲牲为卖祖遗水地与邓发源名下红契》，青海省档案馆，档案号：7- 永久 -1974。

③ 赵晓力：《中国近代农村土地交易中的契约、习惯与国家法》，见《北大法律评论》（第 1 卷第 2 辑），440 页，北京，法律出版社，1999。

④ 《刘成美等兄弟三人为卖祖遗高庄水地于张文宝兄弟名下红契》，青海省档案馆，档案号：5- 永久 -30。

⑤ 《刘刚为祖遗庄科一处与族叔刘朝斌店房车场对换红契》，青海省档案馆，档案号：5- 永久 -8。

地交易呈现小规模、零散化的特点，不可能形成土地集中。循化厅属于典型的边疆民族社会，地瘠民贫、家道不富、民族成分复杂，加之步入王朝体系较晚，国家政权在此地建设不足等，致使清代循化厅呈现出经济滞后、社会不靖的区域特点。到了同光时期，接连发生陕甘回民起事、新疆动乱及河湟事变，使得循化厅社会经济状况进一步雪上加霜，百姓越发贫困。为应一时之需，人们只能选择绝卖赖以生存的土地。由于循化厅多山少地，交通和通信不发达，土地交易只能在狭小的空间内流通，即村级土地市场。经济的不活跃，导致土地交易的欠发达，也使得很少有人能冲破传统的束缚，而地缘与血缘相结合的乡族共同体以及以此为基础建立的血缘宗法关系却仍然在循化厅社会中占据主导地位，并始终影响着土地的整个交易过程。

五、结语

从循化厅30份土地契约文书出发，以小见大，探析其交易的原因、类型、规模、价格、形式与保护等多方面的内容。我们不仅看到了循化厅土地交易的历史原貌——循化厅百姓由于土地使用不便和家庭缺少用度而将祖遗产业，如田地、房屋地基等绝卖；还看到了土地交易独特的一面及其与循化厅经济社会状况的诸多联系。由于循化厅地处边隅、山多地少、地瘠民贫的地缘因素，以及边疆社会经济滞后、社会不靖的现实，致使土地交易不够活跃，呈现出笼罩在宗法关系下的村级土地市场内小规模分散交易的特征。

对清代循化厅土地交易的个案研究，有助于更全面地认识清代西北边疆地区的土地制度，但欲对之形成更为系统、完整的掌握，尚需发掘更多的资料和更多的区域个案。

（原载《青海民族研究》2018年第4期）

光绪朝循化厅田赋征收与民众负担

彭南生　苗虹瑞

循化厅地处汉藏交界地带，具有浓厚的边疆民族社会底色以及多维民族共生与多元宗教并存的民族文化特点。田赋作为中国传统的赋税形式，既是沟通国家政权与地方社会的纽带，也是中央政权有效统驭基层社会的主要经济手段。故循化厅虽非财赋重地，但其“田赋”对清朝“国家在场”的政治意义尤为重要。晚清循化厅田赋，中央政权予以特别对待，地方官之考成也半系于此。田赋征收与田赋负担更是直接与普通民众息息相关，牵动着循化地区的民心所向及社会稳定。目前学术界对清代循化厅的研究，主要集中在基层社会组织①、民族关系②、司法实践③、宗教信仰④等方面。关于循化厅财政经济的研究不足，尚未涉及田赋征收等内容，因而系统梳理循化厅田赋征收与负担，不仅可以更好、更全面地理解清代田赋制度实施的地区差异，也可以透过田赋征收了解当时循化厅的社会经济、百姓生活和乡村社会诸情形。

---

① 杨红伟：《清朝循化厅藏族聚居区之权力机制》，北京，高等教育出版社，2015；杨红伟、张克非：《晚清循化藏区的权力运作机制——以光绪十五年拉卜楞寺与隆务寺冲突为中心》，载《江汉论坛》，2008（6）；杨红伟：《清代甘肃省循化厅歇家研究》，载《青海民族研究》，2013（4）；李稳稳：《清代乡约制度在甘肃循化厅的推行》，载《青海民族研究》，2016（1）；储竞争：《羁縻抚驭之道：清代循化厅基层社会治理中的乡约与歇家》，载《青海民族研究》，2019（1）。

② 杨红伟：《晚清循化厅所辖藏区的部落冲突与演进》，载《中国藏学》，2009（4）；杨红伟：《沙沟总管设置与清代循化厅所辖藏区族群政策》，载《史学月刊》，2012（12）。

③ 杨红伟：《法律、习俗与司法实践：晚清循化厅藏区部落纠纷的解决》，载《中国藏学》，2019（4）；高晓波：《晚清藏边民族纠纷解决中的角色职能析论——以光绪年间循化厅所辖藏区为例》，载《西藏大学学报》，2011（1）；胡小鹏、高晓波：《“角色理论”视野下藏边民族纠纷解决新探——以光绪朝循化厅所辖藏区为例》，载《西北师大学报》，2010（6）。

④ 杨红伟：《近代循化厅藏区寺院竞争的文化策略及影响》，载《青海民族研究》，2015（2）。

一、循化厅田赋清厘与规复旧制

田赋系维正之供，即“国计出于民生，公家必籍私田，有一丁即有一丁之赋重，一亩即有一亩之供”[①]。循化厅作为汉文化、藏文化与伊斯兰文化的交汇之地，多元文化间有交流亦有碰撞，特别是在伊斯兰文化内部的教派之争，导致其新旧冲突频繁。同治、光绪年间，陕甘回民起事与河湟事变的发生，循化厅均为重点地区。加之自然灾害频发，循化厅社会动荡，百姓流离，田产荒芜，田赋征收、造报奏销等全部中断。为有效恢复农业生产和重建社会秩序，作为“国家正供”的田赋亟待恢复。光绪朝循化厅进行了两次比较大规模的田赋清厘，力图规复旧制，重建田赋征收体系。

首先，编审户口，清查土地。地亩为供赋所出，户口乃保甲所急，两者相互为用，既是解决民众生存问题、恢复社会秩序的关键，也是解决政府税赋的前提。特别是在清朝实施“摊丁入亩”后，“土地是人们赖以生存的基础，也是官府征发赋役的主要依据”[②]。因而，尚在进军途中，左宗棠即着手各地的善后工作。如同治十一年六月河州、循化等地甫定，左宗棠立刻上奏：“筹办理善后要务，如清理地亩，编审保甲，分给门牌，安设驿站，修葺城垣、关隘各事宜，正在次第办理。”[③]故同治十一年所编《河州善后章程》，首条即为“清查地亩”，次条则为“清厘田赋”。[④]次年所定《西宁善后章程三十二条》大半内容涉及清查地亩、房产与田赋。[⑤]受此影响，同治十二年八月二十六日，循化厅《会拟善后章程十条》首条规定：

> 清查地亩。厅境内西南番地完善，无须清查，以免纠纷。其东、南、北三乡与河州、碾伯接壤俱多，无论属回、邻回霸占田地，已经耕种，实无契约或勒买、勒典、假造文契，串通作代笔中证，并无兑价与霸占者，现在夏粮已登限八九十三个月内，全退原主。又勒典、勒买，或逼其亲书文约，或系回民代笔写价多交价少，或前时斗价昂贵以粮食抵作地价，将今日粮价合

① 《为清查地亩契据投税保甲户口分析造册事》，青海省档案馆，档案号：7-永久-1638。

② ［韩］权仁溶：《从祁门县“谢氏纷争”看明末徽州的土地丈量与里甲制》，载《历史研究》，2000（1）。

③ 左宗棠：《左宗棠全集》（第8册），6368页，上海，上海书店，1986。

④ 《河州善后章程》，青海省档案馆，档案号：6-永久-16。

⑤ 《西宁善后章程三十二条》，青海省档案馆，档案号：6-永久-122。

之，即不足价，汉回各持一说，中证丧亡，纵到案各有袒护者，即以平分为定章，以加价及四六、三七分为变通，酌其情节结断。仍着霸占、勒买、勒典及典卖价未交足者，每垧每段地，察其肥硗，分别与原主纳租七升、五升、三升不等。①

受战乱影响，除藏族聚居区外，其东、南、北三乡均存在诸多田土地亩纠纷问题，难以清理。为此，十一月十八日，循化厅又禀请甘肃布政使："先届春耕在即，举办善后，以清田赋、理占产为急务"，"乞核准于厅东乡之韩家集设立善后分局一处，兼办南乡；又于北乡之马营集设立分局一处"，"就近清查分办，以期迅速而免弊端"。②得到批准，并由甘肃省布政司与办理甘肃军需总局派员予以协办。地亩户口清查，既要丈量土地，清查水旱熟荒地亩确数、科则，又要对存在纠纷的土地明确归属，可谓千头万绪，颇为不易。故至光绪四年四月，西宁府尚催促循化厅："烦照来文事理，希将所辖田土迅速清查，现在已垦成熟何项，地亩若干，每亩何等科则，应征银粮草束各若干，并将遗失印据及承种叛绝田房各户民，分晰造具花名段落四至弓口亩数清册，一并移送过府。"③

其次，清查"叛产绝业"，招徕承领，给发执照，恢复生产，以充田赋。战乱过程中，有逃难他方定居者，有在战乱中全家灭绝者，亦有回民异地安插者。因而对这部分土地田产的安置，也是恢复生产与田赋赋额的重要内容。这里就关涉两个重要的方面：一是"叛产"，二是"绝业"或"绝产"。为此官府对其进行了定义，即"甘肃军兴以后，各厅州县有叛回边地安插者，所遗田房、水磨、树株系是叛产"④；"其甘心作贼、抛弃田庐者是为叛产，其被难汉民并逃亡无人归业者是为绝产"⑤。清查同样不易，光绪三年，循化厅谕马营集贡生清查鸿化、灵藏两族叛绝荒产，但时隔半年尚未开报。循化同知斥责："或系该贡生等不肯遵办，抑或有人把持不便稽查，其中必有缘故，总之非殉情必扶同，均非急公之道。"⑥保安地方则直至光绪十一年都未清查，是年六月初七，西宁府在保安营东街贴出告示：

① 《会拟善后章程十条》，青海省档案馆，档案号：6-永久-28。
② 《为设立善后分局并派员分办善后事宜》，青海省档案馆，档案号：6-永久-28。
③ 《为清厘田赋刊发执照事致循化分府安》，青海省档案馆，档案号：7-永久-1619。
④ 《为查报置买叛回房产清册以便核实变价转报充公事》，青海省档案馆，档案号：7-永久-2059。
⑤ 《为查清理叛绝各产调停汉回永敦和睦事札循化厅》，青海省档案馆，档案号：7-永久-2370。
⑥ 《为将该处绝产叛产逐一查明造册事饬循化厅》，青海省档案馆，档案号：7-永久-1618。

案查保安地方前有叛产、绝业房屋地基田地等项，至今尚未清查。现闻完善者被人占住，废荒者无人承领，实属不成政体。除委派张把总前来保安会同该都阃府沈派弁清查外，合行出示晓谕。为此示仰阖邑军民人等知悉，所有从前承领叛产地基、修造房屋并耕种者，即须报明，由本府酌中定价，发给执照以昭世守。若从前领有印据而未曾输价者，亦须据实呈禀，照章输价，由本府换给照帖，永远为业；其已经输价，领有印谕者，不在此例。①

六月二十日，循化厅又移保安营都司："逐一确查前项叛产房屋地基田地共若干，处所是何人承领，有无约据，何处荒废，现在有无军民认领，备细开单呈报。"②

再次，鼓励垦荒，招垦升科。战乱后，人口流失严重，"欲安其人，必先予以地方，令以粮载丁"③。为田土有所升科，甘肃各级官府鼓励招垦或承领荒地，以增加田赋和以靖地方。通常情况下，对于有主地准其认领为业即可。对于无主荒地则由官府招徕承领，给发执照，纳粮升科。如光绪三年西宁府致循化厅拟议善后章程：

已荒之地，无论土著、客民及安插之兵勇，到境力能垦地若干，即由官发给执照。初年免征，次年征半，三年全征。如已开荒成熟承粮而原业主新归，查明实有印契可凭，或证据确凿，原业主应照时值补给开荒工价。仍由官照数另拨相当荒地与开荒之人，只换给执照，不取地价；如原业主不愿出给工价赎回原地，应由官验明原有地亩若干，照数另据相当荒地，将原契换给执照，亦不取地价，只责其开垦承粮。无如（如无）力开垦，不愿领取，另据荒地亦不愿出给工价赎归原业，即厅（听）其便。客民垦地已经三年，承纳全粮，而原业主复出言赎，即有契据可凭，亦不准理。④

在升科安民的原则下，循化厅的清厘之策根据土地抛荒的情况，分门别类规定了招垦办法，对承垦者的身份也极为宽容。光绪六年又补充规定："若是有主而无力开垦者，则业主自应预谋或与有力者合移共开禾熟，两家均分地亩，不致荒芜，正供亦

① 《为晓谕阖邑军民人等清查前领叛产绝业房屋地基田地事》，青海省档案馆，档案号：7-永久-2509。

② 《为清查四方马家回民判产处置事致保安都司张》，青海省档案馆，档案号：7-永久-3353。

③ 《为妥议详覆安置从逆投诚之徒事致循化厅》，青海省档案馆，档案号：7-永久-2349。

④ 《为开垦荒地发给执照事致循化分府安》，青海省档案馆，档案号：7-永久-1616。

可有着”；对无主荒地则“令乡约分别田地段落是川、是山、是坪、是坡，开造四至清册。由本府酌议地价，募民开垦，照例升科。总期家给人足，正供无缺尔”。[①]垦复荒田，可使大量版荒田亩改为熟田，有利于扩大承粮面积，增加田赋收入，而且使得规避赋税的空间大大缩减。然循化厅迭遭兵燹，关内十二族与关外撒拉八工人口流散，田地率多荒芜。同治十二年收抚后，各级官府迭令招垦，但因人口未复，田地荒芜尚多，故田赋征收与定额仍有较大差距。光绪十一年，循化同知呈报光绪十年田赋征收情况，称循化厅“原无设置地丁银两草束杂课等项，仅止番贡下色粮一款”，虽“经各前任节次招垦，额赋渐增，然尚有荒芜无着之粮四石六斗七升四合。实因其地山高土瘠，苦寒异常，人实不愿承垦者。卑厅现在设法招垦以期复旧”。[②]由此可见，招徕流亡、开垦荒芜，以期规复旧额，是历任循化厅同知的重要工作。

复次，更正填注数目、查造粮册。同治兵燹，循城失陷之后，衙门档案均被焚无存，所有各工族寨花户种地纳粮数目无册可查。[③]严重影响田赋的顺利征收，急需另造粮册，重新散发粮单，完纳粮石。循化同知于光绪八年造赍水旱熟荒地段数目照式填注册载：共民、屯地 43209 段，额征粮 1011.3218 石；其中垦熟地 42249 段，额征粮 979.3118 石，荒地 960 段，额征粮 32.01 石。[④]这就使地方官府可以根据地亩实际耕种的情况，确定具体征收田赋的数额。

经过此次清厘，循化厅田赋征收至光绪十一年基本达到了定额。然而仅过十年，河湟事变爆发，循化厅田赋征收再度陷入困境。事变结束后，循化厅又开始了新一轮的田赋清厘。其措施与上次大同小异，唯其社会动荡的时间较短，破坏亦未达到前次的程度。这使清政府措置较为充裕，将田赋征收作为地方官员的考核指标，“严考成”。晚清政府将内地施行的“考成”制度推行至循化厅，以税收记录与催科勤惰作为考察循化厅官员政绩及赏罚议叙的依据之一。实际上自光绪九年起，清政府面对全面的田赋经征困局，就规定对各地方官府“按年造册比较上年征收银粮多寡数目核议功过”[⑤]。但在具体的实施过程中，清政府对不能完额征收的地方官员按等予以处罚，却并无对通完银粮之州县有任何奖励措施，以至于“有章程之名而并无章程”[⑥]。为此，

① 《为清查地亩契据投税保甲户口分析造册事》，青海省档案馆，档案号：7- 永久 -1638。
② 《为应造光绪十年地丁考成奏销册籍事呈甘肃布政使谭》，青海省档案馆，档案号：7- 永久 -1851。
③ 《为查造详细粮册事饬珍珠族土司》，青海省档案馆，档案号：7- 永久 -1695。
④ 《造遵查水旱熟荒地段数目照式填注》，青海省档案馆，档案号：7- 永久 -1987。
⑤ 《为遵批移知造银粮草束征信册事致循化厅长》，青海省档案馆，档案号：7- 永久 -1651。
⑥ 《为移知甘省各属征收银粮比较功过事致循化厅张》，青海省档案馆，档案号：7- 永久 -1669。

光绪二十一年年底，清政府另定章程，通行循化厅。其最重要者，除规定了分等处罚措施，如“额征未复，比上年无所增多及少征银五十两、粮五十石上下者，记大过一次；少征银一百两、粮一百石以上者，记大过二次；少征银三百两、粮三百石以上者，记大过三次”；还规定了相应的奖励措施，如“各属征收银粮照额通完者，记大功三次；多征银五百两、粮五百石以上者，记大功二次；多征银一百两、粮一百石以上者，记大功一次；多征百两、百石以下毋庸置议”。[①]这在一定程度上，规避了原先的政策缺漏，起到了对地方官员征收田赋的激励作用。

上述清厘措施，无论是对复产、安民或是田赋征收、官员积极性的调动，均起到了一定的激励作用，循化厅田赋征收渐复旧额。正如光绪十三年循化厅呈报藩宪所称：“收抚后经各前任陆续招垦，贡粮渐次递加，至九、十两年征收将及千石有零，其缺额之数为数无几。实系久荒无着，并非民欠。卑职到任后，检查前署厅易丞所征十一年番贡粮，已报九百八十余石，当即□□□□令将所欠不多之粮，扫数完清，归入册内报明，并由易丞于册报文内自行声明在案。至光绪十二年一岁番贡粮，已由卑职竭力征收齐全，无复颗粒尾欠。”[②]循化厅的田赋清厘工作取得了预想的成效。

二、循化厅田赋实征与积欠

咸丰同治年间，晚清政府内忧外患，迭次军兴，财政极度窘迫。咸丰三年，户部奏：“自广西用兵以来，奏拨军饷及各省截留筹解，已至二千九百六十三万余两，各省地丁盐课以及关税捐输，无不日形支绌。现在银库正项待支银，仅存二十二万七千余两。”[③]因军需孔急，作为历来受各省协济财政的省份，更是大受冲击。咸丰五年，陕甘总督易棠奏：“各省应解甘饷，截至去年底止，共欠银六百余万两。”[④]同治十年，据袁保恒奏，西征协饷积欠高达1114.3万两。[⑤]无论是甘肃省，还是肩负西征新疆使命的

① 《为移知奏为各属征收银粮比较上年数目分别功过事致循化厅欧阳》，青海省档案馆，档案号：7-永久-1683。

② 《为报应征钱粮税数目及免造征信册式事呈藩宪谭》，青海省档案馆，档案号：7-永久-1855。

③ 《文宗实录》，卷97，咸丰三年六月己丑，见《清实录》（第41册），392页，北京，中华书局，1985。

④ 《文宗实录》，卷167，咸丰五年五月辛未，见《清实录》（第42册），848页，北京，中华书局，1985。

⑤ 《穆宗实录》，卷309，同治十年四月乙亥，见《清实录》（第49册），372页，北京，中华书局，1985。

湘军集团，均亟待解决粮秣之供。因而，关陇甫定，即在进行善后和清理田赋的同时，开始了田赋的征收。同治十二年八月，循化厅同知汪声元禀称：

> 厅城自同治三年失陷，其额粮逮今历有九年未曾经征。现在兴绝举废无事，自应次第举行，本年额粮一项，尤系民间正供。但查八工撒回及西南番各寨族田地，当未荒芜，人民亦无离散。惟沿关十二族之东南北三乡，汉回杂居，与河、洮、碾伯各州县接壤，其东乡八族旱地二千九百十五段，南乡二族旱地八百十七段，北乡二族旱地五千九百五十一段，合共旱地九千六百八十余段，自乱后汉民地段多荒废不治，回民间有耕种，而客回属回紊乱，占业买业不清。自收抚至今，合回汉所种之地，查之旧种新垦，能收夏籽者，仅四分有奇。余尚有秋后开荒而未收获，亦有全荒尚待招垦。于前项额征内，该十二族每年应征地粮一百二十五石九斗零，今地地段种未及半，固难如前额征收。现□番撒地段皆耕，而今年春夏之交，雨泽愆期，收□□□□□厅开征秋粮，向在八月，今届开征之期，可否将番撒□□□□族已种有成之户照例开征本年秋粮，以观番区之诚伪而举从前之废旷，一示维新？抑或边地新复，今年收成不重，仍免征粮，使知感化，俟来年再行开征？[①]

针对汪声元提出的两个选项，左宗棠毫不犹豫地选择了照例开征。故循化厅出示晓谕："查循属地粮已九年未征，现仅开征本年秋粮，乃维之正供，凡民食毛践土、具有天良，自应遵照完纳。其曾逃离外出之汉民及以前曾随回教之汉民，本籍、客籍各回民，所有田业均未荒旷，本年地粮自应一体完纳。"[②] 并派专差与歇家"协同头人即将后开各寨，催令各庄番民人等各照本年应纳粮数迅速交纳"[③]。这一年，"西南番各寨"完纳田赋状况较好，如隆务昂锁称"我所管的古迭江、央加、贺尔那藏等三处的今年应上一年的粮都收清楚了"，攒都庄红布称"今年一年的粮，如今收这哩"。[④] 不出意料，关内十二族的田赋征收极为窘迫。如川撒族、牙党族称："小的等同粮差马应桢详细确查，开垦熟地稀少，荒地俱多，长成草坡。汉民俱系难民，牛支无有，无力开垦，口粮维艰。其族民耕种熟地，应纳本年粮石，小的等收获来循完纳仓斗粮三石

① 《为本年汉番撒回秋粮可否开征事》，青海省档案馆，档案号：6- 永久 -135。
② 《开征秋粮》，青海省档案馆，档案号：6- 永久 -125。
③ 《为厅属各寨番民应纳贡粮石事》，青海省档案馆，档案号：6- 永久 -135。
④ 《为征收本年粮石事》，青海省档案馆，档案号：6- 永久 -99。

零。其余应完粮石无从完纳。”① 又如鸿化、灵藏二族乡约禀称：“北乡一带，田土大半荒芜，人民率多逃亡，汉业为回霸占以及勒买、勒典、捏造文契者，不肯奉示退交。本年租粮亦未奉示价给”，“加以今年荒旱雨涝，虽值秋收，无异夏月困苦。况乱后粮单俱失，绝户甚多，实难照例催办”。② 至年底，共征收 150 石零。③

按循化厅原额每年应征仓斗青稞 1060.3218 石，除同治十三年拨归洮州厅征收的 148 石外，尚应额征 912.3218 石；加之原额每年应征屯科仓斗青稞 99 石，每年共应额征粮石 1011.3218 石。④ 同治十二年，循化厅复征田赋，仅及额征数量的 1/10 强，反映出乱后河湟一带田赋征收过程中的整体困境：田赋清厘纠缠在纷繁复杂的社会扭结之中，既要处理田产的纠纷，又不得不面临人口骤减、招垦困难的局面。这也是此后循化厅在企图通过田赋清厘，规复旧制之时，必须克服的难题。由此导致，相当长的一段时期内，循化厅未能按时足额完纳，拖欠此起彼伏，清厘田赋积欠成为常态。甚至由后任同知带征归补前任同知时期的积欠，而其因积欠年限久远者，只能随着官府的蠲免政策方能清零。光绪朝循化厅田赋实征、拖欠与带征情况如下⑤：

同治十三年至光绪五年，循化同知安福任内，光绪元年实征 924.9303 石，拖欠 86.3915 石；光绪二年实征 933.264 石，拖欠 78.0578 石；光绪三年实征 904.7729 石，拖欠 106.5489 石；光绪四年实征 879.235 石，拖欠 132.0868 石；光绪五年实征 390.614 石，拖欠 620.778 石。光绪六年，循化同知沈体仁任内，带征光绪元年 2.345 石、光绪二年 2.686 石、光绪三年 7.779 石、光绪四年 2.477 石、光绪五年 338.666 石。张大镛任内，实征 954.666 石，带征光绪元年 9.915 石、光绪二年 2.83 石、光绪三年 23.9 石、光绪四年 51.227 石、光绪五年 204.293 石，拖欠 56.6558 石。光绪七年，循化同知张大镛任内，实征 856.953 石，拖欠 154.3688 石。潘效苏任内，光绪八年实征 896.842 石，

① 《为无从完纳粮石数目事》，青海省档案馆，档案号：6- 永久 -136。

② 《为奉谕催办钱粮事》，青海省档案馆，档案号：6- 永久 -125。

③ 《为本厅开征日期并已获粮石数目事》，青海省档案馆，档案号：6- 永久 -136。

④ 《造赍光绪十二年分番贡水旱地段下籽征粮数目》，青海省档案馆，档案号：7- 永久 -1733。

⑤ 《造赍接收粮石数目交代》，青海省档案馆，档案号：7- 永久 -1010；《造赍光绪七年仓储番贡粮石收支动存数目》，青海省档案馆，档案号：7- 永久 -1925；《造赍自同治十三年至光绪七年民欠未完及带征粮石数目》，青海省档案馆，档案号：7- 永久 -1985；《光绪九年至光绪十六年额征屯科番贡青稞》，青海省档案馆，档案号：7- 永久 -675；《造赍前任交代光绪二十一二年征完流抵以及未完屯番粮石数目》，青海省档案馆，档案号：7- 永久 -1946；《为移知前任黄森任内经手过屯科番贡粮石并监交册结事致循化厅》，青海省档案馆，档案号：7- 永久 -940；《造具移送接收前任仓储及本署任内征获屯番各粮石动支数目》，青海省档案馆，档案号：7- 永久 -970；《造赍调查光绪三十四年仓柱粮石四柱》，青海省档案馆，档案号：7- 永久 -1944。

带征光绪七年 122.81 石，拖欠 114.4798 石；光绪九年实征 150.61 石，拖欠 860.7118 石，同年蠲免同治十三年至光绪七年底止民欠未完粮石。光绪十年，循化同知黄河带实征 373.285 石，代理同知高敬昌实征 150.892 石，拖欠 487.1448 石，带征光绪八年 85.56 石，接征光绪九年 856.378 石。光绪十一年，循化同知达昌任内，实征 367.534 石，拖欠 643.7878 石，接征光绪十年 481.487 石。光绪十二年，循化同知易华琛任内，征光绪十一年 643.7878 石，长赟任内全数征完本年粮石。光绪十三年至光绪十九年，循化同知长赟任内，除光绪十八年无记载外，其余年份全数清完，另光绪十三年由于灾荒国家蠲免了光绪八年至十一年民欠未完粮石。光绪二十年，长赟征获 850.144 石，护理同知主簿陈庆麟接征光绪二十年 89.205 石，拖欠 71.9728 石。循化同知欧阳乐清任内，由于战争和灾荒，国家蠲免了光绪二十一年和二十二年额征粮石，停征之前，已征完光绪二十一年仓斗青稞 686.228 石，光绪二十二年 174.96 石，均移交流抵。光绪二十三年再次蠲免全数额征粮石。光绪二十四年至光绪三十四年，除光绪三十三年无记载外，其余年份全数清完。

光绪十一年为循化厅田赋征收的分水岭。之前由于人口流亡，土地荒芜，田赋积欠严重，有些年份积欠高达半数以上。光绪七年蠲免之前，其历年带征亦不理想：光绪元年、光绪二年、光绪三年、光绪四年、光绪五年的征还率分别为 14.19%、6.10%、29.73%、40.66%、87.47%。虽然整体征还率不高，但其增长一定程度上表征着田赋清厘的积极意义。至光绪十一年起，田赋征收达到定额，直至光绪二十一年受河湟事件的影响。光绪二十四年，循化厅的田赋实征再次恢复到定额水平。

循化厅田赋积欠存在多方面的原因。首先，战乱导致的元气未复。人口逃散，民户灭绝，土地抛荒，自不待言。即便复业者，也如鸿化族三社新城湾民人所禀："小的等骨髓俱枯竀"，"契约粮单失散未存，田地并未清顺。又今年荒甚大，粮科姑从宽免。倘若地土自业自清，小的等赶紧上纳，升合不缺"。[①] 其次，田赋清厘存在诸多阻滞。如侵占隐匿、抗拒纳粮，"马营一处绝业荒地共有数万余地，屡经委员查办，均被绅民侵占，抗不开报，亦不纳粮，一味信口支吾，希图隐瞒。若稍经严究，辄敢聚众抗拒，以致玩延，至今竟成莫办之势。而早竣之处，亦不汇造出案"。[②] 复次，地方官清查不力。"甘省各属兵燹之后，地亩荒芜，银粮多未复额，地方官不肯认真清查，以致年复

① 《为请免征粮事》，青海省档案馆，档案号：6- 永久 -125。

② 《为造保鸿灵两族绅民霸占绝业粮田事》，青海省档案馆，档案号：7- 永久 -1624。

一年征收毫无起色。”[①] 再次，田赋缓征。每年额征田赋均有拖欠，随后进入缓征，接着连年展缓。光绪元年至五年的拖欠田赋直到光绪七年都未清完，累积递增，势必会导致数额较大的田赋积欠。正如光绪十二年西宁府致循化厅所称：“同治十一年至光绪五年未完民欠钱粮，均因历年灾欠缓征及各年尾欠积成次数。”[②] 最后，循化厅所辖涉藏地区耕种者少，游牧者多，向依采买为生，存在较大的不确定性。正如《循化志》所载：“甘肃农桑多缺不讲，而循化尤甚，番民以畜牧为生，耕种者不及半，惟撒喇回民及起台、边都二堡番民颇有水田，得灌溉之利。”[③] 隆务河流域藏族部落中隆务寺所管热贡十二族“不敷口粮向由巴燕戎之甘都堂地方并拉布楞寺二处驮运”，宗卡寺所管“贺尔族、索乃黑族、沙布浪族、加杂族、管贡玛族、麦受族、官受族等七族”“其需口粮，因路近贵德易换者七，宗卡寺易换者三”，“叶什郡（群）族、加杂族、瓜什济族、新有双勿族”“所需口粮，毗连贵德，查询向由贵德所属之地方办买”。[④] 本身不产粮食或不敷食用，因而一旦发生灾害，完纳田赋自然就成为一句空话。

三、循化厅民众田赋负担与蠲免

循化厅原为明朝中马之地，至清朝雍正年间始纳粮起课。循化厅之地明朝为河州辖区。正德四年始，漠南蒙古势力相继南下，“夷人火落赤据捏工川，真相据莽拉川，其时亦卜剌已据西宁之青海，相为犄角，侵暴河湟”[⑤]。至明清之际，卫拉特蒙古和硕特部在固始汗率领下自天山南北相继入居青海，在拉萨建立起和硕特汗廷。青海八台吉占据甘青涉藏地区及康区的部分地区。清朝平定罗卜藏丹津后，施行“蒙藏分治”，“雍正四年，（达鼐）会同西宁总兵官周开捷安插西宁，河、洮各番族，每族委一百户，归地方官管辖，田亩升科”[⑥]。

雍正年间，清朝将“新附番族”归临洮府河州同知管辖后，就形成了“族、工、屯、寨”的管理体系。按照雍正年间所定，河州同知“旧管各族”，“起科之则，不论顷亩，下籽一石水地纳粮一斗五升，上旱地纳粮一斗，下旱地纳粮五升”；“其新

① 《为移知各厅州县清查未垦荒地设法招耕照章造册事致循化厅》，青海省档案馆，档案号：7- 永久 -1698。

② 《为移知查办豁免民欠钱粮事致循化厅易》，青海省档案馆，档案号：7- 永久 -1655。

③ （清）龚景瀚：《循化志》，279 页，西宁，青海人民出版社，1981。

④ 那彦成：《那彦成青海奏议》，宋挺生校注，252 页，西宁，青海人民出版社，1997。

⑤ （清）梁份：《秦边纪略》，40 页，西宁，青海人民出版社，1987。

⑥ （清）杨应琚：《西宁府新志》，531 页，西宁，青海人民出版社，1988。

附之番，不论种地多寡，每户年纳粮一仓斗，亦有八升、五升者；其不种地之番，畜牧为生，亦每户纳粮一斗”。[①]起初，各“族、工、屯、寨”均赴河州纳粮。乾隆二十七年，河州同知迁至循化营城，始称循化厅，各“族、工、屯、寨”均于循化厅纳粮。其纳粮起科的方式，据乾隆五十六年记载，可概分为：其一，口内十二族，共 2700 户，以下籽量起科，种地 9683 段，纳粮 128.9698 石；其二，口外撒拉八工，共 2780 户，以下籽量起科，种地 10650 段，纳粮 86.272 石；其三，保安四屯，共 990 户，额征屯科，种地 2083 段，纳粮 99 石；其四，境内藏族部落，按户纳粮，共 8550 户，种地 26498 段，纳粮 844.98 石。[②]以上合计，共 15020 户，耕地 48914 段，纳粮 1159.2218 石。

循化厅额征田赋自雍正七年至乾隆五十六年略有变化，后至同治末年则少有变化。故光绪元年循化厅呈报西宁府：“敝厅向无地丁草束，无凭造报，惟有应征同治十三年额征番贡仓斗一千一百五十九石三斗二升一合八勺，内除南番买吾八族番民纳粮一百四十八石改隶洮州厅征收外，尚有应征仓斗青稞一千零一十一石三斗二升一合八勺。”[③]则同治年间与乾隆五十六年旧额相差近 1 斗之数。唯同治十三年，陕甘总督左宗棠因“买吾等八族番众旧隶循化，一切贡赋差徭均须赴厅治供支完纳，地距厅治三百余里，有司殊苦照料难周”，奏准“以之改隶洮州厅”，“买吾八族番民每年应完循化厅”“番贡本色仓斗粮一百四十八石”，“自同治十三年起拨归洮州厅征收”。[④]由此可知，光绪朝年间，循化厅征收田赋的定额为 1011.3218 石，“族、工、屯、寨”各自的额征数目始终保持未变。

田赋负担根据征收的方式，分别取决于田赋数额、耕地面积、户数与物价等因素。在清朝循化厅田赋定额基本不变的情况下，循化厅民众田赋负担的变化，主要取决于耕地面积、户数与物价等因素。其中物价与户数的因素，将会涉及更为复杂的考量，因篇幅所限，需专文论之，故谨就耕地面积的变动情况，做纵向与横向的比较。从耕地面积上做纵向考察，可以分为两种情况。第一，从乾隆五十六年至同治十三年的情况来看，理论上存在田赋负担降低的趋势，如光绪九年循化厅同知潘效苏称循化厅原

① （清）龚景瀚：《循化志》，185 页，西宁，青海人民出版社，1981。

② （清）龚景瀚：《循化志》，56 页、145—188 页，西宁，青海人民出版社，2016。

③ 《为照向例征过屯户粮石考成奏销清册并印结事致循化厅》，青海省档案馆，档案号：7- 永久 -1608。

④ （清）左宗棠：《左宗棠全集》（第 6 册），刘泱泱、岑生平等校点，140—141 页，长沙，岳麓书社，2009。

额水旱族地 46946 段（其中拨归洮州厅所管买吾八寨水旱地 5820 段[①]，如果加上保安四屯 2083 段，则共荒熟地 49029 段，较乾隆五十六年增加了 115 段。第二，在实践上来看，应该分为两段，光绪十一年前负担有所加重，光绪十二年后有所减轻。此正如光绪十八年循化厅同知长赟称："卑厅原额每年应征番贡仓斗青稞一千一十一石三斗二升一合八勺，自同治十二年收抚后，四乡因乱，均有荒芜田地，贡粮缺额。经各前任内谕令，渐次开垦。及至卑厅光绪十二年莅任，仅止关内鸿化、灵藏等族尚有荒芜田地。卑厅业已设法谕导，一律开垦成熟，所有额征番贡稞粮，亦自十二年照额数完清，历年并无尾欠。"[②] 实际的情形的确如此，如潘效苏统计，截至光绪七年，已垦熟地 39296 段[③]，应仍有荒地 3913 段。这也是同治十二年至光绪十一年间，田赋积欠较多的原因。随着光绪十一年"再无荒芜可查"[④]，循化厅民众的赋税负担开始恢复到战乱前的水平，不计战乱与自然灾害，应有所减轻。

从耕地面积上进行横向比较，可将循化厅田赋负担进行辖区内与辖区外双重比较。据光绪十二年统计，口内十二族、口外撒拉八工，合计水地 6447 段下籽 477.81 石纳粮 76.6715 石，上旱地 733 段下籽 101.778 石纳粮 10.1778 石，下旱地 8036 段下籽 1765.44 石纳粮 88.272 石；藏族 7210 户，水地 6221 段、旱地 21820 段，共下籽 2776.24 石，纳粮 710.98 石，户均纳粮不足 0.099 石；保安四屯 990 户，种地 2083 段，共纳粮 99 石，户均 0.1 石。合计共种 45340 段，除保安四屯 2083 段外，共有土地 43257 段：其中水地 12668 段、旱地 30589 段，分别占耕地总段数的 29% 和 71%，共计下籽 5121.268 石，征粮 912.3218 石。循化厅以"下籽量"和"人户数"两种标准征收田赋与内地比较存在较大的差异，需要进行特别的计算。其中的关键，即是须将段转化为亩。以按捏贡川耕地的下籽粮进行计算，则川中水地每亩下籽量为 1 斗，旱地约 0.8 斗。简单计算，如果忽略个别区域的特殊性进行加权平均，则可将之视为循化厅的一般情形，即 1 仓斗籽种可播水地 1 亩、旱地 1.25 亩，那么除保安四屯外，循化厅耕地不区分水旱地的加权平均每仓斗可播种耕地 1.1775 亩，则循化厅耕地面积为由段转化为亩，据下籽粮 51212.68 仓斗可得，循化厅除保安四屯外水旱地共计 60302.9307

① 《为造报所管地方族屯水旱地段并每年已未完番贡粮石数》，青海省档案馆，档案号：7- 永久 -1927。

② 《为查报所属无荒地贡粮照额完清事呈藩宪》，青海省档案馆，档案号：7- 永久 -1701。

③ 《为造报所管地方族屯水旱地段并每年已未完番贡粮石数》，青海省档案馆，档案号：7- 永久 -1927。

④ 《造赍光绪十二年分番贡水旱地段下籽征粮数目》，青海省档案馆，档案号：7- 永久 -1733。

亩。以纳粮数 91232.18 升除以总亩数，则可得亩均纳粮 1.51 升。

亩均纳粮 1.51 升，提供了一个可以横向比较的基础，而这一数字相对来说是比较低的。据郝树声、张德芳的研究，乾隆十八年甘肃田赋每亩耕地平均纳银 1.4 分、纳粮 2.83 升；乾隆三十一年则为 1.2 分、2.21 升。[①] 甘肃省本非清朝的财赋重地，田赋负担较之内地为轻，循化厅又低于甘肃省的平均水平 2.83 升 / 亩或 2.21 升 / 亩；而且相对甘肃省其他州县而言，循化厅民众只纳粮赋，不纳税银与草束。这充分说明，清朝对循化厅的田赋征收更多地停留在王朝国家在区域社会统治的象征意义上，故其田赋负担低于全国与甘肃省的平均水平。

衡量田赋负担的另外一个标准为田赋占土地收益的比重，从这一点而言，同样可以反映出光绪朝循化厅民众田赋负担相对较轻的事实。清代青稞种植水平缺乏相应的数据，考虑彼一时期农业生产水平没有较大的变化，那么依据徐光启《农政全书》“种青稞麦，右每十亩，用种八斗。与大麦同时熟。好收四十石；石，八九斗面”[②] 的记载，那么下籽 1 斗可种地 1.25 亩，与光绪朝循化厅耕地每亩下籽量的加权平均数相差不大；正常条件下，每亩青稞收获 4 石，那么依照徐光启下籽量与亩产量的关系进行计算，光绪朝循化厅除保安四屯外的青稞总产量为 2560634 仓斗。如果按照亩产量乘以循化厅估算的田亩总数，则循化厅除保安四屯外的粮食总产量为：2412117.228 仓斗。以两者分别计算，则循化厅民众田赋的土地收益负担应该为 0.36%—0.38%。王业键的研究显示，19 世纪最后 25 年，全国大多数地区的耕地田赋负担占总产出的 2%—4%，个别富庶之区，如苏州、上海等地甚至高达 8%—10%。[③] 周志初的研究反映出大致相同的结果，即清末田赋实征额占农业总产值的 3% 左右。[④] 因而可以说，循化厅民众田赋负担占耕地产出的比率是相当低的，大致上为同时期全国平均水平的 10% 多一点。即使与同为偏远少数民族聚居区相比，这一数字仍显偏低，如贵州清水江下游的苗族聚居区，民众田赋负担占耕地产出的比率约为 1%。[⑤] 故光绪十三年循化厅同知长赟称：“卑职遵查卑属每年应征番贡仓斗下色青稞

① 郝树声、张德芳：《略论清代甘肃的田赋》，载《兰州学刊》，1985（8）。
② （明）徐光启：《农政全书校注》，656 页，上海，上海古籍出版社，1979。
③ ［美］王业键：《清代田赋刍论（1750—1911）》，高风译，128—131 页，北京，人民出版社，2008。
④ 周志初、李琦：《晚清田赋负担水平若干问题的考察》，载《江苏大学学报》，2005（6）。
⑤ 龙泽江、陈洪波：《新发现的侗族田赋实征册考释——兼论清代贵州清水江下游的田粮负担与地权分配》，载《史学月刊》，2015（8）。

一千一十一石三斗二升一合八勺，比之内地州县所征只不过十分之一二。”① 体现出清政府对边疆民族地区的“轻徭薄赋”和特殊观照。正如档案所载：“循化既不征收丁银，仅止番贡粮石一款，每亩承纳数目又比他属不止轻减数倍，原系皇上深恩厚泽，体恤边民之至意。”②

此外，清朝对循化厅频繁的田赋蠲免，也是民众减轻田赋负担的重要途径。蠲免，即蠲缓粮租以轸恤灾黎，即中央政府在特殊的年份减免部分地区的赋税负担，以缓解民众生产、生活压力。清政府在循化厅实施的蠲免，可分为灾蠲和恩蠲两类。灾蠲包括战争蠲免和灾荒蠲免，恩蠲则主要是蠲免逋赋。光绪年间，循化厅有 5 次比较大规模的田赋蠲免，其中战争蠲免 1 次、灾荒蠲免 3 次，恩蠲 1 次。光绪朝循化厅的战争蠲免，即光绪二十一年河湟事变之后，清政府蠲免全数田赋。光绪二十一年十一月，陕甘总督杨昌濬上奏朝廷：“甘省河湟各属被贼扰害，本年新旧应征正杂钱粮草束等项，恳请分别蠲缓，以苏民困。”③ 十二月初八日谕准：“所有循化、河州、狄道、沙泥州判、海城、平远、西宁、大通、巴燕戎格等九厅州县州判应征本年正杂钱粮草束及各项税课，并历年旧欠，均著一体蠲免。”④

清政府对循化厅灾后第一次蠲免是光绪八至十一年带征民欠田赋。陕甘总督谭锺麟于光绪十三年六月二十日上奏朝廷，吁恳天恩蠲免八至十一年民欠钱粮。⑤ 七月十二日光绪帝朱批谕旨，“所有甘肃省带征光绪八、九、十、十一等年民欠地丁正耗银粮草束暨各项杂赋，加恩着概予豁免，以纾民困。”⑥ 第二次则在连续旱灾加雹灾之后，光绪二十二年上谕：“甘肃省上年被匪蹂躏，地方百姓流离颠沛，耕种失时。本年复有冰雹，被伤之处疮痍满目，深堪悯恻”，“加恩着照所请所有河州、狄道州、沙泥州判、西宁县、大通县、碾伯县米拉沟、巴燕戎格厅、循化厅八属应征二十二年额征及碾伯

① 《为报应征钱粮税数目及免造征信册式事呈藩宪谭》，青海省档案馆，档案号：7- 永久 -1855。

② 《为清查地亩契据投税保甲户口分析造册事》，青海省档案馆，档案号：7- 永久 -1638。

③ 《为甘肃河湟逆回滋事请将应征钱粮草束分别蠲缓开事饬循化厅》，青海省档案馆，档案号：7- 永久 -1692。

④ 中国第一历史档案馆编：《光绪朝上谕档》（第 21 册），491 页，桂林，广西师范大学出版社，1996。

⑤ 《为豁免各年民欠数目刊刻告示张贴事饬循化厅》，青海省档案馆，档案号：7- 永久 -1660；《为遵批抄录移知豁免甘省民欠银粮杂赋事致循化厅长》，青海省档案馆，档案号：7- 永久 -1655。

⑥ 中国第一历史档案馆编：《光绪朝上谕档》（第 13 册），255 页，桂林，广西师范大学出版社，1996。

县二十一年未完正杂钱粮草束及各项税课均着一概蠲免。”[①] 光绪二十三年继续对循化厅田赋进行蠲免。[②]

循化厅的恩蠲，是指蠲免同治十三年至光绪七年的荒地逋赋。逋赋，即逋欠田赋，指未交拖欠的赋税。如前文所述，光绪初年逋赋数额愈来愈大。清政府念及循化厅民生困难的实际，将“所有甘肃省光绪七年以前民欠地丁正耗钱粮草束以及番粮番草，并向随地丁额征地丁课程等项杂赋，加恩着全行豁免，以纾民困”[③]。

光绪朝对循化厅实施蠲免的年份共约 14 年，即约有 4/10 的年岁都受到过蠲免。蠲免作为一种特殊的财税政策，是王朝国家根据荒歉旱涝以及社会条件等对田赋征收施行的一种变通手段。其目的在于避免竭泽而渔，通过减免田赋，减轻民众的赋税压力，在保存民间生产能力的同时，避免社会矛盾的激化并造成社会动荡。从经济稳定的角度而言，蠲免有利于减轻灾荒带来的负面影响，进而促进农业生产恢复，保证国家税源的稳固。从这个意义上讲，光绪朝对循化厅田赋的蠲免，特别是对逋赋的蠲免，不仅体现出了相应的务实性，也为田赋清厘与规复旧额提供了外在的制度保障。

四、结语

光绪朝对循化厅实施田赋清厘、“轻徭薄赋”、减免甚至蠲免等积极措施，民众田赋负担较轻。但田赋征收仍不理想，存在比较严重的积欠问题。究其根源，与循化厅区域社会的特点密切相关。首先，循化厅地处青藏高原与黄土高原交汇处，黄河上源，植被覆盖少，水土流失严重，沟沟壑壑，山多地少，且耕地零碎，土地瘠薄；其次，循化厅地处 400 毫米等降水量线以西，降水稀少，气候高寒，夏季多雹，农业生产极不稳定；复次，循化厅地处游牧经济与农耕经济交错地带，既有农业生产，亦多游牧经济，藏族各部本身不产粮，须购粮以完粮赋。这种自然条件与战后的社会形势相结合，不能不影响到循化厅的田赋征收。另外，循化厅边疆民族地区的建政特点，不仅建制不完备，缺乏应有的社会救助体系，更因财政经济的对外依赖性，使其在面对突发自然灾害或战争时，更易导致本就窘迫的财政状况进一步恶化。这种边疆民族社会

① 中国第一历史档案馆编：《光绪朝上谕档》（第 22 册），314—315 页，桂林，广西师范大学出版社，1996。

② 《为移送蠲免钱粮誊黄事致循化厅黄》，青海省档案馆，档案号：7- 永久 -1278。

③ 中国第一历史档案馆编：《光绪朝上谕档》（第 9 册），122 页，桂林，广西师范大学出版社，1996。

的特点，也正是清朝对循化厅实施轻徭薄赋的重要原因："额征粮石，上关正供，必须年清年款，不容颗粒悬欠。循化地方既无地丁又无别项摊派，仅止贡粮一款。原日摊粮并未照内地章程升科，实为体恤边民起见，该族以内地百姓种内地之田而纳边民之粮，复与洮州地亩连畔，同一百姓同一田地，试问河属百姓纳粮多少……皇上体恤尔百姓之至意。"①

循化厅为清朝在藏族聚居区进行国家政权建设的前哨，其社会稳定与否，直接关系着清朝边疆民族政策的稳定及其经略整个相关地区的效能。因而，在重大自然灾害与战乱之后，尽快恢复地方社会秩序与农业生产，迫切需要政府进行田赋清厘与田赋蠲免。此即光绪二十三年上谕所称："诚以地处边荒，番回丛杂，军旅之事层见叠兴，百姓元气未苏，复遭颠沛，其苦穷凋敝之状实属蒿目伤心。"② 光绪朝对循化厅的田赋清厘，不仅意味着规复了田赋旧制，也意味着恢复王朝国家对循化厅边疆民族地区的统治。而田赋蠲免则有效地减轻了民众的经济负担，促进了农业生产恢复及田赋的可持续征收，并在一定程度上缓和了社会矛盾，促进了地方社会秩序的恢复。

（原载《青海民族研究》2020 年第 2 期）

① 《为韩土司清查地亩承纳贡粮事》，青海省档案馆，档案号：7- 永久 -1638。

② 中国第一历史档案馆编：《光绪朝朱批奏折》（第 67 辑），793 页，北京，中华书局，1996。

晚清循化厅捐纳制度研究

苗虹瑞

清朝为了解决财政问题，采取捐纳制度[①]，社会出售各种仕途晋身资格，甚至延伸到减轻或解除处分、设立国家荣典及虚衔等方面。因而，捐纳制度不仅关乎清朝财政，也关乎清朝的政治制度与社会秩序等方面的内容。学术界采用清朝中央政权档案及会典、实录等资料，分别从历史沿革[②]、制度结构[③]、报捐项目[④]及社会影响[⑤]等方面进行了梳理。然而，对于该制度在边疆少数民族地区的推行，却少有学者关注。如清代循化厅，地处汉藏交界地带，是清朝在安多藏族聚居区采取直接统治的前哨。依据循化厅档案与地方资料，系统梳理晚清捐纳制度在循化厅的推行与实施状况，可以对清代捐纳的整个过程有更清晰、直观的反映，检讨其运作的全貌。

---

① 本文捐纳的概念是广义上的，包含捐输。捐输是官府按照士民报效的银数给予某种奖叙的做法。比如奖励匾额、虚衔、翎枝、荣典等。两者多有混用，因为捐纳为人所耻，所以无论是报捐者还是施政者都有意将捐纳混淆为捐输。咸同之后在捐纳的操作上也是混捐纳、捐输、报效为一。

② 许大龄：《清代捐纳制度》，马萨诸塞，燕京大学哈佛燕京学社，1950；伍跃：《清代报捐研究》，见朱诚如、王天有：《明清论丛》，北京，紫禁城出版社，1999；梁严冰：《清代的捐纳制度》，载《历史教学》，1996（9）；王志明：《康熙雍正时期捐纳考析》，载《中华文史论丛》，2005（79）；尹航：《晚清捐纳制度研究》，长春，吉林大学硕士学位论文，2005。

③ 陈宽强：《清代捐纳制度》，台北，“国立”政治大学政治研究所，1968；伍跃：《中国的捐纳制度与社会》，南京，江苏人民出版社，2013；顾善慕：《清代乾隆年间的捐纳制度》，载《黑龙江社会科学》，2006（5）；沈洁：《清末捐纳制度研究》，载《北京档案史料》，2007（1）。

④ 汤象龙：《道光朝捐监之统计》，载《社会科学杂志》，1931（4）；晏爱红：《乾隆九年福建捐监案研究》，载《清史研究》，2007（3）；和卫国：《从广西捐垦案看清代垦政》，载《清史研究》，2007（4）；宝音朝克图：《清代蒙古捐纳初探》，载《西部蒙古论坛》，2010（2）。

⑤ 徐鼎新：《清末捐纳制度对工商界的影响》，载《经济学术资料》，1982（9）；王胜国：《清代捐纳制度及其影响新论》，载《松辽学刊》，1990（3）；谢俊美：《晚清卖官鬻爵新探——兼论捐纳制度与清朝灭亡》，载《华东师范大学学报》，2001（5）；刘凤云：《清康熙朝捐纳对吏治的影响》，载《河南大学学报》，2003（1）；陈先松：《试析晚清捐纳的失控》，载《社会科学辑刊》，2005（2）。

一、捐纳制度在循化厅的推行

捐纳制度在清代运行二百余年，创于康熙，雍、乾、嘉、道因袭之，咸、同以后逐渐泛滥。进入光绪朝，晚清政府内外交困，因军需及筹办海防需款浩繁，各地灾难不断，清政府财政难以接济，致使大捐频仍，各地捐局林立，捐纳规模愈来愈大，偏僻的贵州、云南、甘肃相继设立捐局。[①]随之，捐局逐步推行至边疆民族地区，地处西北边隅的循化厅也被卷入捐纳之风中。

清代，厅一级机构大多设在边陲要地或民族杂居地方。雍正七年，在甘肃河州关外"撒拉"地方设循化营，驻今青海省循化撒拉族自治县积石镇。乾隆二十七年，移河州同知于循化营，称循化厅，隶兰州府；道光三年改隶西宁府。循化厅地望大略相当于今甘肃省甘南藏族自治州夏河县、合作市及临夏回族自治州夏河县、积石山保安族东乡族撒拉族自治县部分地区，与青海省黄南藏族自治州同仁县、泽库县、海东市循化撒拉族自治县及民和县部分地区，为汉、回、藏、蒙古、土、撒拉、保安等各族交错杂居的多元民族地方社会。由此可见，循化厅是清朝经略安多藏族聚居区的桥头堡，属典型边疆民族区域社会。因而，捐纳制度在区域社会的推行和实施中，呈现出不同于内地的诸多特点。

清代在循化厅推行捐纳制度，主要是在光绪朝，尤其是在光绪中后期集中频繁地推行，一直持续到宣统朝。这期间几乎所有的大捐，国家、各省、甘肃省所开捐例，西宁府都会专文移知循化厅，希即转饬所属，一体遵照施行。如光绪二十一年正月初十日，西宁府为清廷开办江南防务事例移知循化厅："贵厅烦照旨内事理，希即劝办，延集公正绅士倡晓大义，均各激发天良，竭力捐助，务期多多益善，有裨军饷。"[②]二月二十九日，西宁府为变通收捐银数及准应升人员捐道府事移明循化厅："贵厅烦照来文内事理，希即出示晓谕，广为劝捐，务期集腋成裘，有裨军饷，切速施行。"[③]三月二十五日，西宁府为翎枝减成收捐事移文循化厅："贵厅烦照来文事理，希即出示晓谕，俾众周知，务期踊跃输捐，有裨军饷，切切施行。"[④]五月二十五日，西宁府按照顺直赈捐章程推广筹饷事

① 黄妍：《光绪朝捐纳制度及其实践研究》，33—35页，重庆，西南大学硕士学位论文，2012。

② 《西宁府倭为抄奏筹饷捐助事关循化厅欧阳》，青海省档案馆，档案号：7-永久-2021。

③ 《西宁府倭为抄奏变通收捐银数并应升人员准捐道府事关循化厅欧阳》，青海省档案馆，档案号：7-永久-2018。

④ 《西宁府倭为抄奏减成收捐事致循化厅欧阳的关》，青海省档案馆，档案号：7-永久-405。

移文循化厅："贵厅烦照来文内事理，希即一体，广为劝捐施行。"[①] 此外，四月初二日，西宁府移知循化厅："五贡及廪增附生员出身报捐军需，银贰万两准给举人一体会试。"[②] 七月三十日，两次移知循化厅开办武职报捐及补减成收捐章程。[③] 十一月十九日，又移明循化厅："推广捐输条款并加增免试俸历俸银数，以济饷需。"[④] 此外，光绪三十年甘肃水灾赈捐，西宁府移文循化厅5次；三十二年苏省水灾赈捐，西宁府移文循化厅8次。西宁府频繁移会循化厅推行捐例，足见清廷财政的紧张程度，急于大范围推广捐纳，以补军饷不足，以及欲在循化厅推行捐纳的迫切心态，期望其能够量力乐输，捐有成数。

晚清政府在循化厅推行的捐例，主要是大捐。即清廷为了筹措军费、工程费、赈灾费等特定经费而在一定时期内开办的捐例。大捐与常捐相对应，常捐即清廷为筹措经常性的经费而常年开办的捐纳。从目前掌握的资料来看，还未发现循化厅主动参与常捐的事例，其参与的几乎均是大捐。大捐的具体类型有赈灾捐、河工捐、海防捐、军需捐。曾在循化厅推行过的捐例，如赈灾捐有光绪十五年的山东水灾赈捐，十六年、十九年、二十一年的顺直水灾赈捐，二十六年的秦晋旱灾赈捐，二十七年的东南济急赈捐，三十年的甘肃水灾赈捐，三十一年的奉天善后赈捐，三十二年的苏省水灾赈捐；河工捐有光绪十三年的郑工捐例，三十二年的山东工赈；海防捐及军需捐有光绪十年中法战争爆发后开办的海防捐输事例，光绪十五年的新海防捐输事例，二十年中日甲午战争爆发后开办的江南防务事例，二十六年的江宁筹饷事例，以及光绪二年的甘肃军需捐。从捐例可供报捐的项目来看，各种与做官相关的资格，如出身资格、任官资格、铨选资格、升职晋级的资格及减轻或解除处分、设立国家荣典、虚衔均可报捐。但不同类型的捐例设置的报捐项目不同。常捐一般有捐贡监、捐职衔、捐封典以及在任官员的捐升、加级、改捐、捐离省离任等。大捐设置的报捐项目广泛多样，不仅有常捐所设的项目，还有封貤亲族以及现任官员的捐三班、捐免试俸历俸、捐升、捐分发指省、捐离省离任，降职官员的捐复，甚至捐纳实官等。所有这些项目都是明码标价的"商品"，对于报捐者来说，都有它特定的需求和不同的价值。推行于循化厅的捐

① 《西宁府张为抄奏推广筹饷请照顺直赈捐章程办理事关循化厅欧阳》，青海省档案馆，档案号：7- 永久 -2019。

② 《西宁府倭为抄奏捐输银两事关循化厅长》，青海省档案馆，档案号：7- 永久 -404。

③ 《西宁府张为新海防事例开办武职报捐事关循化厅欧阳》，青海省档案馆，档案号：7- 永久 -405；《西宁府张为抄奏新海防事例开办报捐武职各条并补章程事关循化厅欧阳》，青海省档案馆，档案号：7- 永久 -405。

④ 《西宁府为抄奏推广捐输条款并增加免试俸历俸银数致循化厅欧阳的关》，青海省档案馆，档案号：7- 永久 -405。

例大都是大捐，理论上可供报捐的项目多种多样，但一些大捐开放的报捐项目却十分有限，通常只开放常捐中准允设置的项目。如光绪三十年，甘肃水灾赈捐，就只开常例之衔封、贡监、翎枝、免补本班等七项。[①] 三十二年，苏省水灾义赈，也只开衔封、贡监、翎枝等七项常捐。[②] 其中一个重要的考虑应该是晚清大捐流弊日重，而常捐的项目虽为进身之阶，但究非实官，于仕途无碍，流弊较轻。

二、循化厅推广捐纳制度的措施

随着捐纳制度逐渐扩展到循化厅，甘肃省各级地方官府极尽变通，以广招徕，集有成数。如甘肃省曾直接向户部请领空白部照，在循化厅随捐随填，也曾采取普遍的减成收捐，“薄利多销”；西宁府也以仁义道德感化激劝，竭力劝捐；循化厅甚至拣选公正绅耆，携带捐册赴各属劝谕，当面核收银钱，并请头目、昂锁、宗教首领等地方权威协助。诸如此类，充分反映出甘肃省，特别是诸如循化厅此类边疆民族社会地瘠民贫捐纳数额不尽如人意，地方官府千方百计加以筹措的情势。

清代甘肃省财政主要依靠各省协饷，但至晚清随着各省协饷拖欠，无论是正常的军政开支，或是赈灾救济，均感匮乏。随着捐纳制度在甘肃省的推广，该项制度也成为甘肃省自身筹措临时性经费的重要来源。考虑到本省经费筹措不易，甘肃省不得不采取各种变通的办法，以保证大捐的落实。为此，甘肃省曾向户部请领空白部照，在省内由各捐纳承办机构随捐随填。如光绪三十年六月初，甘肃皋兰县属黄河泛涨，并洮河、渭河、白龙江附近州县雨水过多，灾情严重；六月二十四日，陕甘总督崧蕃上奏：“工锯灾重，筹款维艰，奏请援照山东赈捐成案，开办常例，免补本班等七项，由甘收捐一年。并附奏，请将赈捐项下之衔封、贡监、翎枝等项，饬下户部国子监发给空白执照，俾得派员广为劝募，以备赈需。”[③] 户部惟查，“甘省夙称边瘠，其捐输一项早成弩末，此次被灾工锯灾重，筹款维艰”，先行发给空白执照 1000 张，由甘肃布政使司填发。

按照正常的捐纳程序，即“咨部换照”，首先由布政使司给报捐者核发实收，再

① 《西宁府庆为甘肃黄河下游灾情较重派员劝募以备赈需事关循化厅王》，青海省档案馆，档案号：7- 永久 -2049。
② 《西宁府廉为劝捐送捐章事关循化厅王》，青海省档案馆，档案号：7- 永久 -2038。
③ 《西宁府庆为甘肃黄河下游灾情较重派员劝募以备赈需事关循化厅王》，青海省档案馆，档案号：7- 永久 -2049。

交于督抚由其汇总咨部换照，最后由各厅县发放于报捐者。但这种程序，不得不在晚清甘肃省的实施过程中予以变通。这一点，在循化厅的表现尤为明显。如光绪二十四年十月初九日，甘肃布政使为催捐生张监泉换领执照事札循化厅："户部、国子监颁发执照到司，迄今未据该捐生将实收来司换领，札仰该厅遵照，刻即传谕该捐生将原领实收执持赴司换领执照。"① 由此可以看出，循化厅捐生张监泉的捐纳执照，实际上是由甘肃布政使代为填发的。不仅如此，也存在着由省级大捐承办机构填发执照的情形。如光绪三十二年山东工赈，甘肃劝捐振工总局曾令循化厅将所劝捐款按月造册直接赴该局报解，直接换发执照。② 这样就省去了通常需要一年时间的"咨部换照"，极大地简化了报捐手续，以期招徕更多的报捐者。

"减成收捐"是光绪朝推行捐纳制度中颇为常用的手法。其时，由于劝捐不易，各地为了完成捐纳任务，广泛招徕报捐者，扩大财政收入，经常采用"薄利多销"的办法，实施"减成收捐"。推行于甘省的捐例，大都是减成收捐的。如海防捐输事例，即按照咸丰元年筹饷例银数减收二成；郑工捐例，照筹饷例银数减收四成；新海防捐输事例，四品以上照筹饷例减收五成，五品以下以筹饷例减收六成。新海防捐输事例"减成收捐"的做法，在其后的江南防务事例、江宁筹饷事例中更见其甚，竟然达到了减收六成、七成。

捐纳制度本为由清中央王朝把持的一项财政制度，然自光绪九年顺直水灾赈捐后，各地以赈灾和兴办洋务为由纷纷请办捐纳。甘肃省自己请开捐例时，也采用减成收捐的办法。如，同、光之际，清朝因镇压陕甘回民起事及收复新疆，西北军费孔亟。光绪二年，甘肃省在全省范围内劝捐助饷，西宁府遵甘肃布政使札饬，移知循化厅捐输援照筹饷事例酌减三成收捐。为了达到劝捐的目的，地方政府不顾银贵钱贱的事实，仍然规定以制钱1600文作银1两，上色粮每石抵钱2000文，下色粮抵钱1000文合算请奖。③

西宁府作为省级政府与基层厅、州、县级地方政府的中间环节，因非直接性主体，因而竭力发挥劝捐的劝导性作用。如光绪四年四月十三日，为救济庆阳旱灾及流落庆

① 《甘肃布政使曾为催捐生张监泉换领执照事札循化厅》，青海省档案馆，档案号：7-永久-430。

② 《甘肃兰州道彭为办理山东捐务张帖告示事札循化厅》，青海省档案馆，档案号：7-永久-2051；《甘肃劝捐振工总局为报捐生三百多名造具履历册籍请奖颁发执照事札循化厅》，青海省档案馆，档案号：7-永久-483。

③ 《西宁府邓为抄奏甘肃省二十六次官绅士民捐输银钱粮石请奖事关循化厅安》，青海省档案馆，档案号：7-永久-2014。

阳一带的秦晋饥民，西宁府致循化厅："希即拣选乡望素孚为人公正绅耆二三名，向境内巨商大户劝令，首先倡率。一面在于绅民中，务须择其殷商富室，晓以救灾恤邻之谊，善为开导，俾其咸兴恻隐之怀，量力倾助，共成义举。庶期亿兆，生灵免作饿殍，谅亦好善慕义者无不乐从也……贵厅绅董等具有天良，务当秉公善为劝办，共济时艰。"[①] 又如，光绪二十一年正月初十日，西宁府为清廷开办江南防务事例移知循化厅："贵厅烦照旨内事理，希即劝办，延集公正绅士倡晓大义，均各激发天良，竭力捐助，务期多多益善，有裨军饷。"[②] 这种劝导，往往将捐纳提升到忠孝节义以及恻隐是非之心的高度，进行说教，如感戴君主恩德、救灾恤邻之谊、人之好善等德行来感化民众，以期达到提高劝捐效果的目的。

作为基层政权组织的循化厅及其行政长官同知，是捐纳制度在循化厅推广的直接责任人。为了完成捐纳任务，循化厅同知根据区域社会的特点积极采取措施劝捐。首先，循化厅同知仿效西宁府，晓以大义，广为宣传。如光绪二十七年五月二十日为推广江宁筹饷事例，循化厅同知叶克信在厅城及所属各地张贴告示，宣讲捐纳的意义："朝承平日久，凡属士民，食毛践土，莫不共享无事之福。现在军务紧急，需饷孔殷……国用孔亟，谅无不各怀感激，力图报效。除遴选公正绅耆分赴四乡劝办外，合行剀切示谕，为此示仰绅商、士庶、番撒人等知悉，务宜竭力输将，多多益善。"[③]

其次，即如告示所言，拣选公正绅耆携捐册赴各属劝谕。如，光绪三十年六月初，甘肃皋兰县属黄河泛涨，灾情严重，开办捐输；八月十一日，循化厅谕本城绅士詹鲁邦等即刻分赴撒拉八工及关内乩藏、珍珠、老鸦、川撒、牙党等族与边都、起台、马营、韩家集及保安、拉卜楞等地量力劝捐，以成善举，务期多多益善。[④]

再次，结合循化厅多元民族交错杂居，多种社会组织形式并存的特点，谕饬各族头目、昂锁、宗教首领等协助劝捐。如光绪三十年甘肃皋兰县水灾赈捐，循化厅除遴委绅士分途各属劝捐外，还谕饬川撒、牙党、珍珠、老鸦等族乡约老人，马营集绅约、保甲，撒拉上下四工头人、乡约，保安城绅耆、乡约，韩家集土司，隆务寺夏日仓新旧昂锁，拉卜楞寺寺主活佛嘉木样协同办理。又如，光绪三十二年江苏省水灾赈捐，循化厅同知王开斌谕饬："本城绅士马殿魁等驰往厅属八工及拉卜楞寺分头劝捐。并谕拉卜楞寺香措协同绅士劝募，务期多多益善，一俟捐有成数，交由该绅士，即将银两

① 《西宁府邓为劝令境内殷商富户量力捐助事致循化厅》，青海省档案馆，档案号：7- 永久 -2067。
② 《西宁府倭为抄奏筹饷捐助事关循化厅欧阳》，青海省档案馆，档案号：7- 永久 -2021。
③ 《循化厅叶为劝捐军饷事晓谕本城四乡》，青海省档案馆，档案号：7- 永久 -2023。
④ 《循化厅王为捐济灾难以成善举事谕詹鲁邦等绅士》，青海省档案馆，档案号：7- 永久 -2048。

同前发捐册一并具文赍司，以凭汇解。”① 循化厅远离中央权力中心，是汉、回、藏、土、保安、撒拉等族杂居之地，民族复杂，语言多样，交流困难；又因国家政权建设不足，导致政治权威在区域社会内的影响有限。而受传统影响，各族头目、昂锁、宗教首领、土司等地方力量却有着较高的威望。借助地方势力协同办理捐纳，不仅方便了语言沟通，也便于国家意志借助地方权威传达和被民众接受。这样更利于提高劝捐效果，推动捐纳实施。

三、循化厅捐纳的主体

清代的捐纳，理论上除去身份上属于“贱籍”的人之外，任何社会成员都可以报捐，具有广泛的“庶民性”。同样，在循化厅推广捐纳的过程中，地方政府几乎动员了社会上所有的阶层参与其中，诸如京外文武现任及候补候选人员、生员俊秀、绅商士庶军民人等。如在确定劝捐对象时，西宁府或强调“移会通省文武官员及各统领营官一体量力捐助以恤灾黎”②，或“倡捐鹤俸并于僚属及巨商富户广为劝募”③，或“劝令境内有力殷商富户量力捐助粮石以资接济”④，或承诺“五贡及廪增附生员出身，报捐军需银贰万两，准给举人一体会试”⑤；甘肃捐局则希望“合属绅商士庶人等一体知悉，务各遵照，速即来局报捐”⑥。可见劝捐的主体十分广泛。个中情形，通过对光绪朝循化厅籍人士的捐纳统计，更能有直观的印象。

广义上的捐纳，包含捐纳、捐输两项。表 1 所列即为捐纳。由此可见，循化厅的应捐者较为单一，主要是年轻的生员俊秀，除去无身份记载的 3 人，报捐者共 11 人，附生 6 人、俊秀 5 人；报捐者的年龄层比较年轻，集中在 20—30 岁，基本是年轻的尚无任何出身资格的士子；从报捐的项目来看，13 人中仅报捐贡监生的就有 11 人，约占 85%。

---

① 《循化厅王为劝捐事谕东城绅士马殿魁等》，青海省档案馆，档案号：7– 永久 –2037；《循化厅王为江苏南北水灾劝捐谕本城绅士马殿魁等》，青海省档案馆，档案号：7– 永久 –2038。

② 《西宁府为各文武官员量力捐助事关循化厅沈》，青海省档案馆，档案号：7– 永久 –2067。

③ 《西宁府为甘肃皋兰县属黄河泛涨灾情严重亟筹赈抚事关循化厅王》，青海省档案馆，档案号：7– 永久 –2048。

④ 《西宁府邓为劝令境内殷商富户量力捐助事致循化厅》，青海省档案馆，档案号：7– 永久 –2067。

⑤ 《西宁府倭为抄奏捐输银两事关循化厅长》，青海省档案馆，档案号：7– 永久 –404。

⑥ 《甘肃总局兰州道彭为灾区赈捐事的示》，青海省档案馆，档案号：7– 永久 –483。

表 1　循化厅籍人捐纳统计

姓名及年龄	报捐时间（光绪）	身份	捐纳行为	报捐银两（库平）
葛毓兰	元年	附生	捐贡生	—
赵应庚（29 岁）	四年	学附生	遵照捐赈章程缴银捐贡	—
刘积善（28 岁）	十七年九月	附生	遵新海防事例报捐监生加捐县丞	—
范浚南	十八年	文童	在甘遵新海防例报捐选用县丞	—
张监泉	二十一年	附生	遵顺直赈捐报捐贡生	—
赵国材（31 岁）	三十二年十一月	附生	遵照工赈捐章报捐贡生	22 两 9 钱 4 分
赵琳（24 岁）	三十二年	附生	报捐贡生加捐县丞	50 两 9 钱 9 分
郭兴瑞（50 岁）	三十二年十一月	俊秀	报捐从九	11 两 4 钱
郭荣（23 岁）	三十二年十一月	俊秀	报捐监生	17 两 2 钱
王永泰（24 岁）	三十二年十一月	俊秀	报捐监生	17 两 2 钱
周钟祥	三十二年十一月	—	报捐监生	—
吴秉德	三十二年十一月	—	报捐监生	—
陈嘉猷	三十二年十一月	—	—	—
乔敏	—	—	报捐监生	—

资料来源：《南郑县罗为附生赵应庚捐贡承领部照日期事移循化厅》，青海省档案馆，档案号：7- 永久 -181；《甘肃布政使曾为附生张监泉报捐银两亲供册结事札循化厅》，青海省档案馆，档案号：7- 永久 -430；《生员赵国材等为工振捐章到厅情愿报捐册事的禀》，青海省档案馆，档案号：7- 永久 -484；《周钟祥等为情愿报捐监生履历册事的禀》，青海省档案馆，档案号：7- 永久 -484;《吴秉德为情愿报捐监生履历册事的禀》，青海省档案馆，档案号：7- 永久 -484;《甘肃布政使沈为文童乔敏呈解银两批回》，青海省档案馆，档案号：7- 永久 -223。

循化厅捐输的主体则较广，所属口内十二族、口外撒拉八工、西南番各寨的官绅士庶、僧俗商民均不同程度地参与了捐纳。应捐主体涉及循化厅同知、主簿、训导等官员，以及绅民、僧俗、商户、普通民人等。捐纳和捐输具有相似性，且因咸、同之后晚清政府在捐纳的操作上经常混淆捐纳、捐输、报效等名目，但捐输、捐纳毕竟有别。捐输是政府按照士民报效的银数给予某种奖叙的做法，人民可以量力而为，没有捐银多少的限制。捐纳则不同，其所出售的各种仕途晋身资格均是明码标价的“商品”，具有不同的价值，应捐者必须上兑规定的银两才能获得相应的资格。如，光绪三十二年循化厅俊秀郭兴瑞报捐最低的从九都要花费 11 两 4 钱，而捐输无论是官员还是商民，所捐银两均数量较少且多寡不等。

由此可见，循化厅地处边隅，素来地瘠民贫，即使地方政府竭力面向社会各阶层劝捐，大多数人由于经济状况不佳也只能量力捐输，能真正参与捐纳的人比较少。另外，应捐者的身份决定了报捐的项目只能集中在贡监生等士子身上。对于一个需要报捐任官资格的士子来说，至少需要报捐两次方能达成目标：第一次必须先报捐兼有学位和任官资格双重性质的贡监生，这是由捐纳入官的必由之路；第二次才能以捐生身份报捐任官资格。

四、循化厅的社会特点与捐纳效果

捐纳原本是一项着眼于财政的措施，目的即筹集到正规财政之外的收入。晚清政府把尽可能多的地区纳入捐纳范围，欲集腋成裘，以成巨款。在循化厅推广捐纳，也是期望能捐有成数。但循化厅抑或整个甘肃省由于地缘等多方面的因素，具有迥别于内地的诸多特点，影响着捐纳制度的实施效果。正如光绪二十年推广江南防务事例时，甘肃布政使札循化厅言："亟应设法劝捐……甘省地方系属瘠苦之区，集捐本非易事，然该厅州县倘各于所属地方认真劝谕，每处即仅劝捐生十数名或数名而汇并计算，于赈款已大有裨益。"① 由此可见，整个甘肃省的劝捐并不理想。这一点，通过对循化厅捐输的相关数据的分析即可窥见。

表 2　循化厅捐纳收入统计

计算时间	捐例	各属捐纳情况	捐纳总数
光绪十三年	郑工捐例	—	捐银 30 两
光绪十四年	豫皖赈抚	木商隆盛公等共捐钱 11000 文；街子工韩奴才等共捐银 100 钱；查家工韩拉亥木等共捐银 80 钱；苏只工韩阿力等共捐银 60 钱；查汉大寺工何三三等共捐银 50 钱；清水工韩五十三等共捐银 80 钱	捐银 370 钱；捐钱 11000 文
光绪十五年	山东赈捐	—	捐银 24 两
光绪二十一年	顺直赈捐	—	捐银 32 两
光绪二十七年	东南赈捐	循化厅本城民周衍祥捐银 1 两 7 钱 1 分；马营集民马毛个捐银 4 两 7 钱 4 分；马□福捐银 3 钱 3 分；乩藏族民马麟捐银 2 两 6 钱 2 分 5 厘；马如□捐银 4 钱 5 分；马九个捐银 1 钱 8 分；马四十五捐银 7 钱 3 分 5 厘；马三十五捐银 3 钱 9 分；马八斤捐银 7 钱 1 分 5 厘	捐库平银 11 两 7 钱 5 分 6 厘
光绪三十年	甘肃赈捐	循化厅王开斌捐银 24 两；署主薄谢璞捐银 4 两；署训导郭述义捐银 2 两；循城绅民商户、八工撒拉以及马营鸿灵六社汉回、拉卜楞寺僧俗商民等共捐银 291 两 6 钱 8 分 7 厘	捐银 321 两 6 钱 8 分 7 厘
光绪三十二年	山东工赈	赵国材捐银 22 两 9 钱 4 分；赵琳捐银 50 两 9 钱 9 分；郭兴瑞捐银 11 两 4 钱；郭荣捐银 17 两 2 钱；王永泰捐银 17 两 2 钱等	捐库平银 147 两 6 钱 4 分

资料来源：《循化厅长为捐助济灾并将报捐数移复事呈西宁府》，青海省档案馆，档案号：7- 永久 -2013；《循化厅造劝捐豫皖赈抚银钱簿册》，青海省档案馆，档案号：7- 永久 -2061；《为捐助山东赈济银两事申甘肃布政使谭及其批》，青海省档案馆，档案号：7- 永久 -2062；《循化厅叶为东南济急善会捐济银两清册事申牒藩宪等》，青海省档案馆，档案号：7- 永久 -2046；《循化厅王为差役执文管解劝募赈捐银两事批》，青海省档案馆，档案号：7- 永久 -2049；《循化厅王为批解捐款银两事批》，青海省档案馆，档案号：7- 永久 -2052；《甘肃布政使毛为奉发江南北水灾义赈银两收条事札循化厅》，青海省档案馆，档案号：7- 永久 -2038。

① 《甘肃布政使沈为劝所属绅商士庶广为捐输事札循化厅》，青海省档案馆，档案号：7- 永久 -221。

从捐输来看，循化厅的捐纳制度推行并不理想。据统计，自光绪二十八年十一月起户部共向直隶、四川、广东、广西、江苏、江西、奉天、山东、甘肃等省颁发过436700张空白执照。[①]结果则如户部的调查："甘肃省报捐的人大都是其他省的出身者。这些外省出身者所捐谷物的数量为甘肃省籍出身者所捐谷物数的约九倍。"[②]再从报捐项目分析，循化厅籍贯士子主要报捐贡监生，但其时循化厅推行的捐例都是大捐。大捐不仅可以捐贡监，还有封貤亲族以及现任官员的捐三班、捐免试俸历俸、捐升、捐分发指省、捐离省离任，以及降职官员的捐复，乃至捐纳实官等。这些项目循化厅却很少有人报捐。据《清代官员履历档案全编》记载，光绪朝有捐纳行为的官员大约3143人。有学者从中抽取1002人做过具体分析："从应捐者的籍贯情况来看，官员捐升迁的802人中甘肃人只有1人，捐分发的228人中甘肃也只有1人。"其中更不存在循化厅籍官员与士子应捐的记录。这不仅证明循化厅抑或甘肃省的报捐人数少，也从一个侧面反映了其报捐项目应该集中在比较低级的项目上，如贡监生或从九衔。这些虽为俊秀进身之阶，但终究尚非实官。正如同治九年袁保恒奏称："甘捐以监生从九为大宗，统计两项居全数甘捐之大半也。"[③]循化厅人主要报捐贡监生与甘肃省的整体情况是一致的。

从报捐价格来看，循化厅捐价低。光绪三十二年山东工赈，循化厅人郭荣、王永泰分别以17两2钱的捐价由俊秀报捐监生，郭兴瑞以11两4钱由俊秀报捐从九，赵国材以22两9钱4分由附生报捐贡生。据光绪二十八年新海防捐例，捐监生应为银33两。[④]循化厅档案资料则显示，循化厅的价格为17两2钱，仅为正常捐监价格一半多一点。光绪二十七年顺直善后赈捐，贡监生捐纳从九未入流需银37.8两。按照惯例，俊秀比贡监生身份又低，如捐纳从九未入流应超过37.8两，但在循化厅仅需11两4钱，价格可谓非常低。

循化厅人所捐项目集中于贡监生，加之报捐人数少，报捐价格低，就决定了其捐纳规模小、收入少。光绪元年至三年的甘肃省捐纳收入107.9万余两，占筹饷总收入的3.10%；光绪四年至六年，甘省捐纳收入4.6万余两，占筹饷总收入的0.18%。与同

① 织田万：《清国行政法》，第6卷，240页，转引自伍跃：《中国的捐纳制度与社会》，92页，南京，江苏人民出版社，2013。

② 伍跃：《中国的捐纳制度与社会》，99页，南京，江苏人民出版社，2013。

③ 杨松：《同光之际清方西北军务中的办捐筹饷研究》，38页，石家庄，河北师范大学硕士学位论文，2010。

④ 许大龄：《清代捐纳制度》，86页，马萨诸塞，燕京大学哈佛燕京学社，1950。

治五年至十二年的 17.88% 及十三年的 6.61% 相比，[①] 足见光绪初年捐纳收入与其他饷源相比作用已经很小，百万的捐纳收入只占据了 3.10%。只是清廷财政极度匮乏，不得不一直推广捐纳，着实是无奈之举。光绪三十年甘肃水灾赈捐，西宁府六厅县官绅商庶捐助灾赈兰平银 1926 两 9 钱 7 分 7 厘[②]，循化厅捐银占西宁府总捐银的 16.69%；三十二年苏省水灾赈捐，甘省捐助库平银 3202 两 3 钱 1 分 1 厘[③]，循化厅捐银占甘肃总捐银的 5.15%。可见，循化厅捐银在两者总收入中占比比较少。光绪末年的财政需求较光绪初年更大更急迫，循化厅几十两至多几百两的捐银，显得有点微不足道，于筹饷或财政补救似都杯水车薪。

从循化厅实施捐纳的过程来看，也是比较艰难的。循化厅多次申明该厅与内地大相迥别，地处边隅、家道均不甚裕，捐助一事实难举办。这也反映了甘肃省的整体状况。如，光绪十九年顺直水灾，甘省八月设局接办，到二十年五、六月间届限期满，各属报捐者甚属寥寥，只能展限一年接续劝办。[④] 甚至甘肃省摊捐于循化厅看似很少的银两，循化厅仍然很难完成。如，光绪十五年推广山东水灾赈捐，循化厅申甘肃布政使："卑厅业已量力愿捐银二十四两，请即在卑厅养廉内划扣，兹奉西宁道宪谕知此项赈捐，循化厅应摊捐三十两……伏查卑缺瘠苦，势难重捐。"[⑤]

甘肃省及其循化厅捐纳制度推广的差强人意，说到底，与甘肃省、循化厅自身的经济社会状况有直接关系。甘肃省自然条件艰苦，物产难比内地及东南各省阜盛，甚至有"苦瘠甲天下"的俗称。因而，清代甘肃省是接受协饷的重要省份，政费（主要是军费），历来靠河南、山西、山东、江苏、浙江及四川等省接济。正如左宗棠所言："甘肃一省地丁钱米岁仅征二十八万余两，而各营兵的岁需银二百四十余万两之多"，"承平时甘饷每岁四百十余万两，均出自各省协款，一款迟到即飞章奏催，尚只年敷一年，别无蓄积"。[⑥] 加之，同、光之际陕甘回民起事及新疆动乱，导致百姓逃亡，田产荒芜，生产锐减，甘肃省的经济状况越发捉襟见肘。而循化厅地处甘肃省偏西，不仅

① 《左宗棠全集·奏稿六》，65 页，长沙，岳麓书社，1992；《左宗棠全集·奏稿七》，369 页，长沙，岳麓书社，1996；《左宗棠全集·奏稿七》，452 页，长沙，岳麓书社，1996；《左宗棠全集·奏稿八》，104 页，长沙，岳麓书社，1996。

② 《西宁府庆为催查造已捐未解银两赶解并将衔姓花名银数缮折赍道关循化分府王》，青海省档案馆，档案号：7- 永久 -2050。

③ 《甘肃布政使丰为劝募各绅商捐助苏省水灾义赈库平银扣收及赍到捐册事札循化厅》，青海省档案馆，档案号：7- 永久 -2038。

④ 《西宁府倭为将赈捐展限一年接续劝办事关循化分府长》，青海省档案馆，档案号：7- 永久 -224。

⑤ 《循化厅为捐助山东赈济银两事申藩宪谭》，青海省档案馆，档案号：7- 永久 -2062。

⑥ 《左宗棠全集·书信二》，584 页，长沙，岳麓书社，1996。

具有甘肃省大的地缘特点，还具有典型边疆民族区域社会特征："循化地处极边，缺分清苦，番回多事，政务繁杂。"①"地处极边，民尽番撒，种类既杂，夷狄成风刁悍之区，素移难治。"②国家政权在循化厅政治权威影响也有限，想顺利推行捐纳制度本就有一定难度。而且边疆社会教育本就欠发达，读书人少，把捐纳作为进身之阶或欲利用捐纳跻身仕途的人很少。光绪十年，循化同知呈覆西宁府捐助建设河西讲舍一事时曾说："敝厅地处边隅，民皆番撒，平素不识读书，而城中士子亦属寥寥，兵燹以后家道均不甚裕。自前厅黄丞奉文举办，迄无一应。而敝厅复准前事，采访与情委属土瘠民贫，实与内地大相迥别。"③这样的经济社会特点就决定了即使采取各种措施极力推广捐纳，循化厅主动报捐的人数也不可能有很多，即使推行大捐，人们也只能报捐一些如贡监生等一般性的项目。

晚清政府将捐纳制度推广到具有典型边疆少数民族区域社会特征的循化厅，足见这一时期捐纳制度运转的规模之大、捐区之广。在循化厅推行的捐例，主要是赈灾捐、河工捐、海防捐、军需捐等大捐。为广招徕，集有成数，甘肃各级地方官府极尽变通之法。循化厅不仅委派绅耆赴各属劝捐，还谕令各族头目、昂锁、宗教首领等地方权威加以协助，从侧面反映出晚清政府对边疆民族杂居地区的统治仍处于过渡阶段，国家需要借助地方权威来维持制度运转。即使这样，由于循化厅地处边隅、地瘠民贫、物产贫乏的地缘因素，以及教育欠发达的社会现实，捐纳制度在循化厅的推广过程并不顺利，呈现出规模小、数量少及价格低的特点。这也导致了循化厅整体捐纳效果的不理想。

晚清循化厅捐纳制度的个案研究，虽然有助于更全面地认识清代捐纳制度，但欲对之形成更为系统、完整的掌握，尚需要发掘更多的资料和更多区域的个案。同时需要说明的是，晚清各级官府为劝捐而进行的各种劝导，充满着政治文化的道德认同、王朝国家认同等方面的内容，不失为是另外一种形式的政治意识形态宣传，具有一定程度的提高少数民族中央王朝归属感以及加强国家认同和民族团结意识的作用。

（原载《青海民族大学学报》2018 年第 3 期）

---

① 龚景瀚：《循化志》，176 页，西宁，青海人民出版社，2016。

② 《循化同知沈为循属地方辽阔恳复添防勇籍资防守免差遣乏人事禀西宁兵备道邓》，青海省档案馆，档案号：7- 永久 -654。

③ 《循化河州同知为报捐助数目事呈西宁府张》，青海省档案馆，档案号：7- 永久 -498。

从光绪朝循化厅档案看晚清茶叶贸易管控

丁阿洁

茶叶贸易是地区间长距离商品运销的典型代表，概因“各番以茶为命，不得茶病且死矣”[①]的认知，西北茶叶运销自古以来为中央所重视。清同治年间，西宁办事大臣豫师具《请饬禁四川私贩黄茶折》，称“蒙番夙性肉食为粮，牧畜藩滋，取资甚便，然不饮茶，则膨滞生疾”[②]。由此可见，以茶“驭番”源自历朝统治者对“番众”饮食结构中茶叶之重要性的认知。晚清，为丰裕课厘、以助军需与财政，以左宗棠为首的历任陕甘总督屡次改革西北茶务，严格管控茶叶贸易、查禁私贸。清朝循化厅地处汉族与藏族聚居地区交界地带，既是农耕经济与游牧经济的交错区，也是多个民族接触的前哨，使之较早地成为族际贸易、农牧交流频繁与活跃的地区。青海省档案馆藏循化厅光绪朝档案中有很多涉及禁私、打假、维护官营茶叶贸易的官方文书，因而以之为中心探析晚清循化厅茶叶贸易的管控，不仅可以展现光绪朝茶叶贸易管控在基层社会的具体实施，亦可折射出甘青藏族聚居地区的整体状况，是为翔实地检讨晚清西北茶叶贸易管控政策运作与成效的重要窗口。

一、晚清循化厅茶叶贸易制度

晚清西北地区变乱频繁，于茶叶贸易及其管理多所波及。因而，每及善后，针对蒙藏各部的茶叶贸易管理章程，亦成为社会治理的重要内容。光绪二十六年二月二十六日，署理陕甘总督魏光焘案准西宁办事大臣阔普通武咨开：

① 《明世宗肃皇帝实录》，卷369，6606页，台北，“中央研究院”历史语言研究所校印，1962。

② 《请饬禁四川私贩黄茶折》，见吴丰培编：《豫师青海奏稿》，161页，西宁，青海人民出版社，1981。

> 查青海各旗族蒙番原以粮茶为生活，而办粮买茶各有定地。惟查八族番众经前任大臣福收抚，投住青海，明定善后章程：日需粮茶计口授食，必须按季由府管衙门请领印票，执持进口，方准放行；若无印票，概不准入卡办买。嗣因守卡弁兵并不实力奉行，经前任大臣多酌议，严禁越卡私贩以靖边防，案内当即会商前督部堂乐奏议七条。内载：八族番众只准在丹噶尔一处贸易买办粮茶，不准窜越别处；责成官设歇家照料，应办粮茶数目，注明循环簿内，呈由地方文武官口卡官弁，随时验票稽查放行。立定限制，以重边防在案。迨至同治年间，回乱既久，旧章漫弛，蒙番并不请票，私入内地，乘便到处办粮，无所节制。加以四川民人私贩黄茶，潜入青海地界售卖，不但甘商官茶难销，番族恃有黄茶养命，以致行宗靡定，无所挟制。每遇番案，应行追究，诸多棘手。①

由此可见，清朝管控茶叶贸易，以达到“挟制”青海蒙藏各族之目的的政策由来已久。清初，清廷沿用了明朝的“官营茶马贸易”制度，及至雍乾年间，废除茶马贸易制度并施行官督商办，但将之作为控驭蒙藏各部的工具的着眼点并未改变。如道光三年，陕甘总督那彦成奏请将循化、贵德“各族野番逐一编查，设立千户百户等，分别管辖。仍各按户口与蒙古一律易买粮茶，由千户代为请票，如有为匪不法及偷渡河北之人，不准请票易粮”②。其后，粮茶请票制度成为常例。此即，道光十八年《奏定青海番族章程》③、咸丰九年西宁办事大臣福济善后章程、同治元年西宁办事大臣多慧与陕甘总督乐斌议定《严禁越卡私贩章程》④等共通的根本精神。清朝对包括循化厅在内蒙藏各部的茶叶贸易，因陕甘事变而遭到破坏。因而为达到“节制”蒙藏各部的目的，善后工作未及全面落实，西宁办事大臣豫师即咨请陕甘总督左宗棠实施恢复对茶叶贸易的管控政策。

同治十一年，左宗棠上《变通办理甘肃茶务疏》，奏准《变通茶务章程八条》，实施“以票代引”新制，并添设南柜，期以激活军兴后颓败的西北茶务。为杜绝无引私茶偷运，导致国家利权下移，特饬陕、甘设卡盘验茶叶来源，“遇有无票私茶，即行截

① 《为严禁汉蒙番民私行贸易粮茶事致循化厅》，青海省档案馆，档案号：7- 永久 -202。

② 西藏民族学院历史系编：《清实录·藏族历史资料汇编（四）》，1548 页，内部印刷，1981。

③ 《钦定大清会典事例·理藩院》，408—409 页，北京，中国藏学出版社，2006。

④ 《钦定大清会典事例·理藩院》，288 页，北京，中国藏学出版社，2006。

留，令其补领官票，赴行销地方纳课，经过厘局验票完厘”[①]。循化厅向来为茶叶行销的重要区域，咸同变乱期间多仰私茶，松潘、茂州一带多有民人潜行入境私贩茶布等货物。[②] 因此，左宗棠“饬设立督销缉私官茶分局，挨次轮档销售，以杜抢越跌价等弊”，以杜私茶偷运行销。西宁府属缉私官茶总局专函循化厅“除将各商官茶挨次轮档，每封逐一盖用督销缉私局验戳记，准其发售”，且“如无此戳，即系私售茶封，恳即行截留储库”[③]。其后，为了进一步规范官茶的行销，以避免壅塞无序的竞争，陕甘总督谭钟麟于光绪八年奏准《续定试办陕甘茶务章程》。该章程议定以掣签的方式，决定茶商的轮销次序，并规定茶价应由官方核定：“一俟轮销到档，即由总商值年，核计其自湖采茶起，至运到兰省止，茶价、运脚、税厘共需成本若干，按照时市斟酌公平议就价值，禀道悬牌明示。其在省坐销者，即照议价发售”，若途中偶有起落，准许总商随时议请增减，但不可私自肆意变更，违者以茶充公。[④] 与此同时，地方官府还厉行严格的禁私与打假政策。光绪九年，西宁府因“近来南北两路奸商，私贩千两等茶，到处发售，肆行无忌，官茶受困”，饬谕循化厅“令所属各地方官及各局卡认真严缉私茶，以畅官引”。[⑤]

循化厅作为落实茶叶贸易管控的基层单位，所施行的一系列畅销官引、严缉私茶政策，充分体现了晚清西北蒙藏地区的茶叶贸易管控制度。

首先，实施计口授食及请票制度。光绪三年西宁办事大臣豫师咨开陕甘总督衙门印房案称：“查驻牧青海蒙番各旗族易买粮茶章程奏定由本大臣衙门给发照票，一律计口授食，每票只准用一次，不用第二次，每次准买三个月粮茶。所请用粮茶若干，几人畜驮载，货物数目，行走口卡，均于禀内注明。”[⑥] 为遵行此项，循化厅查编户口及各藏族部落所需粮茶，以便发给照票。光绪六年，西宁府饬循化厅“除青海各族、蒙古应准照旧进口置办外，其余驻牧八族番众如无本衙门印票者，不准进口易换粮茶，倘有奸民、歇家人等暗地偷运、暗济，一经发觉，定为该营地方官是问”[⑦]。

---

① 《甘肃茶务久废请变通办理折》，见（清）左宗棠撰：《左宗棠全集》（卷六），刘泱泱、岑生平等校点，11 页，长沙，岳麓书社，2014。

② 《为饬差查禁严拿松潘茂州一带民人潜入番境私贩茶布货物者事》，青海省档案馆，档案号：6-永久 -76。

③ 《为移知各商官运销茶务必盖用西宁缉私局验戳记事致循化厅》，青海省档案馆，档案号：7- 永久 -308。

④ 《续定试办陕甘茶务》，青海省档案馆，档案号：7- 永久 -3280。

⑤ 《为饬属认真严缉私茶事致循化厅》，青海省档案馆，档案号：7- 永久 -3281。

⑥ 《陕甘总督左为蒙番采买粮茶札循化厅》，青海省档案馆，档案号：7- 永久 -4164。

⑦ 《为限日稽查各族番众日需粮茶事致循化厅》，青海省档案馆，档案号：7- 永久 -3272。

其次，循化厅实施防卡制度，严行缉私。光绪三年，陕甘总督通饬西宁镇、道所属各厅县及各营汛守卡弁兵："嗣后凡有各蒙番驮载各货物进口贸易，办买粮茶，务须验明执有本大臣衙门印票，及驮载货物粮茶与票内所注数目相符者，方准交易出入放行。若验无本衙门印票，由该口卡弁兵截留禀报以凭按，以故违定章，从重惩办。"①为此，循化厅屡次饬令所属各地方官及各局卡查验照票、严缉私茶。②如光绪十九年，循化厅除遵谕在"本城及马营集、韩家集、保安城、起台堡、西南番地方分饬张贴"严禁私茶的告示外，还"派差前赴城乡各集市，协同乡约认真稽查"。③

复次，与请票制度、防卡制度相配合的还有歇家制度。以循化厅为代表的甘青藏区多民族、多文化，"藏边歇家借助于特殊的语言媒介机制在藏边贸易、社会治理等方面均发挥着积极的推动作用"④。起初，歇家有官私之别。为了强化对蒙藏各部的茶叶贸易管控，清朝自中后期开始，将歇家一律改为官办，并"责成官设歇家照料应办粮茶数目，注明循环簿内呈由地方文武官口卡官弁随时验票稽查放行"。

二、晚清循化厅茶叶贸易之失序

晚清循化厅对茶叶贸易实施严格的管控制度，并以缉私告示、晓谕⑤等形式发动民间力量广泛参与。这一方面表明清政府对以粮茶控驭蒙藏的重视，另一方面也表明茶叶私营贸易的活跃且屡禁不止的实况。毋庸讳言，私茶贸易与官茶贸易始终相伴，禁私与缉私一直是中央和地方官府棘手的问题。如明正统十三年，陕西洮州茶马司奏"近年邻近府卫军民兴贩私茶者，多是以产茶处所竞以细茶货卖，而以粗茶纳官"⑥。清王朝承袭茶马贸易后的"官茶商运"激活了民营茶叶贸易，特别是雍正十三年后停止"官营茶马贸易"制度，族际贸易和市场愈加灵活多样，茶叶贸易自然存在私商贩运及其对官茶地位的挑战。及至晚清，西北茶叶市场又屡遭军事破坏，循化厅官茶贸易屡遭中断，呈现颓败之势。光绪二十二年，总督陶模续发第六案茶票时，各处引地就因乙未河湟事变被"蹂躏不堪，数月以来，茶无销售，账不能收。且道路时虞梗塞，拨

① 《陕甘总督左为蒙番采买粮茶札循化厅》，青海省档案馆，档案号：7-永久-4164。

② 《为移知各厘局卡严缉私茶事致循化厅》，青海省档案馆，档案号：7-永久-202。

③ 《循化厅为严查所辖境内私茶认真办理事呈督宪等申牒》，青海省档案馆，档案号：7-永久-3288。

④ 杨红伟：《藏边歇家研究》，载《江汉论坛》，2015（3）。

⑤ 《为严禁私贩粮茶接济野番事饬循化营》，青海省档案馆，档案号：7-永久-202。

⑥ 《明英宗睿皇帝实录》，卷163，3158页，台北，"中央研究院"历史语言研究所校印，1962。

汇维艰，资本悬搁，受累殊甚”[①]。这无形中为私茶运销创造了条件与机会。因而，即便以左宗棠为代表的数任陕甘总督屡次改革茶务，也不免出现私茶、假茶肆虐与官茶滞销情形。在设卡严加盘查的情况下，偷渡私茶的案例屡见不鲜。如光绪六年，循化厅“乙麻木庄水手撒回韩五个私渡贩卖私茶六驮，韩三个私渡贩卖私茶八驮”[②]，后被查拿归案。

循化厅还赋予社会治理的基层乡约组织等缉私的职责，期以通过广泛的社会动员，达到打击私茶的目的。如令设置于“西乡西番”核心之地的隆务乡约，负起“经管贸易商旅，稽查奸细私贩粮茶之责”[③]，因而在一定程度上增强了茶叶贸易管控的力度。如，光绪十五年，鸿化族乡约王双喜将查得假造私茶事呈禀循化厅：“大老爷案下，缘于正月二十四日马营厘金局书巡来通小的说，由敝社沙塄沟捉获奸商马金有自造私茶四担之语，小的查得果有私茶八封，理宜如数交案。”[④]类似案件不一而足，再如光绪十九年，循化厅马姓回民供称茶客刘氏兄弟二人假造官茶、私雕印戳，后经查办果然如此。[⑤]可见，晚清循化厅茶叶市场不仅充斥私茶贩运，更有假造官茶、官印之事，情节堪称“恶劣”。

除此之外，晚清循化厅茶叶贸易失序还体现在劣质茶叶混迹于市场之上。光绪初年开始施行各商柜轮档分销，但因“轮规之散，多由守轮者，因后档之不能提前，掺和杂草，以图厚利，致开私相授受之端”[⑥]。故而谭钟麟“严饬做茶店户，凡新票运茶至店时，必先请卡员盘验，然后循序成封。如系草叶，即不准其成封，将下轮之茶做成，运甘接收”，且劣茶不得减价售卖。[⑦]

纵然茶叶市场充斥的假造官茶、劣质假茶不符合商业道德规范，但不可忽略的是，大部分被官府查禁、限制的私茶贸易仅是因为越区销售、未按规定取得票引。“四川松潘番地，所产黄茶及省城一带私茶，并私贩口粮之犯，均偷出河州各关，潜至番地售卖”[⑧]，因“松茶转口市场在川省内之松潘”，“最大之交易市场则在拉卜楞”[⑨]。晚清循

① 王昱主编：《青海方志资料类编》（上册），266 页，西宁，青海人民出版社，1987。
② 《为差提韩五个等偷渡私茶到案讯办事致循化厅》，青海省档案馆，档案号：7- 永久 -3273。
③ 《委任全福禄为隆务寺乡约》，青海省档案馆，档案号：6- 永久 -5。
④ 《为查获马金有全部私茶事》，青海省档案馆，档案号：7- 永久 -3285。
⑤ 《为饬差提假造官茶刘姓兄弟二人到案事呈循化厅》，青海省档案馆，档案号：7- 永久 -3287。
⑥ 《续定试办陕甘茶务》，青海省档案馆，档案号：7- 永久 -3280。
⑦ 《续定试办陕甘茶务》，青海省档案馆，档案号：7- 永久 -3280。
⑧ （清）那彦成撰：《那彦成青海奏议》，宋挺生校注，144 页，西宁，青海人民出版社，1997。
⑨ 倪良钧：《青海茶叶市场之研究》，载《经济汇报》，1943，8（12）。

化厅以拉卜楞寺为中心形成的市场常常为黄茶私贩兴盛之地，故而循化厅因“厅属之拉卜楞地方通四川松潘及前、后藏，为商贾往来总汇。每年所有到黄茶尤多”①，特委派主簿雷亲往查明黄茶来源，以肃清茶叶市场。同时，晚清时局变革之下，“自海口通商以来，洋商雇人分赴各省地方收买红茶，行销各国，议价颇昂，茶之出海者不可胜计”②。光绪年间，清政府与俄国先后订立了《伊犁条约》《俄商借道伊、塔运茶出口章程》等条约，允许湖茶沿丝绸之路运至俄国，因而不乏假托俄商名义私贩茶叶之徒。③

三、晚清循化厅茶叶贸易之反思

自唐宋以来，茶叶被纳入国家管控范围之下，对私茶行以私盐惩责。这一方面是为掌控制驭蒙藏，另一方面则是为了不使国家利权下移。为此，有清一代承袭前朝茶贸时也愈加强化国家对茶叶的管制，尤其是左宗棠变通茶务后，私茶、洋商的竞争力严重威胁到官茶。加之清王朝在无数不平等条约及赔款、军事耗费等的压迫下，国家财政亏空严重，迫切维持或增辟财源。故，陕甘总督杨昌濬续发第四、五案时，户部咨文强调“只准较第四案加多，不得借词减少，并不准任意延玩”④，以保证税额不得减少。随后历次茶案续发无论实况，都谨遵“只准加多，不准减少”，均为增加财政收入的考量。光绪三十一年，西宁府移饬循化厅的官文提及“再据甘肃布政使何福堃、按察使黄云、兰州道荣霈会详，现因筹款维艰，据各茶商呈称情，原于旧额茶票八百三十五张之外请发茶票，试办以裕课厘”⑤。由此不难看出，左宗棠茶务整顿后的官方茶叶贸易在晚清政府严峻的财政局势下已成为丰裕国课的手段。官府严查私营贸易，除却保护官茶等外，也不无防止偷税漏税损害国家财政收入之意。这是晚清循化厅茶叶贸易管控之目的在晚清内外交困条件下的一个重要转变。如光绪二十年，税厘金局“查循化厅属之拉卜楞地方，既然系蒙番交易商货流通之会，自系有厘可收”⑥，

---

① 《为饬知主簿赴拉布楞地方查明黄茶来源等事》，青海省档案馆，档案号：7- 永久 -3271。

② 《甘肃茶务久废请变通办理折》，见（清）左宗棠撰：《左宗棠全集》（卷六），刘泱泱、岑生平等校点，11 页，长沙，岳麓书社，2014。

③ 《为张挂告示禁贩运茶乘机矫讹托俄商事致循化厅》，青海省档案馆，档案号：7- 永久 -3281。

④ 王昱主编：《青海方志资料类编》（上册），264 页，西宁，青海人民出版社，1987。

⑤ 《为地方官各局卡严缉私茶加发查票试办情形致循化厅》，青海省档案馆，档案号：7- 永久 -201。

⑥ 《为派罗从九会同雷主簿赴拉卜楞地方设局抽收税厘事》，青海省档案馆，档案号：7- 永久 -3271。

遂派局员会同循化厅主簿亲赴拉卜楞寺，详细调查商贩贸易情形，以确定是否设卡抽收税厘。其后，西宁道即以“循化拉卜楞寺院喇嘛私抽官钱、囤贩黄茶”，禀请陕甘总督“派员往查并试办厘卡”。①

清王朝为政治、经济需要对茶叶实行高度控制并不能禁绝私茶。私茶贸易是经济规律自然性的体现，其存在本身即可说明蒙藏各民族对茶叶具有巨大的市场需求空间，仅靠官茶并不能满足。另一方面，私茶商贩冒险经营且能以此为继，概因官茶的垄断地位造成官茶的价格过高，也为私茶提供了利润空间。西宁办事大臣豫师在《请饬禁四川私贩黄茶折》中曾剖析道：“茶则又有四川私贩，暗由松潘、茂州一带，载运黄茶，潜入青海地面售卖，价廉物广。蒙番得以居积，无所借资内地，不但甘商官茶难销，而制番以茶之道又失矣。”②循化厅亦曾因私茶泛滥的价格因素，向西宁府进行说明：“敝厅前准督销茶局移来官茶一百封，当即传集回番头目照依茶封定价，饬即领发销售。比据该目等禀称，循城边番之区民多穷寒，官茶实艰尽销，又兼民间茶价每封现银一两三钱之谱等语。敝厅覆查属实，是亦碍难销售。兹准茶局移催前来，理和具文呈请堂台鉴核所有发来官茶应否减价售销。”③

晚清左宗棠茶务整顿后，官方对茶叶贸易多加操控以保国家利权、丰裕财政，却有违于客观经济发展规律，再加之不法商人受利益驱使，因而茶叶私营贸易在民间愈演愈烈。

（原载《档案》2019年第7期）

① 《为拉卜楞番僧抗厘悔罪缴银完案是否合当事》，青海省档案馆，档案号：7-永久-3274。

② 《请饬禁四川私贩黄茶折》，见吴丰培编：《豫师青海奏稿》，162页，西宁，青海人民出版社，1981。

③ 《为报发来官茶应否减价销售》，青海省档案馆，档案号：7-永久-3269。

明清时期循化撒拉族的农业开发及其特点

张明

一、循化地区发展农业经济的条件

循化撒拉族自治县（以下简称循化县）地处青海省东部的黄河南岸。东西长 68 千米，南北宽约 57 千米，总面积约 2100 平方千米。境内山峦起伏，沟渠纵横，地势复杂。黄河自西向东横贯境内，南部山区是大片天然林区，清水河和街子河自南向北汇入黄河。撒拉族主要沿黄河和这两条河所形成的“Π”字形的河台地带分布。这一地区地处黄河沿岸，地势较低，海拔 1800—1900 米，气候温暖，年平均气温 8.4℃左右，无霜期约 220 天，种植作物一年可两熟。由于这里是黄河必经之地，因此灌溉较方便，土壤均为沙壤土和黏土，肥力较好，适宜农作物生长。分布在山间峡谷地带的浅山地区平均海拔 2000—2500 米，年平均气温在 6℃—7℃，无霜期约 150 天，年降雨量约 200 毫米，集中在秋季，水土流失严重，常有干旱威胁，土壤均为淡栗钙土和白土。作物生长期短，一年一熟。脑山地区海拔 2500—3000 米，年平均气温 4℃—5℃，无霜期约 120 天。土壤多为黑钙土，比较肥沃，有大片的天然森林和野生纤维植物，植被良好，但气候寒冷，作物生长期短，小麦不易成熟。多样的地形地势以及相对青藏高原其他地区而言适宜的气候条件和充足的水源，使循化黄河沿岸地区具备了发展农业的良好自然条件。13 世纪前半叶，撒拉族先民迁来循化地区后，不断吸收当地原有的其他民族的新鲜血液，人口迅速增长。今天撒拉族主要居住在循化县、化隆县的甘都乡、甘肃的积石山县一带。历史上以循化县街子为中心的河谷地区被称为“撒拉川”，是撒拉族从事农业开发的主要区域。

二、明清以来撒拉族在循化地区的农业开发

明清以来，撒拉族在循化地区黄河谷地的土地开发中做出了突出的贡献。

（一）耕地面积不断扩大

明代多次在青海、甘肃两省进行屯田。据《循化志》记载："按……明初开创，旷土本多，招募番回开垦，遂据为己有，汉人无田者亦从之佃种……"[①] 由此可知，当时撒拉族已经在循化地区开始了有规模的土地开垦。明洪武年间，宁正担任河州卫指挥使后，忠于职守，"勤于招徕"，以屯垦为务，组织百姓在河州引水灌田，开屯田数万顷，兵食饶足。几年之间，"河州遂为乐土"[②]。及到清初，循化地区农田已粗具规模。康熙四十五年（1706 年），河州知州王全臣巡查到积石关，"关口大禹王庙，墙垣无存，尽为禾黍。询之土人，称系韩大用、韩炳部落所耕种"[③]。雍正、乾隆时期，撒拉所居地区"水田甚多，地亦肥美"。雍正四年（1726 年），"清查地土至河州，其时中马久停……饬令查明户口地段下籽数目、造册，每年应纳粮七十四石五斗八升八合三勺"[④]。这说明当时撒拉族农业生产的规模较大。这一年通过清查土地，土司册报农田共有 6670 段，其中水田 6634 段、旱地 36 段。"所报地段，俱系自开，但有各工总数……隐漏亦不少矣。"显然，当时所开垦土地实际上是多于 6670 段这个数目的。下表为乾隆二十九年（1764 年）《循化志》卷 4 所载各工农田数。

各工农田段数、下籽数、纳粮数统计表[⑤]

工名	农田段数	下籽数（仓斗）	纳粮数（仓石）
街子工、草滩坝工	1902	698.3	16.3
查加工	1790	685.8	8.15
苏只工、别列工	1100	851.9	15.082
查汗都斯工	1280	383.5	8.15
清水工、打速古工	1203	873.7	13.105

① 青海民族学院民族研究所：《撒拉族档案史料辑录》，55 页、56 页，内部资料，1981。
② 《明史・宁正传》。
③ （清）龚景瀚：《循化志・族寨工屯》，175 页，西宁，青海人民出版社，1981。
④ 青海民族学院民族研究所：《撒拉族档案史料辑录》，55 页、56 页，内部资料，1981。
⑤ 芈一之：《撒拉族史》，154 页、157 页、68 页、112 页，成都，四川民族出版社，2004。

续表

工名	农田段数	下籽数（仓斗）	纳粮数（仓石）
孟达工	1208	缺	2.70
张哈工、乃曼工	1599	1330	16.11
夕厂工	993	缺	8.15
合计	11075	4823.2	87.75

作者根据《循化志》制表。

由此可以看出，农田段数比雍正四年册报之数增加4305段。尽管这一数据存在疑点，但实际数目应该只多不少，因为撒拉族土司在登记造册过程中，少报、漏报是在所难免的。若每段以两亩计，则当时循化撒拉族居住地区至少有2万亩以上的耕地。到民国二十三年（1934年），全县有耕地101869亩①，其中大部分属于撒拉族居住的地区。

（二）水利事业得到发展

循化境内山峦起伏，沟渠纵横，清水河和街子河，自南向北注入黄河，为撒拉族引水灌田提供了便利。循化地区的垦田与水利建设是同步并举的。撒拉人依地势开渠引水，取得了很大成就。据《循化志》记载，“惟撒拉回族，颇有水田得灌溉之利”“起台沟……至清水工西入黄河，长九十里，亦多引为渠灌田转磨”。②说明循化地区撒拉族已大规模修渠溉田，得灌溉之利了。清雍正、乾隆年间，撒拉族在兴修水利方面成绩卓著，撒拉十二工“水田甚多，地亦肥美”。在雍正四年造册的6670段田地中，水地达6634段，占97%以上，即使算上山旱地段隐匿田地数也有八成以上都是水浇地。这进一步说明循化地区农田水利状况在当时西宁府所辖各县厅是一枝独秀。③乾隆三十四年（1769年），在循化同知张春芳的倡导和主持下，由街子工上游开渠，引街子河水，历锭匠庄至石头坡长30余里，由土门山入黄河，浇草滩坝田1506亩，下滩地830亩。④《循化志》中记载当时有干渠7道。⑤《西宁府续志》卷1《地理志·水利》

① 循化撒拉族自治县志编纂委员会编：《循化撒拉族自治县志》，179页、254页、255页，北京，中华书局，2001。

② （清）龚景瀚：《循化志·山川》，58页，西宁，青海人民出版社，1981。

③ 芈一之：《撒拉族史》，154页、157页、68页、112页，成都，四川民族出版社，2004。

④ 循化撒拉族自治县志编纂委员会编：《循化撒拉族自治县志》，179页、254页、255页，北京，中华书局，2001。

⑤ （清）龚景瀚：《循化志·水利物产》，294页、295页，西宁，青海人民出版社，1981。

记载撒拉各工水利情况则更为详细：

撒拉各工水渠及灌溉情况表

渠名	灌溉段数
夕厂沟渠	溉田 2566 段
查加工渠	溉田 743 段，又 1790 段
街子工渠	溉田 516 段
草滩坝渠	溉田 631 段
张哈工渠	溉田 858 段
苏只工渠	溉田 110 段
查汗都斯工渠	溉田 1280 段

以上合计共灌溉田地 9484 段，大约相当于 2 万亩田地。这些土地的开发利用应该归功于撒拉族人民的勤劳与智慧。民国年间，撒拉族开始用水车引黄河水灌田。民国二十一年（1932 年），积石镇乙麻目村至清水乡石巷村黄河南北两岸建水车 4 部。①

（三）农作物种类增多

撒拉族定居循化之前，循化地区虽然已有农业开发，但耕作技术相对粗放。自撒拉先民迁入后，农作物种植结构有所改变。他们开始种植从中亚带来的“喀拉毫尔散”（黑芒麦）和“阿合毫尔散”（白芒麦）。这些麦种在周围民族中很少种植。② 据《循化志》记载，“附城左右多种青稞、小麦、大麦，而大麦尤多；豆则小豌豆、小扁豆、白豌豆、蚕豆、绿豆……秋田种大糜子、谷子。其荞麦则青稞割后方种，惟此为两收……”文中“附城左右”即指草滩坝、街子和清水等地。这说明早在清代，在撒拉族先民的努力下，循化地区农作物品种单一的状况得到改观。受该地区地理气候条件的影响，撒拉族人种植的农作物也多以耐旱、耐寒的青稞、大麦、小麦为主。间种豌豆、马铃薯。此外，撒拉族还为循化地区引入了大量的经济作物和蔬菜瓜果。早在中亚时，撒拉族先民就已经掌握了栽培各种瓜果及蔬菜的技术。元代长春真人丘处机对中亚撒马尔罕地区经济状况的描写有助于我们了解撒拉先民在果树、蔬菜方面取得的成就：“瓜田五亩，味极香甘，中国所无。间亦有大如斗者……果菜甚赡，所欠者芋、栗耳。茄实若

① 循化撒拉族自治县志编纂委员会编：《循化撒拉族自治县志》，179 页、254 页、255 页，北京，中华书局，2001。

② 芈一之：《撒拉族史》，154 页、157 页、68 页、112 页，成都，四川民族出版社，2004。

指粗而色紫黑。”[①]循化地处黄河岸边，气候适宜，撒拉人迁徙到循化地区不仅为这一地区带来了果蔬栽培的技术，而且还带来了新的品种。“菜蔬，则本城、保安、起台、边都皆有……白菜多而佳，惟红庄撒喇种之花椒，与川椒稍逊，别工之花椒则不及也……其附城左右，则菠菜、瓠子、芹菜、茄子、黄瓜、菜瓜、葫芦、西瓜、葱、韭、蒜、苜蓿、山药，园中皆有之”“果则桃、杏、苹果、樱桃、林檎、枣子，葡萄佳、核桃尤佳……”[②]“产梨、枣……黄果（如梨味甜）”[③]。

（四）创造了独具特色的撒拉族园艺业

园艺业是撒拉族农业的特色，也是撒拉族农业重要的组成部分，在撒拉族的经济生活中发挥着重要的作用。在地少而狭窄的黄河河谷，气候温暖，土壤肥沃，园艺业可以有效地实现资源的优化利用。

撒拉族是青藏高原上较早利用园艺业的民族，这也是撒拉族对青藏高原农业栽培形式突出的贡献。循化地区的撒拉族家庭普遍都有自己的庄廓和“巴赫”（菜园）种植着各种果品和蔬菜。菠菜、黄瓜、葱、茄子等“园中皆有之”。“梨名为长把梨者，味酸；一种形尖者，名油交团，颇甘；其至冬熟者，名冬果，味尤佳”；“核桃尤佳，出积石关者皮薄”。[④]

撒拉族利用庭园开展果树和蔬菜的培育种植这种形式在周围其他民族中是较为少见的。精耕细作的庭园种植不仅丰富了撒拉族的饮食，而且也成为种植业的有益补充。

三、明清以来撒拉族农业经济的特点

（一）生计方式由农牧结合向以农为主转变

撒拉族历史上就有操持牧业的传统。按照撒拉族先民是蒙古西域亲军的一支的观点，则可推断他们到循化地区后，就地开展屯田，从事农耕，兼顾牧业。在明代，他们属于纳马之族，每年纳马之数达七八百匹。可见，早期循化撒拉族的畜牧经济较发

① 《长春真人西游记》，转引自王国维：《蒙古史料校注》，民国十五年，北京清华学校研究院排印本。

② （清）龚景瀚：《循化志·水利物产》，294 页、295 页，西宁，青海人民出版社，1981。

③ 《西宁府续志·地理志·物产》，212 页，西宁，青海人民出版社，1985。

④ （清）龚景瀚：《循化志·水利物产》，294 页、295 页，西宁，青海人民出版社，1981。

达。据《循化志》卷 4 记述撒拉人的聘礼时说："马二匹或马一匹骡一头，如家贫无马骡者，可用四小牛抵之。"这也说明撒拉族历史上曾存在过相当长时期的畜牧业经济的事实，否则不会明显地反映在婚姻礼俗上。①明代规定，凡纳马之族的田地名为"茶马田地"，不纳粮赋，不出科差。这既为循化撒拉族农业的发展奠定了基础，也保证了他们发展农业所必需的劳动力。所以到清代初年，农业在撒拉族经济生活中的主导地位已经确立，撒拉族已经从早期的游牧民族转变为一个真正的农业民族了。

（二）形成以粮食生产为中心的多种经营的农业生产结构

粮食种植一直是中国农业民族生产的中心，撒拉族也不例外。但是，撒拉族并不是只依赖于小麦、青稞等粮食作物。在撒拉族的经济生活中既种粮又养畜，而且还根据不同条件发展了油料、瓜果、蔬菜以及采挖狩猎、木材采伐、家庭手工农副产品加工等。即便是种粮，撒拉族也实行多作物、多品种的搭配。《循化志》对此有明确记载，"……园中间有种刀豆者。秋田种大糜子、谷子，其荞麦则青稞割后方种，惟此为两收……""菜蔬……园中皆有之"。而畜牧业主要以副业的形式存在，"畜则牦牛……哈力巴同各牛生者为犏犍子。羊则绵羊而尾小。马……狗、鸡俱与内地同"。毛织品的加工、药材采集、木材采伐、狩猎等生产活动又有效地补充了生活资料和生产资料的需求，"货则黑褐、白褐、白毡、沙毡。药则大黄、党参、防风、甘草，惟打儿架山之南五善池、灵湫山下产鸡爪黄连"②，"孟达工之索同庄、他撒坡庄、木厂庄田地甚少，以背柴炭赴积石关内之韩何家集、平定铺变卖米面糊口"③；孟达工有很多人以狩猎为生，他撒坡庄猎人自制火器以精准出名。撒拉族的食物中肉、奶、面、菜等多种原料俱有，饮食文化丰富多彩。

（三）对非农产业的高度重视

撒拉族经济文化类型属于农业经济文化类型。但是不同于其他民族之处的是撒拉族在历史上一直就表现出对非农产业的重视，并且非农产业在撒拉族的经济生活中也发挥了举足轻重的作用。由于循化地区自然条件的限制，撒拉族先民初到循化之时就已经开始从事多种产业。除了种植业和畜牧业之外，他们还发展了手工业，涌现了不

① 芈一之：《撒拉族史》，154 页、157 页、68 页、112 页，成都，四川民族出版社，2004。
② （清）龚景瀚：《循化志·水利物产》，294 页、295 页，西宁，青海人民出版社，1981。
③ （清）龚景瀚：《循化志·回变》，316 页，西宁，青海人民出版社，1981。

少铁匠、木匠、鞋匠、毡匠等个体手工业者。孟达地区的撒拉人凭借山林优势进行狩猎和木材砍伐加工，街子地区的撒拉人还从事黄河的筏运，等等。在这些非农产业中，我们特别要提到的是撒拉族的商业，撒拉族的商业文化产生与伊斯兰教有密切关系。他们还在中亚时就有商业传统和浓郁的商业情结。迁入循化地区后，商业活动依然在撒拉族的经济生活中起着补充农业的作用。循化是农业区和牧业区的结合区，明朝洪武年间所设的西宁、河州、洮州、甘州四个茶马司都与循化接近，这为撒拉族从事茶马贸易提供了便利条件。此外，撒拉族人民用瓜果等农作物与周围民族进行交换，还到同仁、贵德等地去伐木，或往兰州、包头等地放筏子；孟达林区和红庄的农民从事编筐、制木器和烧制木炭等。这些产品除自用外，大部分拿到市场上进行交换。与之相适应，也出现了规模较大的市集，积石镇、白庄和街子是闻名甘青两省的市场。到了近代，又出现了“歇家”（经纪人）专为商人提供商品驮运和水上运输等服务。撒拉族的商业行为不仅加强了牧业区和农业区经济上的联系，也有利于各民族间的文化的交流交融。[①] 其商业行为植根于农业文化，农商结合表现在思想上是重商而不轻农，并且在产业选择上有很强的包容性，这与撒拉族人民吃苦耐劳、坚忍不拔的民族气质是分不开的。

总体来看，自元代以来，撒拉族人民吸取周围其他民族的先进生产经验。在循化黄河沿岸开荒种田发展农业。至明清两代，土地开垦的规模和粮食产量远远超过历史上其他任何时期。如果不是农业生产已经发展到一定规模，清代雍正年间就不可能查田造册，征收粮赋。所以，笔者认为撒拉族是循化地区农业开发的重要力量。

［原载《青海民族学院学报（社会科学版）》2009 年第 1 期，本书收录略有删改］

① 马维胜:《试论撒拉族商业文化》，载《西北民族研究》，1993（2）。

产业发展研究

新时期循化县域经济布局优化的经济地理分析

马维胜　马振斌

人类社会发展的历史表明，“位置”对特定国家、区域或民族兴衰具有显著影响。“位置”概念，既是一种自然范畴，因而具有相对稳定性，同时又是历史范畴，具有相对变化性。地理位置的类型包括天文位置（数理地理位置）、自然地理位置、经济地理位置和政治地理位置等，其中经济地理位置主要表达特定区域（如一个国家、区域或县域、城镇或乡村）在与外围地区的经济联系中所形成的空间关系，如一地与周边城市、经济中心、交通要道、文化科技等的关系，这些关系随社会经济、科技水平、生产力的提高而变化，且变化较快较大。正确阐明一个地区的经济地理位置，对认识这个地区在国民经济总体中的地位和作用、发挥其地区经济优势以及解决相关的经济布局问题都有重要意义。本文以经济地理学科视角为出发点，在分析新时期循化经济地理位置发生的变化基础上，探讨县域经济布局优化的新视野、新思路。

一、从历史视野把握循化经济地理

“循化”是一个历史因素极其丰富的区域，无论在行政隶属关系上还是在空间范围上，历史上的循化与今天的循化有巨大差异。根据龚景瀚编纂的《循化厅志》记载，循化魏晋以前为羌地，汉时为河关县辖地，隋隶达化县，唐隶米川县，元宋为积石军、镇西军地，金升积石军为州，金、夏至元代隶积石州，明废州为所，循化为河州边外地。清初沿袭明制，雍正八年（1730 年）“始立循化营保安堡属焉”[①]，属河州镇辖。清乾隆二十七年（1762 年），移河州同知于循化营，并称循化厅，隶属

① （清）龚景瀚：《循化厅志·建制沿革》，崔永红校注，22 页，西宁，青海人民出版社，2016。

兰州府。道光三年（1823 年），循化厅改属西宁府。民国以后，西宁府改为道，循化厅也于 1912 年改为循化县，属甘肃西宁道辖。1929 年青海正式建省，循化县划归青海省管辖。1954 年成立循化撒拉族自治县。中华人民共和国成立后，循化的行政归属也几经变动。中华人民共和国成立初至 1958 年由青海省直辖，1959—1961 年归黄南藏族自治州代管，1962—1980 年归省直辖，1981—2013 年归海东行署管辖，2013 年撤销海东地区设立地级海东市，循化县归海东市管辖。可见，循化在历史上很长时期隶属今甘肃有关行政机构管辖，后属青海。在青海，曾直属省政府，也曾由黄南藏族自治州代管，现归海东市管辖。隶属关系的反复调整并非无缘无故，它反映的是循化特殊的地理位置。循化地处青海境内，但在地理位置、历史文化等方面与甘肃联系紧密；它地处黄河之南，又与黄河之北的西宁、化隆、民和等地交往密切，历史上在黄河天堑阻隔、交通极为不利的条件下，即使靠羊皮筏子和木瓦等交通工具也实现了与黄河之北的广泛交流；它地处青海海东，又背靠青海黄南、甘肃甘南等涉藏地区，与甘青牧区有着密切久远的经济联系。

在空间范围上，历史上的循化经历过不断调整的过程。据《循化志》记载，乾隆五十七年（1792 年），循化厅疆域东南至老鸦关 120 里河州界；东至积石关 60 里河北碾伯县界，河南河州界，积石关内亦有厅属鸿化、灵藏 2 族，在河之北，中隔河州、碾伯县地；南至下则盖寨、多儿替寨 350 里洮州厅界，西南至贺尔寨 320 里蒙古界；西至清水河 190 里西宁府贵德厅界；西北至掌教坊（今积石镇乙麻目村）河口 15 里，过河西宁府巴燕戎格厅界；北至黄河不及里，过河小积石山巴燕戎格厅界，河北有厅属加如、阿麻岔、砖塘藏族 3 庄。厅境东西相距 300 里，南北相距 350 里。[①] 当时循化厅所辖涉及今青海省海东市循化县、化隆县、乐都区、民和县，黄南州尖扎县、同仁县、河南等，海南藏族自治州贵德县，甘肃河州、积石山、合作、夏河等地，所辖面积 2 万多平方千米。民国时期辖境缩小。民国十五年（1926 年），划南区拉卜楞、黑错（今甘肃合作）等地设立拉卜楞设治局。民国十九年（1930 年），划北区马营六大社，即鸿化头社、2 社、3 社、4 社，以及灵藏头社、2 社组建民和县；8 月划西区保安、隆务等地设同仁县。民国二十一年（1932 年）12 月，划县属九族及牙党、川撒两族地方归甘肃和政县。民国三十年（1941 年）7 月，划属地韩家山归甘肃永靖县。1949 年 8 月，将民国三十二年（1943 年）设为循化第一区的甘肃临夏麻尼寺沟一带地区归

① （清）龚景瀚：《循化厅志·疆域》，崔永红校注，32—39 页，西宁，青海人民出版社，2016。

临夏县。可见，历史上的循化曾在甘青两省的很大空间中生存和发展，区域面积广阔，自然差异巨大，经济类型多样，文化要素多元。

建制沿革变迁和空间范围变化的历史启示在于，对循化发展的定位不仅要从当下的行政隶属和县域资源出发，还要把历史因素、地理因素和文化因素等作为重要的资源，把循化置于甘青交会、工农牧交集、高低海拔交接、多元文化交织、多民族交往交流交融等多要素角度来定位，从更加深厚的历史演化脉络、更加广阔的自然地理空间、更加多元的经济文化类型、更加开放的视野来定位未来发展方向。

二、从自然地理方位把握循化经济地理

（一）在青藏高原的方位

循化撒拉族自治县地处青藏高原东北部边缘，黄河从这里流出青海进入甘肃，这里最低海拔在1700米左右，是青藏高原海拔最低、最适宜人类生活居住的区域。特别是北部河谷地区，年平均气温8.5℃—10℃，无霜期长达220天，年日照时数2680小时，适宜麦类作物和各类瓜果、蔬菜生长，一年可两熟，历来是青藏高原粮、果、菜的重要产区，盛产西瓜、苹果、核桃等瓜果和线辣椒、花椒、瓠子等特色农产品。良好的自然条件，使这里被称为“高原小江南”。循化身处青藏高原和黄土高原交会衔接地带，地形地貌特殊、气候物候独特，既有凉爽宜人的高原气候特点和青藏高原的自然风貌，又有海拔低、适宜人类生活居住的条件。这里被称为“夏都”，也是青藏高原的“氧吧”，是高原的低海拔之地，平原进入高原的理想调适区域。从青藏高原的角度讨论循化的经济布局，可以明确两个要点，一是循化县域经济布局首先要符合并体现青藏高原在国家战略中的总体定位，二是要立足县域在青藏高原上的特殊自然环境和资源禀赋，着力突出自身优势和特色。

（二）在甘青交汇处的方位

为了更加直观地分析循化在周边区域中所处的地理方位和空间位置，我们绘制了“循化县周边100—300千米圈市县分布图”。

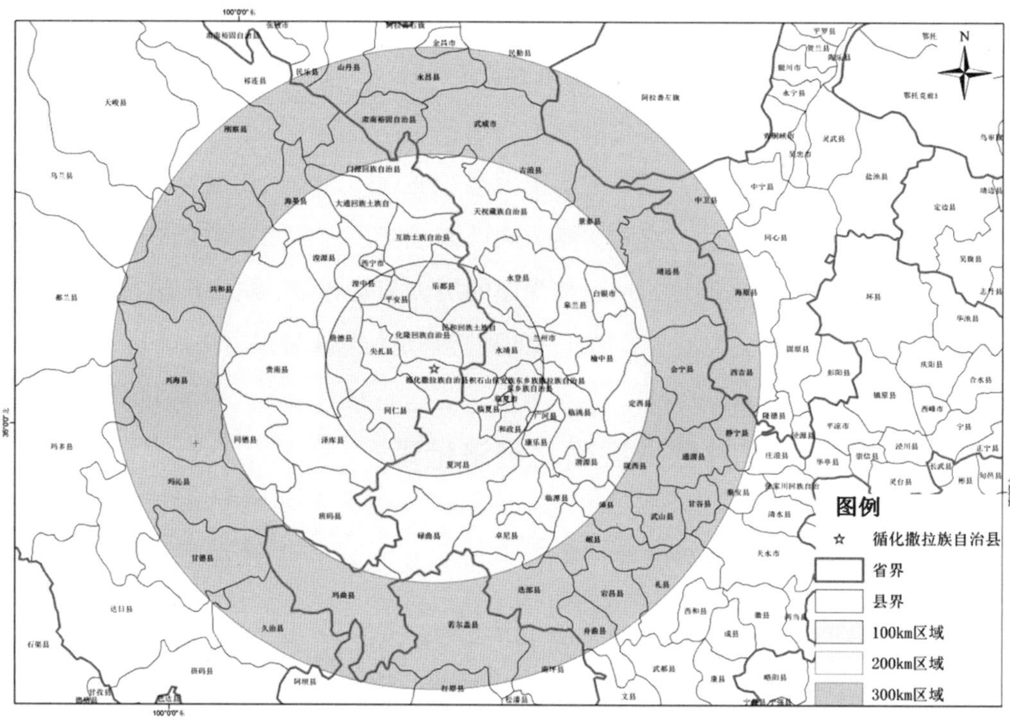

循化县周边 100—300 千米圈市县分布图

可见，在循化县周边 100 千米直线圈内，分布有西宁、兰州 2 个省会城市以及市区县 24 个，其中青海、甘肃各 12 个市区县；在 200 千米圈内有青海省 9 个县，甘肃省 19 个市县，四川省 1 个县，共 29 个市区县，加 100 千米范围的市区县，循化县周边 200 千米圈内分布的市区县达到 53 个，涉及青海、甘肃、四川三省；在 300 千米圈内有青海省 9 个县，甘肃省 15 个市县，宁夏回族自治区 5 个县，四川省 3 个县，内蒙古自治区 1 个旗，共 33 个县旗，加 100 千米圈内市区县 24 个和 200 千米圈内 29 个，循化县周边 300 千米圈内分布的市区县达到 86 个，涉及青海、甘肃、四川、宁夏、内蒙古 5 个省区。

循化县周边 100—300 千米圈市县分布表

距离圈	涉及省区	分布市县	备注
100 千米圈分布市县	青海省（12 个市区县）	西宁市、化隆县、平安区、乐都区、民和县、互助县、湟中县、贵德县、贵南县、尖扎县、同仁县、泽库县	有不少市区县处于 100 千米圈和 200 千米圈、200 千米圈和 300 千米圈交叉带，为了避免重复，所有市区县只计一次
	甘肃省（12 个市县）	兰州市、临夏市、积石山县、东乡县、临夏县、夏河县、和政县、永靖县、永登县、天祝县、临洮县、广河县	

续表

距离圈	涉及省区	分布市县	备注
200 千米圈分布市县	青海（9 个县）	大通县、湟源县、门源县、海晏县、共和县、兴海县、同德县、玛沁县、班玛县	有不少市区县处于 100 千米圈和 200 千米圈、200 千米圈和 300 千米圈交叉带，为了避免重复，所有市区县只计一次
	甘肃（19 个市县）	武威市、古浪县、景泰县、白银市、皋兰县、靖远县、榆中县、会宁县、定西县、临潭县、卓尼县、康乐县、陇西县、漳县、岷县、迭部县、碌曲县、玛曲县、渭源县	
	四川（1 个县）	若尔盖县	
300 千米圈分布市县	青海（9 个县）	刚察县、祁连县、天峻县、乌兰县、都兰县、玛多县、甘德县、达日县、久治县	
	甘肃（15 个市县）	民乐县、山丹县、肃南县、永昌县、金昌市、民勤县、静宁县、通渭县、甘谷县、秦安县、武山县、天水市、礼县、宕昌县、舟曲县	
	宁夏（5 个县）	中卫县、同心县、海源县、西吉县、隆德县	
	四川（3 个县）	南坪县、红源县、阿坝县	
	内蒙古（1 个旗）	阿拉善左旗	

循化县所处地理位置十分特殊，是东西连接青甘两省、南北贯通河湟城乡和青甘南部牧区的重要枢纽，是甘青交汇、农牧交接、农商交集的重要区域。这一方位对循化经济布局的启示在于，一是可以在甘青两省交流和交互发展上大有作为，特别是围绕黄河上游高质量发展、“一带一路”倡议等国家重大战略实施过程中发挥更大作用，谋划跨省域合作项目；二是在甘青两省重大发展战略衔接中谋求更多作为，例如青海省建设生态文明高地与甘肃省生态立省战略，青海国际生态旅游目的地建设与甘肃文旅国际品牌塑造等项目建设过程中都有很多需要跨省合作开展的工作和项目；三是充分发挥循化地处西宁、兰州百千米直线圈内，立足青海、面向甘肃，背靠青甘牧区等特殊区域优势，可在甘青沿黄经济走廊建设、文旅融合大通道黄金地段打造、城乡和农牧区物资流通以及融入统一市场体系等方面寻求新的发展机会。

（三）交通条件深刻变化中的方位

分析人类经济活动的空间演化历史发现，特定群体的人们总是处在“离散—聚集”的状态下。经济活动的离散状态是基于自然地理环境，将人们的活动空间分割为若干离散化的地理空间，各离散地理空间依托区域自然资源、人口状况以及技术创新等禀赋条件，形成本区域的生产生活模式和经济布局。人类经济活动的另一个重要趋势则是生产力越发展，人们的需求越多样化，当处于离散状态的特定区域无法满足更多更高需求和欲望时，对获得更多和更高层次自由经济活动空间的需求增加，选择更大的地理空间迁移半径成为必然，从最初用双脚踏出羊肠小道，到随着生产力的发展，今天的人们能够“遇山凿洞”“遇河架桥”，这都是为了克服地理空间的障碍，使离散地理空间之间的区域经济活动联系愈加频繁和紧密，区域经济空间格局从单区域的“聚落”结构向两个及以上离散区域结构演变，在新的格局下催生城镇或城市、促进新的产业发展、推动公共服务建设、带动投资规模扩大等。由离散状态向聚集状态演化速度的最大影响因素是交通条件，因此交通是重要的经济地理因素。

正如清代龚景瀚在《循化志》所说：“白石峙于东南，黄河环其西北，前则漓水如带，后则积石为屏。蔽障河、兰，牵制鄯、廓，诚西陲之要地也。”[①] 四面环山、境内山谷相间的地理状况，使循化在历史上长期处于与外界交流不畅的状况。北部的积石山将循化与河湟谷地相隔，东部的达里加山成为通往甘肃临夏市和积石山县等地的屏障，南部的周毛卡山形成通往黄南州同仁等地的巨大屏障，西南部的郭毛喀山阻止了通往尖扎等地通道，东部的积石峡和西部的拱北峡（又称古什群峡）又因绝壁千仞、水流湍急而成为无法逾越的天堑。黄河将县域分割南北，孟达山、唐赛山、乌土斯山等山岭塑造了循化地区多山多沟的自然风貌。特殊的自然地理环境，使循化成为局部自然环境优越，但对外相对隔绝的“河谷洼地”。与封闭的环境相适应，形成了相对封闭的发展模式。“民众多数业农，山路崎岖，交通不便，故商业甚形萧条，全境商贾，仅有三十余户，对于工业，毫不注意。”农业领域，种粮为了吃面、种果为了吃果、种菜为了炒菜的自然经济特征十分突出。中华人民共和国成立以后，特别是改革开放以来，这种封闭状况得到很大改变，但其变化速度依然比较缓慢。现代工业成长缓慢，改革开放后逐步发展起来的一些企业在成长到一定阶段后，逐步将发展中心迁出县域。当地回族、撒拉族有亦农亦商的经济传统，但商业模式多为行商方式，涉及领域以农畜产品、长途运输、拉面经济等为重点，经营空间以异地为主，笔者曾用“春夏秋三季出门挣钱，一个冬季回家花光，来年出门又缺路费”来形容20世纪八九十年代撒拉人的生存方式。这一方面体现了撒拉人吃苦耐劳、敢闯敢拼、自强不息的精神，走出了一条发展的道路和模式；另一方面这种模式对域内资源的重视和开发不足，对域外

① （清）龚景瀚：《循化厅志·形胜》，崔永红校注，32页，西宁，青海人民出版社，2016。

资源难以形成吸引力，县域内形成的投资有限，不仅制约了县域产业结构的优化升级和基础设施的建设完善，也导致农牧民收入来源单一、难以形成资产性收益、财富积累缓慢、生计模式过于艰辛等问题。在循化交通史上，2017 年是一个具有里程碑意义的节点，循（循化）隆（隆务峡）高速和循（循化）临（临夏）高速公路通车，使循化到西宁、黄南州府，循化往甘肃临夏、甘南等地交通进入高速时代，一个封闭的循化在交通设施的快速变革中，天堑变通途，瞬间进入西宁和兰州 2 小时经济圈。目前，循化到甘肃大河家、到民和官亭一级公路先后开通，西（宁）成（都）铁路和贯通青海河（黄河）湟（湟水河）两大区域的乐都—化隆—循化高速公路已经开工，邻近循化的临夏机场建设列入甘肃省“十四五”规划等。从县域内交通条件来看，横跨黄河南北的桥梁已有多座，沿黄河的道路体系正在形成。从经济地理角度来讲，高速公路的通车和交通条件的快速改善具有划时代的意义，历史上封闭的循化在新时代已具备在更大空间谋划自身发展和产业布局的条件。

三、从国家重大战略把握循化经济地理

区域经济布局的优化，不仅要依据并充分发挥自然禀赋、区域条件的优势和特点，使本地自然条件通过经济布局得以呈现或体现，同时，也要把握国家重大战略和重大经济政策，使国家和政府经济发展的意图在本区域经济上得以体现。因此，即使在自然地理因素确定的条件下，由于经济发展战略、宏观政策和市场调节等背景的变化，区域经济布局在不同历史时期也会呈现不同形态，并对经济发展质量和经济发展速度产生重要影响。讨论循化县域经济布局优化问题，我们不仅要考虑自然环境和区位条件，同时要紧扣国家战略和区域发展新形势新要求，体现时代主题。

（一）在生态文明高地建设中的方位

生态安全同国防安全、经济安全一样，是国家安全的重要组成部分，而且是非常基础性的部分，是保持世界各国或一国持续发展的核心任务。青藏高原是地球上最高、面积最大而又最年轻的高原，是全球重要的生态环境敏感区之一，也是北半球气候变化的启动区和调节区。对中华民族来讲，青藏高原更是一块关乎长久生存发展的战略要地，是我国最为重要的生态源区。因此，从区域分工的角度看，青藏高原的首要价值在于其巨大的生态服务功能。党的十八大以来，习近平总书记先后两次在人代会期

间参加青海代表团审议，两次踏上青海大地视察工作，对青海工作提出“四个扎扎实实”[①]、产业“四地”建设[②]、“三个最大”省情定位[③]、“三个更加”重要地位[④]等重大要求和指示。为贯彻上述要求，青海提出了“一优两高”战略部署[⑤]、“八个高地”打造[⑥]、“五个示范省”建设[⑦]和“六个现代化新青海”建设[⑧]等重要部署，出台了《关于加快把青藏高原打造成为全国乃至国际生态文明高地的行动方案》等。可见，国家对青海和青藏高原的要求和定位越来越聚焦于为国家和中华民族永续发展提供生态安全保障。县域发展思路和规划不能脱离和违背国家总体要求，县域发展方式和模式必须有利于将国家对青藏高原和青海生态环境保护与生态文明高地建设的要求落到县域发展层面。对一个县域而言，能够有机会与国家重大战略相联系和衔接，可以说是一个千载难逢的发展机遇。然而，机遇只是一种可能，机遇和挑战向来是相伴而生，抓住机会使挑战转化为发展的良机，失去机会则往往使本地区与其他地区的差距快速拉大，在区域大格局的地位快速下降。为此，需要做的事很多，但关键有两条。一要把握主题，主动对接融入。当下国家对青藏高原的战略要求是实现两个转变，即从 GDP 导向向生态导向的转变，实现从大开发向大保护的转型，集中到一点就是要建设生态文明高地。

---

① “四个扎扎实实”是习近平总书记在 2016 年 8 月青海视察时提出的重大要求，即扎扎实实推进经济持续健康发展，扎扎实实推进生态环境保护，扎扎实实保障和改善民生、加强社会治理，扎扎实实加强和规范党内政治生活。

② 2021 年 3 月 7 日，习近平总书记在参加十三届全国人大四次会议青海代表团审议时指出，要结合青海优势和资源，加快建设世界级盐湖产业基地，打造国家清洁能源产业高地、国际生态旅游目的地、绿色有机农畜产品输出地，构建绿色低碳循环发展经济体系，建设体现本地特色的现代化经济体系。

③ 2016 年 8 月，习近平总书记视察青海时指出：“生态环境保护和生态文明建设，是我国持续发展最为重要的基础。青海最大的价值在生态、最大的责任在生态、最大的潜力也在生态，必须把生态文明建设放在突出位置来抓，尊重自然、顺应自然、保护自然，筑牢国家生态安全屏障，实现经济效益、社会效益、生态效益相统一。”

④ 习近平总书记在参加十三届全国人大四次会议青海代表团审议、2021 年 6 月视察青海时反复强调：“进入新发展阶段、贯彻新发展理念、构建新发展格局，青海的生态安全地位、国土安全地位、资源能源安全地位显得更加重要。”

⑤ 2018 年 7 月，中共青海省委十三届四次全会提出“坚持生态保护优先、推动高质量发展、创造高品质生活”的战略部署，即“一优两高”战略部署。

⑥ 2021 年 8 月，中共青海省委《关于加快把青藏高原打造成为全国乃至国际生态文明高地的行动方案》中提出要着力打造“八个高地”，即全国乃至国际生态文明新高地、生态安全屏障新高地、绿色发展新高地、国家公园示范省新高地、人与自然生命共同体新高地、生态文明制度创新新高地、山水林田湖草沙冰保护和系统治理新高地、生物多样性保护新高地。

⑦ “五个示范省”即建设国家公园示范省、国家清洁能源示范省、绿色有机农畜产品示范省、高原美丽城镇示范省、民族团结进步示范省。

⑧ “六个现代化新青海”是青海省第十四次党代会确定的加快建设绿色发展、生态友好、创新开放、文明和谐、人民幸福、政治清明的现代化新青海奋斗目标的简称。

新主题也是新课题，需要结合自身实际破解许多新的问题，而不是被动等待和接受国家战略辐射。二要项目挂帅，落实发展机遇。项目是发展思路落地的具体举措，所有思路和机遇只有通过一个个项目才能得以落地，没有项目就没有发展，没有大项目就谈不上大发展。这就需要切实增强项目研究、策划、申报、实施的能力，真正把好机遇、好思路转变为实实在在的项目，转化为实实在在的发展果实。

（二）在兰西城市群建设中的方位

城市群是国家未来经济发展中最具活力和潜力的核心增长极点，是国家加快推进城镇化进程的主体空间形态，因而在我国区域经济发展中占据着核心战略地位。兰州－西宁城市群是甘肃省、青海省城镇化发展进程较快的地区，城市群内七个城市相互之间空间距离相对较近，彼此间经济联系较为紧密，具有发展整合的空间基础，使其完全有条件发展成为西北地区最具发展潜力的城市群之一。对身处兰西城市群核心地带的循化来讲，兰西城市群建设是巨大的战略机遇。国务院批复同意的《兰州－西宁城市群发展规划》提出了“着力优化城镇空间布局”“着力加强生态建设和环境保护”“着力补齐基础设施和公共服务短板”“着力推进产业优化升级和功能配套”“着力融入‘一带一路’建设”的“五个着力”的思路。青海省确定综合交通互联互通、生态环境联防联治、绿色循环产业体系建设、对外开放、市场一体化、能源资源、公共服务协同共享、城乡建设、农业农村、重大发展平台共建等“十四五”兰西城市群建设的十大重点专项合作行动。甘肃省在《“十四五”兰州经济圈发展规划》中明确将强化兰州集聚功能，壮大白银、定西、临夏支撑能力，提升兰州－临夏、兰州－西宁经济带发展能力，增强市县支撑功能，推动形成“一核牵引、两极并进、四带联动”[①]的经济圈发展新格局。循化在兰西城市群建设中居于特殊重要的位置，具备在这一重大区域战略中发挥特殊作用的条件。例如，在“加强生态建设和环境保护”方面，充分利用与甘肃山川交接、黄河甘青段交界地的特殊优势，结合国家实施黄河流域生态保护和高质量发展战略的机遇，努力打造绿色发展样板县和兰西城市群跨区域生态治

① “一核”是指兰州中心城区、兰州新区、榆中生态创新城和白银中心城区在内的经济圈主区域，重点强化兰州集聚效应和规模效应，突出在产业基础高级化、产业链现代化中的示范引领作用，着力提升经济圈核心区主导功能和辐射带动能级，推动中高端产业、创新人才、创新要素优先集聚，增强中高端服务和科技创新功能；“两极”是指将定西、临夏作为兰州经济圈主区域的增长极区域，重点依托主区域的发展基础，延伸产业链，形成与主区域错位支撑发展的产业格局，为实现兰临一体化打下坚实基础，将定西、临夏打造成为核心区的产业支撑区和生活“后花园”；“四带”指要以兰州为中心，加快建设兰白、兰定、兰临、兰西四大经济带，大力提升兰州对周边市州的辐射带动作用。

理样板县。在“补齐基础设施和公共服务短板”方面，以改善兰西城市群黄河流域交通条件、城乡基础设施和教育、医疗等条件为重点，努力打造兰西城市群黄河流域核心节点。在“推进产业优化升级和功能配套”方面，循化作为兰西城市群功能区划分中的重点开发区，可着力打造甘青沿黄旅游线黄金节点，打造西宁、兰州等大城市的“后花园”和“高原氧吧”。

四、县域经济布局优化的重点和方向

从上述内容可知，进入新时代，循化县域经济地理环境无论在交通条件、信息交流等方面，还是在国家和区域发展战略等方面都发生着深刻变化，为充分利用县域资源禀赋和区位条件，借助国家重大战略和区域功能提升，优化县域经济布局提供了难得条件。总体来看，优化县域经济布局的核心要义是贯彻创新、协调、绿色、开放、共享的新发展理念，把循化置于更大的空间平台和视域来定位其区域功能和发展方向。

（一）加快经济社会发展的全面绿色转型

生态文明建设是中华民族永续发展的根本大计。综合当今经济发展的总体背景与趋势，其核心就是坚持生态优先、绿色发展，提高区域可持续发展能力。青藏高原和青海的生态环境在中华民族永续发展中的特殊重要地位，为地处青藏高原和黄河上游的循化在打造生态文明高地、筑牢国家生态安全屏障方面发挥更大作用提出了新要求、提供了新机遇。为此，要在“中华水塔”守护人、国家生态文明试验区、有序推进碳达峰碳中和等重大生态文明建设事项中找准并扮演好自己的角色，在县域经济发展中坚定地担负起对国家、对民族、对子孙后代负责的历史责任，把“三个最大”要求和生态文明高地建设等任务落实到县域经济社会发展的各个环节，正确处理经济发展和生态环境保护的关系，坚持生态保护优先，坚持一切产业、经济活动都必须有利于促进生态良性发展，以生态经济系统、生态经济产业、生态经济消费、生态经济价值和生态经济制度建设为重点，着力实现经济生态化、生态经济化和生态系统与经济系统之间的协调发展，努力实现经济社会发展和生态环境保护协同共进，为人民群众创造良好的生产生活环境，着力在青海打造生态文明高地的实践中做出循化县域贡献。推动经济社会发展全面绿色转型，形成绿色发展方式和生活方式，这是发展观的一场深刻革命，其重点是推进产业结构、空间结构、能源结构、消费方式等的绿色转型，这既是时代赋予青海各县域的责任，也是各县谋划未来发展时可资借助的重大历史机遇。

（二）推进县域规划的一体化

讨论循化经济布局优化问题，不仅要跳出循化，在更大空间来思考其发展，同时也需要把县域作为一个小区域空间进行全域规划和建设。当我们把镜头从“大空间”转向循化县域时，发现这块2100平方千米的县域确实很小，这就决定无论在县域面积、资源规模方面，还是在人口数量、经济总量等方面，靠某个单一要素和资源，循化县很难在大空间中形成较大影响力和吸引力。县域规划一体化就是把循化看作“小循化”，在这一理念下，就是要以治县“若烹小鲜”的思路，打破区划、城乡等各种人为的分割，打破过去县域虽小但仍要“五脏俱全”的“大而全、小而全”思维，把全县域作为一个经济区、一个社会体，甚至作为一个“大景点”来整体规划和建设，整合全域资源，按在“大空间”背景下最有利于凸显自身区域优势、功能定位、产业特色，最有利于借助国家重大战略和省市宏观政策红利，最有利于激活区域发展活力、增强区域经济发展韧性、实现区域共同富裕的思路，走城乡融合、县域一体规划的路子，抛弃人为地将一个区域割裂为城乡两个区域，分开规划、分头实施的做法，按宜城则城、宜乡则乡，宜山则山、宜水则水，宜农则农、宜牧则牧，宜工则工、宜商则商的原则，构建优势互补的城乡格局和经济布局形态，城乡以及各地各区域“各美其美，美美与共”，从而达到城乡协同、共同发展，使县域在周边大空间中的地位得到提升，总体影响力和吸引力不断增强的目标。

实现这样的思路，在实践层面需要克服许多难题，而这些难题首先来自政府管理层面。在传统的管理体制下，政府各部门各有自己的中心工作和重点任务，各有各的规划和目标，特别是作为基层县级政府层面，对上需要衔接和落实诸多省市主管部门的目标和任务，自主空间有限。县域各有关部门单位基本上也习惯于按对本部门、本单位工作最有利的内容来思考和设计制定有关发展规划和公共政策，最终势必对整合全域资源、实现系统优化目标产生影响。打破这种困局需要强有力的党委、政府力量来推进，一方面要通过系统完善的规划来明确目标，分解任务，统一思想，协调各方；另一方面需要积极争取国家和省市有关试点项目，为实现有关政策层面的突破提供资源和政策支持。具体到政策层面，在政策设计上要从全局、长远、战略、宏观、前瞻的角度来分析问题和解决问题，将政策的设计、执行和保障统筹起来考虑，对政策运行所要解决的关键问题提出比较科学合理的解决方案，建立激励约束机制和可持续发展机制，保证在解决问题的同时不产生新问题。

（三）重视县域形象的定位与塑造

县域整体规划和建设必须要和县域形象塑造同步推进。县域整体规划和建设发展一体化过程涉及县域全境全要素，是实现区域发展的过程，也是区域发展导入 CIS 理念，塑造区域形象，增强区域竞争力的过程。区域形象塑造是当前公认的改善区域环境，突出区域特色，提高区域声誉，让居住者自豪、来访者羡慕、建设投资者满意，有效促进区域持续发展的重要途径。CIS 的导入，首先应设计和规划区域的整体风格，一座城市、一个地区要有自己的独特风格，这一风格又可以称为其“个性”。区域的“个性”源于“历史特色”“传统特色”“地域特色”和现代化的城市功能、现代社会需要及其在城市群结构中的地位。“县域形象”包括硬件系统和软件系统两个方面，硬件系统部分包括城乡布局、建筑风格、城乡道路、园林绿化、环境卫生、区域标志、区域色彩等；软件系统部分包括政府行为、干群关系、区域文明、标志性活动、居民素质等。我们可以把区域形象理解为是公众对某一区域的总体印象、感知和评价，是区域给予公众的感受或感觉。从国内外实践和大量研究成果来看，区域形象得到良好发展，需要保证区域文脉的延续与新文化主题的开拓，需要区域与自然环境和谐发展，需要重视科技文教事业发展，需要保持区域经济持续发展，需要充分发展基础设施系统，需要系统研究区域形象全面开展区域设计。循化是一个具有独特自然风貌和鲜明人文特色的区域，为区域特色定位提供了丰富的素材。通过对气候、海拔、地理方位、自然风貌、周边区域特色和历史文化等的分析，结合时代要求，循化县域形象定位为“高原江南，和美循化”。

“高原江南”的定位，把循化置于青藏高原这个自然地理单元来提炼其独特地位和价值。青藏高原被称为世界“第三极”，海拔高亢，空气稀薄，气候寒冷，属于高海拔缺氧环境。这里虽有“江河之源”“中华水塔”之称，但整个区域干旱缺水。严酷的自然环境，使青藏高原大多数区域不适宜人类生存。循化虽身处世界屋脊，但其地理位置处于青藏高原东北部门户之境，海拔高度属于青藏高原最低之列，气候特点有冬无严寒、夏无酷暑的特点，生态环境方面既有高原特点，又有黄河、孟达天池、尕楞岗察草原，植被丰富，水域广阔，物产丰富。循化县境内最低海拔 1780 米，最高海拔 4635 米，最高气温为 34.1℃（1988 年 6 月 28 日），极端最低气温为 -19.8℃（1961 年 1 月 17 日），年平均气温 8.5℃，昼夜温差大。因此，这里既具有青藏高原的基本风貌和特点，又有自己特殊的自然生态环境，是青藏高原上适合人类居住和活动的区域。循化特殊的中等海拔高度与四周地势形成天然空调，造化赋予了独具的气候优势。与此同时，依托黄河自西向东流经全境，清水河、西沟河、街子河和尕楞沟河等自南向北哺育山川，特别是随着公伯峡、积石峡、哈大亥、苏只和黄丰电站等的建成，在循化境内形成高峡平湖、水天一色、至清至净的河湖美景，一派“天下黄河循化美、江南水乡在高原”的美丽景象。“高原江南”之特色定位，就是要突出“高原之地，江南之境，水乡循化”的特点，向省内外、国内外宣介其无与伦比的舒适感和休闲感，吸引游客，吸引资源，实现持续发展。围绕这一主题，可以突出的要素十分丰富，如黄河的浩荡、清水湾的优美、孟达自然保护区的神奇与幽静、波浪滩的舒适与安逸，以及洁净的空气、宽阔的水面、辽阔的草原。

“和美循化”则是以中华民族“和合”文化为基础，依托自然、社会、人际、民族、文化等方面多元异质元素协调与融合的特征，着力打造“三高地一胜地”新循化。所谓“三高地”，一是“生态高地”。这是体现国家对本区域的基本定位和青海省生态文明高地建设要求，以建设黄河上游绿色发展的示范县域为契机，以更实的举措保护好生态环境，更大的力度推进产业绿色化改造，生产生活绿色化提升，建构绿色经济体系，更加注重绿色发展。二是“精神高地”。这是围绕西路红军被俘战士在修建清真寺时不忘镌刻五角星、镰刀、锤头和党徽图案，留下今天的红光清真寺、红军小学等红色资源，展现共产党人和红军战士在艰苦岁月仍旧信念不移、信仰坚定的伟大精神；围绕1949年9月解放军抢渡黄河时发生的撒拉族群众勇救落水解放军战士、解放军赠送当地人“英雄救英雄”[①]锦旗的故事，以及英雄湾、胜利湾而挖掘开发红色资源；围绕被邓小平称之为“我们国家一个最好的爱国者”的班禅大师，被毛泽东、周恩来称誉为“爱国老人”的喜饶嘉措大师事迹，以及撒拉族“爱国如家”等精神而形成的红色资源，已形成并进一步打造“精神高地——红色循化”。三是“团结高地”。这是根据铸牢中华民族共同体意识建设要求，结合多民族县情和长期以来形成的和谐民族关系，进一步打造民族团结进步典范县。循化居住着撒拉、藏、回、汉多个民族，是一个多民族聚居、多宗教并存、多文化交织的县域。长期以来，各民族血脉相连、经济相依、文化相融、守望相助，共同建设了团结和谐的美丽家园。进入新时代以来，循

① 1949年9月2日上午中国人民解放军第一野战军一兵团二军五师在循化县北渡黄河时，一艘乘坐167名战士的磨船被大浪拍击失控，危难之际，当地群众冲入激流，成功救起落水子弟兵。王震将军、王恩茂政委、郭鹏军长得知此事后，立令军政治部赠送了两面锦旗，横面锦旗书“奋勇救船全村光荣”，竖面锦旗书“英雄救英雄”。

化县确定“打造黄河上游民族团结进步共有精神新家园、铸就青藏高原示范新高地”的民族团结进步示范县创建目标，成功创建全国民族团结进步示范县，制定了青海省第一部县级民族团结进步条例《循化撒拉族自治县民族团结进步条例》，出台《关于打造黄河上游民族团结进步共有精神新家园铸就青藏高原示范新高地实施方案》等，围绕铸牢中华民族共同体意识这个主线开展了一系列卓有成效的工作，循化成为中华民族多元一体、团结统一的一个缩影。“一胜地”则是依托循化山水之美、人文之美、城乡之美以及饮食之美等各个要素，借助青海建设国际生态旅游目的地的契机，全力打造旅游胜地。

（四）精准确定县域主导产业

优化县域经济布局的核心是优化产业布局。产业布局的优化是县域内各产业之间围绕县域内外资源与市场环境，形成相互关联、相互带动的一种自调适动态变化关系，并使产业系统适应发展变化的形势与环境，不断促进区域经济发展的状态。产业之间的这种协同发展要通过部门结构和空间结构的协同来实现，也需要通过主导产业的选择来带动区域产业结构的优化协调来推进。需要明确的是，主导产业不是支柱产业。支柱产业是指在产业结构体系的总产出中占较大比例的产业，它强调的是产业本身占特定阶段经济总产出的比重，其最大的特征是产业处于成熟期，产值规模大，一般是一国或一个地区财政收入的主要来源，一般是从现实经济规模和占比来讲的。主导产业则是指在经济发展的一定阶段上，本身成长性很高，对一定阶段产业结构升级转换具有重大的、关键性的导向作用和推动作用，对经济增长具有很强的带动性和扩散性的产业。主导产业的最大特征是它的经济导向性和未来的发展性。对主导产业的选择依据，国内外学者提出很多考量标准，如赫希曼的“产业关联度基准”，是从某一产业的经济活动能够通过产业之间相互关联的活动效应影响其他产业的经济活动程度，来衡量一个产业能不能被选择为支柱产业，其实质是根据产业关联度、产业之间相互联系和彼此依赖程度的大小来选择支柱产业，关联效应较高的产业能够对其他产业和部门产生很强的前、后向关联和旁侧关联，并依次通过扩散影响和梯度转移形成波及效应而促进区域经济的发展。区域内主导产业只有与其他产业具有广泛密切的技术经济联系，才有可能通过聚集经济与乘数效应的作用带动区域内相关产业的发展，进而带动整个区域经济的发展。产业关联效应作为区域主导产业的一个重要标准，实际应用过程中应当选择那些产业延伸链较长、带动效应大的产业作为主导产业。此外，有代表性的还有筱原三代平的“需求收入弹性基准”和“生产率上升基准”（筱原两基准），以及罗斯托的“扩散效应基准”（罗斯托基准）等。

从实践看，县域主导产业的类型有工业发展主导型、资源开发产业主导型、农（牧）产业主导型、旅游产业主导型等。循化县在农业、工业和服务业方面有一定的发展基础，也具备发展特色经济的许多优势。但是，由于资源总量等的限制，产业发展水平总体偏低，寻找一个能够充分发挥县域优势，较好带动县域发展的主导产业显得十分重要。分析循化县域产业现状，尽管旅游业现实基础并不雄厚，但从“产业关联度基准”“需求收入弹性基准”“生产率上升基准”“产业贡献率基准”“就业贡献率基准”“产业绿色化前景基准”“共同富裕性基准”等方面来分析，旅游产业最具有成为循化县域主导产业的各项指标特征。一是循化在人文、自然等方面的旅游资源极其丰富，且与周边地区资源有鲜明的差异性，加之近年来交通条件的快速改善，旅游业具有广阔的发展空间。二是产业关联度高，旅游产业与其他产业的技术经济联系紧密，对区域内基础设施、交通通信、酒店餐饮、物流商贸、体验农业、体验工业、农牧业产品加工乃至乡村数字化发展等相关产业的扩散效应和带动能力强，产业延伸链较长。三是需求收入弹性大，单位收入的增加带来的旅游消费需求增长率高，产业发展前景好。四是符合绿色发展理念，产业绿色化前景明确，对区域可持续发展贡献度大。五是就业带动力强，在收入分配上一次分配比重大，有利于增加城乡居民收入，促进城乡一体化发展和共同富裕。坚持以旅游产业为主导和牵引，实现三次产业在空间上的融合发展具有很大潜力，如线辣椒的种植与辣酱的加工即为一、二产业融合，农业休闲与体验相结合即一、三产业的融合，民族用品生产企业设立产品生产体验项目即为二、三产业融合，农业养殖合作社的养殖、加工与销售一条龙即三次产业的融合。玩足“旅游+”可为城乡产业融合发展带来广阔空间。另外，产业布局在空间的一体化还应当体现在突出不同地区的优势和特色、实现全域分工合作和整体经济环境的优化上。为此，要把循化作为一个“大景区”进行全域规划建设，做好“人”“山”“水”“农”“工”五大文章。一是“用足人”，就是要深度挖掘循化多民族聚居、多文化交织的特点，讲述循化的文化。例如，通过挖掘撒拉民族文化，把撒拉族的历史、传说、村落、庭园、饮食、服饰、婚礼、社会组织、民族精神等文化作为旅游要素，做到既“有得看”也“有得听”，既“有得吃”也“有得住”。二是“用足山”，就是要做足以孟达自然保护区、积石山等山林、山势、山色等文章。三是“用足水”，就是要把以黄河为主的水资源用足，并以撒拉尔水镇和清水河、西沟河、街子和、尕楞河四条河道景观化等项目建设着力打造江南形象，塑造有别于周边地区的鲜明优势和特色。四是“用足农”，以充分利用循化瓜果、蔬菜、牛羊、草原等各类特色农业资源，在解决温饱的基础上，开发“旅游＋农业”的各类农业体验项目，使农业在种植、管护、采摘、收割、加工等各环节都赋予特色旅游的内涵。五是“用足工”，就是以“旅游＋工业”的思路，对县域各类特色工业产品生产线和已经闲置的厂矿设备进行优化和丰富，使其不仅能够生产各种旅游纪念品，也要使其具备工业体验旅游的功能。总之，通过各种方式，解决好看什么、玩什么、学什么、买什么、吃什么、住在哪儿等问题。此外，循化旅游业的发展还可以在解决青海旅游季节性强、适宜旅游时间短的问题上有所贡献，不仅要解决好“全域旅游”“全要素旅游”的问题，也要发挥气候和区位优势，打造“全时旅游”项目和品牌，分季节设计和打造旅游项目，真正把全域旅游从理念转化为落地的项目。

总之，循化经济地理正在发生更加有利于融入国家重大战略实施、更加有利于提升县域经济地位、更加有利于发挥县域资源优势、更加有利于拓展县域发展空间格局、更加有利于县域对外开放的重大变化，县域经济正面临与以往迥异的发展环境，为县域经济布局优化、实现跨越式发展提供了难得的机遇。新的发展环境正在倒逼县域经济发展方式转变，迫切需要在发展思路上打破既往的路径依赖，以更广的视野和更大的胸怀谋划县域经济布局，以更大的气力和更实的举措加快县域经济转型升级，以做强做优县域经济，全面提升县域经济的发展质量和水平。

参考文献

［1］陈才．区域经济地理学．北京：科学出版社，2009.

［2］［美］肯特·沃泰姆．形象经济．刘舜尧，译．北京：中国纺织出版社，2004.

［3］中国国际经济交流中心项目组．优化区域经济空间布局的思路和方向．全球化，2021（6）.

［4］刘芳，解家安．青海省县域经济发展与公路密度相关性分析．中阿科技论坛，2022（4）.

［5］闫恩虎．当前中国县域经济发展定位探析．发展研究，2019（11）.

［6］戴宾．对县域经济发展的再认识（上中下）．当代县域经济，2018（9）（10）（11）.

［7］郭爱君，毛锦凰．新时代中国县域经济发展略论．兰州大学学报，2018（4）.

[8] 徐向梅.在新发展格局中做强做优县域经济.经济日报，2022-09-19.

[9] 王元亮.新发展格局下我国县域产业高质量发展研究.中国西部，2022（2）.

[10] 高昕.后发地区县域经济跨越式发展的障碍与突破.区域经济评论，2022（2）.

[11] 徐宏，李军.民族地区全域旅游开发驱动乡村振兴机理与发展策略.商业经济研究，2021（11）.

（原载《青海民族研究》2022 年第 4 期，本书收录略有删改）

循化县特色农业产业发展调查①

韩英禄

循化县总人口 12.5 万人，其中农业人口 10.47 万人，占总人口的 83.76%，农户 3.24 万户。近年来，循化撒拉族自治县紧紧依托资源优势，发展优势特色产业，大力发展“一核两椒”、现代牛羊养殖、特色产业经济，有效推动了县域经济又好又快发展。截至 2011 年底，该县有 31 家地级以上农业产业化龙头企业，其中国家级企业 1 家、省级企业 4 家、地级企业 26 家。龙头企业资产总额达到 61705.14 万元，其中固定资产 40084.76 万元；实现销售收入 58659 万元；税后利润总额 7289.2 万元，上缴税金 706.47 万元。

一、县域特色农业产业的比较优势和劣势

（一）优势

1. 气候优势。循化县位于青海省东部黄河谷地，是全国唯一的撒拉族自治县，全县总面积 2100 平方千米，海拔 1750—3800 米，年平均气温 3.2℃—8.6℃，最高气温 25.1℃—33.5℃，发展特色农业产业具有得天独厚的自然条件，素有“高原小江南”之称。循化县黄河沿岸光、热、水充足，气候条件独特，发展“一核两椒”种植及加工为主的特色经济前景广阔。

2. 生态优势。该县多为农畜产品加工业和手工业，基本无粉尘性工业和大的排污工业，空气、土壤、水无任何污染，天蓝、地净、水清、山秀。辽阔草原水草丰美，莽莽林海风光旖旎，有利于发展高原生态农业。

① 本文相关数据来源于青海省循化县农业农村局统计资料。

（二）劣势

1. 自然灾害。十年九旱，雨水资源贫乏是制约循化县经济发展的一个致命点。该县气候干旱少雨，年平均隆雨量 319.2—531.9 毫米，蒸发量大，无霜期短。降雨量按季节分布很不均匀，春季和夏初 3—5 月作物生长期，雨量稀少，到了 7—9 月，作物成熟收割季节，降雨量偏多，易形成前旱后涝。

2. 交通不便。该县距省会西宁 163 千米，东距甘肃省临夏市 112 千米，且有拉木峡、青沙山、大力架山盘亘，道路难行。由于县域交通不便、信息不灵、科技基础差、人才匮乏，导致经济缺少科技依托。

二、循化县特色农业产业发展现状

（一）优势产业规模持续扩大

近年来，循化撒拉族自治县加大特色农业产业发展力度，通过项目扶持、财政补助、技术服务等措施，鼓励培育“一核两椒”（核桃、线辣椒、花椒）、牛羊贩运育肥、水产养殖等资源优势产业，到目前为止，各级政府对特色产业的扶持力度不断加大，共计投入各类资金 3200 余万元，有力地扶持了龙头企业的发展和壮大，切实保护了农民的生产积极性。截至 2011 年底，已建立线辣椒、薄皮核桃、杂交油菜、冬小麦等试验、示范性基地 80 个，经济作物在农作物播种面积中的比重上升到 74%。全县建立线辣椒种植基地 13 处、种植线辣椒 3 万亩，建立核桃基地 12 个、种植核桃 3.95 万亩；现代设施农业稳步推进，已建成节能温棚 2000 栋，累计流转土地 6.08 万亩，占全县总耕地面积的 28%，特色优势产业的迅速发展，有力地提高了农业产业化和集约化水平。

（二）特色品牌效应明显

围绕“一核两椒”等主导产业，对经济实力强、市场前景好、辐射带动力大的特色产业，政府从资金、技术、用地、信息等方面重点扶持，促其上规模、上档次，精心培育了天香、仙红、金椒、忠华核桃、振荣核桃、黄河魂等 31 家农业产业化龙头企业。全县注册商标 89 件，其中，中国驰名商标 2 件，国家地理标志证明商标 3 件，省著名商标 3 件，海东地区知名商标 1 件，县域好商标 10 件。以线辣椒、薄皮核桃、花椒、温棚蔬菜种植为主的农民专业合作社发展到 76 家。截至 2011 年底，全县农业总产值达 3.5 亿元，同比增长 6.7%，农牧民人均纯收入达到 5487 元，增长 18%，特色产业化发展步伐不断加快。

（三）信贷支持快速增长

近几年，循化县金融机构不仅扩大了对县域经济资金支持的规模，还注重调整信贷结构，突出资金投向重点。各项贷款呈 V 形增长态势，2006—2008 年间逐年递减，由 60808 万元减少到 22896 万元，2009 年各项贷款呈现正增长，到 2011 年达到 71888 万元，较上年增长 67.19%，存贷比达 33.41%，金融支持县域经济的力度有了较大的提高（见下图）。

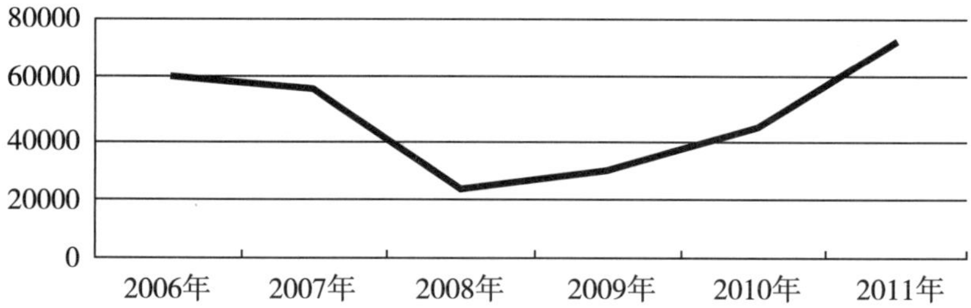

循化县 2006—2011 年贷款情况（单位：元）

2011 年底，循化县涉农贷款余额 63216 万元，比年初增加 20417 万元，涉农贷款在各项贷款中的占比达 87.94%。从涉农贷款投向看，农户贷款 17011 万元，占涉农贷款的 26.91%；农村企业及各类组织贷款 30735 万元，占涉农贷款的 48.62%。从涉农贷款用途看，农林牧渔业贷款 20561 万元，占涉农贷款的 32.52%。

（四）银企对接成效明显

为推进银企对接，引导金融机构围绕县域发展主线找准信贷切入点，努力扩大信贷空间，培育新的信贷增长点，促进银企双方发展共赢，相关部门加大了银行与企业间的协调服务工作，主动把一些需要获得贷款支持的好企业、好项目推介给银行，以便更好地引导银行的资金投向，减少银行贷款的风险。相关部门积极搭建银企合作平台，各金融机构积极主动服务，通过银企对接，加强调查了解，尽快落实资金，使得签约资金逐年上升，有力地支持了地区经济建设和企业发展。

三、存在问题

（一）规模企业少，贷款对象容量小

多年以来，循化县域特色农业产业以粗放型增长方式为主，资源优势还没有完全转变为产业优势，地方产品竞争力不强，产业发展后劲不足。特色产业规模企业少，贷款对象容量不足。循化县特色产业以小而分散的企业组成，规模企业比较少，全县规模以上企业仅 6 家，总生产值为 4.72 亿元，规模以上企业贷款余额 5893.5 万元，每家平均贷款 982.25 万元。规模企业中符合国有商业银行贷款条件的企业少，大部分企业靠农村信用合作社的小额贷款予以资金支持，发展资金难以满足。

（二）融资渠道少，金融服务品种少

在特色农业产业发展初级阶段，绝大多数企业固定资产投入低，30 万—50 万元；年产值低，为 100 万—300 万元；融资需求低，以流动资金为主，户均需贷款 30 万—50 万元，表现出期限短、融资量少、频率高、简单快捷的特点。银行对发展初级阶段的企业贷款满足率相当低，企业资金主要依靠自有资金、民间融资和应付货款。农业缺乏有价值的抵押物和专业的担保中介机构，目前，担保资金不足已严重影响了担保公司贷款业务的增加。该县仅有黄河信用担保有限公司一家担保公司，企业注册资本 1045 万元。由于该公司受担保资金规模小、担保放大倍数有限、银保风险分担比例不合理、人才缺乏、抗风险能力及意识不强等因素影响，致使担保业务运作举步维艰。面对中小企业越来越大的资金需求，担保业的发展滞后已严重制约了中小企业的贷款融资。特色农业产业也因缺乏抵押担保品，风险分散机制不健全。农业的弱质性和高风险性，使得金融机构开展金融创新面临较大的风险，制约了金融机构创新的积极性。

（三）金融机构少，金融体系不完善

一是金融机构萎缩。近年来，随着国有银行商业化改革步伐的加快，循化县原有部分商业银行按效益原则、业务量原则，撤销了驻县分支机构及营业网点，业务重点收缩，网点和人员大幅减少，导致部分乡镇只有农村信用社和农行一两家机构。集约经营带来一系列问题，如抓大放小现象、银行准贷门槛高、授权授信不足、贷款手续烦琐等。二

是村镇银行、小额贷款公司等新型金融组织尚未建立。三是农业保险发展缓慢，风险补偿机制不配套。目前，循化县共有2家保险公司，农村的贷款风险补偿、分担和转移的政策性支持机制不完善，没有建立和完善对农村贷款进行贴息、补贴、税收减免、税收返还等杠杆机制，农村担保机制不健全，政策性农业保险缺乏，商业性农业保险连年萎缩，农业和农民信贷风险难以分散和转移。2011年，全年实现各类保费收入449.7万元，其中财险保费收入350.7万元、寿险保费收入99万元，全年共支付各类保险赔款65.17万元。由于特色产业的季节性、不可抗力等原因，特色产业保险收入和赔付比较低。

（四）信用意识差，信用体系不健全

由于历史原因导致信用环境不佳，信用意识不强。近年来，地方政府和金融机构加大了社会信用体系的建设，并取得了一定成效，但县域信用体系建设仍需加强。一是社会信用意识还比较淡漠。在信贷活动中，企业和个人违背诚信原则的行为时有发生，个别企业隐瞒对己不利的信息，内部财务制度不健全，缺乏规范性，使得银企信息不对称。二是信用中介服务机构不健全。目前，县域建立的贷款担保公司或中心存在数量少、规模小、管理不规范等特点，同时抵押评估手续繁、环节多、费用高、时间长、有效期限短等弊端表现突出，难以满足特色产业发展需求。

四、建议

（一）完善金融体系，创新金融服务

创建一个开放、高效的农村金融服务体系，形成合作金融、政策金融和商业金融合理分工、适当交叉的体系，为“三农”提供综合性金融服务，满足不同层次的农村金融服务需求。充分利用农村信用社贴近农村的地缘优势，通过创新更好地发挥农村金融主力军的优势。强化农业发展银行的政策性金融支农功能，并延伸机构，扩大服务对象和业务范围，围绕农业结构调整和产业化、规模化发展，做好政策性金融服务。发挥农业银行支持县域经济的优势作用，根据农村经济发展和城乡经济一体化的需要，紧紧围绕农业结构调整，立足大农业、大市场，重点支持优质农业规模化经营、农业科技型产业化和城乡一体化发展。发挥保险职能，健全风险体系，保险公司要有敢为人先的精神，尝试开办新险种，为特色产业提供保险服务。建议由政府、龙头企业和

农户联合出资、联合投保，当特色农业产业受不可抗力，比如干旱等自然灾害影响，形成减产、减收情况时，保险公司发挥保险为经济发展保驾护航的职能作用，以保护特色农业产业经营的积极性。

（二）突出产业特色，拓宽融资渠道

建议政府建立产业创业基金和风险补偿基金，化解金融机构风险；鼓励中小企业多渠道筹集资金，如加大企业自筹力度，引导民间借贷等。金融机构必须树立正确的经营思想和发展战略，把提高自身效益和服务“三农”有机结合起来。一是积极创新信贷服务方式。建立适合资源特点的信贷管理制度，扩大动产质押、信用贷款、票证质押贷款、林权质押贷款范围，培育壮大一批成长型的特色产业企业。二是创新服务理念。金融机构要把扶持发展农业产业化龙头企业作为信贷工作的重要内容，列入优先贷款项目。对农产品龙头企业向农户收购农副产品所需流动资金，特别是在收购旺季，要简化贷款手续，及时发放贷款。三是创新信贷方式和品种。在贷款方式上，要积极探索对农业产业化企业的风险抵押金和存单质押贷款操作办法，地方政府应组织建立为农户和农村经济组织贷款服务的中介机构，共同解决产业化发展中贷款抵押担保难问题。

（三）优化金融环境，实现良性互动

优化金融生态环境，实现金融业和特色经济的良性互动。一是加强社会信用意识的宣传，在推动县域特色经济发展中加快征信体系建设，完善守信激励和失信惩治机制。二是不断完善企业的公司治理结构。减少政府干预企业的行为，充分发挥企业参与市场的能力，促使企业自主经营、自觉还贷，与金融业的健康发展形成良性互动，同时规范企业财务制度，加强会计审计等中介机构的职业道德和诚信意识，提高银企信息的对称性。三是各级政府要做大做强特色产业信用担保机构，搭建投融资平台，支持特色企业融资。

（四）加大扶持力度，营造发展环境

金融部门与政府密切配合，创造加快农村经济发展的外部环境。金融部门要充分尊重政府在产业结构调整中的指导作用，建立与政府农业主管部门定期沟通的制度，共同研究、确定地方农业发展的主导方向。认真研究政府与金融协同推进农村经济发展的手

段和措施，争取政府对金融部门的支持，如实行政府贴息、财政配套等形式，加快产业结构调整步伐。同时双方要密切协作，建立较为完备的社会服务体系，共同为农业产业化发展创造良好的发展环境。特色产业企业要加强培训教育和引进人才，使企业有强大的发展后劲，以便得到银行强有力的支持。金融部门要加强与地方政府及相关部门的联系，精心打造政府、银行、企业对接的“金融平台”，为银企牵线搭桥，促进项目与资金衔接。加强信用环境和人文环境建设，进一步优化投资环境，使大集团、大公司能够引得进、留得住。政府应继续加大对特色农业产业的投入力度，围绕优势产业，采用贷款贴息、技改扶持、税收优惠等方式，集中财力重点扶持特色农业产业经济。

（五）培育龙头企业，推进品牌战略

根据特色资源优势和市场需求，采取优惠政策，大力培育本地名、特、优农业支柱产业和市场容量大、竞争力强、对农业生产具有带动作用的农产品精深加工业，加快对现有农产品加工企业的技术改造，提高加工能力和产品档次，并使这些企业逐步向龙头企业过渡，进而形成市场、企业、基地、农户紧密相连的经营体系。同时要提高农业科技创新能力，大力发展优质农产品生产，加强良种引进、繁育和推广工作，发展优质专用品种。农业技术部门要加强与农产品龙头企业的协作，承担起培训农民、推广农产品标准化生产等职能。积极推行农业标准化生产和农产品品牌化销售，不断提高农产品的档次水平和市场竞争力。龙头企业和商品生产基地要增加科技投入，并通过科技创新，改造当地传统产业，努力提高农产品及其加工品的科技含量。

（原载《青海金融》2012 年第 11 期）

加快推进现代生态农牧业的发展思路

——以青海省海东市循化县为例

马海莲

一、引言

青海省海东市循化县是一个以农牧业为主的地区，全县农业人口10.47万人，占总人口的83.76%。农业问题是关系循化县全面建设小康社会的根本问题，是维护全县政治稳定、社会安定的基础和保证。

循化县特殊的地理环境、气候光热条件造就了发展特色种植业的先天优势，加之有13.67万公顷的天然草场，且背靠青南、甘南两大牧区，境内撒拉族、回族群众历来有贩运育肥牛羊的传统，发展农区畜牧业具备得天独厚的条件。

近年来，循化县认真贯彻落实中央和省市一系列强农惠农富农政策措施，统筹考虑资源禀赋、发展基础、发展条件和发展优势，提出了“农业稳县”发展战略，并立足特色资源优势，大力发展以“一核两椒”为主的特色种植业和以“牛羊繁殖”“生态牧场”为主的农区畜牧业，形成了农牧业稳步发展、农牧民持续增收和社会和谐稳定的良好局面。“十二五”期间，循化县相继建成了“黄河彩篮”现代菜篮子生产示范基地为主的农牧业专业合作社及新型经营主体，农牧业特色化、规模化、产业化和品牌化水平逐年提高，一批特色农产品品牌走向全国，农村经济总收入达到9.47亿元，较“十一五”末增加3.59亿元，同比增长61.05%。

二、循化县农牧业发展现状

党的十九大报告首次提出“实施乡村振兴战略”，这是新时期做好“三农”工作的重要部署。循化县上下认真贯彻落实中央和省市关于“三农”工作的决策部署，以农业供给侧结构性改革和乡村振兴战略为抓手，强力推进农村工作，“三农”发展总体平稳、稳中有进、进中向好。①

（一）农业增效

坚持“稳粮优经扩饲”思路，2018 年完成各类农作物种植 1.57 万公顷，以线辣椒为主的特色作物种植 1.24 万公顷，蔬菜产量达 6.76 万吨，现代设施农牧业加快发展，特色优势作物结构调整面达 86%。大力实施草原退化治理，实现以草定畜、草畜平衡，草食畜社会饲养总量增至 131 万头只，肉类总产量达到 5519 吨，实现畜牧业产值 6.42 亿元以上。加快培育新型农牧业经营主体，循化县全县建成标准化规模养殖场 99 家、生态牧场 1 个和家庭牧场 76 户，专业合作社达到 813 家。“黄河彩篮”基地规模引领效益显现，15 家种养企业通过省级“菜篮子”生产基地认定，农业基础地位得到巩固。积极引导已注册的农民专业合作社依据相关法律法规尽快补软件、上硬件，加快运营准备。对已具备一定合作经营规模的农民专业合作社，鼓励引导其积极发展合作加工、合作购销，建立“专业合作社 + 企业 + 农户”模式，向产加销的实体型合作社发展。

（二）农民增收

优化农业科技服务，大力开展以新型职业农民培育工程、“雨露计划”为主的农业技术培训，组建专业技术队伍进村入户检修各类农机具，指导农户确认种植地块和种植品种，强化土壤墒情监测等，确保农业生产有序。2017 年以来，循化县全县共投入 542.26 万元实施拉面烹饪、“雨露计划”和种养业实用技术为主的技能培训 3552 人，转移农村劳动力 4.9 万人次，实现劳务收入 4.56 亿元。目前，循化籍在全国 100 多个大中城市的餐饮服务实体店达到 7500 多家，从业人员达 3.6 万人，每年劳务总收入达到 5 亿元以上，全县农牧民生产居住环境大幅改善，生活水平大幅提高。积极整合投入各类扶贫资金 6 亿多元，实现 62 个贫困村 1934 户 7950 人脱贫退出，全县农牧民人均可支配收入 9733 元，达到全省农牧民人均可支配收入的 102%，贫困发生率从 6.2% 下降到 0.09%。

① 高岳：《扎实推进现代农业建设打造现代生态农业强州》，载《海南报》，2018-03-29（A03）。

（三）农村发展

积极稳妥地推进农村集体产权制度、土地确权登记颁证等改革工作，并出台《循化县农业水价综合改革督查办法》等5项农业水价综合改革制度，并健全农业水权交易机制、农业用水精准补贴和节水奖励等相关配套机制，扎实推进农业水价改革。建立稳定的县、乡、村三级农业科技推广服务网络，形成运转高效的基层农技推广服务体系。以春季造林绿化“大会战”为契机，扎实推动天保、三北和公益林等林业工程和通道绿化、周边造林工程建设，2018年完成人工造林（乔木）250公顷，经济林建设239公顷，封山育林2000公顷，灌木造林整地1500公顷。坚持“进沟上山”原则，通过划定限养区和禁养区，依法关停、搬迁和转产禁养区畜禽养殖企业。依托青海省第2个“全光县”优势，建成5个乡镇和12个专业合作社电商服务站、62个贫困村电商服务网点，成功入围“2017年全国电子商务进农村综合示范县”，农村发展活力进一步增强。

三、发展瓶颈

2017年，中央和省委1号文件提出以深入推进农牧业供给侧结构性改革为农业农村工作的主线，这既是破解当前农业供需结构失衡的必然选择，也是提高农业综合效益和竞争力的必由之路。客观地讲，循化县当前的农牧业供给对需求变化回应不够快速，农畜产品结构性短缺与暂时性、相对性过剩并存。一方面，从“量”上讲，由于循化县“一川两山三沟”的地理特点，特色作物种植方面逐步形成以沿黄地区“一核两椒”、中上部地区全膜马铃薯和玉米、浅脑山地区油菜和饲草料为主的种植布局，导致全县粮经饲种植结构不平衡，产品品种供应结构性失衡，经济作物品种、品质和区域布局亟待优化。另一方面，从“质”上讲，表现为农畜产品供给品质失调，一般品种供给量大，而优质、专用品种少。[①] 如果这些问题长期得不到有效解决，势必会影响深加工农畜产品的供给。

四、发展思路

在今后的工作实践中，要坚定不移地把巩固和发展现代农牧业作为加快循化发展

① 高岳：《扎实推进现代农业建设打造现代生态农业强州》，载《海南报》，2018-03-29（A03）。

的基础工程来抓，把促进农牧民增产增收、推动农牧业提质增效作为供给侧结构性改革的主攻方向，继续走“扩大蔬菜、巩固核桃、做精两椒、提升养殖”的现代农牧业发展路径，加快发展特色农业、效益农业和生态农业，推动形成粮经饲统筹、农牧渔结合、种养加一体、产供销衔接和农工贸一条龙的产业体系，促进品种、品质和品牌联动，推进农业“接二连三”融合发展，着力构建和延伸质量好、效益高和可持续的产业链和价值链。①

（一）做精现代农业

进一步落实集体所有权、稳定农户承包权和放活土地经营权，完善“三权分置”办法，引导土地有序流转，建立土地增值收益合理分配机制，并充分利用好百万亩项目开发土地，守住、扩大种植面积，防止土地撂荒，提升土地产出率、综合利用率。②突出调优种植结构，全力抓好“黄河彩篮”生产示范基地建设引领示范，加快推进循化现代农业省级科技园区建设，鼓励农户和返乡人员通过订单农业、股份合作、包棚创业、代耕代种、土地托管和互换并地等方式参与建设，与原料基地建立稳固的利益联结机制和服务体系，促进校企研发合作，着力推动基地产业与高效种养业、现代物流业及生态旅游观光业等新业态有机结合，建好“菜园子”，丰富“菜篮子”，布好“菜摊子”，规范“菜贩子”，力争全县露天蔬菜种植面积达到2667公顷以上，蔬菜总量达到6.5万吨以上，实现产值1.2亿元。按照中央1号文件提出的“稳粮优经”要求，进一步增强“粮食自给、口粮安全”意识，稳定中上部地区冬春小麦、杂交油菜、全膜覆盖技术和马铃薯种植面积，确保种植业结构调整面保持在86%以上。优化沿黄乡镇“一核两椒”等经济作物区域布局，进一步巩固、扩大种植规模，提升种植水平，创出特色亮点，形成林农复合、果菜结合的种植结构，持续推进蔬菜、果品的规模化种植、标准化生产，确保全县蔬菜产量达到6.5万吨以上。不折不扣落实各项强农惠农富农政策补贴，加大农产品收储和农业保险力度，增强规避市场风险的能力，提升农民生产积极性，力争农牧业增加值达到4.5亿元以上。

（二）做亮生态畜牧业

突出园区在扩大养殖方面的示范带动作用，重点抓好沿黄养殖场的提档升级和改

① 白敏：《加快发展现代农牧业推进供给侧结构改革》，载《内蒙古统计》，2017（6）。
② 王兰英、鲁临琴：《全力推进高原特色现代生态农牧业发展》，载《青海党的生活》，2017（8）。

造工作。[①] 坚持“进沟上山”的原则，进一步优化养殖布局，鼓励农牧民发展多种形式的适度规模经营，计划新建标准化规模养殖场 10 个，提升改造 15 个，新建 50 个家庭牧场，认定市级家庭牧场 150 个，建成现代生态牧场 2 个，力争全社会牲畜饲养总量达到 131 万头只以上，肉类总产量达到 5540 吨以上。适度开发、合理发展库区水域养殖规模，推动水产养殖减量增效。同时，依托新一轮草原生态保护奖补政策，从资源节约、资源循环入手，集中连片发展种草养畜业，并严格牲畜饲养标准监管，优化饲料结构，促进“农畜联动、以草定畜、草畜平衡”，争取新建饲草料加工基地 1 个，种植饲草 1333 公顷以上。

（三）做优绿色产品

按照“从农牧民单一的种植、养殖、生态看护向生态生产生活良性循环转变”的要求和“农业的文章要结合工业去做、绿色的文章要突出价值去做”的要求，突出优质、安全和绿色导向，深入推进化肥农药“零增长”行动，加快畜禽粪便集中处理和气化利用，统筹做好定点屠宰和农畜产品检验检疫，特别是探索建立农药、兽药和饲料添加剂等投入品的追溯监管体系，推行农牧业清洁生产、绿色生产方式，提升农畜产品质量安全。大力实施品牌经营提升战略，以高原无公害、生态有机等为金字招牌，以“黄河彩篮”为地域标志，培育一批以“一核两椒”、肉蛋禽奶和水产为代表的品牌产品，并以规范认证、保护推广和强化监管、提升质量安全为抓手，扎实推进农产品标准化生产，争取认定一批农产品地理标志、绿色农产品和无公害农产品，促进生产、生活和生态有效联动。[②]

（四）做好有效供给

精心组织农畜产品企业参加“青洽会”“青食展”“高原国际农展会”等重大招商活动，大力引进、培育和发展适度规模的农畜产品精深加工主体、现代营销体系，增强龙头企业带动力、科技创新能力，积极推进传统主食商品化、规模化生产，大力发展方便食品、休闲食品、保健食品、速冻食品、粮油制品、功能饮品和调味品等，进一步拓展农牧业产业链、价值链，力促忠华核桃、振荣核桃、仙红辣椒、农丰果蔬、

① 代辛：《扎扎实实推进海西生态农牧业建设》，载《青海日报》，2017-06-19（11）。

② 张宪平：《内蒙古农畜产品加工产业集群与区域品牌互动关系研究》，呼和浩特，内蒙古财经大学，2014。

粒粒康生态科技、黄河魂粮油、华青养殖、白驼肉食品、甲秀农畜产品、达山肉业、巴里嘎嘎和公伯峡水产养殖等企业实现扩能改造、增产增效，打造优势农畜产品产业集群，不断提升农畜产品加工转化率、增值率和供给率，努力打开中高端市场，促进资源优势向产业优势、商品优势转化。

（五）做活流通体系

实施“智慧农业”行动计划，构建农畜产品保鲜、仓储、冷链物流和销售流通体系，促进信息化生产。紧紧抓住国家鼓励发展“互联网+”的大好机遇，并充分发挥循化县各族群众头脑活、善经营的优势，加快建设“电子商务+商贸流通”网络体系，鼓励农畜产品加工、经营企业和商户，借助电子商务扩展交易渠道、升级交易模式和延长市场辐射半径，开展网上零售业务，促进产销对接，着力促进循化县“名优新特”农畜产品网上销售的新格局，繁荣市场流通。

五、结语

随着社会生产力的不断提高和推进农牧业供给侧结构性改革的不断深入，以农牧业为主的循化县，在实施草原退化治理、培育新型农牧业经营主体、优化农业科技服务、开展农业技术培训和推进农村集体产权制度等措施后，实现了农业增收、农民增收和农村发展的新局面，农牧业发展有了广阔的发展前景。然而，循化县农牧业供给对需求变化回应不够快速，依然存在农畜产品结构性短缺与暂时性、相对性过剩并存，全县粮经饲种植结构不平衡，产品品种供给失衡和优质产品较少等问题，使得农业综合效益和竞争力比较弱。在深入推进农牧业供给侧结构性改革的背景下，结合循化县县域农牧业发展现状，通过调优种植结构、发展特色新业态农业、优化养殖布局、发展多种形式经营、做优绿色安全农产品、培育农畜产品深加工和利用“互联网+”、实施“智慧农业”，可以引领循化县农牧业进入发展的快车道，助力现代生态农牧业的转型升级。

（原载《农业工程》2019年第10期）

循化县现代农牧业发展现状及对策

韩君德　何海林

循化县位于青海省东部黄河谷地，是全国唯一的撒拉族自治县，地处青藏高原边缘地带，南高北低，四面环山，山谷相间，平均海拔 2300 米，河谷地区平均海拔 1850 米，年平均气温 9℃以上，夏无酷暑，冬无严寒，总人口 16.16 万人，总面积为 2100 平方千米，全县总耕地面积 12139.4 公顷，主要以种植小麦、线辣椒、马铃薯、油菜和养殖畜禽为主。

一、农牧业发展现状

（一）种植业发展现状

2020 年，循化县各类农作物种植面积达到 14674 公顷，其中小麦 4669 公顷（冬小麦 2668 公顷，春小麦 2001 公顷）、马铃薯 3401.7 公顷、玉米 667 公顷、青稞 200.1 公顷、豌豆 66.7 公顷、蚕豆 667 公顷、油料作物 2868.1 公顷、蔬菜 2134.4 公顷；以线辣椒为主的特色作物种植面积达 12606.3 公顷，占播种面积的 85.9%；现有农业生产设施温棚 890 栋 59.3 公顷，其中冬暖型设施温棚 102 栋，普通型温棚 119 栋，节地型设施温棚 618 栋；规模以上种植基地 147 个，种植饲草 1600.8 公顷以上。

（二）养殖业发展现状

全县标准化规模养殖场（小区）达到 120 个，其中部省级认定的标准化畜禽养殖场 58 个，白庄养殖园区入驻企业 18 家（年养殖量达 15 万头），333.5 公顷以上生态牧场 1 个、家庭农牧场 330 个，年草食畜饲养总量达 132 万头（只）（含贩运育肥），牲畜出栏率增长 41.29%，肉类总产量达到 6350 吨，奶类总产量为 10180 吨，禽蛋产量为 847 吨，水产品产量达到 150 吨；现有水产养殖企业 6 家，网箱面积 28776 平方米，存栏冷水鱼 63 万尾。

（三）农村社会基本现状

一是土地确权基本完成。全县 9 个乡镇 154 个行政村 671 个村民小组，涉及确权 8 个乡镇 151 个行政村 2.2 万户，1.22×10^4 公顷；颁发土地确权证书 21094 户，占全县的 96%。二是清产核资工作全面完成。在全县 9 个乡（镇）154 个村，建立了 2017、2018 年财务账，做到了账证相符、账实相符；此次共核实村集体资产总额 24303.82 万元，其中经营性资产 8974.35 万元、非经营性资产 15329.47 万元，共核实集体土地总面积 80593.61 公顷，其中农用地为 70988.81 公顷、未利用地 5936.3 公顷、四荒地 2427.88 公顷。三是村级股份制改革有序推进。农村集体资产股份合作制改革，截至目前，全县 154 个行政村已组成股份经济合作社 153 家；完善了土地确权工作的各项制度，建立电子化档案及管理工作，做好土地纠纷化解及承包土地常态化管理，积极探索土地“三权分置”形式，有效实现土地向新型农业经营主体流转、集中。

（四）产业化发展现状

近年来，通过政策引导、产业扶持，省市级以上农牧业产业化重点龙头企业已发展到 29 家（其中国家级 1 家、省级 9 家、市级 19 家）。循化县产业化龙头企业发展势头强劲，产业规模稳步扩大，企业管理逐步规范提高、利益连接机制多样化日趋精密化、辐射带动能力显著增强。到 2019 年底，龙头企业资产总额达到 97524 万元，实现销售收入 62214 万元；带动农户达到 19287 户，主导产品产销率达 75%—98%；主营产品的原料主要有牛羊肉、核桃、花椒、蔬菜、蛋鸡等，主营产品主要有牦牛肉、牛羊肉、精选核桃及其深加工产品、鸡蛋、豆干、火锅底料等。先后有循化仙红辣椒产业化联合体、循化县众惠肉牛产业化联合体获得省级八部门联合认定，全县 6 个水产养殖企业加入全省渔业产业联盟。产业化联合体发展势头迅猛，带动新型经营主体发展产业效益凸显。

二、农牧业发展存在的问题

（一）农牧业基础设施薄弱

循化县耕地 60% 为浅山耕地，受干旱、霜冻、冰雹、雪灾等自然灾害影响较大，设施农牧业比重小、标准低，高效节水灌溉覆盖率和渠系水利用率还比较低，基本农田改造比例不高，水利设施特别是末级渠系配套不完善，农产品商贸服务信息化水平不高，农业发展的资源性约束依然较大。

（二）产业化经营水平低

特色农牧业发展仍然处于传统养殖模式和初加工阶段，产业规模小，集约化程度低，品牌优势不突出。龙头企业加工设计能力不足，加工转化程度低、增值链条短，龙头企业带动能力不强。

（三）服务体系不健全

农牧业现代化高效经营能力较弱，靠天种田、靠天养畜仍占有一定比例；基础设施因资金缺乏，难以及时维修更新，长期处于带病运行。基层农牧业专业技术服务和推广人员严重缺乏，难以保障技术指导和服务的需要。

三、农牧业发展对策

解决循化县农牧业发展中存在的问题要坚持集约化、有机化、品牌化方向，坚定不移贯彻新发展理念，遵循乡村发展规律，发展多种形式的农牧业适度规模经营，优化产业结构，改善技术装备条件，走出一条农业与牧业循环、规模经营与品牌效益兼得、一二三产业融合发展的高原特色现代生态农牧业发展之路。

（一）调结构，抓特色，大力转变生产方式

1. 调整优化区域布局和产业结构

根据产业功能区定位，统筹考虑区域优势与资源环境承载能力，[①] 构建特色种养高

① 马乾坤：《青海农牧业发展现状和特色发展战略》，载《青海草业》，2013（3—4）。

效示范区、生态有机畜牧业保护发展区以及沿黄冷水网箱养殖适度开发的格局。充分发挥区域比较优势，大力发展油菜、马铃薯、蚕豆、果蔬、中药材、牦牛、藏羊、乳制品、冷水鱼、饲草十大特色产业；坚持“稳粮、优经、扩饲”三元统筹发展思路，持续巩固扩大特色优势作物种植面积，科学划定粮食生产功能区和重要农产品生产保护区，全面加强农畜产品质量安全监管，完善农产品质量安全监管体系，解决好粮食安全，保住城乡居民菜篮子，发展绿色可持续的现代农业。

2. 推进设施农牧业提质增效

加强设施农业温棚基地建设，改造升级现有生产基地，改善设施基地水电路及保温、冷藏保鲜、分拣加工等配套设施条件，不断提升蔬菜供给水平。

3. 大力发展种养结合循环农牧业

充分利用农牧结合优势，因地制宜推广种养结合、草畜联动循环发展模式，大力发展饲草料产业，实施畜牧业发展战略；坚持畜牧业“上山进沟”发展思路，大力发展现代生态畜牧业，[①] 落实政策补偿和产业引导措施，扶持生态牧场、农牧民专业合作社和加工龙头企业，加快产销一体化建设，扩大有机畜产品生产加工能力，建立有机产品追溯平台，以有机畜产品为重点，开展特色品牌塑造培育、推介营销和社会宣传，着力打造一批有影响力的农牧业品牌。

（二）扩规模，创机制，加快转变经营方式

1. 积极发展多种形式的适度规模经营

加快农村土地承包经营权确权登记颁证工作，规范土地流转机制，引导农牧户依法采取转包、出租、互换、转让、入股等多种方式流转承包土地经营权。健全完善县、乡土地流转平台，积极推广合作式、托管式、订单式服务，构建综合性、规模化、可持续的为农服务体系。

2. 培育壮大新型经营主体

采取资金补助、项目扶持、金融支持、技术培训等方式，进一步加大农牧业龙头企业、农牧民专业合作社、家庭农牧场、种养殖大户等新型经营主体培育力度；引导新型经营主体以产业链为纽带积极开展联合与合作；鼓励和引导大中专毕业生、大学生村官、基层农技人员领办创办农牧民专业合作社；推进农机服务体系建设，提升农业机械化水平。

① 赵海军：《循化县推进现代畜牧业发展的思考》，载《草业与畜牧》，2011（7）。

3. 大力发展现代农业产业园

按照产出高效、产品安全、资源节约、环境友好的发展要求，强化改革创新、科技驱动、资源整合和政策支持，在继续扶持“黄河彩篮”农业产业园、农业园区和白庄养殖园区提升改造的基础上，打造牛羊养殖和饲草种植为特色的养殖产业园，发展先进、创新活跃的现代农业示范园区典型模板，引导和带动周边现代农牧业发展新步伐。

（三）强基础，促服务，推进一二三产业融合发展

1. 切实提高耕地质量

落实占补平衡政策，完善耕地保护补偿机制，实施耕地质量保护与提升行动，积极开展退化耕地综合治理、污染耕地阻控修复、土壤肥力保护提升、耕地质量监测等建设；加快建设高标准农田，推广节水灌溉技术，实施深松整地、施用农家肥、秸秆还田和绿肥翻埋还田，推广保护性耕作，扩大测土配方施肥，改善农业生产条件。

2. 大力发展休闲农牧业

依托大美青海品牌和旅游强省建设，大力发展休闲农牧业和乡村旅游示范点建设，适度放宽乡村休闲和观光设施农牧业建设主体用地的审批条件，加快大农牧业产业园的申报力度、稳定扩大撒拉人家休闲农庄的建设扶持力度。

（四）强科技，提素质，全方位推进农牧业社会化服务

1. 推动科技创新和新技术推广

加强农牧业科技创新能力建设，探索农牧业科研机构、大中专院校与新型经营主体合作的有效途径，完善农牧业科研、成果转化、科技创新三级平台，建立健全农技推广新机制，促进现代科技与产业发展有机融合，提高服务效率。①

2. 全力推进农牧业社会化服务

加强和完善现有农牧业技术服务体系，健全乡村农技推广员、动物防疫员及信息服务员等为一体的村级综合服务站点，加快培育农牧业专业服务公司、农牧民专业合作社、专业服务队等经营性服务组织。探索政府购买公益性服务，促进公益性服务与市场性服务优势互补、配套，为各类经营主体提供多种形式的系列化服务。

① 李靖、肖运来、常瑞甫、黄蓓：《青海省农牧业发展现状和特色及战略研究》，载《现代农业研究》，2011（1）。

3. 开展“互联网 + 现代农牧业”行动

强化省、市、县、乡、村五级经济社会发展基础数据分类搜集、共享，推进生产要素、资源与环境监测、农产品供给需求等农牧业大数据建设与应用，促进智慧农牧、掌上农牧，创新农牧业营销服务，大力发展农村电子商务平台；推进设施农业、畜禽水产规模养殖、农畜产品质量安全追溯等领域的物联网示范应用，提高智能化和精准化水平。

4. 加快培育新型职业农牧民

建立教育培训、认定管理和政策扶持“三位一体”的新型职业农牧民培育制度。依托“三区”人才支持计划、科技人员专项计划和基层农技推广体系建设，实施新型职业农牧民培育工程，加强农牧业实用人才培训，实施农牧区实用人才培养计划，加快推进农牧区推进科技特派员机制，加快科技进村入户；启动现代青年农场主培养计划，鼓励进城务工人员、大中专毕业生、退伍军人返乡创业；加强对专业大户、家庭农牧场、农牧民专业合作社带头人和农牧业企业经营管理人员的培训，为现代农牧业建设提供人才支撑。

（五）保生态，可持续，推进农牧区环境长效治理

积极推进“一控两减三基本”行动，提高农业用水效率，推广旱作节水工程，落实最严格的水资源管理制度；实施化肥和农药减量增效行动，扩大测土配方施肥范围，推广绿色防控、水肥一体化技术和新型有机肥料使用技术；使用低毒低残留农药，开展农业面源污染综合治理；推进农业废弃物资源化利用示范工程；推广畜禽规模养殖场粪污综合利用、有机肥加工一体化发展模式；建立病死畜禽无害化处理长效机制；完善农业防灾减灾体系，提高抵御灾害能力；提升水生生物资源养护和修复能力，积极推进渔业绿色发展。

（原载《青海农林科技》2021 年第 1 期）

循化县推进现代畜牧业发展的思考①

赵海军

畜牧业是现代农业产业体系的重要组成部分，积极发展现代畜牧业，是促进县域农业结构优化升级、增加农民收入的重大举措，也是实现初级农产品加工增值的重要手段。“十一五”以来，循化县畜牧业综合生产能力显著提高，肉、蛋、奶等主要畜产品产量大幅增长，畜牧业已成为循化县农村经济的支柱产业和农民收入的重要来源。但循化县畜牧业在发展过程中，也存在生产组织方式滞后、产业结构和布局不合理、配套设施不完善、区域特色不明显、自身发展与生态环境保护的矛盾突出、市场竞争力不强等问题。

为全面贯彻落实党的十七届五中全会和省委十一届九中全会以及地委、县委扩大会议精神，深入贯彻落实科学发展观，以调整结构、转变畜牧业发展方式为主线，以把握“四个坚持”、推动“四个发展”为途径，按照“调优结构、突出特色、做大总量、改善民生、富民强县”的总体要求，突出抓好特色现代畜牧业，进一步落实省委提出的“四区两带一线”发展规划，进一步提升河湟地区特色畜牧业“百里长廊”建设质量和水平，进一步落实“一镇、十村、百户、千人”工程，全力打造“全省农区畜牧业示范县”和“全省牛羊育肥强县”，推动县域经济社会更好更快发展，结合循化县实际，现提出如下建议。

一、指导思想、基本原则和发展目标

（一）指导思想

坚持以科学发展观为指导、以“四个发展”为途径、以绿色循环可持续发展为主

① 本文相关数据来源于青海省循化县畜牧局统计资料。

题、以持续快速增加农牧民收入为核心、以畜牧业基础设施建设和畜牧业产业化经营为支撑，加快畜牧业发展方式转变，大力发展健康养殖，强力建设自繁自育、贩运育肥、特种养殖、生猪繁育和水产养殖五大畜牧产业带，加快建立草畜平衡保障、品种繁育改良、畜牧产业化经营、疫病综合防治、科技支撑服务和畜产品质量安全六大支撑体系，提高畜牧业综合生产能力，保障畜产品供给和质量安全，促进畜牧业数量、质量和效益的同步增长。

（二）基本原则

坚持市场导向，充分发挥市场机制在配置资源中的基础性作用，合理配置资源，优化区域布局，构建优势产业带；坚持依靠科技，鼓励科技创新，推广先进适用技术，加快科技成果转化，促进产业升级，提升畜牧业竞争力；坚持环境保护，推行清洁生产，强化草原资源生态保护，发展生态畜牧业，遵循循环经济运行规律，实现可持续发展；集中力量扶持培植一批辐射面广、带动力强的畜牧业龙头企业，形成结构合理、功能齐全、布局科学、竞争力强的畜牧业龙头企业群体，带动畜牧业生产、加工和营销上规模、上水平，同时培育一批畜牧业合作经济组织、畜牧业经纪人等中介组织和各种类型的专业大户，重视和发挥专业合作社的协调组织管理职能，提高畜牧业生产经营的产业化水平和市场抗风险能力。坚持政府扶持，鼓励多元投入，积极引导社会资本投入畜牧业生产，建立多元化投入机制。

（三）发展目标

畜牧业生产结构进一步优化，自主创新能力进一步提高，科技实力和综合生产能力进一步增强，畜牧业生产实现向技术集约型、资源高效利用型、环境友好型转变，全力打造“全省农区畜牧业示范县”和“全省牛羊育肥强县”。到 2011 年，全县牲畜饲养总量达到 105.14 万头（只），草食畜年末存栏数达到 29.22 万头（只）；牲畜总增率、商品率和出栏率分别达到 40.77%、39.34% 和 46.37%；肉类总产量达到 6200 吨；畜牧业总产值达到 1.82 亿元，占农业总产值的 45% 以上，畜牧业人均收入 1400 元，占农牧业人均纯收入的 39% 以上。力争到 2015 年，全县牲畜饲养总量达到 118.33 万头（只）以上；牲畜总增率、商品率和出栏率分别达到 41.1%、40.94% 和 48.25% 以上；肉类总产量达到 6967.24 吨以上；畜牧业总产值达到 2.06 亿元，占农业总产值的 48% 以上，畜牧业人均收入 1515 元，占农牧业人均纯收入的 43% 以上。

二、推进循化畜牧业发展的对策

（一）优化产业布局，建设优势产业区和特色产业带

1. 加快优化畜牧业区域布局。根据区域资源承载能力，明确区域功能定位，充分发挥区域资源优势，加快产业带建设，形成各具特色的优势畜产品产区，稳步推进以牛羊育肥、自繁自育和农区设施畜牧业为主，水产、特色养殖为补的“一河、两区、一点”的工作思路。“一河”就是充分利用得天独厚的黄河流域和几座水库形成的小区面积，发展鱼鸭立体养殖，积极培育水产特色产业。“两区”，一是以街子农业园区为核心，辐射查汗都斯、积石镇、文都、清水等乡镇发展贩运育肥，加工、冷藏、屠宰、水禽生产为一体的产业；二是在白庄镇科哇建成一处占地 53.33 公顷，总投资 11894 万元的牛羊养殖园区，把白庄镇打造成全县的养殖示范镇，辐射道帏、清水等发展肉牛羊养殖、屠宰、饲料加工为一体的特色产业。“一点”就是以岗察乡为重点，辐射尕楞、文都、道帏、白庄等乡镇，发展肉羊、牦牛、犏雌牛、绒山羊产业；加大舍饲圈养和小区建设力度，逐步实现自繁自育、山繁川育工程。

2. 坚持发挥“生态、绿色、无污染”养殖的优势，充分利用丰富的作物秸秆和劳动力资源，扩大青贮玉米、饲料玉米和苜蓿等优质饲草料的种植面积，大力发展绿色养殖、特色养殖。

3. 突出“健康、高效、环保”养殖的发展理念，依托乳、肉等畜产品加工企业，发挥交通便利和基础设施完备的优势，加强奶站、养殖小区等基础设施建设，积极发展城乡畜牧业。

4. 按照“增饲强畜”的发展理念，充分发挥耕地资源广阔的优势，稳定牧草面积，适度扩大饲草种植面积，加快饲草料基地建设，实行以农养牧、以牧促农、农牧结合，实现种植业优势向畜牧业优势、经济效益优势转变。

5. 加大特色产业带建设力度。按照“突出发展自繁自育，重点发展牛羊贩运育肥，稳定生猪、家禽，加快发展特色养殖”的原则，逐步调整优化畜牧业内部结构，促进畜牧业健康发展。自繁自育产业带：以岗察、尕楞、文都乡为重点，大力发展肉牛羊自繁自育，建设具有相当规模的自繁自育基地，到 2015 年，使全县草食畜存栏达到 32.89 万头（只）以上；牛羊贩运育肥产业带：以街子、白庄镇和清水乡为重点，发

展本地牦牛、西门塔尔肉牛、本地藏系羊等牛羊品种，建设牛羊贩运育肥产业带，通过3—5年的努力，使全县牛羊肉产量达到6967.24吨以上；生猪养殖产业带：以道帏、清水乡和积石镇为重点，打造生猪养殖产业带，通过3—5年的努力，新建百头以上的生猪养殖基地4个，全县生猪年出栏达到2000头；禽蛋生产产业带：以积石、街子镇为重点，坚持以“绿色、无公害”为发展原则，打造禽蛋生产产业带，通过3—5年的努力，使全县禽类养殖累计饲养量达到15万只以上，禽蛋产量达到2625吨以上；特色水产养殖产业带：以积石、街子镇和查汗都斯乡为重点，大力发展水产养殖业，通过3—5年的努力，建成水产基地10个、鱼苗繁育基地1处，发展水禽立体养殖，增加黄河水域生态旅游新亮点。通过强化畜牧产业带建设，使全县形成特色突出、结构合理、统筹协调的现代农区畜牧业发展格局。

（二）扩大生产规模，促进畜牧业增长方式转变

1. 加快标准化养殖小区建设。加快农区畜牧业建设步伐，转变牲畜饲养方式，加大舍饲圈养力度，使牧区裁减的牲畜总量转到农区。积极争取标准化肉牛羊基地建设项目、设施农牧业补助资金等，加大对标准化养殖小区棚圈、防疫、饲草料加工等设施建设的支持力度，对每个新建的标准化养殖小区一次性补助5万元。制定畜禽养殖小区建设和管理规范，开展标准化养殖小区建设试点和示范，实行统一生产经营、统一生产标准、统一开拓市场、统一开发品牌，加强和完善畜牧业基础设施建设。2011年，在全县新建规模化养殖小区20个，并严格按照申报程序，积极推荐规模养殖取得省级认定，加快养殖场发展步伐。到“十二五”末，在全县新建100个养殖小区，使农区60%以上的牲畜家禽进入小区养殖，逐步实现人畜分离。结合国家大中型沼气建设项目，在全县建设5个养殖小区沼气站、2个有机复合肥加工厂，逐步解决养殖区畜粪污染问题，促进农村村容整洁。

2. 推进养殖示范园区建设，强化示范作用。认真落实好“一镇、十村、百户、千人”工程，加快“两区”发展速度，示范带动全县畜牧业发展。加快白庄镇科哇片塔城养殖园区建设步伐，努力把白庄镇打造成全县养殖示范镇；在全县培育以道帏乡张沙村、白庄镇科哇片和民主村、清水乡专堂村、积石镇大别列村、街子镇孟达山村、查汗都斯乡苏只村、文都乡日忙村、尕楞乡宗占村、岗察乡岗察村为主的、有一定养殖基础的10个村，建设成养殖业“一村一品”专业示范村，县财政每年拿出50万元的补助资金，扶持2—3个专业村；对全县100个规模养殖户予以重点扶持，解决养殖

业贴息贷款1000万元；在全县培养1000名牛羊自繁自育、贩运育肥带头人，从饲养管理、疫病防治、饲草料加工等方面提供技术服务和培训。

3.壮大龙头企业，着力提升加工转化增值能力。把雪驰、化青、白驼、甲秀、恒祥等牛羊鸡及牛羊肉加工基地作为产业化龙头予以重点扶持，力争雪驰牛羊定点屠宰场建设、白驼良种繁育基地及肉制品冷库建设、化青年养殖20万只肉鸡及深加工生产线、甲秀年产4000吨清真牛羊肉生产线等项目建成投产，形成新的产能。一是做大做强加工型龙头企业。提高加工型龙头企业产品的附加值，搞认证、创品牌，提升市场竞争力，在“走出去”战略上求突破。二是培育壮大流通龙头。引导和组织一批具有一定实力的畜禽收购运销组织，组建功能更强、规范有序的流通网络公司。以白庄镇养殖业园区为中心，积极协调，修建白庄定点屠宰场和积石镇活畜交易市场，形成具有本地特色的畜产品交易集散中心，拓宽销售渠道，搞活畜产品流通。三是在政策和资金上给予扶持。引领企业积极申报项目，以争取国家投资和个人投资相结合的方式，做大做强企业规模；为企业创造宽松环境，认定省级农业产业化龙头企业，争取国家专项资金的扶持；充分利用融资平台，给企业在信贷资金方面予以更大支持。

4.加快推进畜牧业标准化进程。大力倡导健康养殖、生态养殖理念，加大规划设计与技术指导力度，推进标准化、规模化养殖小区建设，配套养殖小区沼气池、有机肥加工等设施，使养殖小区达到“四通五有”，即通路、通水、通电、通信，有围墙、消毒室、化粪池、治污排污设施、绿化用地，建设资源节约型和环境友好型畜牧业。

5.加大畜牧业先进科技推广应用。紧紧围绕现代畜牧业发展的要求，依托农业科技项目，加大畜牧业新型科技推广力度。重点普及良种繁育、暖棚养殖、快速育肥、牧草栽培、秸秆氨化、青贮等技术，提高畜牧业产出率和畜产品品质；同时，积极引导农牧民改变传统饲养方式，大力发展舍饲圈养，集约经营；利用农牧民科技培训项目，加大科技培训力度，培养养殖能手，发展示范村，建设示范乡镇，逐步做到乡有示范村、村有示范社户、户有科技明白人，做到先进适用科学技术进村入户；加大农牧区畜牧实用人才培养力度，着力解决现代畜牧业发展的瓶颈问题。

（三）加强品种改良，健全和完善畜禽良繁体系

1.加强优良品种供应能力建设。坚持以人工授精和自繁自育为主，以外购良种为辅，加快推进畜禽品种改良，大力发展西门塔尔肉牛、柴达木山羊、谷地性藏羊、杜洛克瘦肉型猪等优良品种，促进畜种畜群结构合理化和牲畜品种优良化。加大财政投

入，县财政每年投入50万元以上的良种改良资金，加快畜禽改良步伐。争取年内引进柴达木山羊种公羊50只，加大专堂、宗占两个绒山羊基地的畜种改良工作；引进西门塔尔肉牛冻精2000支，改良牛600头；引进杜洛克瘦肉型种猪40头，改良猪1000头。通过3—5年的努力，在全县建成畜禽改良点6个，个体本交改良点300个。

2. 完善品种改良技术服务体系。以乡镇兽医站改革为重点，稳步推进畜牧兽医经营性服务与公益性职能分离，规范村级防疫员聘用、考核和档案管理，落实村级防疫员1600元财政补助政策，通过加强培训教育，把村级防疫员培养成集防疫、疫情信息、品种改良、技术推广等多种职能为一体的基层畜牧业技术服务主体。加快实施畜禽改良体系建设，配齐配足县、乡、村品种改良技术服务体系的技术服务设备。到2015年底，全县品种改良服务设施更加完善，牲畜良种率显著提高。

（四）加快牧民定居步伐，提高牧民养殖水平

1. 扎实推进游牧民定居工程。大力实施岗察游牧民定居工程建设，进一步完善游牧民定居点的基础设施建设，按照“定居先定畜、定畜先定草、定草先定地、定地先定水”的原则，尊重牧民意愿，采取异地搬迁、集中定居和就地定居等措施，逐步实现“三通、四有、五配套”的定居要求，使牧民定得下、留得住、能发展、早致富。坚持把游牧民定居与社会主义新农村建设、农村城镇化建设有机地结合起来，加快定居步伐。力争在2011年完成150栋牧民定居点任务，使牧区生产方式由“逐水草而居、四季放牧”向“舍饲圈养、小区养殖”的生产模式转变，提高畜牧业的经济效益。2011年，县财政安排450万元，专门用于300户牧民定居工程补助，其中对新建住房每户补助1万元，对新建的畜用暖棚每栋补助5000元。

2. 加快牧区劳动力转移。积极开展阳光培训工程，进一步扩大劳动力实用技术和劳务技能培训规模，加快牧区劳动力转移。协调就业、农业等部门，大规模、大范围、多层次地对牧民进行现代畜牧业和劳动技能培训，帮助牧民提高畜牧业生产水平，开辟新的就业门路；鼓励牧民大力发展民族手工业、民俗旅游业、运输业等二、三产业，促进牧民向现代农民转变、向个体经营者转变，牧民人口逐步向城镇化转移。

（五）推进畜牧业产业化进程，提高养殖效益

1. 加快推进畜产品基地建设。按照“区域化布局、专业化生产、产业化经营”的总体发展思路，根据资源优势和市场需求等因素，调整农业内部结构，提高畜牧业综

合生产能力，使种植业和畜牧业相互促进、协调发展。深入落实“一镇、十村、百户、千人”工程，继续实施“一村一品、一乡一业”，培育壮大一批养殖专业户、专业村、专业乡镇、专业小区（场）、专业合作社，强力建设自繁自育、牛羊贩运育肥、特色养殖生产等六大畜牧养殖产业带。加大招商引资力度，引进肉食品及饲料加工企业参与循化县畜牧业生产和经营；依托白驼、甲秀、雪驰、化青等肉制品加工企业，加快建设畜产品生产基地，积极发展订单式畜牧业，进一步密切企业与养殖小区、养殖户之间的利益联结机制，增强带动农民增收的能力。到“十二五”末，使全县畜产品加工龙头企业数量达到 6 家，其中省级龙头企业 5 家，形成年加工肉制品 7800 吨的生产规模，年实现畜牧业加工产值 2.73 亿元以上，畜产品加工转化率达到 40% 以上。

2. 着力发展农村经济合作组织。引导发展农村专业合作经济组织，鼓励和扶持畜牧企业、养殖大户、营销大户牵头成立养殖专业合作社，走“公司 + 合作社 + 农户”“合作社 + 基地 + 农户”等运作模式，切实使养殖合作经济组织成为上连政府、中连企业、下连农户的桥梁和配置资源、组织生产、开拓市场的主体，引导千家万户小生产增强适应千变万化大市场的能力，实现和维护好养殖户的根本利益。争取省地扶持资金、配套县级财政资金，扶持现有养殖专业合作社等合作经济组织发展壮大，帮助养殖户开拓市场，提高养殖户生产技术水平。通过 3—5 年的努力，争取将全县 80% 的养殖户纳入养殖业专业合作组织。

（六）发展饲草产业，加强饲草料保障体系建设

1. 构建饲草料生产基地。结合退耕还林、退耕还草工程，草原补偿机制工作，围绕畜牧业发展调整种植业结构，大力推广套种、复播种植，做好饲草料种植的技术服务工作，推行粮食作物、经济作物、饲料作物三元种植结构，降低畜牧业生产成本，提高农区畜牧业饲草料保障能力；养殖大户带动，与农户形成订单式种植，增加农户收入；争取省级每 667 平方米复播种植牧草补助 50 元的补助资金，鼓励农户扩大草料复种面积，积极开展优质饲草料种植和“舍饲圈养”示范活动，深入推进高标准人工饲草料地建设，发展饲料玉米、紫花苜蓿等优质饲草料生产，增强优质草种供应能力。2011 年，全县新增饲草料地 5333 公顷；到 2015 年末，使全县饲草料基地达到 1.33 万公顷。

2. 加强农作物秸秆综合利用。坚持“以农带牧、以牧促农、农牧结合、多元增收”的方针，继续推广普及青贮、微贮等农作物秸秆加工调制技术，加大农作物秸秆等非

粮饲料资源的开发利用力度。结合畜牧业粉碎机械的普及应用，持之以恒地发展“长草短喂、短草槽喂”，提高农作物秸秆的综合利用率。通过3—5年的努力，使全县农作物秸秆加工利用率达到75%以上，青（黄）贮利用数量达到25万吨。

（七）加强疫情检测，提高畜产品安全水平

1. 强化动物疫情监测，提高动物卫生监督水平。加强县级动物疫情测报工作，强化动物疫情监测体系，完善动物疫病预防控制中心、乡镇畜牧兽医站和村级报检点建设。加快县级动物防疫物资储备库建设，完善防疫物资保障体系。县财政每年安排30万元疫病防疫专项资金和10万元疫病检测设施补助资金，加大疫情监测、疫病防控和物资保障体系建设，防疫密度达100%，达到国家规定标准，进而实现全方位控制和区域性消灭高致病性禽流感、口蹄疫等重大动物疫病的目标。进一步加强县、乡两级动物卫生监督机构建设，不断完善动物卫生监督执法体系，加强对牲畜交易市场和定点屠宰场的动物疫病监督，建设动物无害化处理场。2011年，全县病害畜及畜产品无害化处理率达到100%，全县出栏畜禽产地检疫率达到100%，屠宰畜禽出证率达到100%。到2015年末，力争在积石、白庄镇建成2座规范、达标的牲畜定点屠宰场或牛羊肉交易市场。

2. 强化兽药饲料监督执法，打击违法行为。完善兽药、饲料、添加剂和畜产品质量安全监测体系建设，加大对饲料加工企业、养殖场、养殖大户和生鲜乳收购站的监督管理和技术指导，严厉打击在饲料中添加违禁药物和添加剂、在牛奶中掺水、添加“三聚氰胺”等违禁药品以及其他违法行为，确保畜产品安全。

（八）加强组织领导，进一步完善扶持畜牧业发展的政策措施

1. 加强农区畜牧业发展的组织领导。各乡镇、涉农各部门要切实统一思想、提高认识、厘清思路，认真研究制定农区畜牧业发展规划，从工作部署、组织保障、政策措施上全力推进。落实目标管理责任制，由县上主管领导亲自抓，分管部门要明确目标、细化责任。对养殖场区、专业合作社、龙头企业严格执行考核督查机制，对带动作用明显及对发展现代畜牧业贡献较大的单位和个人每年度进行表彰奖励，在全县营造大力发展畜牧业的良好氛围。

2. 争取农区畜牧业发展的项目扶持。积极争取和安排畜牧业基础设施建设项目，尽快实施草原生态建设、退牧还草、肉牛肉羊规模化养殖畜牧业大项目。要把农业综合开发、扶贫开发等涉及畜牧业的项目资金捆绑使用，优先向牧民定居、秸秆养畜示

范、农牧民培训、品种改良以及标准化养殖小区等项目倾斜。对实施的国家、省、地畜牧业发展项目，要积极筹措配套资金，确保畜牧业项目顺利实施。

3. 加大农区畜牧业发展的财政支持。进一步调整优化财政支出结构，加大对畜牧业的支持力度，不断增加财政支牧资金投入，保证畜牧业发展专项经费每年增加10%以上。科技兴农资金、扶贫资金、农业综合开发、新农村建设、农村劳动力转移培训等专项资金和项目资金要向畜牧业倾斜。2011年，县财政专门安排农区畜牧业发展补贴资金，主要用于游牧民定居、疫病防治、疫病检测、畜种改良等新技术推广应用。今后每年安排100万元畜牧业发展基金，用于乡镇、村以及养殖大户发展畜牧业投资补贴、畜牧业贷款贴息等。

4. 加大农区畜牧业的金融、保险支持。运用财政贴息等方式，利用融资平台引导和鼓励各类金融机构增加对畜牧业的投入，鼓励社会资本参与现代畜牧业建设，建立多元化的融资渠道。农业银行和农村信用社要适应新形势发展的需要，借助县融资平台继续加大对畜牧业的支持力度，采取有效措施，大力调整信贷结构，对农牧民开通信贷“绿色通道”，合理确定贷款期限，提高信贷服务水平。2011年，全县畜牧业贷款力争达到5000万元以上，以后畜牧业贷款额度确保每年较上年增加30%以上。要积极创新畜牧业保险品种，提高畜牧业保险覆盖面，拓展畜牧业政策性保险实施范围。针对不同畜种、不同规模，确立畜牧业政策性保险方案并认真组织实施，增强畜牧业抵御市场风险、疫病风险和自然灾害的能力。

5. 强化部门协调配合。宣传、广电部门要把宣传畜牧业发展作为一项重要任务，充分利用各种宣传媒介，大力宣传现代畜牧业的好典型、好经验，形成浓厚的舆论氛围，帮助广大干部群众解放思想、转变观念，增强发展现代畜牧业的积极性、主动性；畜牧部门要具体协调落实有关畜牧业发展的政策措施，充分发挥规划指导、管理监督、协调服务的职能作用；发改部门每年要从较少民族扶持项目资金中安排养殖业专项资金，扶持3—5个养殖小区；经贸部门要积极争取项目资金，在1—2年内建成白庄定点屠宰场和积石镇活畜交易市场，规范定点屠宰和活畜交易秩序；扶贫部门要结合中德财政项目，抓紧落实项目实施区的养殖业项目；交通部门要把养殖场（小区）道路硬化列为建设规划，争取每年完成10—15个养殖场（小区）的道路硬化和岗察游牧民定居工程的道路硬化工作；水利和电力部门按照规划要求，完成岗察游牧民定居工程水、电配套工程；林业部门要加大养殖园区的绿化率；金融部门要重点加大养殖业贷款的信贷工作力度。各相关部门和行业单位要从自身职能出发，各负其责，相互配合，主动为现代畜牧业发展创造条件、搞好服务，形成发展畜牧业的强大合力，推动全县现代畜牧业发展实现新的跨越。

6. 健全畜牧兽医体制，增强畜牧业技术支撑能力。尽快完成畜牧兽医体制改革，逐步形成完善的畜牧行政管理、行政执法和技术支撑三大体系，增加畜牧工作经费，充实人员编制，确保现代畜牧业健康、快速发展和动物产品质量安全。特别要稳定乡镇畜牧兽医站技术推广机构，健全管理机制，每年补充畜牧兽医专业技术人员 5—7 人，从应届专业大学生中招聘 3—5 人，彻底改变畜牧系统专业技术人员脱节的实际问题；保障工作经费，配备设施设备，提高基层服务能力，为现代畜牧业的健康发展奠定基础。

（原载《草业与畜牧》2011 年第 7 期）

循化县现代渔业发展现状分析及对策

何海林

循化县因特殊的地理环境和水域资源，发展淡水渔业潜力巨大，[①]然而由于环保政策、经济社会发展不平衡、农牧业发展水平低、缺少专业技术人员等原因，制约了其现代渔业的发展、开展循化县现代渔业现状分析及对策研究，对于改善和强化黄河流域生态保障功能，促进循化县黄河流域淡水渔业绿色循环发展，促进农牧民增收具有重大的意义。

一、循化县现代渔业发展现状

1. 循化县是全国唯一的撒拉族自治县，总人口 16.16 万人，总面积为 2100 平方千米，平均海拔 2300 米，是全国 22 个人口较少的民族地区之一。黄河横穿县境 92 千米，流量大于 0.5 秒立方米以上的干支流 5 条，小于 0.5 大于 0.15 秒立方米的小河 15 条，积水面积 31523.5 平方千米，多年平均径流量 10.5653 × 108 立方米。循化县渔业生产主要依托黄河上游公伯峡、苏只、黄丰、积石峡 4 座梯级发电站，水域面积（公伯峡 25.346 平方千米、苏只 6.67 平方千米、黄丰 9.338 平方千米、积石峡 18.676 平方千米），其中国家批准养殖水域面积 1.5023 平方千米。[②]

2. 2018 年 7 月 18 日，循化县突降大暴雨，部分地区冰雹特大暴雨，大暴雨时间持续达 20 分钟左右，受持续高强度暴风雨影响，循化县大部分地区农作物遭受不同程度的灾害。据统计，水产业受灾冷水鱼网箱损毁 69 个（6 米 ×6 米网箱 60 个，圆形

① 王立新、周继术、苏建国：《略论西北地区渔业发展现状及对策》，载《青海畜牧兽医杂志》，2004（5）。

② 崔洪军、韩玉梅：《循化县水产养殖现状及今后发展思路》，载《青海畜牧兽医杂志》，2015（5）。

网箱 9 个），成品鱼 22.9 万尾、鱼苗 25 万尾，直接经济损失达 1787.6 万元。2019 年 6 月 5 日，循化县突降暴雨，部分地区冰雹，大暴雨持续时间达 30 秒左右，循化县大部分地区农作物受冰暴雨影响遭受不同程度的灾害。据统计，水产业受灾冷水鱼网箱损毁 52 个，成品鱼 10 万尾、鱼苗 26 万尾，直接经济损失达 1275 万元。为了恢复渔业生产，2019 年农牧业生产发展救灾资金 325 万元用于购买鱼饲料 22 吨，购买网箱 PE100 级 /315 毫米 ×18.7 毫米主浮管 60 米周长圆形网箱 10 个、PE100 级 /315 毫米 ×15 毫米，10 米 ×10 米方形网箱 56 个，购买网衣 10 米 ×10 米 ×5 米绞捻无结网衣（网孔 4 厘米）58 个，周长 60 米 ×5 米绞捻无结网衣（网孔 4 厘米）12 个。

3. 目前循化县共有 6 家水产养殖企业，网箱面积 37425 平方米，养殖品种全部为冷水鱼种三文鱼，年水产品产量达到 150 吨，存栏冷水鱼 63 万尾。通过多年的努力，循化县 6 家水产养殖企业全部先后通过农业部健康养殖示范场验收，被评为农业部健康养殖示范场，其中循化县五稼禾生态农牧开发有限公司取得了绿色食品证书。

二、发展现代渔业工作开展情况

近年来，循化县借中央及省市环保督查的东风，根据产业功能区定位，统筹考虑区域优势与资源环境承载能力，构建沿黄冷水网箱养殖适度开发的格局，依托公伯峡、苏只库区水域优势，推进大水面渔业发展，探索发展陆基养殖新模式，发展现代渔业。

1. 加大渔政执法力度，增强环保意识。对全县 6 家水产网箱养殖企业的安全生产、生物安全管理措施、鱼病防控、水质监测、标准化养殖等工作进行详细的调查了解，对发现的问题及时整改，加大渔业渔政执法力度，遵循“最严格的养殖容量控制、最严格的生物安全管理措施、最严格的水产品质量监管”三项原则，让水产养殖企业树立环保优先的渔业理念，增强环保意识，确保渔业生产生态、绿色、安全。

2. 联合省渔业环境监测站对循化县黄河流域积石峡大河家出省段面、黄丰、苏只库区等十多个监测点的水体水质进行采样监测，为水产养殖业生态、环保、稳步健康可持续发展提供科学数据，形成依靠科技创新、注重生态保护、推进可持续健康养殖的现代渔业发展新理念。

3. 落实渔业许可制度。严格遵守省农牧厅下发的“42 条”指导意见和“双十规定”，在养殖场建设审批许可、养殖容量、种苗管理、饲料品质、用药和疫病防控、环境保护等方面做了详细的规定；建立了县级相关部门联动工作机制，联合执法、信息共享，避免造成管理不到位和政策误解的局面。

4. 联合执法，建立长效机制。联合环保、海事等执法部门对循化县渔业生产企业进行督察检查，发现问题及时提出整改意见，每季度召开联席会议，学习有关法律法规，并提出行业管理制度和执行情况说明，管理好水产养殖企业，增强创新环保发展意识；积极配合省渔业环境监测站、渔政管理总站，加强渔业行政执法力度，不定期督查投入品使用情况，邀请省渔业专家对循化县冷水鱼网箱养殖健康持续发展进行商讨提出对策，在发展养殖业的同时确保养殖水域生态环境和水产品质量安全。

三、循化县发展现代渔业存在的问题

1. 渔业集约化水平低。① 部分养殖企业缺乏整体规划，工厂化养殖总体建设标准较低。

2. 品牌竞争力较低。渔业主导产业规模不够大，主导品种不够突出，缺乏在省内影响较大的水产品牌，品牌建设对产业发展的带动力不强。

3. 缺少水产专业技术人员、实践经验缺乏，知识更新不足、业务技能不强，很难适应现代渔业发展的要求。

4. 作为一项新型养殖业项目，渔业发展资金投入相对不足，生产、加工、销售一体化产业链尚未形成，生产能力不足，产品销路不畅，水产品深加工企业缺乏。

5. 疫病防控和质量安全监管还存在很多薄弱环节和有效监管措施，救灾预警机制不够完善，抗拒自然灾害的能力不足。

四、渔业生产建议

（一）建立渔业企业的监管机制

1. 坚持养殖生产与环境保护同步发展理念，引导企业逐步提升养殖、粪污处理等设施设备改造，在不突破养殖容量的基础上，稳步提高产品产量，发展特色、健康、绿色、生态、安全养殖。

2. 建立县级有关部门相互联动机制，信息共享，召开联席会议，学习有关法律法规，互通各部门管理情况，发现问题及时提出整改意见，并提出行业管理制度和执行

① 张英民：《蒙城县现代渔业发展现状及对策》，载《现代农业科技》，2018（14）。

情况，管理好水产养殖企业，增强创新环保发展意识。

（二）加强渔业行政执法力度，提升渔产业环保装备

1. 继续做好养殖场和渔业的监管工作，确保无害化处理设施正常运转、养殖废弃物达标排放。

2. 进一步加强渔政业务人员和各渔场养殖技术人员技术技能培训，努力提高业务技能和技术水平，适应现代渔业发展要求。

3. 结合新形势，挖掘优势地域条件，把发展陆基养殖作为主攻方向。积极发展陆基养殖试点项目，充分发挥陆基养殖基地的示范、引领、带动作用，推广冷水鱼陆基养殖技术，进一步做大做强循化三文鱼特色品牌。

4. 全面推广养殖业保险工作，努力做到养殖保险全覆盖，降低养殖风险，解除养殖生产后顾之忧。

（原载《青海农林科技》2021 年第 2 期）

青海省循化县农户土地流转意愿的影响因素实证分析

马振华

合理的农地制度对解决我国“三农”问题有着非常重大的意义。恰当的土地流转和集中，有利于土地的规模化经营，同时对提高农业效益和土地资源利用效率也有促进作用，有利于农村剩余劳动力的转移，也有利于增加农户的收入。

一、研究现状

土地流转是指将土地的使用权进行流转，即拥有土地使用权的农户将土地的经营权转让给其他的农户或者组织的行为。边际产出拉平效应是指在自由的土地流转状况下，会使得边际产出低下的农户自发地把土地租让给边际产出较高的农户，而两者的边际产出会趋于相等。姚洋认为，自由的土地流转有益于减少边际产出差距，也有利于最佳的土地资源的配置效率。[①] 同时，土地流转建立在尊重农户自身意愿的基础上，任何个人或者组织不得进行干预农户处置其所承包土地的使用权。[②] 法律规定，目前农村土地归社区“集体”所有，社区的居民按户承包土地，土地的经营权可以自由流转。一般认为，清晰的产权界定有助于土地流转市场化。土地市场里，产权的不稳定和不完整会导致资源退化。[③] 土地产权不清晰，严重阻碍了农地流转市场的发育。农户自身特征与资源禀赋对农户参与农地流转市场意愿影响也很大，叶男认为，年龄、是否地

① 姚洋：《中国农地制度：一个分析框架》，载《中国社会科学》，2000（2）。

② Besley Timothy. Property rights and investment incentives: Theory and evidence from China 1995, 103/5.

③ Hayami Y. and M. Kikuchi (1981). Asian Village Economy at the Crossroads: An Economic Approach to Institutional Change. Baltimore: Johns Hopkins University Press.

处平原地区、距离县城的距离远近、土地依赖性高低、是否施行了新农保是影响农户进行土地流转意愿的五个因素。①而乐章经过实证分析得出结论认为，年龄越大、户主健康状况越差、男性农户的流转意愿强于女性、从事农业活动的农户农地流入和流出的意愿均强于从事非农事业的家庭、经济状况越好地处平原地区的农户更愿意进行土地流转。②詹和平的观点中，农户转出土地的意愿受到社会保障水平、家庭非农劳动力人数、户主年龄、户主非农是否有就业经历、人均土地面积、农业资产的价值等因素的影响；而在转入土地的意愿方面，农业劳动力人数越多、农业资产价值相对更高的农户更倾向于转入土地。③以上实证研究为理解农户土地流转意愿的影响因素提供了非常多的理论依据。

二、变量选择及研究方法

本研究选取了青海省循化县 101 户农户家庭，将“流转意愿”设为其因变量 y（取值 0、1 和 2，y=0 表示此农户转入土地、y=1 表示此农户既不转入也不转出土地，y=2 表示此农户转出土地），x_i（i=1，2，3…）为一组可以反映 y 值的自变量。x_1：age，户主年龄的自然数记录。中国人对土地的依赖性明显降低，他们更愿意接受挑战，因此，户主年龄是农户土地流转意愿的影响因素。x_2：edu，户主受教育程度分段记录（1 表示小学及以下学历，2 表示初中学历，3 表示高中学历，4 表示大学本科学历，5 表示硕士学历及以上）。户主不同的学历层次对农户家庭面对土地流转问题时的态度不同，学历层次越高越有利于土地流转。x_3：labor，家庭农业劳动人数记录。对于本文研究的青海省循化县而言，家庭农业劳动人数特征具有地域特色，因为观念不同导致不同的农户家庭投入在农业的人数不同，有很多的情况是：农村的青壮劳力出去务工，而留下老人务农。本文所指的家庭农业劳动人数不区分是否为青壮劳力。x_4：exp，非农就业经验（使用虚拟变量 0 和 1，1 表示有非农就业经验，0 则表示没有非农就业经验）。农业与其他经济活动相比投入与产出比低下，很多人离开家乡从事其他产业，因此是否有非农就业情况也对农户土地流转意愿有影响。x_5：dis，距县城距离。5 千米以内赋

① 叶男：《农民的土地流转意愿及其影响因素研究》，载《统计与决策》，2013（9）。
② 乐章：《农民土地流转意愿及解释——基于十省份千户农民调查数据的实证分析》，载《农业经济问题》，2010，31（2）。
③ 詹和平、张林秀：《农户土地流转行为的影响因素——有序 Probit 模型的实证研究》，载《重庆建筑大学学报》，2008（4）。

值为 1，距离为 6—10 千米赋值为 2，距离在 11—15 千米的赋值为 3，16—20 千米赋值为 4，距离县城 20 千米以上则赋值为 5。在建设规划范围内的土地更有机会得到高额的征地补偿，越靠近县城的土地，农户则越不乐于土地流转。x_6 : area，每户人均土地面积，以得到反馈的单户家庭的土地总数除以家庭总人口记录。人均土地现状也是影响农户土地流转意愿的因素。在人均土地面积问题上，历史原因导致有些村的村民在山上有大量的荒地，但近几年因为国家退耕还林政策而不计入计算，因此研究的对象不包括这部分土地。x_7: pol，是否了解土地流转政策，较深入了解 =1，比较了解 =2，一般 =3，略有听闻 =4，完全不了解 =5。x_8 : sec，社会保障情况。农村社保程度也对农户土地流转意愿有影响，如果农村社保体系不够完备，农户就不会放弃对土地的经营权，更倾向于保留土地，以应对其他经济活动失败时，还能保障自身最低生存需求。x_9: nat，循化县为少数民族自治县，有 1= 汉族，2= 撒拉族，3= 藏族，4= 回族，其他 =5。x_{10} : dep，土地依赖程度。在循化县农村，家庭年收入中农业收入比例越高，则对土地依赖性越强。因此假设，土地依赖性越高的农户越愿意转入土地而不是转出土地。农户的土地流转意愿是因变量二值离散，结合选用的 9 个自变量影响因素，选用 Probit 回归[①]方法进行模型建构，该模型输入影响农户土地流转意愿的诸多因素 x_i，输出为农户流转意愿 Y_i。二元变量的取值一般为 1 和 0，在本文中，以 1 表示愿意流转，0 表示不愿意，则有以下二元选择模型：

$$Y_i=X'_i\beta+\varepsilon_i i=1, 2, \cdots, T$$

设定以下 Probit 模型：

$$Prob(IN_i=1|X_i)=\Phi（X'_i\beta）$$
$$Prob(OUT_i=1|Xi)=\Phi(X'_i\beta)$$

其中 $\Phi(X'_i\beta)$ 是标准正态分布的积累分布函数，各个变量的赋值规则已有交代。由于因变量是二元选择的结果，因此按照传统线性回归模型所计算的判定系数 R2 不再有实际的意义。可以定义：

① 詹和平、张林秀：《农户土地流转行为的影响因素——有序 Probit 模型的实证研究》，载《重庆建筑大学学报》，2008（4）。

$$Count_{R2}=\text{正确预测的个数 / 总观测值的个数}$$

当 Y 实际预测值大于 0.5 时，认为预测值为 1；当 Y 的实际预测值小于 0.5 时，视其预测值为 0。然后比较预测值与实际值是否存在差异，如果不存在差异，就认为是正确的预测。然后把正确预测的个数与总预测个数相比，得到一个全新的拟合优度的指标。

三、描述性统计

本研究于 2018 年 9 月在循化县 5 个村随机进行实地调查，共发放了 101 份问卷，回馈得到 97 份有效问卷，收集了他们有关土地面积大小、劳动力强弱、财产多寡、人口统计学特征等方面的信息，基本做到了问卷覆盖整个循化县的土地情况，被调查的农户特征见下表。

农户样本特征

农户特征	类型	数量	百分比（%）
户主年龄	40 岁及以下	24	24.7
	41—45 岁	28	28.9
	46—50 岁	26	26.8
	51 岁及以上	19	19.6
户土地面积	1 亩及以下	11	11.3
	1—1.5 亩	20	20.6
	1.6—2 亩	17	17.5
	2.1—2.5 亩	14	14.4
	2.6 亩及以上	35	36.2
户主学历	小学学历	67	69.1
	初中学历	19	19.6
	高中学历	10	10.3
	大学本科及以上	1	1
是否有非农经验	是	93	95.9
	否	4	4.1

续表

农户特征	类型	数量	百分比（%）
距县城的距离	0—5 千米	21	21.6
	6—10 千米	19	19.6
	11—15 千米	19	19.6
	16—20 千米	18	18.6
	20 千米以上	20	20.6
是否了解土地相关政策	相当了解	1	1
	比较了解	3	3.1
	一般	11	11.3
	听说过	30	30.9
	完全不知道	52	53.7
是否参与社保	是	92	94.8
	否	5	5.2
土地依赖性	基本不种	63	64.9
	想种就种点	29	29.9
	能维持自家吃的	5	5.2
	大部分收入来源	0	0
	所有收入来源	0	0
民族	汉族	3	3.1
	撒拉族	90	92.8
	藏族	4	4.1
	其他	0	0
家庭劳动力数量	1—3	46	47.4
	4—6	40	41.2
	7—9	11	11.3

本文从农户对土地的流出意愿和流入意愿两个问题对农户的土地流入意愿进行考察，无论是流出意愿还是流入意愿，选择“希望”的农户占大多数（比例分别为 92.8% 和 56.7%），这说明当前循化县农户的农地流动意愿整体相对强烈，而表示不愿意承包别人土地的农户相对少一些（43.3%）。在不希望有人承包自己土地的 27 位农户中，有 12 位（44.4%）农户也不希望承包别人的土地，持消极的土地流入意愿但持积极的土地流出意愿的农户比例为 57.1%；而在希望别人承包自己土地的 70 位农户中，不希望承包别人土地的农户则占总数的 42.9%，同时希望土地能流入和流出的农户比

例为 57.1%。这一结果说明，仍有将近半数农户并不希望实现土地流转，而在有着土地流转意愿的农户中，农户更倾向于将土地流转出去，而不是流入。

四、结果分析及对策建议

（一）结果分析

首先，对于本文设定的因变量土地流转意愿（包括愿意转入和愿意转出），除了主观是否了解土地流转相关政策因素和民族因素与因变量关系不显著以外，其他因素都具有显著的相关关系。由于样本主观是否了解土地流转相关政策和客观土地流转相关政策是否落实是两个不同的概念，同时不论是否了解该政策实质上不会影响土地拥有者对于土地的裁决心意，因此选择剔除这一变量。民族变量与任何变量都没有显著的相关关系，由于选择的问卷地区是循化撒拉族自治县，样本绝大多数是撒拉族，因此对于因变量的测度没有贡献，予以剔除。其次，土地转出与土地转入两个变量之间没有显著的相关性，土地拥有者并不是倾向于转入就放弃转出，或者相反，土地的转入或转出是由其他的因素共同决定，如某一土地拥有者倾向于转入可能是因为家中空闲劳动力过多或对土地依赖性较强，而并非由于意愿上厌恶转出土地。因此本文将对于土地转入及转出采用 Probit 模型分别进行考虑。采用计量软件 Eviews8，通过 BINARY 方法进行 Probit 模型拟合。但是首次运行的结果表明 exp（是否有非农就业经历）和 sec（是否拥有社保）两个变量不适用，返回检查发现：由于社会经济的转型，第一产业的比重下降，同时城镇化的步伐不断加快导致测度是否具有非农就业经历的变量取值绝大部分是“1”，即具有非农就业经历，对于目标变量影响不显著，而且与受教育程度以及对土地的依赖性两个变量显著相关，共线性问题明显，因此剔除该变量。是否拥有社保这一变量也具有同样的情况，由于国家对于社会保障机制的大力推进，社保已经覆盖了绝大多数农户，因此这一变量的取值也以“1”为主，对于目标变量的影响不可测度。调整数据以后，首先对于土地转入这个因变量进行拟合得到以下结果：

1.“土地面积”对土地转入的边际影响等于 0.5443，即土地每增加 1 亩，对于土地转入的意愿降低的边际影响是 0.54，即在其他条件相同的情况下，土地面积每增加 1，土地转入意愿降低的概率是 54%。这与现实常识一致，若拥有土地越多，则转出的意愿增强，转入意愿下降。

2.“户主年龄”对土地转入的边际影响等于 0.01123，即年龄每增加 1 岁，对于土地转入意愿增加的边际影响是 0.01，即在其他条件相同的情况下，年龄每增加 1 岁，土地转入意愿提高的概率是 1%。

3.“土地依赖性”对土地转入的边际影响等于 0.7863，即随着对土地依赖性的增强，土地转入意愿增加的边际影响是 0.78。该结果与常识一致，越依赖土地，则越愿意转入土地。

4.“距县城距离”对土地转入的边际影响等于 0.01539，即距离每增加 1 千米，对于土地转入意愿增加的边际影响是 0.02，即在其他条件相同的情况下，距离每增加 1 千米，土地转入意愿提高的概率是 2%。该结果可以解释为距离县城中心越远，一定程度上说明该户土地位置偏远，更倾向于依赖农业以生活，因此位置越偏远越依赖农业，越倾向于转入土地。

5.“户主学历”对土地转入的边际影响等于 0.02284，即接受教育的程度越高，对于土地转入意愿增加的边际影响是 0.02。由于教育会引导人们进行集中土地经营的思想，即化整为零提高效率，所以教育程度的提高会导致土地转入意愿的增强。

6.“家庭劳动力”对土地转入的边际影响等于 0.6845，即家庭农业劳动力每增加 1 人，对于土地转入意愿增加的边际影响是 0.68。

同样的，对于土地转出这一因变量进行估计得到以下结果：

1.“土地面积”对土地转出的边际影响等于 0.5705，即土地每增加 1 亩，对于土地转出的意愿增加的边际影响是 0.57，即在其他条件相同的情况下，土地面积每增加 1，土地转出意愿增加的概率是 57%。这与现实常识一致，若拥有土地越多，则转出的意愿增强。

2.“户主年龄”对土地转出的边际影响等于 –0.00976，即年龄每增加 1 岁，对于土地转出意愿降低的边际影响是 0.01，即在其他条件相同的情况下，年龄每增加 1 岁，土地转出意愿降低的概率是 1%。

3.“土地依赖性”对土地转出的边际影响等于 –0.4437，即随着对土地依赖性的增强，土地转出意愿降低的边际影响是 0.44。该结果与常识一致，越依赖土地，则越不愿意转出土地。

4.“离县城距离”对土地转出的边际影响等于 0.0376，即距离每增加 1 千米，对于土地转出意愿增加的边际影响是 0.03。与土地转入的结果相反，土地距离县城中心越远，人们转出土地的意愿也强。

5. “户主学历”对土地转出的边际影响等于 0.8113，即接受教育的程度越高，对于土地转出意愿增加的边际影响是 0.81，即转出意愿随着受教育程度的提高而十分强烈。

6. “家庭劳动力”对土地转出的边际影响等于 –0.2011，即家庭农业劳动力每增加 1 人，对于土地转出意愿降低的边际影响是 0.2，即转出意愿随着农业人口增多而下降。

（二）政策建议

一是加强政策宣传。在循化县农村地区，农户对土地流转政策了解程度不高。农户对土地政策了解低，不利于相关工作的开展。对此，基层政府应加大土地权属与确权政策的宣传力度，通过村民大会、工作人员走访普及、分发宣传图册等方式，加强政策解读，提高农户政策了解程度，有助于减少农户政策理解误区，提高政策实施效果。

二是进一步完善农村社保体系。分步建立和完善农村社会保障体系，使农村的社会保障由依靠土地转变为依靠社会保障制度。土地对农户的生存保障功能是限制土地流转发展的重要因素，当生活保障体系使得农户不再依赖土地获取生存保障之后，农户会更容易进行土地流转。

三是加快产业转型升级。必须加快农村二、三产业的发展，提供给农户新的就业机会和稳定的非农收入来源，从而减少农户的兼业现象，促进农地的使用权流转。

四是加强农村教育资源投入。农户的受教育水平越高，其谋生的手段就越多，其接受土地流转就更容易，因此加强农村教育资源投入，对促进农村土地流转有十分重大而深远的意义，农业现代化的发展也需要知识水平更高的农民。

五是培养新型农民。加大农村劳动力转移力度，鼓励小农户非农化发展，通过流转出土地来实现增收。加强农民工教育培训，提高农民工非农就业能力，为农村剩余劳动力转移与提高收入创造条件。实现农业经营主体的有效融合，鼓励农户，尤其是有能力的农户成立或者参与合作社。

（原载《攀登》2020 年第 1 期）

青海省循化县特色农产品营销创新探析

——以线辣椒为例

张效科

随着生活水平的提高，消费者的消费观念也发生了较大变化，绿色消费观念逐步深入人心，开始追求高品质、多样化、多层次的特色农产品，与此同时，对特色农产品营销水平提出了更高的要求。如果不积极转变观念，不求创新，特色农产品市场就很难发展壮大，农民也难以获得较好的收益。因此，加强对青海省特色农产品的品牌构建以及营销策略研究，是十分必要和有意义的，本文以青海省循化县的线辣椒为例做些探讨。

一、特色农产品的基本内涵

所谓特色农产品，是指在传统农业发展过程中，由于地理环境、资源禀赋、技术等因素而形成的一些具有特殊形态和品质的农产品，是具有特定的生产区域、产品品质较为特殊且具有独特的市场优势，能够有效增加农民收入、带动区域经济发展的竞争性优势农产品。特色农产品由于本身的优良品质和特殊功效，深受消费者欢迎，而它只有在市场经济条件下才会有竞争优势，才会有明显的经济效益。

循化线辣椒是当地群众在长期的栽培生产过程中培育出的特有农家品种，已有近500年的种植历史，由于这种辣椒果形长（最长达33厘米），似线状，因此得名“循化线辣椒”，具有皮薄、肉厚、色鲜红、味香醇、营养丰富等特点，是当地有名的特色农产品之一。目前在当地主要有仙红、天香、金椒三家具有影响力的线辣椒龙头加工企业，生产已粗具规模。

二、青海省循化县特色农产品营销中存在的主要问题

循化线辣椒作为当地特色农产品，近年来尽管取得了较快发展，但受资金、技术和高原气候等因素的影响，也存在许多不足之处，尤其在线辣椒推广和营销过程中，还存在一些问题，应予以重视，主要表现在 4 个方面。

（一）市场营销理念比较滞后

线辣椒的生产企业市场开拓意识较弱，对营销理念和手段的创新认识不够。三家龙头企业由于在循化县及在省内都占有一定的市场份额，满足于“公司 + 基地 + 农户”这种模式，从而滋生一种“小富即安”的思想，安于现状，对开拓新市场认识不够，也缺乏必要的闯劲。目前所面临的主要问题是缺少在市场经济的大环境中既懂管理，又懂技术，还会驾驭市场的高层次人才。

（二）对循化线辣椒的市场细分不够

随着消费者对产品需求呈现多样化趋势，不同地区的人们对辣椒酱的口味也有明显的地区差异。例如，西北地区适合香辣味的产品；西南地区以麻辣味、酸辣味为主；华南地区以蒜蓉味为主；而湖南一带则喜欢干辣味的产品等。循化三家线辣椒生产企业主要以生产辣椒酱为主，但产品品种较为单一，同时辣椒酱的风味也是大同小异，以香辣味为主。可见，循化线辣椒生产企业在激烈的市场竞争中，以较为单一的辣椒酱去开拓不同的子市场，是难以满足不同地区消费者的需求变化的。

（三）品牌塑造和推广意识不强

特色农产品市场的竞争，归根结底是特色农产品科技含量的竞争，是品质、品牌的竞争。循化线辣椒的品牌建设刚处于重视和发展阶段，虽然“循化红”线辣椒在政府的引导下推广工作取得了一定的成绩，产生了一定的辐射效应，但其只在有限的区域范围内有一定影响，与国内其他知名企业相比，还有很大的差距。循化三家龙头企业对“循化红”线辣椒的品牌建设的主动性不强，对政府的依赖性较大。

（四）促销不力

循化线辣椒生产企业对生产出来的产品促销力度不大，促销方式较为单一，尤其广告投入力度较小，现有的广告宣传方式只停留在横幅、宣传栏、节假日推销等方式，习惯于利用传统的广告方式，没有充分利用电视媒体、报纸、互联网等大众每天所接触到的信息资源，导致企业的影响力不足，无法产生较好的品牌效应。

三、青海省循化县线辣椒营销组合策略的创新

由于循化特色农产品的市场辐射力有限、占有率低、产品的知名度不高等因素，在一定程度上影响了产品的销路。要扩大循化县特色农产品市场，提高特色农产品的市场竞争力，关键是要着力创建地理区域品牌，实施营销策略的创新。下面从4P策略角度做一下分析。

（一）产品策略

1. 立足“新鲜”，追求产品包装的实用、美化

针对性进行外包装设计，根据不同区域消费者的辣椒酱食用量，调整容量大小，保证消费者食用的新鲜；生产“新鲜装”（新奇装），满足消费者对新产品的探奇需求，使其做到样式多样、精美小巧、优化组合、绿色环保，并能适应国际化发展的需要。

2. 注重产品品质，拓展产品系列

由于人民生活水平的逐步提高，对线辣椒产品的种类和质量都提出了更高的要求，其中以天香公司最为突出。该公司在政府部门的大力扶持下，内抓产品的质量和产品的研发，外抓品牌的言传及线辣椒基地的建设，目前该公司已发展成为青海省两椒（线辣椒、花椒）加工规模最大、生产种类最多、建立基地最多的两椒加工企业。生产的产品主要有辣椒面、辣酱、辣油、花椒、豆瓣油五大系列25个品种，在省内外市场逐步占有了一席之地。可见，线辣椒生产企业要重视产品品质的提升，增加其附加值，不断拓展产品系列，增强企业自我发展的能力，满足消费者多样化的需求，才能增强企业在国内外市场的竞争力。

3. 重视科研创新，力推新产品

企业要做大做强，必须立足自身优势和产品特色，开发出适合消费者喜爱的新产

品。市场上风味化系列香辣酱产品很多，都在追求自身产品的特色，根据本企业产品的特色和优势，寻找目标市场，做好市场细分，从而提高市场占有率。发展香辣系列产品是很有市场潜力的，可以添加多种原料来改变特色风味或改变其加工工艺进行创新，以满足消费者不同的消费偏好。因此，作为起步较晚且工艺较为落后的循化辣椒生产企业，必须大力借鉴同行企业的发展经验，开发新型风味化香辣酱，以紧跟市场发展之潮流和趋势。

根据笔者观察和了解，目前新型风味化香辣酱市场前景非常好，然而循化线辣椒相关龙头企业在这方面还做得不够，有待进一步将产品创新。如果把循化线辣椒加工后，根据市场细分添加不同风味的材料，生产出各具特色的系列香辣酱产品，这对循化线辣椒相关龙头企业来说是非常有利的。如以菌类为主，如牛肚菌、金针菇、黄茸、松茸、蘑菇、木耳、牛肝菌、香菇等特色增香增鲜原料制作而得的特色风味化香辣酱；以野菜为主，如刺菜、蕨菜、花菜、苦菜、黄花菜等野菜为主要原料开发的高档即食型野菜风味香辣酱；竹笋、方笋、干笋、贡菜等风味化香辣酱；其他原料，如添加鸡翅、豌豆、核桃仁、牛肉、葵花籽、鸡肉、黄豆、豆腐、花生等原料，以增加辣椒酱的营养价值和不同口味。总之，风味化香辣酱快速发展，多样化、便捷化、特色化的体现新型风味的即食型产品是一种发展趋势。

4. 突出特色，加强品牌建设

循化线辣椒相关龙头加工企业在塑造区域特色绿色品牌的过程中，应当结合当地政策资源、旅游文化、历史传统等多位一体地进行全方位宣传，充分利用举办“辣椒节”“青洽会”“郁金香节”“清真食品博览会”等大型活动的机会进行广泛宣传，把构建品牌的过程也转化为树立企业形象和提升产品价值的过程，从而获得消费者的认可和喜爱。循化县是一个自然、人文优势特别浓厚的区域，因此充分利用自身所拥有的资源禀赋以及青海高原绿色、无污染的天然优势，逐步推行以“循化红”线辣椒品牌战略，使产品保持原汁原味、原生态，这样的产品才具有自身特色，是相较于国内同类产品的优势所在，而这也恰是我们塑造区域品牌的重要财富。

（二）价格策略

青海循化辣椒宜采用竞争导向定价法。总体来说，在青海生产和加工线辣椒的企业还是相对较少的，所以循化仙红、天香、金椒等线辣椒生产企业还是处于寡头企业的地位，因为循化线辣椒产品的生产加工领域，这三家公司自 2001 年成立组建以来，没有新的企业加入进来，它们之间既是相互竞争的对手关系，又是相互依存的协同关系，而且还存在着相互的制衡。在多年的发展过程中，它们当中每一家企业对整个辣椒市场的价格和产量都有一定的控制能力，但每一家企业都不可能完全主导整个市场，所以任何一家企业都必须根据对手的价格策略来形成自己的决策，即宜采用竞争导向定价法。

因而该类企业的产品价格在经过相互作用达到均衡后，应在一段期间内保持相对稳定，而从产品的性能、质量宣传、服务等方面展开非价格竞争——况且从全国的局势来看，我国辣椒生产加工企业还是有不少的，并且在国内市场上具有一定的品牌效应，如贵阳的“老干妈”、西安的“阿香婆”辣椒酱，四川的“美乐牌”香辣酱等，循化各线辣椒生产企业与这些企业相比无论是在资金、技术、市场份额的占有上还都是非常薄弱的，考虑到今后走入其他省市开拓市场，更加不可能应用撇脂定价策略。因此在考虑到循化辣椒产业要逐步走向国内外更广阔的市场，我们暂且可以撇开它们三家企业之间的竞争关系，把它们放在一个更大的平台上去考虑，即放在国内市场和国际市场上竞争的需要考虑，在具体的价格策略上应以渗透定价策略为主，即低价策略，这对于发展起步较晚，在产品生命周期上来说还处于成长期的循化辣椒产业，在较短的时期内提高市场占有率是有利的。

（三）渠道策略

1. 多层次建立循化辣椒的分销渠道

循化县三家辣椒加工企业采购和种植线辣椒的方式都统一采用了“公司 + 基地 + 企业”的经营模式，在产前、产中、产后为线辣椒种植户提供服务，与线辣椒种植基地农民结成利益共同体，作为农户，不再为生产出的农产品愁销路，而且公司还为农户提供技术指导和市场信息，既增加了农民的收入，也降低了自身的生产成本，保证了生产的数量和质量，又在一定程度上实现了企业与农户的互惠互利。而在分销渠道上，大多采用专卖、零售、批发等方式，在各大城市或是州县上都设立了自己的专卖店，采用厂家直销的方式来销售自己的产品，或是联系州县各大超市代销其商品，虽然在渠道模式上三家企业都较为单一，但是依靠政府的扶持和稳定的消费群作为基础，产品供不应求。

2. 以点带面，做大做强循化辣椒的产业链

循化线辣椒要取得长远发展，不能只依赖简单的销售渠道模式，而要进一步强化

和延伸辣椒的农业产业链，进而带动区域经济的发展。在实际应用中，农业产业链由具体的不同农产品链来体现，它可分成五大环节，即产前、生产、加工、流通、消费，每一个环节均可带动相关企业的发展。这样做对于循化辣椒龙头生产企业来说是有利的，既可以对特色农产品的品质和质量进行有效把控，也可以使企业能够在农业产业链的纵向延伸中把握高利润环节，使企业对自身的资源进行优化配置，当特色农产品获得一定的影响力和知名度时，获益的不仅仅是特色农产品本身，而是一个与之相关的产业链条。循化当地政府部门应具有宏观和长远发展谋略，以循化线辣椒产品等特色农产品为依托，大力发展和延伸农业产业链条，如下图所示。

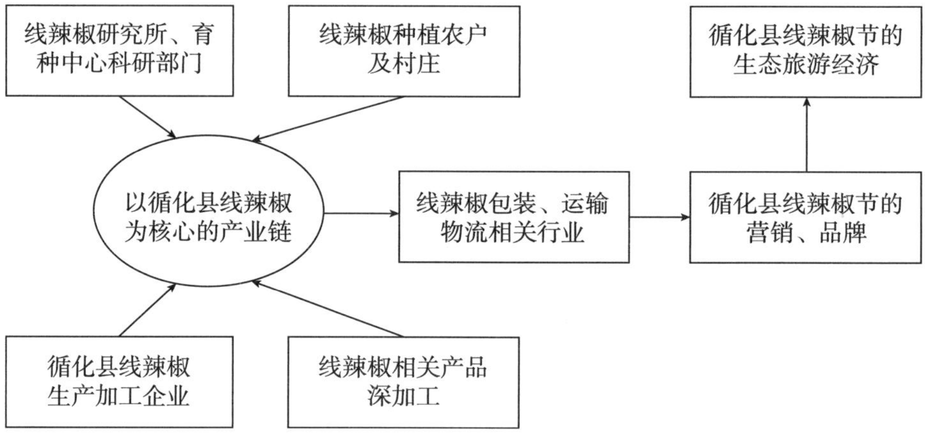

循化线辣椒产业链

上图是一个以循化线辣椒为核心的产业链，首先应由政府牵头，需要线辣椒生产企业同有关科研院所、育种部门合作，取得优良和高品质的线辣椒品种，然后由推广在附近村庄的农户进行种植，利用“农户+基地+公司”模式，待线辣椒产品成熟后进行回收，再经过龙头企业的深加工和精加工，生产符合市场需求的辣椒制成品等，在产品从生产到最后的消费环节，又会带动包装行业及物流行业的发展，并且在这一过程中，运用现代营销策略，达到循化辣椒产品的渠道建设和品牌管理，并利用这一平台举办的各种洽谈会、展览会、交易会、休闲农业观光会等，由此带动相关的旅游产业、生态经济的大发展，这是一个不断扩散、不断延伸的价值链条，可以使这个链条中各个环节都产生价值增值，使每一个利益相关者都从产业链上受益，从而推动整个区域经济的协调发展。

（四）促销策略

1. 注重终端市场促销方式，培育忠实的顾客群

通过免费试吃、搭赠、产品对比等手段实现初次购买，再利用产品品质和口感，吸引重复购买，从而培养其固定的消费群。具体操作上，明确突出产品的“新鲜”概念，在重点终端投入具有特色的陈列端架；通过“买辣椒酱送灯笼椒”“买辣椒酱送种子”等消费者促销活动，拉动消费者购买。

2. 加大广告投入和公关力度

企业的促销方式有多种，但就特色农产品而言，利用广告方式或公共关系的传播手段，能够对扩大产品知名度、提升竞争力更具有影响力，如举办特色农产品交易会、“循化红”辣椒节以及举办科普宣专活动、新闻发布会、各种主题的研讨会等；借助循化县特有风土人情、特色资源等优势，找到与特色农产品之间的结合点，开展集循化文化旅游、绿色休闲、生态观光为一体的体验式营销活动；依托循化每年举办的摄影节、旅游节等一些重要的节日，通过赠送样品、产品展示、免费品尝、提供赞助、广告宣传多种手段强化循化线辣椒的推广活动；在一些重要会议、公众信息、政府的公益性活动中发布广告赞助页面，利用报纸、广播、电视等大众媒体为消费者及时提供产品信息等，做好“循化红”线辣椒的形象宣传和品牌推广，为循化辣椒营销创造有利的外部环境，使其被更多的商家和客户所了解，增强它在国内外市场上的竞争力。

3. 积极利用网络平台开展营销

积极利用网络资源，构建电子商务平台。目前，循化辣椒产品的销售终端大多数情况下还是在零售店、批发市场、超市等有形的市场销售的。在网络四通八达的时代，电子商务作为一种新型的交易方式获得了空前的发展，因此应充分利用网络这个平台，推行特色农产品的网上营销，建立无形的循化线辣椒网络市场，为循化辣椒开发出更大的营销渠道和销售空间。

第一，农业龙头企业要重视电子商务平台的运用。网络营销因传播范围广、不受时空限制、成本低、速度快、受众关注度高以及投放更具有针对性等特点而广受欢迎，这种新型的营销方式是企业未来的发展方向。循化县线辣椒龙头生产企业应积极培养高素质的网络人才，研究和开发线辣椒网络营销的服务平台，寻找自己的目标顾客群，然后有针对性地进行营销。循化县特色农产品经营和营销的相关龙头企业，可以根据自身优势和产品特色，建设企业自己的网站，做好产品的介绍和宣传；利用这种媒体

手段开展客户的调查研究，及时做好产品的跟踪服务，了解他们个性化的需求，以便更好地改进自己的产品，建立通畅的信息沟通和反馈渠道；从建立网上商店到开展电子商务，逐步推进，从而建立和健全方便、高效的网络营销体系。

第二，各级政府部门构建农业信息网络体系。作为各级政府部门，应更好地利用电子商务平台，做好为青海省特色农产品营销牵线搭桥的纽带和产品宣传工作，为农民、相关农业企业等提供良好的服务。随着国家对“三农”问题的重视和关注，青海省政府相关部门也积极为农村的发展、农民的增收提供更多的信息服务平台，为农民提供有关农产品信息发布、病虫害防治、农产品购销、农产品市场行情、农产品营销、政策法规介绍等多种支持服务，建立青海农村经济信息网等多家农业网站，形成“政府引导、企业参与、专家指导、农民受益、市场运作、多方共赢”的运行机制和农业信息服务新模式，这将对扩大当地农产品销售、推动当地农业产业化发挥重要作用，缓解农产品销售难的问题。政府做好农业信息化的基础工作，让更多的利益主体参与进来并受益，实现特色农产品的低成本、高效率交易，逐步实现传统农业向智能农业的转变。

四、结束语

青海省循化县独特的地理位置、独特的冷凉气候和丰富的光照资源，孕育了不少独具特色的农产品。这几年，一批以纯净、天然、无污染而闻名的高原特色农产品正在崛起，比如“循化红”线辣椒、花椒、薄壳核桃、“三红”苹果等主导产业的规模效益凸显，农业结构不断优化，利用高原气候特点和独特自然地理环境打造的特色农业格局逐步形成。但是由于循化县整体的经济基础薄弱，农民文化程度较低、资金较为缺乏、营销策略不完善等因素，循化县特色农产品走向产业化、品牌化的道路依然任重而道远，因此必须根据当地的资源禀赋和区域优势，因地制宜，全力打造高原特色农业，在增产的前提下，不断提高特色农产品的附加值及利技含量，加强营销策略的创新，不断提高特色农产品的市场竞争力。

参考文献

[1] 李双元 . 青海特色农牧业发展探研 . 青海社会科学，2010（2）.

[2] 陈占全，等 . 青藏高原绿色农业发展模式研究与示范项目进展 . 青海科技，

2010（5）.

[3] 王丹 . 青海特色农产品区域品牌战略研究 . 中国商界（下半月），2009（4）.

[4] 丁丽芳 . 农产品市场营销策略 . 北京：中国社会出版社，2008.

[5] 王恒庭 . 青海特色农业经济发展研究 . 合作经济与科技，2008（11）.

（原载《现代经济信息》2013 年第 24 期）

水资源与社会环境：西部大开发过程中水资源利用与保护

——以青海省循化县为例

冯玉新

2009 年 7 月 5—19 日，由陕西师范大学西北历史环境与经济社会发展中心等学校的“西部大开发与黄土高原的农民和水政策”调查组在青海省循化县开展了为期半个月的实地调查，参与人员涉及历史学、社会学、民族学、经济学、生物学等学科背景，调查组采取个案研究的方式，利用跨学科研究手段，以关注水环境为中心，侧重从人口、资源与环境的角度出发，重点把握西部大开发过程中区域水资源利用与保护状况。此次调查不仅收集和掌握了一些当地的历史文献资料，而且通过社会学问卷调查手段掌握第一手的资料，深入了解了研究区历史上和现行的水资源状况、用水制度等情况以及被调查者对当地水资源的利用和保护的态度及认识、他们对历史的和现行的用水及水资源分配制度和政策的看法和意见等。

一、调查区基本情况

循化撒拉族自治县位于青海省东部，祁连山支脉拉脊山东端之间青藏高原边缘地带，东与甘肃省积石山保安族东乡族撒拉族自治县和甘肃省临夏县接壤，南临甘肃省夏河县和青海省同仁县，西靠青海省尖扎县，北同青海省化隆回族自治县和民和回族土族自治县为邻。境内山峦起伏，沟壑纵横，地形复杂。地势南高北低，北边为黄河河谷，黄河自西向东横贯境内；南部为中高山区，有大片天然林，清水河和街子河自南向北汇入黄河；中部与东北部为低山丘陵。以黄河为起点，自北向南自然景观随海拔逐渐升高，垂直地带性分布差异明显。根据高度及其他因素，当地习惯上分为农业（种植）区、农牧过渡区及牧业区。农业区主要分布在地势较平坦的黄河及其支流（清水河、街子河下游等）两侧的川水地区。

据史料记载，循化先秦为羌地，西汉时为金城郡河关县地，隋、唐改属洮河县和河州，明至清初属河州边外地。至乾隆二十七年（1762 年）设循化厅，隶属兰州府，道光年间又改属西宁府。民国元年（1912 年）设循化县，隶甘肃西宁道。1929 年青海建省为省直辖县。1949 年 8 月 30 日，循化解放。1954 年 3 月成立循化撒拉族自治区，次年改区为县。1979 年 3 月，循化撒拉族自治县划归海东地区管辖。全县下辖九乡一镇，即自庄乡、清水乡、孟达乡、街子乡、查汗都斯乡、道帏乡、尕楞乡、文都乡、岗察乡和积石镇。循化为典型的多民族聚居地区，是全国唯一的撒拉族自治县，居住着撒拉、藏、回、汉等多个民族。此次调查主要以循化撒拉族为对象，由于撒拉族主要分布在沿黄河和清水河、街子河两条河所形成的“∏”字形的河台地带（历史上以循化县街子为中心的河谷地区被称为“撒拉川”，是撒拉族从事农业开发的主要区域），因此本次调查选取进村入户调查地点及样本分布共两个，分别是位于黄河北岸、县境北部、小积石山下的积石镇石头坡村与位于县境东北部清水乡大寺古村二地。

二、循化县水资源开发的历史梗概

由于特殊地理环境因素的制约，无论古今，历代西部农业开发都坚持以水环境为中心原则、以水政策为主题的模式。历史上西部水资源开发利用过程，是西部开发史的重要组成部分。伴随着历代中央政权对河湟地区的农业开发，历史上循化水资源开发经历了不同的发展阶段，曾经出现过几次高潮。

循化水资源开发历史悠久，当地各族劳动人民，很早以前就修凿沟渠，灌溉田地。明清时期是循化水利建设的重要时期，撒拉族自元代初年迁入青海循化地区后，对当地的土地开发、水利建设做出了不可磨灭的贡献。循化境内的清水河和街子河自南向北注入黄河，为引水灌溉提供了便利，各族民众因势利导，依地势开渠引水，取得了很大成就。据《循化志》记载，循化“境内多山田，惟起台、边都二沟有水泉之利，番、回引以为渠，溉田转磨”①。

表 1　清代末期循化主要干渠表

渠名	起止	渠水来源	灌溉地亩（段）
起台堡渠	哈家寺山脑—白庄塘	台沟水	2931
夕厂沟渠	夕厂沟脑—清水工	—	2566
边都寨渠	多娃庄渠—腊木车渠	街子河边都沟水	1555
	纯义渠—腊黑顺渠	顺义沟水	
查家工渠	泥夕渠—腊宁哇渠	中库沟水 街子河边都沟水	2533
街子工渠、草滩坝渠	马家渠、尕浪渠—别烈渠	街子河边都沟水	631
	说力渠掌—教坊渠 草滩坝渠：官沟磨河滩—黄河	街子河边都沟水 街子河边都沟水	
街子工渠巴西沟庄渠	—	西沟水	516
张哈工渠	—	起台沟水	858
孟达工渠	—	起台沟水	1208
苏只工渠	—	尕楞沟水	1100
查汗大寺工渠	—	比塘沟水	1280
下龙布、宗布占郡渠	—	下龙布沟水	22
卑堂沟寨渠	—	卑堂水	35
哈楞寨渠	—	红土坡水	97
曲桑寨渠	—	古帽卡水	55
郎家寨渠	—	双棚沟水	978
素胡寨渠	—	加务山脑水	77
札木寨渠	—	加务山脑水	39
铁布寨渠	—	加务山脑水	57
火力加寨渠	—	保安河水	90
错勿日寨渠	—	保安河水	120
塞黑吉寨渠	—	保安河水	84
姜什加渠	—	野雀硖水	48
古儿迭渠	—	野雀硖水	301
曲麻渠	—	沙布浪沟水	272
恩沾木渠	—	双棚沟水	853
多巴渠	—	野雀硖水	137
双棚渠	—	双棚沟水	91

① （清）龚景瀚编，（清）李本源校：《循化厅志》卷 7《水利》，台北，成文出版社，1968。

续表

渠名	起止	渠水来源	灌溉地亩（段）
火力藏渠	—	甘家川	162
下哈家渠	—	下哈家沟水	133
吴屯渠	—	保安河水	498
季屯渠	—	保安河水	560
李屯渠	—	保安河水	540
脱屯渠	—	保安河水	485

资料来源:（清）龚景翰:《循化志》卷7《水利志》，514—516页，西宁，青海人民出版社，1981;（清）邓承伟修，来维礼、杨方柯等纂:《西宁府续志》卷1《地理志·水利》，51—55页，西宁，青海人民出版社，1985。

循化县“颇有水田，得灌溉之利”，“起台沟……至清水工西入黄河，长九十里，亦多引为渠”。[①]清雍正年间，撒拉十二工“水田甚多，地亦肥美”。在雍正四年造册的6670段田地中，水地达6634段，占97%以上，即使算上山旱地段隐匿田地数，也有八成以上是水浇地，可见循化地区农田水利建设就已经在当时西宁府所辖各县厅中一枝独秀了。[②]清乾隆时，循化在兴修水利方面成绩卓著，当时已兴建有夕厂沟渠、张哈工渠、清水工渠、边都寨渠、街子工渠、查家工渠、草滩坝渠等干渠8道。其中起台堡渠有支渠4道，分别为宁巴渠、三寨水渠、磨渠、迭思慢渠，皆引台沟之水；边都寨渠支渠13道：多娃庄渠、腊木沟渠皆引边都沟之水，纯义渠、三寸腊卡渠、腊木车渠、腊黑顺渠皆引纯义沟之水，泥夕渠、日茂渠、张家渠、牙顺渠、熊哇渠、西黑藏渠、腊宁哇渠皆引中库沟之水；街子工渠支渠7道分东、西两岸分布，东岸为马家渠、尕浪渠、巴杂渠、官渠、别烈渠，西岸为说力渠、掌教坊渠，以上两岸渠皆引边都沟之水。乾隆三十四年（1769年），由时任循化同知张春芳倡导和主持修建的草滩坝工水渠，是当时循化著名水利工程。该渠由街子工东岸开新渠，引街子河边都沟之水，“历锭匠庄至石头坡，盘旋山麓，越旧渠而至西沟，转折于沙坡岭脚，至乙先哈喇庄，及城之南转东之达土门山下”[③]，余水由土门山入黄河，长共计30余里，有旧渠、新渠支渠2道，浇草滩坝田1506亩，下滩地830亩。清末，随着河湟地区经济开发的不断深入，循化水利建设步入了全面兴盛阶段，循化成为河湟地区水利最为发达的地区之一。据《西宁府续志》卷1《地理志·水利》记载统计，当时循化有干渠33条，总灌溉20912段，若每段以两亩计，则当时循化耕种面积合计达41824余亩。

① （清）龚景瀚:《循化志·山川》，58页，西宁，青海人民出版社，1981。
② 芈一之:《撒拉族史》，157页，成都，四川民族出版社，2004。
③ 芈一之:《撒拉族史》，157页，成都，四川民族出版社，2004。

循化地形复杂，地势南高北低，北边为黄河河谷。黄河虽然从境内流过，由于河床较低，加上当时的生产条件限制，无法开渠引水浇地。民国年间，当地政府加大了对河湟地区经济开发的力度，农业方面垦田与水利建设同步并举，甘肃、青海省政府，西宁道积极督促地方水利筹办，循化水利建设发展迅速，已开始用水车引黄河水灌田。据青海省档案馆藏循化县档案记载，到民国二十一年（1932 年），当地民众在积石镇乙麻目村至清水乡石巷村黄河南北两岸已修建水车 4 部，[①] 有力地缓解了当地农业用水紧张的局面。

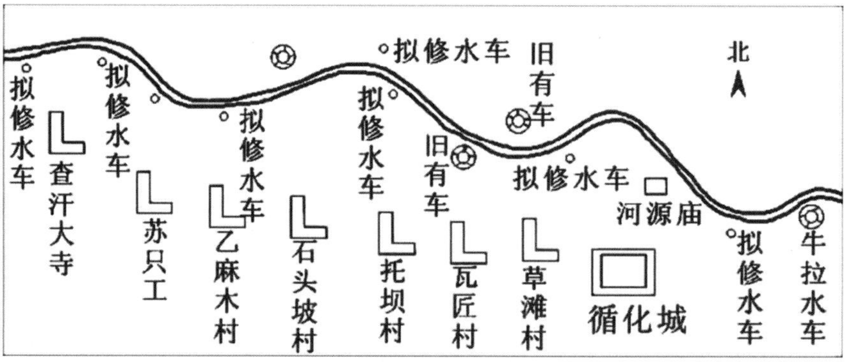

图 1　民国二十一年（1932 年）循化水车分布示意图

新中国成立后，循化各族人民在党和政府的领导下，把兴修水利解决干旱缺水问题作为农业生产的头等大事来抓，决心彻底改变“干循化”的面貌。从 1953 年开始，在全县范围内掀起了兴办水利的高潮。截至 1957 年底，改造和完善旧渠道 53 条，总长 126 千米，新建渠道 13 条，总长 137 千米，新建抽水站 3 座，街子地下截水坝 1 处，水车 1 架，完成大小水利工程 122 项，共计扩大和改善水浇地面积 11000 余亩。1957 年底，为了进一步充实和完善全县的灌溉体系，解决黄河南岸川水地区的灌溉用水，动工兴建黄丰渠（取“引黄河水灌溉农田获得丰收”之意而名）。1958 年 4 月，历时 148 天的黄丰渠第一期工程胜利竣工。这一工程是自治县水利建设史上的一项辉煌成就，实现了撒拉、汉、藏、回等族人民祖祖辈辈引黄灌溉的理想，改变了“黄河流水岸上旱、祖祖辈辈遭灾难”的状况。1967 年 3 月，黄丰渠第二期扩建工程完成。黄丰渠的建成，进一步扩大了循化农田的灌溉面积。该渠总长 21.4 千米，渠道设计流量为 6.5 立方米 / 秒，渠道深 2.5 米，宽 10 米。干渠沿线修建百米输水涵洞 3 个，自流放水阀门 21 座，

① 《民国二十一年四月循化县给民政厅呈报估计兴修水车并绘图》，青海省档案馆，档案号：67-永久 -477。

自流灌溉面积达10000余亩，总灌溉面积为20000余亩。① 在黄丰渠灌区内，由于得水之利，农作物普遍增产丰收，年均产量大幅度提高。据调查，现在全灌区80%的村组实现了大面积亩产千斤以上的目标。

三、研究区水资源利用和保护状况的调查

循化县位于青藏高原东北部，具有典型高原大陆气候的特征，年平均降雨量仅270毫米，受季节的影响较大，主要集中在6—9月，冬、春季降水很少。虽然大部分雨水集中在夏季，但仍然不能满足农作物生长的需要。黄河虽然从境内流过，由于河床低下，加上当时的生产力低下，无法开渠引水浇地，大片农田只能依赖泉水灌溉，因水源不足，致十年九旱。因此，循化素有“干循化”之称。乾隆三十四年（1769年），时任循化同知张春芳在《草滩坝工水渠记》中就记载了循化缺水的事实，“循化雨泽素鲜，每藉渠水之利，独是河水难通，又无溪涧，何以资其灌溉？爰谋之乡老思濬一渠，据称曩者亦曾开沟，限于水低不到若何？”。② 当地缺水的生活现实在“花儿”这种民间艺术中也有反映，当地撒拉族群众唱道：“天旱好比是杀人的刀，穷人们活（哈）的艰难。黄河流水岸上旱，祖祖辈辈遭灾难。”③

广大黄土高原地区，水资源的稀缺是社会生活中的“主流”。历史上因争夺水资源的所有权和使用权而上演的一幕幕“水案”悲剧就是水资源缺乏的集中体现。清光绪十二年（1886年），循化发生过一次规模较大的水利纠纷，即“查加工水案”。据《水利章程碑》记载，光绪十二年（1886年）春，因循化天旱，街子河上游查家工堵渠灌溉，下游街子工等为争水灌溉，引发械斗。时任循化同知的长赟呈报西宁办事大臣李慎和河州总兵李清吾请求派兵弹压处理。当时西宁知府倭什铿额奉命前往循化，“传调八工头目，议定轮放渠水章程”，即该碑所记的水利章程四条：①确定轮灌制度。“从立夏前十五日起，由草滩坝相浇灌，计草滩坝、瓦家（匠）庄共四昼夜；拖坝、线尕拉共四昼夜；□□、□□各庄共两昼夜；尕别列、上下托隆都、乙麻木牙慢出乎各庄共五昼夜；街子六门（工）各庄共六昼夜；古节烈庄一昼夜；查家七头各庄□□□□，□三十昼夜。”一轮周而复始，按期挨放。②严禁无端阻塞渠头渠水。③妥善拟定查

① 《循化撒拉族自治县概况》编写组：《循化撒拉族自治县概况》，西宁，青海人民出版社，1984。
② （清）龚景瀚编，（清）李本源校：《循化厅志》卷7《水利》，台北，成文出版社，1968。
③ （清）龚景瀚编，（清）李本源校：《循化厅志》卷7《水利》，台北，成文出版社，1968。

家、街子各大小庄水分章程。“经此次议定之后，凡查家、街子大小各庄固不得再以水分不敷藉端滋事，即各庄到期应放之水，亦应早为摊派均匀。各庄本庄头人老民，先定妥章，开单呈案”，免致临期滋闹，又生枝节。④加强管理、防微杜渐。“自今以后，各庄人众，皆归各庄头人，即时会商本工头人呈明地方官，层层折服，严治其不法之罪，庶善者知所观感，恶者知所戒惧焉。”[①] 另据现存于循化县城西北角积石镇草滩坝清真大寺中的民国《大理院水章判案碑》记载，草滩坝自清乾隆至同治、光绪年间，当地民众“辄为争执水利讼诸官”，致水利纠纷案卷累牍。民国八年（1919 年），“有劣衿马殿魁不知自量，在草滩坝边开口，引其开垦校场田地，以致兴讼”，草滩坝争水案复起，案件由“县高等审判厅大理院”审理，官司持续将近 3 年，民国十一年（1922 年）一月，最终由大理院审理书裁此案，认定被告人马殿魁“无水分，不容本无使水权力之人擅行开决渠口引灌己田”，并将大理院判决理由刊刻于石，“以资信守而垂久远云”。迨清及民国，由于本区水资源利用方面矛盾的加剧，在灌溉季节，不时发生纠纷酿成争水械斗的惨剧。据统计，1949 年以前的 80 年间，共发生较大的争水械斗达 40 余次，最大的一次使查加村 26 户农民绝嗣，街子工曾因用水纠纷而丧生的不下七八十人。除自然灾害外，这种人为制造的灾难严重地阻碍了当地社会、经济的发展。在用水制度方面，中华人民共和国成立前当地水权多被有权有势者占有，民众溉田须拿钱买水，或年终缴纳“买水粮”八九十斤，若需要一个半或两个水量时，必须缴纳与此相当的粮。当时私人占水的名目大致分以下几种：①股份水。即按家姓入股买水，每年每股出水股粮五斗。如街子地区分六个股份水，用水量仅一分，根本不能满足灌溉实际需求，因此械斗纠纷事件时常发生。②香头水。即点香来计算用水的时间，然后纳钱。如（积石镇）西沟一个有钱人将水垄断一定流量，他只向官府买个执照，群众灌溉时就得按点香时间纳钱。③人头水。（积石镇）定匠村地区因用水闹纠纷打死一人，因而为此打官司。最后官府判决：在水渠道中放一块如人头大小的有石眼的石头，凡通过石眼流进定匠村的水，都归其所有，若此村已用够，可以任其浪费，任何人都不得阻塞石眼断流另用。④水班。为防止偷水，每年灌溉时都要派人守渠，称“把水者”。“把水者”将卖水得的钱交与以地主为首的水班，使他们从中渔利。[②] 由于用水时间集中加上大面积集中灌溉，使原本稀少的水资源越发紧张，往往有钱有势民户大水

① 佘振贵、雷晓静：《中国回族金石录》，415—416 页，银川，宁夏人民出版社，2001。

② 青海省编辑组：《青海省回族撒拉族哈萨克族社会历史调查》，81 页，西宁，青海人民出版社，1985。

漫灌，而贫苦的农民出钱之后，只能得到少量的水，且浇地时间卡得很紧，一到时间水即被断掉。为节省更多的时间，民众多采取大水漫灌方式，反而易冲坏农作物，影响农业生产，由于水资源分配不均，许多农户田里浇不上水。

现代生态学研究表明，森林、草原具有涵养、蓄积水源之功。森林对于雨水，尤其是暴雨和雪山融水，起到了零存整取的作用，故有天然水库之誉。循化地区因自然地理气候等因素的影响整体缺水，所以对森林涵养水源作用的认识就显得十分重要。清代，西北地区由于一系列毁坏森林植被的垦殖开发等活动，使脆弱生态失衡加剧，当地生态日趋恶化。对此，人们已经有了一些粗浅的、本能的生态意识。针对毁林后土壤侵蚀所造成的自然灾害加剧，反过来又影响制约农业经济发展的状况，人们开始有意识地从维护农业生产和生态环境的角度提出了一些护林、植树、保护环境的设想和措施。至清末民初，近代森林管理措施与制度也初见端倪。①

清初，循化森林“均系天然所产。在西区尕楞、比塘、中库等处，多系松柏树林”②，原始天然林素称广袤。清前期，循化由于宗教信仰、开发程度缓慢等诸多因素的影响，天然林的保护相对比较完好，但至清后期以来，“斧斤不时入山林”的现象极其严重，因而各级官府也不断提出一些禁采措施。清咸丰年间，为保护循化孟达工森林，清廷首颁禁伐告示。光绪八年（1882 年），再次颁布“仍遵旧案”告示，并勒成碑，立于甘、青两省交界处之积石关青海一侧，以示郑重（《积石关护林碑》，此碑现藏于循化孟达工清真寺内）。青海省档案馆所存的民国循化档案，清晰地反映出民国时期各级政府对植树造林、林木管护问题的重视。民国七年（1918 年）四月，西宁道尹公署颁布给循化县的训令，要求“于植树节期，各按地方土宜，选择优美树种广为种植……选种栽植，俾资提倡，并将遵办情形随时通报，以凭查考”。③民国十一年（1922 年）四月，西宁道尹公署颁发造报植树情形饬令给循化县，文中对森林涵养水源、缓解干旱、调节气候等作用进行了特别强调，认为“近来水旱、偏灾连年迭见，推究由来，树艺未兴，山林荒废，不能调节气候、涵养水源是此主因，正宜及时推广种植以资补救”，要求各级政府及附属实业机关、学校积极植树造林，并“认真劝导人民鼓励种植，以溥林利而厚民”。④民

① 赵珍：《清代西北生态变迁研究》，331 页，北京，人民出版社，2005。

② 青海社会科学院省志办公室编：《青海风土概况调查集》，114 页，西宁，青海人民出版社，1985。

③ 《植树期各按地方土宜选择优美树种广为种植给循化县的训令》，青海省档案馆，档案号：67-永久-233-3。

④ 《饬令造报植树情形令循化县府的训令》，青海省档案馆，档案号：67-永久-233-16。

国十六年（1927 年）五月，甘肃实业厅训令循化县知事再次强调植树造林，“甘肃幅员辽阔，荒山旷土触目皆是，为天然一大好林区，苟能相度土宜，选购优良树种，举凡山阿、水滨及道旁村边空隙地段，一律栽培树木，加意浇灌护持，则十年之后，自能郁然森秀，非第材木不可胜用，行见水旱、风沙之灾异，烈日严寒之溽苦亦悉调节，灭杀不致迭苦吾民，其利益宏大早为一般人士所深知”。同时附发《新定保护森林办法》，该办法对森林采伐、管理、保护以及入山烧炭等事宜做了详细规定，并确立了各级官吏对森林保护的奖惩体制。[①] 民国十八年（1929 年）青海建省，当年贵德、乐都、循化、湟源 4 县共植树 40765 株。第二年，通令各县，“一体切实种植，以期推广”，并颁行奖惩办法，派员赴各县视察督导。此年循化、大通、民和、门源、贵德、乐都、湟源 7 县共植树 29110 株（杨、柳、榆）。[②] 可以看出，无论清代还是民国，当地官方和民众对保护林木资源的重要性都有不同程度的认识，人们可能基于以往的经验而关注农业垦殖对生态变化所产生的影响，但所采取的措施却仅仅是单纯的封山育林、禁止砍伐等被动性的保护措施，主观动因和实际效果都有很大的局限性，然而毕竟当时人们已经意识到了保护森林在改善当地生态中的重要性。

2009 年 7 月 10—17 日，调查组在青海循化县积石镇石头坡村与位于县境东北部清水乡大寺古村二地开展实地调查，除了获得 30 份调查问卷之外，通过访谈调研获得了一些真实的口述资料和个人生活资料，还收集和掌握了一些当地的历史文献资料。进村入户的调查采取问卷的形式，通过社会学的问卷调查手段掌握第一手资料，为研究项目收集资料。这些调查资料以统计数据或文本的方式体现，以说明事实，旨在为研究项目收集调查地点（主要是村庄）水资源基本状况，不同人群（如农民、村委会干部等）的经济活动和生活状况，他们对当地水资源的利用和保护的态度及认识，对现行的用水及分配水资源的制度和政策的看法和意见等。调查问卷分为村庄基本数据调查和村民调查两个部分（见表 2）。

表 2　调查地点土地资源状况（单位：亩）

村庄	耕地面积	林地面积	草地面积	其他	合计
石头坡村	约 460	约 100	—	—	约 560
大寺古村	约 600	约 100	—	约 200	约 900

① 《农商部饬令各省提倡林业》，青海省档案馆，档案号：67- 永久 -233-14。

② 翟松天：《青海经济史（近代卷）》，59 页，西宁，青海人民出版社，1998。

（1）村庄基本数据，即村庄生产总值、土地资源、灌溉水源、水利建设等情况进行了调查。

可以看出，两村经济均是以农业为主，需要指出的是，在生产总值方面，石头坡村工业和商业占了相当大的比重，在整个循化地区社会经济发展水平处于中等状况，特别是近年来，运输业有了很快的发展。调查显示，目前两村村民主要收入依赖于第三产业而不是农业，这也反映出中华人民共和国成立以来，特别是改革开放以来撒拉族社会经济变迁的过程。就水资源状况总体来说，循化属于水资源相对匮乏的地区，但石头坡村所属的黄河谷地，水资源却较为丰富。黄河干渠黄丰渠自西向东流经该村，再由南向北汇入黄河，为该村农业、工业主要用水来源。大寺古村灌溉水源则全部依赖清水河滩水。两村农业用水都采用浇灌方式。近年来，靠中央、省、县资金，两村均已开展了农村饮水工程、节水改造工程、小型农田水利工程、河道整治（包括疏浚）工程。

（2）村民调查围绕水资源状况、用水制度、水资源保护、存在问题等方面展开。对问卷的统计结果：①对当地水资源状况，50% 的受访者认为当地水资源丰富（不紧缺）；37.5% 的受访者认为当地水资源浇地用水缺口很小（有时紧缺）；8.3% 的受访者认为当地水资源浇地用水缺口很大（紧缺），他们认为当地水利设施不足是造成水资源紧张的主要原因，水资源分布不均是造成水资源紧张的第二大原因。②对缺水影响当地经济发展，83% 的受访者认为影响，16.6% 的受访者认为不受影响。③生活用水方面，80.8% 的受访者家里使用自来水，19.2% 的受访者家里的饮用水来自自家水井（窖）。④水利灌溉设施方面，村庄有 50% 的农田灌溉使用普通土渠，25% 的农田灌溉使用普通土渠与防渗渠共用，25% 的农田灌溉使用防渗渠。⑤在用水分配方面，79.2% 的受访者认为是公平的，认为不公平和有些不公平的都占 8.3%。⑥在对西部大开发战略认识方面，受访者清楚的占 46.5%，了解一些的占 49.4%，不清楚的占 4.1%。⑦对国家退耕还林还草政策，受访者表示积极拥护的占 90.8%，有顾虑的占 8.7%，没有积极性的占 0.5%。⑧对是否担心西部地区退耕还林还草会影响农民口粮问题，受访者表示不担心的占 87.9%，担心的占 10.4%，很担心的占 1.7%。

通过对以上数据分析可以看出，随着新时期西部大开发战略的实施，调查区水资源短缺状况和人民生活水平得到明显改善，西部大开发是广大人民期盼的大事，已深入人心。当地人民的生态意识不断增强，对生态建设意义的认识不断提高，特别是对退耕还林还草等政策的积极拥护，有力地推动和保证了该工程的顺利实施，为推动西部地区生态建设奠定了坚实的基础。但是，当地在水资源利用和保护方面仍然存在一系列问题，如各村普遍采用漫灌方式溉田，漫灌每年普遍分多次，有些地方甚至存在随时取水漫灌的现象，造成水资源的极大浪费和土壤盐渍化的发生。另外，水资源污染也是比较严重的问题，由于没有垃圾回收点，一些村民将垃圾随意丢弃至渠道，再汇流到黄河，造成黄河水污染。因此，依法治水、开源节流、提高水资源利用率、大力治理水污染等仍是当地实施“以水立县”战略的关键所在。

综上所述，基于对西部大开发中三个不同时期循化水资源状况的调查，为我们展现了当地水资源开发利用的清晰脉络，反映了当地水资源由紧缺到相对丰富、水资源分配制度日趋合理、当地民众生态意识不断增强等方面的转变过程。总结不同时期水资源开发经验与教训，对当地经济建设和可持续发展具有积极意义。

（原载《兰州教育学院学报》2010 年第 3 期）

青海撒拉小镇商业空间特征解析

令宜凡　靳亦冰

一、引言

小城镇大多是在原有的乡镇或较集中的居民点上发展起来的，小城镇里的商业空间是展现小城镇经济、文化、城市形象与特征的重要场域。但是随着经济的发展，现代商业的复杂性、多元化等特征打破了小城镇中传统的商业模式，使其空间形态发生改变。循化县街子镇就是一个传统商业空间被打破，商业空间模糊化、趋同化的典型案例。作为体现撒拉族民族文化特殊性的街子镇商业空间，如何消减现状的商业趋同性，体现独特的民族特色，同时保持本土性的可持续发展，是研究街子镇商业空间的重要课题。

二、循化街子撒拉小镇

（一）撒拉族聚居地

街子镇位于距青海省西宁市东南 160 千米处的循化撒拉族自治县内，循化县是我国唯一的撒拉族自治县。街子作为撒拉族发祥地，是循化的历史中心，为撒拉族聚居地，镇内商业活动频繁，居民多经商为生。

据当地人说，周边的文都乡、清水乡及查汗都斯乡的很多居民仍会选择在固定的时间来街子镇集市进行商业活动。一般集市时间为每月一、四、七日，或三、六、九日。街子镇商业空间主要位于省道 S202 与民族路交接处，部分分散在村落中。主要商业空间为临 S202 路的三岔集镇市场，与两条交叉道路形成“一点二路”的空间关系。

（二）街子集镇的三个发展阶段

据《循化志》以及相关资料记载，街子集镇的发展从古至今可分为三个阶段："茶马互市""洋货流通"以及中华人民共和国成立之后。

"茶马互市"阶段。历史最早可追溯到明代的1372年，在循化东60里的积石关即设茶马司，开始茶马交易。当时的撒拉族地区民间茶马交易十分盛行，以致造成"国课难完"而被禁之势。循化逐渐成为甘青农牧区商业交接地，出现了规模较大的商品市场。据推测，当时的商业空间形态以瞬时性的集市为主，形式单一。

"洋货流通"阶段。19世纪中期以后，外商到甘青地区的商业活动日渐增多。据史料记载，作为甘青农牧区交接地的循化地区成为洋商的必经之地，撒拉人凭借良好的商业意识为外商充当"歇家"（经纪人），并为外商提供商品驮运和水上运输等服务。商品运输的发展使得沿街店铺出现并逐渐形成商业街道。

中华人民共和国成立之后。1936年后循化城东的白庄和城西的街子出现了集市，基本可看作农村初级市场。街子集在20世纪40年代时店铺有14户，经营状况与白庄集略有相同。街子集的开设时间为每旬农历一、四、七日为集，每月9次开集。自2000年后，随着旅游产业的逐渐发展，街子镇的商业空间主要分为线性集中的商业街道、商贸集市，以及点状分布的院落式商业空间两种主要类型。不难看出，该阶段已经出现了商业街道与商贸集市的复合型空间形态。

（三）撒拉小镇商业空间现在问题

综上所述，街子镇商业空间形态的发展，由单一瞬时的集市逐渐转变为"商业街＋集市"的复合空间，又在旅游业发展的需求下出现了"商业街＋集市＋院落式商业空间"的多样复合型商业空间。经大量调研发现，在发展的同时街子镇商业空间仍然存在以下问题：①商业空间界面具有模糊性；②瞬时性的集市给街子镇商业空间带来的商业活态与固态的空间耦合关系；③街子商业空间未能充分体现撒拉族的传统民族文化。

三、撒拉小镇商业空间特征分析

街子镇的商业空间从空间形态上分为商业街、商业市场、院落式商业空间。其中，商业街及商业市场是瞬时性集市与长时性商业的耦合空间；文章中的院落式商业空间主要是指以旅游业为依托的农家院，主要针对外地旅游的人士来街子体验当地撒拉族的民俗特色。下面主要从商业空间的可识别性、商业空间的连续性、商业空间的围合与尺度等方面对街子镇商业空间特征进行分析（见图 1）。

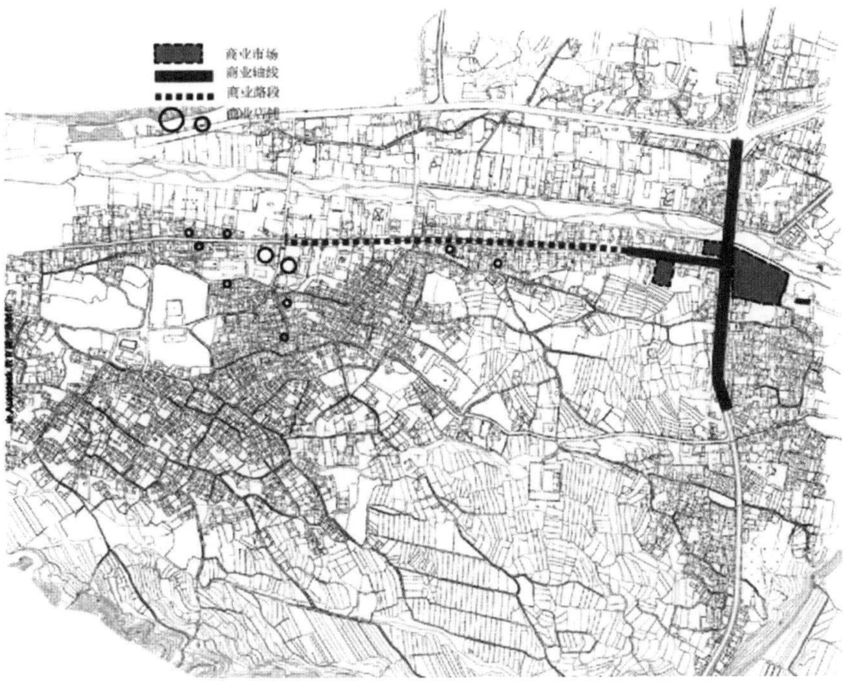

图 1　街子商业空间分布（图片来源：根据地形图改绘）

（一）商业空间的可识别性

“一个可识别的城市就是它的区域、道路、标志易于识别并又组成整体图形的一种城市。”街子商业空间中的节点与标志大体分布在道路交叉口、商业空间入口、商业空间与其他空间的交接点上。在这些节点处的街道逐渐生成两侧分布临街商铺的商业街。院落式商业空间则受伊斯兰文化的影响，成为街子“团城结构”中独特的节点空间，二者共同形成丰富的商业空间形态。

本文选取三处最具代表性的节点空间进行分析（见图 2），牌坊、入口穹顶、招牌等标志物形成了空间的韵律与节奏，使人易于与其他空间辨别，某些标志成为集镇商业空间的地标，使商业空间具有个性和标识性。但这三处典例空间虽具地标性特色，却缺乏商业空间属性，具有空间模糊性。

图 3a　三兰巴海入口牌坊　　图 3b　三岔集镇市场入口穹顶　　图 3c　院落式商业空间（农家院）招牌

图 2　商业空间的识别性与模糊性（图片来源：作者自摄）

三岔集镇市场的穹顶数量多，形式繁复，与宗教穹顶具有相似性，商业空间属性模糊；三门农家院作为院落式商业空间的代表，其商业属性在建筑空间的体现上也具有模糊性，所以需要墙上大幅的广告招牌来点明其商业属性。

（二）商业空间的连续性

商业空间的连续性主要是通过商业街的流线组织空间来体现。街子镇商业街空间属于线性空间与点式空间的耦合。从空间平面形态上来说，线性空间的优点是方向感强，轴线明确简单，布局严谨规整，是传统商业街空间常见的类型。缺点是视线通透，空间变化不大。下面就从线性连续和点式分布的两种商业空间来分析其连续性。

1. 线性连续

本文选取街子主要的商业街——S202 街道商业路段（见图 3）来说明交通要道影响下的商业界面连续性。

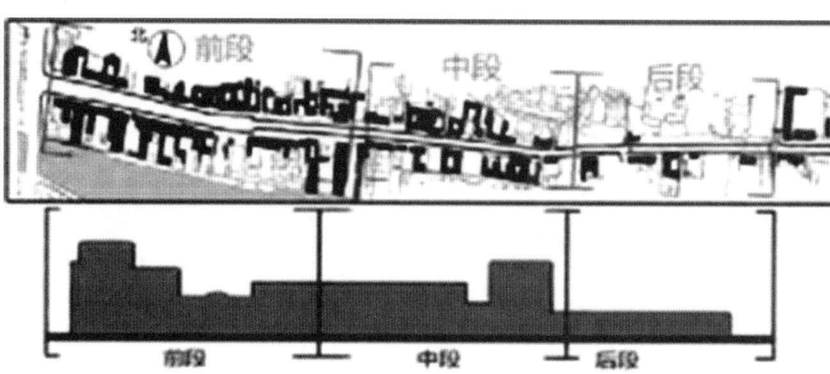

图 3　街子民族路商业空间连续性（作者绘图）

由于集镇市场具有瞬时性的特征，影响商贸街市界面的连续性也分为两种情况：①集市进行时，各类摊贩组成的连续性景观，这类连续性主要以商业摊贩的连续性来体现，比如成排的牛羊肉售卖景观，水果或是日用品流动的贩卖车等，这种连续性具有瞬时性，但景观效果强烈；②商业街建筑界面形成的连续性，具有长时性，S202商业段的界面连续为严格的连续，沿街店面整齐地排列在一条线上，从门窗到材质大体近似，个体间具有相近的檐口高度，大量重复的建筑元素形成一种几何形态的单纯性和韵律感。但由于每家店铺的业态各不相同，店铺招牌从大小、色彩上各不相同破坏了重复建筑元素的韵律感，反而弱化了商业街的连续性。作为“一点二路”中的另一商业街——民族路商业功能单一明确，界面具有分段连续的特点。从平面形态来看，按商业的密集程度，民族路分为前段、中段、后段三部分。在立面上，这三段界面从西向东界面风格由现代到传统逐渐转化。层高也由四层逐渐向一层过渡，天际线呈逐级下降趋势。

2. 点式分布

近年来，青海环湖赛的举办与国际化以及循化自身丰富的旅游资源同时刺激着循化旅游业的迅速发展，这里的商业模式出现将重心逐渐从供给居民的日常用品消费转变为供给旅游人群的以餐饮消费为主的院落式商业模式。选取街子镇三兰巴海入口段来说明民族文化影响下的商业界面连续性，该范围内的商业界面具有与居住界面融合的特点。由于很多商铺是自发形成的，其商业性的体现大多只是依靠一些商业广告牌。之所以造成界面模糊性的原因有二：一是这种小规模商贸活动对空间的需求也比较简单，且分布过于散漫，不足以形成明确的商业界面；二是居住功能转换后商业识别性的缺失。从线性连续以及点式分布两种空间形态入手分析，街子镇的商业空间的连续性整体上来说是较差的，这使得商业空间的识别性也在减弱。对营造具有民族特色的连续界面，笔者认为在以节点为连接，将点式空间与线性空间联通，可以在民族路轴线的部分营造具有民族特色的以特产营销、餐饮、民俗体验为主的连续性商业街道（见图4）。

图 4　民俗商业街改造意向图（图片来源：循化城乡风貌项目组）

（三）商业空间的围合与尺度

通过对街子镇商业空间的调研解析，分别对商业主街、商业市场以及院落式商业空间三种类型的空间尺度进行解析。

商业街作为线性连续的商业空间，属于开敞空间。作为街子镇的商业主街——省道 S202 以及民族路前段，其中东西向的 S202 商业路段的长度近 230 米，宽 15 米，为四车道交通道路，作为内外交通要道，在集市当中主要起运输的作用，空间开敞。当集市最为热闹时，民族路前段会呈现较拥挤的状态，围合感随之增强。

商业市场作为商业空间的主要组成部分，可以看作商业主街的收尾空间，属于半封闭空间。市场具有三面围合：一面开敞的特点。街子镇的市场有省道 S202 上的三岔集镇综合市场、东部市场以及一个无名市场，其规模依次递减。三个市场的空间形式大同小异，近似为矩形空间，尺度大小依次为 50 × 40 米、50 × 25 米、35 × 35 米，且由于周围建筑的层高逐渐减少，市场的围合感依次减弱。作为点式散落的商业空间，院落式商业空间的围合感体现在群体及个体两个层面。据相关调查，截至 2012 年，仅在三兰巴海内就有 33 家院落式商业店铺，平均占地面积约 800 平方米，其中面积最小的有 300 平方米，最大的达到 4700 平方米，建筑面积平均 480 平方米，平均接待能力在 15 桌左右。作为群体，其围合主要是通过分布的密度大小所形成的场域形式体现。以街子镇南部为例说明，其范围大体是以三兰巴海村入口处向街子清真大寺以及骆驼泉景区辐射（见图 5）。个体层面上，其围合感主要是通过庄廓本身的围合体现的，其尺度特点是：三面围合的庄廓院，两侧厢房主要用作招待客人，厢房内部打通为一间，尺寸大约为面阔 6× 进深 3.7 米，比一般宅院的尺寸稍大，室内空间可容纳 2—3 个大圆桌。院落尺度亲人，院内景观丰富，也可摆设餐桌，以供使用。

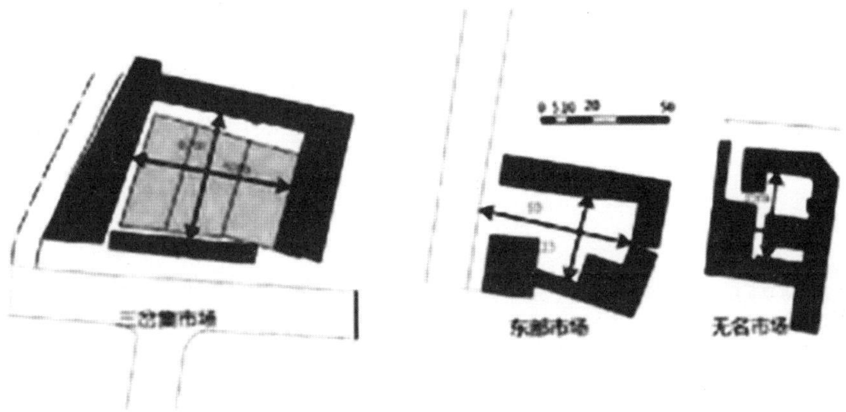

图 5　商业市场尺度图示（图片来源：作者自绘）

通过对街子镇“一点二路”的商业空间的围合与尺度研究发现：①商业主街与商业市场则呈现收缩的趋势，空间具有尺度大、围合感较弱的特点；②瞬时的集市耦合了街道的大尺度，使得商业空间尽显活态；③院落式商业空间具有强烈的围合感，其功能由单纯的餐饮逐渐演变为餐饮加住宿，院落式商业空间呈现空间扩大化的趋势，追求大型院落以容纳更多的商业活动。

四、总结

本文通过对撒拉族发祥地循化县街子镇商业空间的特征分析，总结了街子镇商业空间形态的三种类型——商业街、商业市场以及院落式商业空间。从这三种空间类型入手分析商业的可识别性、连续性、比例尺度及装饰特征发现：①街子整体商业空间布局不合理，院落式商业空间与线性商业空间的联系不足，空间的经济效益不能完全被激发。街子镇的商业空间应在“一点二路”的基础上，沿着轴线延伸发展；市场空间可按功能类型划分并适当扩大尺度增加空间容量，从而增加点状空间的经济效应；院落式商业空间宜结合交通道路与周边旅游景观组团式发展，形成以骆驼泉为核心、民族为轴线的辐射发展规律，作为全镇商业轴线的延伸与商业街紧密联系。②线性商业空间界面模糊性。应当结合伊斯兰文化及本土建筑特色，在道路铺设以及沿街立面上营造统一和谐、具有民族特色的商业建筑风貌。③过度现代化带来的民族性表征的不足。应当根据商业空间定位分类营建色彩统一、具有民族特色且样式多样的细节装饰。

通过上述商业形态的总体规划与控制的策略，在今后的城镇建设中，结合街子撒拉族民族特色逐步营造具有民族特色的点、线、面多层次复合形态的商业空间，满足当地人民的商业活动需要，结合旅游业的发展，为当地居民带来一定的经济效益。

参考文献

[1]（清）龚景瀚. 循化志（卷4）. 西宁：青海人民出版社，1991.

[2][美]凯文·林奇. 城市的意象. 方益萍，何晓军，译. 北京：华夏出版社，2001.

[3]韩得福. 撒拉族村落空间结构及空间观. 青海民族大学学报（社会科学版），2010（3）.

[4]王天津. 三兰巴海村调查：撒拉族. 北京：中国经济出版社，2015.

[5]许崇强，安静. 伊斯兰教建筑的色彩运用分析. 艺术科技，2014（2）.

（原载《建筑与文化》2017年第6期，本书收录略有删改）

青藏高原特色景观镇旅游吸引力评价研究

——以循化街子镇为例

马一帆　黄芸玛

一、引言

我国各级政府对特色景观镇特别重视，住建部先后公布了 4 批特色景观镇，青海省也相继公布了 11 个特色景观镇。特色景观镇的保护性开发有利于提高区域经济效益，对欠发达地区的发展具有重要的意义。旅游研究中旅游吸引力一直是一个学界关注的领域。旅游吸引力是目的地的各类条件和若干因素综合作用而形成的对旅游者的诱惑程度。[①] 朱鹤等以北京市为例，利用 3 个主要互联网旅游信息平台，建立了基于网络信息的旅游资源单体吸引力评价体系。[②] 单福彬以辽宁赫图阿拉村为例，构建了包括单体文化吸引力评价、不同文化吸引力比较、区域文化整体吸引力衡量在内的多层次旅游吸引力评价体系。[③] 徐阳在建立乡村旅游景区吸引力评价指标体系模型基础上，提出了郭亮村景区旅游吸引力提升路径。[④] 胡静以网络信息为数据来源，运用熵值法对黔东南州的旅游资源吸引力进行评价。[⑤] 崔晓燕基于网络文本分析法，对成都市宽窄巷子

① 吴必虎、徐斌、邱扶东：《中国国内旅游客源市场系统研究》，上海，华东师范大学出版社，1999。

② 朱鹤、刘家明、陶慧等：《基于网络信息的北京市旅游资源吸引力评价及空间分析》，载《自然资源学报》，2015（12）。

③ 单福彬：《乡村文化旅游吸引力的多层次评价——以辽宁赫图阿拉村为例》，载《干旱区资源与环境》，2017，31（12）。

④ 徐阳：《体验视角下乡村景区旅游吸引力提升研究——以新乡市郭亮村为例》，新乡，河南师范大学硕士学位论文，2017。

⑤ 胡静：《基于网络信息的民族地区旅游资源吸引力评价——以贵州省黔东南州为例》，载《经济地理》，2018，38（4）。

的旅游吸引力进行了评价。[①] 于璇用模糊综合评价法，对 1905 文化创意园进行了旅游吸引力评价。[②] 可见，学者们对旅游吸引力评价的研究非常重视，但是对青藏高原地区的研究仍较为缺乏。因此本研究以青藏高原特色景观镇为研究对象，构建旅游吸引力评价指标体系，以期对本区域旅游开发和管理提供参考。

二、理论基础与研究区概况

（一）理论基础

空间相互作用理论是指区域之间相互作用，产生物质、能量、人员和信息的流动。[③] 美国学者厄尔曼（E.L.ULLman）认为产生的条件有 3 个：互补性、中介机会和可运输性。[④] 目的地“循化街子镇”具有显著的撒拉族民族特色，客源地“西宁市、临夏市”等具有旅游需求，故二者存在互补性。互补性越强，客源量越大，旅游资源特色越突出。中介机会是改变原有空间相互作用格局的因素。[⑤] 可运输性对旅游有着显著的影响，对旅游而言意味着可达性。游客会花较少的钱和时间去游览距离较近的风景区，而花较多的钱和时间去游览距离较远的著名的风景名胜。[⑥]

（二）研究区概况

循化街子镇，其典型性、代表性可作为青藏高原特色景观镇研究的案例地。作为全国唯一的撒拉族自治县，循化县地处青海省东部黄河谷地，是中国撒拉族的发祥地。循化街子镇总人口 2.3 万人，撒拉族占 99%，镇上居民多信仰伊斯兰教。[⑦] 该镇于 2016 年 12 月 7 日被列为第三批国家新型城镇化综合试点地区，[⑧] 首批青海省级特色景观旅游名

① 崔晓燕：《旅游者体验视角下的历史街区旅游吸引力研究——以成都市宽窄巷子为例》，成都，四川师范大学硕士学位论文，2017。

② 于璇：《旅游需求视角下工业遗产类创意空间旅游吸引力研究——以 1905 文化创意园为例》，沈阳，沈阳师范大学硕士学位论文，2017。

③ ULLMANEL. American Commodity Flow. Seattle: University of Washington Press, 1957: 60–73.

④ ULLMANEL. American Commodity Flow. Seattle: University of Washington Press, 1957: 60–73.

⑤ 李悦铮、俞金国：《区域旅游市场发展演化机理及开发》，北京，旅游教育出版社，2004。

⑥ 秦玉：《基于 GIS 的空间相互作用理论与模型研究》，上海，同济大学硕士学位论文，2008。

⑦ 孙宇：《青海省循化撒拉族自治县民居考察研究》，北京，中国建筑设计研究院硕士学位论文，2010。

⑧ 中华人民共和国国家发展和改革委员会：《关于公布第三批国家新型城镇化综合试点地区名单的通知（发改规划〔2016〕2489 号）》，2016–11–29。

镇。街子镇镇政府驻地三兰巴海村入选为第三批全国特色景观旅游名镇名村示范名单①，青海省政府公布的首批省级特色景观旅游名村②。循化街子镇有街子清真大寺、骆驼泉、孟达天池、十世班禅大师故居等旅游吸引物和“国际抢渡黄河极限挑战赛”等高知名度节庆活动。

街子镇旅游发展缓慢的阻碍是可达性差，循化街子镇距离省会西宁市3个小时车程；途经的合群峡有近15千米连续下坡的狭窄弯道地段，雨雪天常掉落滚石，危险性较大。2017年10月开通了“西宁—循化、循化—化隆、循化—同仁、循化—临夏、循化—隆务”的高速，交通情况有所缓解。

三、研究方法与评价指标构建

（一）研究方法

本研究采用文献法、问卷调查法、专家咨询法构建了青藏高原特色镇旅游吸引力评价指标。采用随机抽样的问卷调查方法，对青海循化街子镇旅游吸引力进行实证研究，并运用SPSS统计分析软件对问卷数据进行处理。

（二）评价指标选取依据

借鉴国内外相关文献并进行实地调研，基于“综合性、客观性、科学性”原则初步构建了评价指标体系。通过专家访谈向旅游地学、旅游文化学、旅游市场、旅游规划等方向的教授征求意见，对评价体系进行调整后设计成问卷。

发放20份问卷进行预调研，对指标进行了修正，最终构建了包含“核心吸引力”“支持吸引力”“辅助吸引力”3个一级指标以及14个二级指标、44个三级指标的青藏高原特色镇旅游吸引力评价指标体系（表1）。

① 中华人民共和国住房城乡建设部、中华人民共和国国家旅游局：《关于公布住房城乡建设部国家旅游局关于公布第三批全国特色景观旅游名镇名村示范名单的通知（建村〔2015〕106号）》，2015-07-13。

② 青海省人民政府：《青海省人民政府关于公布首批省级特色景观旅游名镇名村的通知（青政〔2014〕2号）》，2014-01-07。

表 1　青藏高原特色景观镇旅游吸引力评价指标体系

目标层	一级指标	二级指标	三级指标
民族地区特色镇旅游吸引力	核心吸引力	旅游特色	自然特色、人文特色（建筑、餐饮、歌舞）
		资源价值	观赏价值、游憩价值、科学价值、（科普教育）文化价值、历史价值、艺术价值、奇特度、规模度、丰度
		知名度	省内知名、国内知名、世界知名
	支持吸引力	可达性	铁路（高铁、一般铁路）；公路（高速公路、一般公路）；航空
		餐饮	当地特色餐饮、综合餐馆
		住宿	住宿种类的多样性、住宿的特色化、住宿设施的个性化
		交通	镇外道路建设、镇内交通（停车场、道路通畅度）
	辅助吸引力	经济发展水平	人均 GDP、第三产业占 GDP 比重、小镇居民人均可支配收入、恩格尔系数
		旅游服务质量	服务人员态度、服务环境整洁卫生、服务环境舒适度、服务人员专业性、服务信息的可靠性、服务信息的更新速度
		气候	气候适宜度
		外围吸引物	小镇周边自然环境、小镇周边文化氛围
		当地人民的友善程度	当地人民对游客态度好
		旅游商品	当地特色、商品知名度、价格多样性、便于携带种类
		娱乐设施	文化娱乐设施、体育设施、休闲娱乐设施

（1）核心吸引力是吸引游客的主要因素，是影响旅游决策的主导因素。青海循化县作为全国唯一的撒拉族自治县，具有独特的撒拉族风情。主要指标如下：①旅游特色，测量区域的旅游景观具有独特性，主要包括自然特色和人文特色两个评价指标。②资源价值，区域景点的资源价值高低会影响游客决策，主要包括观赏价值、历史价值等指标。③知名度，主要包括省内知名、国内知名、世界知名 3 个评价指标。

（2）支持吸引力是满足游客基本需求的因素。循化街子镇需满足游客的“食、住、行、游、购、娱”，增加游客的滞留时间。主要指标如下：①可达性，区域的可达性是游客进入的基本条件。交通技术决定了空间相互作用的广度和深度，是带动旅游发展的主导因素。主要包括铁路、公路、航空 3 个评价指标。②餐饮，当地民族特色餐饮是吸引游客的重要因素，综合餐馆是为了满足游客个性化需求；主要包括当地特色餐饮和综合餐馆 2 个评价指标。③住宿，主要包括住宿种类的多样性、住宿的特色化、住宿设施的个性化 3 个评价指标。④交通，良好的区域内部交通设施可以提高游客的参与率；主要包括镇外道路建设和镇内交通（停车场、道路通畅度）两个评价指标。

（3）辅助吸引力是对核心吸引力和支持吸引力的补充。主要指标如下：①气候。包括气候舒适度指标。②经济发展水平。经济发展水平可满足游客多样的需求，主要包括人均 GDP、第三产业占 GDP 比重、小镇居民人均可支配收入、恩格尔系数 4 个评价指标。③当地人民的友善程度。当地人民的友好态度会增进游客的满意度，包括当地人民对游客态度好 1 个评价指标。④外围吸引物。小镇周围高品质的景点会增加游客滞留时间，主要包括街小镇周边自然环境和周边文化氛围评价指标。⑤旅游服务质量。旅游服务质量的好坏直接影响游客对区域的整体印象，影响口碑，主要包括服务人员态度、服务环境整洁卫生、服务环境舒适度、服务人员专业性、服务信息的可靠性、服务信息的更新速度 6 个评价指标。⑥旅游商品。游客游玩结束后大多会喜欢买一些旅游纪念品，评价指标主要包括当地特色、商品知名度、价格多样性、便于携带。⑦娱乐设施。拥有一定的娱乐设施是增加吸引力的辅助措施，主要包括文化娱乐设施、体育设施、休闲娱乐设施 3 个评价指标。

（三）问卷设计及数据来源

依据构建的青藏高原特色景观镇旅游吸引力评价指标体系为指导，运用问卷调查法测量循化街子镇旅游吸引力水平。调研发现，游客大多来自周边地区，车程 1—2 小时，当日往返，不在小镇住宿，故在问卷调查中不设置“住宿设施”，仅做指标体系中的参考指标。指标体系中“经济发展水平”，不在问卷中设置，采用查询统计年鉴、政府公报、政府网站等信息获得数据。本文问卷调查采用李克特五分制量表“非常不满意、不满意、一般、满意、非常满意”。2017 年 6 月在循化街子镇进行预调研，结合实际情况，对指标进行筛选整理。调查问卷最终确定为 3 项一级指标、12 项二级指标、37 项三级指标，并在同年 7 月 8 日进行正式调研。调查小组分别在游客量密集的循化街子镇中心和农家乐进行问卷调查，发放问卷 110 份，回收问卷 100 份。2017 年 7 月 19 日再次到循化街子镇进行问卷调查，发放问卷 140 份，回收 131 份。两次调查问卷共计发放 250 份，回收有效问卷 231 份，问卷有效率达 92.4%。

四、实证分析

运用 SPSS 软件处理问卷数据，得出均值分类表（见表 2）。由表中可知，吸引力水平好的占比 14%，是循化街子镇的核心优势；吸引力水平较好的占比 25%，也是循化街子镇的优势；吸引力水平一般的占比 61%，是循化街子镇急需提升的方面。

表 2　循化街子镇均值分类表

	循化街子镇	均值	标准方差
均值≥3.8（14%）吸引力水平好	您对小镇的文化特色评价	3.99	0.825
	您对小镇的餐饮特色印象如何	3.94	0.823
	当地居民对游客友好度的评价	3.91	0.723
	您对小镇的建筑风格特色评价	3.84	0.811
3.5 ≤均值 <3.8（25%）吸引力水平较好	您对小镇撒拉族语言使用情况评价	3.67	0.864
	您对小镇与旅游中心地交通便利性的评价	3.66	1.037
	您对小镇特色餐饮种类的评价	3.61	0.874
	您对小镇旅游商品地方特色评价	3.61	0.799
	您对小镇周边景点吸引力的评价	3.60	0.793
	您对小镇旅游商品的携带方便性评价	3.55	0.782
	您对小镇旅游资源的历史文化价值评价	3.54	0.935
2.5 ≤均值 <3.5（61%）吸引力水平一般	您对小镇的特色餐饮知名度评价	3.48	0.791
	您对餐馆卫生的评价	3.40	0.945
	您对小镇旅游商品的知名度评价	3.40	0.753
	您对小镇旅游商品的创新性评价	3.38	0.829
	您对小镇的旅游季气候舒适度评价	3.36	0.779
	您对小镇餐馆人气的评价	3.34	0.895
	您对小镇旅游资源的观赏价值评价	3.24	0.863
	您对小镇内部交通便利性的评价	3.24	1.017
	您对小镇着装撒拉族服饰人数评价	3.19	0.846
	您对小镇周边环境的评价	3.19	0.833
	你对小镇文化设施的评价	3.17	0.898
	您对小镇休闲娱乐设施的评价	3.13	1.056
	您对小镇的自然景观评价	3.01	0.919
	您对小镇体育设施的评价	2.97	0.945
	您对小镇环境卫生的评价	2.94	0.913
	您对小镇停车场设施的评价	2.78	0.859
	您对小镇的路面状况评价	2.76	0.898

1. 吸引力水平好的有“文化特色、建筑特色、餐饮特色、对游客友好程度”，反映出撒拉族独特的文化、建筑、餐饮等方面吸引了游客；游客给居民带来切实的经济利益，因此居民欢迎游客的到来。

2. 吸引力评价较好的有“撒拉族语言使用情况、距离、餐饮种类、周边景点品质、历史文化价值、地方特色、商品携带方便性”方面，反映出虽然旅游活动的频繁加速了汉语的普及度，但是当地交流还是更多地使用撒拉语；循化街子镇距离西宁市等客源地车程 1—2 小时，距离较近；游客通过游览街子清真大寺、骆驼泉等景点，体验到其厚重的历史文化沉淀；撒拉族饮食独特，做法精致，游客常吃的有馓子、油枣、各种包子、面片、拉面、盖碗茶、散饭、搅团等食品，说明餐饮种类丰富；旅游商品多为辣子、核桃等，携带方便；循化街子镇周边的孟达天池自然风光秀丽、十世班禅故居吸引游客宗教朝拜，景点品质高。

3. 吸引力水平一般的占比 61%，反映出循化街子镇吸引力水平整体一般。循化街子镇为欠发达地区的民族小镇，镇上基础设施建设还不完善，城镇应具备的文化、娱乐、体育等方面的设施不足；小镇面貌比较陈旧，反映在部分路面硬化程度低且街道较窄，尘土多，不够干净；小镇住宅等房屋建设偏多，但绿化用地少，周围环境较差；小镇居民擅长餐饮，但受知名度局限，人气较低，且部分餐馆卫生较差；本地旅游商品多为“两椒一核”等农副产品，知名度有限，且创新性低；居民为方便生活，多穿现代服装，民族服饰少有人着装。

五、结论与讨论

（一）结论

1. 本研究证明构建的旅游吸引力评价指标体系的可行性，能科学客观地测量青藏高原特色景观镇的旅游吸引力水平。

2. 循化街子镇旅游吸引力要素存在差异，“撒拉族文化”等民族特色吸引力水平高，应继续加强；“环境绿化、环境卫生、停车场设施、路面状况”等吸引力水平低，亟待改进。

3. 循化街子镇旅游吸引力的核心优势是撒拉族特色餐饮、文化、建筑等民族特色。

4. 循化街子镇旅游吸引力整体上评价一般。

（二）讨论

基于空间相互作用理论，对循化街子镇旅游吸引力的提升给予建议：

1. 互补性。循化街子镇在未来的旅游发展中继续突出撒拉族特色，深入挖掘文化内涵，增强核心吸引力，主街道建成撒拉族特色一条街，突出餐饮、建筑特色，鼓励民众着装传统民族服饰；增设撒拉族文化博物馆，更好地展示撒拉族文化，将撒拉族的文化属性附属在旅游商品中，提高知名度，达到增大客源市场，为当地带来经济效益。

2. 可运输性。增强交通建设，达到快速、便捷、舒适的交通设施，提高周边西宁、同仁、临夏等主要客源地到街子镇的可达性，方便游客进入；提升街子镇与周边景区，如十世班禅大师故居、文都寺、孟达天池等景区的可达性，共同发展；增强旅游基础设施建设，创建文明街道，硬化道路和增设停车场，增强宜居性；提升环境质量，加强绿化建设，保持街道干净卫生，改变目前“脏乱差”的街道现状。

3. 中介机会。当地政府应加强区域合作，在与邻近县域的合作中突出循化街子镇的独特性，吸引更多的客源。

[原载《嘉应学院学报（自然科学）》2018 年第 6 期]

西部民族地区旅游扶贫开发研究

——以青海循化撒拉族自治县为例

杨敏　宋保平　李君轶

中国西部民族地区旅游资源丰富、潜力巨大，但是由于种种历史和自然原因的限制，地区旅游资源优势尚未转化为经济优势。把旅游业与经济结构的战略调整结合起来，列为经济发展的主要优势之一，已成为国家扶贫总体战略和地区经济协调发展战略的重要部分。本文以青海循化撒拉族自治县（以下简称循化县）为例，具体分析民族地区的旅游资源开发问题，并提出相应建议。

一、区域概况

循化县位于青海省东部黄河河谷地区，距省会西宁 164 千米。地处北纬 35°25′—35°56′，东经 102°01′—102°49′；东西长 90 千米、南北宽 40 千米，总面积 2100 平方千米。黄河干流横贯县境北部，流程 79 千米。平均海拔 2300 米，是典型的大陆性气候；冬季寒冷干燥，夏季日照时间长，太阳辐射强，降水量小。是全国唯一的撒拉族自治县。2000 年，全县 11.31 万人，其中农业人口 10.34 万人。在总人口中，撒拉族占 62.1%，藏族占 23.43%，汉族占 5.91%，回族占 8.37%，保安、土、满、东乡等民族占 0.19%。循化经济尚处在以农业经济为主的阶段，主要是种植业和畜牧业，工业基础薄弱。1996 年，全县国民生产总值为 9777 万元，农牧民人均纯收入只有 530 元，9104 户 46779 人处于贫困线以下，贫困面达 47.8%，已被列入国家和青海省重点扶持的贫困县。

二、旅游资源的形成和分布

1. 旅游资源形成的自然和社会环境。循化县地处青藏高原与黄土高原的交界地带，四面环山，山谷相间，沟壑纵横，地形复杂。西倾山支脉达里加山、拉毛卡山、郭毛卡山和拉脊山支脉小积石山构成地形骨架。北部为黄河河谷、中部和东北部为低山丘陵、南部为中高山地，从黄河岸边的海拔1780米向南逐步升高至4635米，相对高差为2855米，南高北低，呈现高山峡谷的丘陵沟壑地貌。撒拉族的先民主要活动在伊犁以西及河中地区。其中阿尔汗一支的尕勒莽、阿合莽部在元代率领族人东迁，进入循化地区。在长期的繁衍生息中吸收邻近藏族、回族、汉族等民族成分，逐渐形成今天的撒拉族。

2. 旅游资源的分布状况。循化处于特殊的地理位置并拥有高品位的自然旅游资源和人文旅游资源。全境背山面水，主要的旅游资源和景观呈东西狭长状分布；地域组合相对集中，景点距离较近，自然资源和人文资源的互补性好。以县城为中心，西有积石峡、孟达天池，东有街子区骆驼泉、街子清真寺（青海第二大清真寺）、文都寺（十世班禅学经的地点）以及距县城31千米的喜饶嘉措大师的故居等。

三、旅游资源的特色及旅游产业的发展状况

1. 旅游资源的特色。特色是旅游资源的生命线，也是旅游业得以持续发展的源泉。循化县旅游资源丰富、开发潜力巨大，但不能眉毛胡子一把抓，要打好三张特色王牌。①浓郁的撒拉民族风情。撒拉族先民在元代从中亚撒马尔罕地方迁来循化地区，已有700年左右的历史，在悠久的历史长河中形成了独具特色的传统文化、风俗习惯和生活方式。撒拉族多信仰伊斯兰教，保存有目前世界上仅存三本之一的珍贵手抄本《古兰经》。在这里可欣赏到撒拉族具有民族特色的四合院建筑、清真大寺、传统的民族服饰、生活用品，还可品尝到具有民族传统和高原风味的特色小吃。②“高原上的西双版纳”。孟达林区地处秦岭山系西端、黄土高原南界和青藏高原东北缘这三大自然区的交汇处，特殊的地理环境和优越的气候条件孕育了这里丰富的物种资源，形成了中国西部罕见的古亚热带、亚温带和亚寒带植物汇集生长区，汇集生长了由唐古特地区、华北地区、横断山脉地区三大植物区系的植物种，被誉为“青藏高原上的西双版

纳”。孟达天池，藏语称拉隆措（拉隆为藏族人氏姓名，措为湖、海之意）。③黄河峡谷风光。黄河在循化境内流程 90 多千米，河水清澈。河段可分东、中、西三部分，其中东、西两段，即古什群峡和积石峡最为惊险。峡谷两岸奇峰耸峙，危崖兀立，河中礁石暗伏，水急浪险，两岸紫红色的丹霞赤壁给人以雄险美。积石峡最险的河道只有四五米，河水最大流量可达每秒 4800 立方米，浊浪翻滚，涛声如雷，呈现出惊天地、泣鬼神之威势，实乃世所罕见。如此多的水在这里涌过，是一处罕见的景色。

2. 旅游产业的发展状况。由于受区位条件的制约，循化经济发展缓慢，但其旅游资源十分丰富独特，慕名而来的散客近年有所增加。其中国内游客主要的客源地为西宁、兰州、临夏等大中城市，国际游客则多为来自欧美一些国家的留学生及在中国执教的外籍教师。县政府对旅游业也十分重视，已将旅游业列入县五大支柱产业之一，并将旅游资源开发纳入《循化县国民经济和社会发展“十五”计划和 2010 年远景目标纲要》。宾馆业、饮食服务业有了较大的改善，交通、通信以及城镇等基础设施建设也正在逐步完善之中。开展旅游扶贫的基础条件较好。

四、民族地区旅游扶贫的原则

1. 要突出民族性。在旅游产品设计、旅游商品开发以及发展地区民族工业等诸多方面要以自身的民族特色为依托，表现其与众不同。循化县是全国唯一的撒拉族自治县，应挖掘其民族宗教文化、饮食文化、服饰文化、民居建筑文化的独特内涵，走具有民族特色的旅游发展道路。例如，在县政府规划当中建设撒拉尔民族饮食文化一条街，撒拉人喜爱的麦茶、清茶、奶茶、盖碗茶以及碗菜、手抓羊肉、肥肠、雀舌面、馓子、羊杂碎、炒面、酿皮、牙尔玛等可集中为游客展示，再加上撒拉人特有的服饰和周围民居铺面的建筑风格，必然会给游客以浓郁的民族风情之感。在旅游产品开发方面也要有自己独特的东西，例如撒拉族男子的帽子、女子的头饰品，家居用的茶具，织有黄河峡谷风貌、循化田园景色等的手工挂毯。这些产品在其他地方是难以买到的，对远道而来的游客来说更是少见。

2. 要注意与其他产业协调共同发展。旅游业具有极强的带动效应，大力发展旅游业能为我们带来巨大的经济效益，扩大就业；但也有其脆弱性，如果就旅游而论旅游，片面地发展旅游业，就会使我们的路越走越窄。因此，在旅游扶贫时，要使旅游与农、林、牧、副、渔以及乡镇企业协作，使其产生良性的互动效应，以促进整个区域的经济发展。循化的气候相对青海其他地区要温和，是青海的瓜果之乡，具有发展观光农业、果品加工业的优势条件。现已小有名气的循化辣椒、花椒及鸡蛋、皮核桃是旅游者馈赠亲朋好友的土特产品，街子工业区已有相当数量基础较好的企业（例如雪舟三绒集团）。要通过产品宣传使人们更多地知道循化，进而了解循化。同时，可设计参观工业区企业生产流程等旅游活动，让游客了解在经济欠发达地区一样也有管理严格、生产技术先进的优秀企业，从而为企业的发展寻找新的契机。

3. 要突出“思想”的扶贫。少数民族地区思想观念较为保守，文化水平低，对新事物接受慢。他们自觉地维护本民族的传统习俗和观念，从某种意义上说对保护民族性旅游产品有一定好处，但是保守排外和正确保护是截然不同的两种概念。旅游也是一种外来文化的进入，首先应得到当地文化的认同，因此，要通过旅游扶贫加强领导干部和民众的旅游观念和意识，形成一种全民关心旅游、促进旅游、共创旅游形象的局面，自觉地促进旅游业的发展。

4. 要做好客源市场调查和分析工作。并不是拥有丰富的旅游资源就能够搞好旅游扶贫开发了。没有游客，旅游开发也就失去了意义。以市场为导向、市场和资源结合的双分析是我们旅游扶贫开发的重要依据。青海的国际游客主要来自日本，其次为东南亚和西欧、北美。循化应积极配合省旅游局做好国际旅游的宣传工作，重点放在对北美和东南亚市场的宣传上。这是因为北美人的特点是喜好探险、探奇、求异，对独特的民族风情和险峻的峡谷特别有兴趣；而东南亚许多国家信仰伊斯兰教，撒拉族东迁历史遗物——珍贵手抄本《古兰经》，对他们具有极大的吸引力。国内市场则应根据循化的地理位置，以西宁、兰州、临夏、西安等中西部大中城市为重点，以这些城市为依托，扩大宣传力度，带动东部沿海开发地区市场，即采取以近及远、层层扩大的方法。

五、民族地区旅游扶贫开发思路

1. 做好旅游项目和旅游线路的开发设计。政府在民族地区的旅游扶贫开发中的作用不可忽视。旅游业要实现可持续发展，政府应引导旅游项目开发和线路的设计，切实保护旅游产品的民族性、独特性，遵循旅游与自然、文化和人类生存环境的协调发展，切不可采取目光短浅、急功近利的滥开发。

2. 加强旅游信息服务，提高旅游专业队伍素质。民族地区由于历史、地理环境等因素而经济落后，信息技术发展缓慢。截至 2001 年 7 月，循化县仅有电信局、国税局、银行等几家单位有互联网，并且了解计算机网络知识的专业人员也为数不多。在互联网已成为信息时代与外界交流的必要工具的今天，建立循化县旅游信息网站刻不容缓。通过互联网介绍本地的气候气象、旅游景点、民风民俗、旅游常识、旅游线路、与相关部门的联系方法，建立循化县宾馆预定销售系统，等等，以方便游客。定期组织旅游部门的领导干部培训，学习相关的旅游基础知识、法规、开发管理技巧等，并聘请旅游院校的教师、旅行社管理人员、宾馆经理，定期给循化县旅游业一线从业人员进行培训，不断提高服务人员的服务意识、销售技巧，从而从整体上提高旅游专业队伍的素质。

3. 加强旅游产品的宣传促销。由于经济落后，交通不便，西部民族地区的许多旅游产品往往是“养在深闺人未识”，因此加强宣传促销和开拓客源市场尤为重要。循化应改变以往旅游部门单打一的局面，形成旅游、宣传、广播电视、文化、外事等部门密切合作，形成整体宣传促销效益，并采取电视专题片、广告栏、宣传手册、互联网等多种公共媒介宣传自己的特色，推销自己的产品，获得公众的认同。

4. 拓宽旅游筹资渠道，积极吸纳发展资金。旅游扶贫需要注入一定的资金，对于经济欠发达的西部民族地区来说，仅依靠自身的力量是无法实现的，必须广开资金门路。要实行政府投资和集体、个人投资相结合，当地投资和外来投资相结合，并制定相应的优惠政策鼓励社会各界投资循化旅游业。政府投资方向应重点放在道路建设、供电供水、通信等基础设施方面，景区游乐设施、餐饮住宿、交通运营等可采取引进资金以及联营的方式解决。

参考文献

[1] 张艳芳，郭彩玲 . 21 世纪我国西北地区旅游业发展策略 . 人文地理，2000（1）.

[2] 陈瑛 . 青海省旅游客源市场分析研究 . 资源开发与市场，2000（1）.

[3] 刘向明，杨智敏 . 对我国“旅游扶贫”的几点思考 . 经济地理，2002（3）.

[4] 循化县旅游局 . 循化撒拉族自治县县域风景名胜区调查评价报告，1997 年 12 月 .

[5] 青海省规划设计研究院，青海孟达国家级自然保护区管理局 . 青海孟达国家级自然保护区旅游发展规划，1999 年 12 月 .

[6] 李君轶 . 西部民族地区农村人口素质与持续脱贫关系研究 . 西北师范大学学报（自然科学版），2002（2）.

（原载《青海社会科学》2003 年第 4 期）

“一带一路”视角下金融助推民族地区特色产业发展研究

——以青海省循化撒拉族自治县拉面经济为例

黄军成　高剑芬

一、引子

循化县位于青海省东南部边缘的黄河谷地，总面积2100平方千米，是全国唯一的撒拉族自治县，辖3镇6乡154个行政村，总人口13.34万人，其中撒拉族8.4万人，回族1.06万人，信仰伊斯兰教的撒拉族、回族占总人口的70.9%，藏族3.01万人，占总人口的22.6%。[①]是一个人多地少，资源匮乏，工业化、农业现代化、城镇化相对滞后的少、小、边、农、穷地区，是国定贫困县，县情决定了大部分群众的收入来源主要依靠劳务输出，劳务收入的多少直接关系到群众脱贫致富和县域经济发展。同时，撒拉族先民从中亚东迁至循化县近800年民族融合发展的历程中，各民族相互交融，既形成了中华民族大家庭中一员——撒拉族，也形成了独具特色的撒拉族餐饮文化：融汉、藏、回等多民族饮食烹调技艺于一体，饮食文化具有伊斯兰特色和高原风味，体现了农牧业结合的特点，[②]这种将品质、文化多样性和营养功效有机结合起来的撒拉族餐饮，深受当地人们的喜爱，这是历史慷慨的馈赠，也是一笔巨大的无形资产，更是循化县脱贫致富的亮点和希望所在。

---

① 资料来源：根据2016年7月《循化撒拉族自治县“十二五”国民经济和社会发展统计资料汇编》相关数据整理。

② 费孝通：《撒拉餐单》，见马成俊、马伟主编：《民族小岛：新世纪撒拉族研究（2001—2009）》，北京，民族出版社，2010。

20世纪80年代末，撒拉族群众放下手中的农具，背起行囊，离开故土，到北京、上海、广州等大城市开始了他们经营拉面馆追求财富、创业、创新的发展之路，以“亲帮亲，邻帮邻”的帮带形式，使拉面馆遍布大江南北，拉面经济也成为循化县最具特色的民生产业。目前，循化县拉面经济发展处于提档升级的十字路口，如何做大做强，提升品质，完成拉面经济的转型升级，是壮大特色产业，促进县域经济发展的节点问题，也是发挥撒拉族与中亚的历史渊源优势，带动以“撒拉人家”餐饮品牌为特征的拉面产业走向“一带一路”沿线国家，参与国际竞争，壮大县域经济实现“弯道超车”的必经之路。

二、循化县拉面经济成长机制分析

20世纪80年代以来，循化县不断巩固开发穆斯林群众善于经商、优于餐饮厨艺的优势，培育拉面经济，打造“撒拉人家”餐饮品牌，延伸、壮大、完善拉面经济产业链。2016年，以拉面为主的餐饮店达7430家，遍布全国31个省、市、自治区的200多个城市，从业人员3.6万人，占县总人口的27%，农村人口的33.6%，年营业额58.6亿元，年纯收入20.8亿元。拉面经济餐饮店主要集中在一些省会及大中城市，如长江三角洲地区有1100多家，珠江三角洲地区有800多家，山东省500多家，北京市400多家，河南省400家等，其他地区也都有一定数量的拉面经营者。[①] 2008年，小吃“搅团”、面片、手抓羊肉获第九届中国美食节暨第七届国际美食博览会“中国名小吃”称号及证书，“中国撒拉族民族餐”荣获“中国名宴”称号及证书。2010年，“撒拉人家”餐饮品牌荣获“中国民族餐饮最具价值品牌”“中国餐饮行业品质信誉十佳品牌”两大殊荣。2015年，“撒拉人家”商标在中国工商总局成功注册，标志着循化县政府在打造以拉面经济为主的“撒拉人家”劳务品牌建设方面迈出了极为重要的一步，为拉面产业的快速发展打下了坚实的基础。

（一）拉面经济的形成与发展

20世纪80年代末，通过撒拉族为代表的循化穆斯林群众的艰苦创业和各级政府的积极引导，循化县拉面经济从无到有，从少到多，得到快速发展。全县范围内涌现出一批“拉面村”“轿车村”“老板村”和“小康村”。每到逢年过节，大街小巷的车流

① 资料来源：根据2014—2017年多次田野调查资料和循化县领导汇报资料整理所得。

中经常可以见到挂着外地牌照的小轿车，其中有许多车是拉面老板们从外地开回家乡的，成为循化农村的一大景观，部分从事“拉面经济”的群众也逐步成长为“致富带头人”。经过几代人近30年的不断打磨，逐渐形成独具特色的“拉面文化”符号：勇于创新、敢为人先、坚韧智慧、凝聚团结的外部形象，吃苦耐劳、善于学习、精益求精的匠心精神，以及不断纠错、改进和提升质量的内涵素养。一般来说，循化县拉面经济的发展经历了以下三个阶段。

第一阶段，起步阶段（1989—1999年）。1989年，循化县查汗都斯乡新建村韩孝德一家人，在北京市西城区白塔寺开了第一家循化撒拉人的拉面馆。由于拉面馆投资周期短、见效快、风险小，既可独立经营，也可联营、加盟，可大可小，因此，拉面技术成为循化县劳动力转移、农民工务工创业的首选，从此拉面像一块巨大的“磁铁石”，通过“亲帮亲、邻帮邻”的方式带出一批又一批勇于走出家门，开创新天地的创业者，掀开了循化拉面经济在全国布局、创业的序幕。

第二阶段，快速发展阶段（2000—2011年）。由于财富的示范效应和拉面经济投资门槛低、收益高，还能得到共享大城市优质教育、医疗等资源的机遇，以及能发挥穆斯林群众餐饮技艺，拉面经济在2000年以后就进入了一个快速发展的阶段。这一阶段，政府通过政策引导、加强培训、金融支持，设立办事处等措施，鼓励更多的人走出去开办更多的拉面馆，使循化拉面经济得到了前所未有的快速发展，成为拉动县域经济发展的一个非常重要的支柱产业，为民族地区经济发展注入了新的创新活力。

第三阶段，转型升级、提质增效、打造品牌阶段（2012年以后）。从2012年开始，循化拉面经济进入了一个加速转型升级、提质增效、提升品质和提高市场竞争力的新阶段。这一阶段，循化县政府积极引导拉面馆老板重点从经营环境、服务水平、营销管理、饭菜质量等方面提档升级，因而使现有拉面馆的整体水平有了很大的提升。经过艰苦的创业和政府部门多方合力，打造出“撒拉人家”餐饮品牌，形成较为成熟的餐饮系列。

（二）拉面产业的识别与认定

随着经济的发展，产业在县域经济中的应用越来越广泛，成为重要文献关键词和经济研究领域深入探究的一个热门话题，因此有必要进行识别与认定，为循化县乃至青海省拉面经济提质增效打下坚实的理论基础。我们认为，产业是依据前向、后向的关联关系组成的一种网络结构，由此形成一定的产业链。[①]拉面经济作为群众首创、政府引导、市场主导的产业，已形成原料供应、物流、餐饮、技能培训等为一体的产业链。

1. 形成一定规模的供应生产基地和龙头企业。一是以“黄河彩篮”为地域标志，“一核两椒”[②]、街子清真产业园和“国家级标准化养殖示范园区”——白庄养殖园，肉蛋奶和水产（冷水养殖）为代表品牌的产品原材料生产加工基地初步形成。忠华核桃公司、振荣公司、仙红公司、天香公司、驼泉醋业、农丰果蔬公司、白驼肉业、甲秀农畜产品、达山肉业等为代表的农畜产品生产和餐饮调料加工企业通过市场竞争，逐渐成为拉面经济原料生产及供应的龙头企业，实现了资源优势向产业优势转化。二是建成苏州、长沙、上海、北京等地20多处高原牛羊肉配送中心，为拉面馆的经营提供了便利。

2. 拥有一定数量的民族餐饮示范店。促进拉面经济品牌化、标准化、连锁化以及为拉面经济提档升级树立新的样板，给众多的拉面餐饮企业带好头，起到“榜样能为，我亦能为”的心理认同和道德自信，提升“撒拉人家”的美誉度和品牌价值。一是循化县政府培育认定北京的撒拉花儿、上海的骆驼泉、西宁的伊香苑食府、伊隆茶餐厅、浙江嘉兴的马家牛肉面以及马家老麻辣烫连锁店等作为发展循化县民族餐饮产业重点打造的对象，从贷款、贴息、技能培训等方面予以重点扶持。二是政府引导拉面馆将自己的拉面店作为展示循化特色名优产品的平台和窗口，将特色产品销售到国内外市场。

3. 拉面技能培训及服务能力不断提高。2000年以来，循化县政府举办多期集中和分散上门两种形式的拉面技能培训，内容涉及拉面技能、法制宣讲、经营管理等，为拉面经济发展培育了大量合格的劳动者和经营者，也为拉面经济的提档升级做了较好的人才储备。同时，发挥劳务办事处的职能，切实解决拉面经营过程中出现的各类矛盾纠纷，帮助拉面经营户解决办理证照、子女上学、维权工作、看病就医、引导发展等诸多问题，在实践中不断提高服务拉面经济的能力。

① 张志迎：《产业链视角的中国自主创新道路研究》，北京，科学出版社，2014。

② “一核两椒”是指撒拉族在长期的农业生产和生活中，根据循化县本土的水质、土壤、气候等条件，培育发展的农业特色产品。“一核”指的是薄皮核桃，“两椒”是指闻名青海的“循化红”辣椒、“大红袍”花椒，形成具有一定规模的特色产业，成为撒拉族特色农业品牌，也是国家工商局认可的地理标志证明商标。

三、金融助推循化县拉面经济发展

（一）拉面经济发展中金融创新的基本做法

农业银行循化县支行作为循化县最早设立的金融机构，长期以来根植于民族地区社会经济发展的第一线，致力于服务“三农”，强化“强农、惠农、富农”的各项金融服务措施，支持“拉面经济”提质增效、转型升级。

1. 深入了解拉面经营户信贷需求。为进一步助推循化县“拉面经济”发展，农行循化县支行主动寻找推动拉面经济发展的机会，协同循化县就业局、海东轻工业担保公司、循化黄河信用担保公司赴循化拉面馆较多的北京、上海、杭州、嘉兴、青岛等城市进行多次广泛调研，了解拉面经营户的金融需求，宣传金融产品，探索金融支持“拉面经济”发展的新措施和新方法。从调研的情况来看，95% 以上的商户以经营个体拉面馆为主，仅有极少数牛羊肉加工销售企业和餐饮公司，平均每户拉面馆日营业额在 1200—2.5 万元，月营业收入在 2 万—15 万元，年收入 20 万—80 万元，创业者以中青年为主，大部分具有吃苦耐劳、敢拼、敢创、敢干的创业精神，同时也存在着两方面的压力。

一是规模扩张压力。我国一线城市政府规范经营，对开墙打洞，店面不足 80 平方米、规模较小的拉面馆采取关停措施，目前已关停 300 多家，其中北京 100 多家、上海 200 多家，这就要求拉面经济扩面增量、提质增效、提升内涵，扩大生产规模。

二是品牌竞争压力。长期打着“兰州拉面”“新疆大盘鸡”等牌子的循化拉面经营户，面临着兄弟省份以餐饮品牌化、连锁经营集约化、公司规模化为发展目标的强大竞争。循化拉面经济在全国发展的生存空间不断萎缩，经营难度加大，整体收入下滑，经营难成为拉面经营者们共同的感受。

调研显示，70% 以上的拉面经营户有信贷资金需求，主要用于店面装修、扩大生产规模和资金周转等（见下表）。

2017 年拉面经济贷款需求表

名称	户数（家）	每户贷款额度（万元）	总计（亿元）
各省拉面馆	700	30	2.1
农家小吃	300	50	1.5

续表

名称	户数（家）	每户贷款额度（万元）	总计（亿元）
特色民族餐	50	100	0.5
茶餐厅	20	200	0.4
合计	1070	—	4.5

资料来源：循化县就业局、农行循化县支行提供。

在充分调研的基础上，农行循化县支行从拉面经营户的实际情况出发，为循化拉面经营户出主意、想办法，开创性地做好金融创新服务。为减轻拉面经营户负担（按一户往返最低费用5000元计算，300户则需150万元），将贷后管理、客户维护等工作与上门服务紧密结合起来，到北、上、广等大城市为拉面经营户办理“三农惠民贷款”以及信用卡授信等业务，此举深受客户欢迎。

2.“银政合作＋政府增信＋协同扶贫”的信用卡授信模式。“银政合作＋政府增信＋协同扶贫”的信用卡模式，是金融部门与地方政府签订创业贷款协议，规范化地约定帮扶协议。如农行循化县支行和循化县政府签订了《循化就业创业贷款合作协议》，对具有循化户籍、诚实守信、具备创业条件的城乡居民发放信用卡授信业务。

信用卡的发放经历了一个不理解使用到主动申请、积极使用的过程。农行循化县支行发放的信用卡，其授信额度分别为30万元、20万元、10万元三种，分期归还，可透支，有56天免息期，信用卡的这些优点非常适合拉面经济发展周期短、资金使用频繁的特点，使金融产品和拉面经济有了一个无缝对接的机会，有利于解决拉面经营户贷款难、担保难，改善拉面经营户扩容增面、店面装修等资金紧缺，解决短期水电、房租、人工工资等日常开支，因此，信用卡授信模式很受拉面经营户喜爱。

3.“农行＋政府担保公司＋农业专业合作社＋农户”的“三农惠民贷款”模式。长期以来，由于农民缺乏抵押物，农户贷款难成为制约循化县经济发展的瓶颈。因此，农行循化县支行围绕“精准扶贫”，充分发挥农业银行“三农惠民贷款”，加强了银政对接，发放“农行＋政府担保公司＋农业专业合作社＋农户”模式为主体的“三农惠民贷款”1亿元，支持符合条件的新型农业经营主体，带动贫困户增加收入，脱贫致富，壮大拉面产业原料供应链。2015年，农行循化县支行为382户农民发放农户贷款1840万元，为仙红集团、青海伊森土特产有限公司、青海元凯生态资源有限公司等农业产业龙头企业发放“农行＋龙头企业＋贫困户”模式流动资金贷款2000万元。

（二）拉面产业金融创新的初步效果

2014—2016年，农行循化县支行为拉面经营户累计发放4264张信用卡，授信余额3.04亿元，其中用于拉面经济2687户，授信额度2.67亿元，有效改善了拉面经营户资金紧缺的困难，拉面产业链内农业生产基地、种植业大户、龙头企业、拉面经营户的融资条件有了不同程度的改善，融资效果有了很大的提高。

信用卡发放过程中，最担心的是拉面经营户信用问题。循化县曾经是信用的"重灾区"，不良信用记录影响着银行信贷资金的进一步发放。从2014—2016年的实践来看，拉面经济不仅使群众"练了胆子、挣了票子、育了孩子"，更重要的是"换了脑子"，个人素质得到很大提升，诚信经营深入人心。信用卡发放至今，没有一笔违约失信行为。在具体操作中，农行循化县支行对拉面经济全过程进行贴身服务，实现了对各环节信贷资金的实时监控和风险的及时预警，保证了金融安全，提高了拉面经济中金融的生存力和发展力。同时利用服务拉面经济的客户资源优势，扩大产品营销，推广中间业务，实现了与拉面产业的龙头企业、"撒拉人家"品牌示范店、拉面经营户之间的"多赢"。例如，农行循化县支行做信用卡分期，帮助拉面经济发展的同时也实现了银行利润的最大化。2016年，存款余额达到22.3亿元，信用卡利润513.4万元，其中分期手续费346.6万元。这种金融和经济良性循环发展的机制，有利于促进拉面经济实现产业升级，致富的拉面经营户又成为银行的优质客户，收益资金又投资到县域经济发展的方方面面，有利于循化县实现"弯道超车"，使小康循化、美丽和谐循化建设不断向前推进。

（三）拉面产业金融创新的基本经验

1. 充分发挥金融在拉面产业发展中的"血液"作用。从供、产、销产业发展的不同阶段或是同一阶段的不同方面，精耕细作，启动跨省调研拉面户的经营状况，采取集中授信和分散上门授信两种行之有效的方式，量身定做拉面经营户喜欢的金融产品，充分发挥金融在民族地区经济发展中"血液"的作用。

2. 完善综合金融服务。拉面经济中金融助推产品包含但不局限于信贷服务，还应将资金供应、资金结算、金融宣传、理财服务等多种服务内容融于一体。

四、基本结论

（一）加大金融支持力度，实现拉面经济规模效应

目前，循化县拉面经济的发展具有显著的规模经济效应，无论是外延扩大再生产（扩面增容、扩大生产规模等），还是内涵扩大再生产（提升品牌附加价值、挖掘餐饮文化内涵、提高产品质量等），都表现出要素投入报酬递增的特征，金融机构和拉面经营户建立起来的“双赢”良好金融环境，有利于金融机构稳定外部存款，实现自身利益，反馈于民族地区经济发展和金融安全，形成一个“金融活，经济活；金融稳，经济稳”的良性循环局面。因此，金融部门可根据拉面经济发展的实际情况，采取灵活的助推机制，加大对拉面经济的支持力度，实现拉面经济规模效应。

（二）不断拉长“拉面经济”产业链

针对“拉面经济”产业发展中出现的各种问题，加大金融支持。一是加大基础研究，对增容扩面、提质增效、龙头企业及餐饮品牌化、规模化、连锁经营等情况进行全面的梳理，识别和认定拉面经济产业链，带动“拉面经济”产业上游的牦牛和藏羊养殖、菜籽油生产加工、物流配送等产业发展，逐步形成以拉面原料为主的农副产品生产、加工、配送的接续产业链，开辟青海牛羊肉和土特产品直供直销的绿色通道，使更多的农民参与其中，获得收益，脱贫致富。二是政府、金融等部门合力，谱写“拉面经济”品种多样、品质优良、品牌响亮的新篇章，为更多的农村劳动力创业就业提供踏实的环境保障。

（三）挖掘餐饮文化，鼓励拉面企业走向“一带一路”沿线国家

借助“一带一路”建设的战略机遇，充分利用撒拉族、回族的民族纽带优势，鼓励拉面经营者走出国门。目前，循化拉面馆已经开到马来西亚，一些拉面企业家初步考察过阿联酋迪拜、伊朗、土耳其、土库曼斯坦、吉尔吉斯斯坦等市场，民间资本参与“一带一路”建设的热情很高。对此，我们认为，鼓励拉面企业走出国门，到“一带一路”沿线国家或地区开店，参与国际竞争，需要政府、金融多部门共同发力。

（原载《当代经济》2019 年第 10 期，本书收录略有删改）

循化县中小企业“融资”难题浅析

韩英禄　赵艳芳

近年来，循化县中小企业依托当地特色资源和成本优势，生产经营得到了快速发展，已成为拉动循化县域经济增长、增加就业和财政收入、发展外向型经济以及促进企业技术创新的主要力量。目前，循化县有330家中小企业为循化县创造了很大的经济价值，但与此同时，其经济资源占用量却很少，化解其融资难问题，应作为推动经济社会持续发展的重要举措加以实施。

一、基本情况

循化县金融机构不断探索和完善服务手段，加大信贷投入力度，充分发挥金融在经济发展中的促进作用。尤其是2011年全县各金融机构新增贷款更是突飞猛进，净增贷款创下新高，缓解了企业“贷款难”和银行“难贷款”。

（一）中小企业贷款呈现快速增长态势

近几年，循化县金融机构对中小企业贷款呈现快速增长态势，自2007年起，循化县金融机构中小企业贷款占比每年在30%以上，这对于缓解中小企业资金需求压力、促进中小企业快速健康发展都起到了积极作用。而循化县金融机构对中小企业的支持具体体现在对农业龙头企业的重点帮扶。据调查，中国农业发展银行循化县支行2007—2011年每年对青海伊佳民族用品有限公司发放贷款3000万元，大力支持了地方龙头企业的发展。目前，金融机构对中小企业增速加快，截至2011年末，循化县金融机构共计为县内中小企业提供的贷款余额为35684万元，较年初增加27010万元。

（二）中小企业金融服务功能不断完善

近年来，循化县委、县政府制定出台了《循化县担保服务体系整合方案》《循化县中小企业担保基金管理办法》等法规，从组织和制度上对中小企业发展提供了保障。

1. 担保保障能力加强。黄河担保公司于 2008 年 9 月成立，注册资本金 1045 万元。近几年，循化县逐步提高其融资能力，2009 年提供贷款担保 3587.05 万元，2010 年提供贷款担保 8448.65 万元，2011 年提供贷款担保 10404 万元。截至 2011 年末，累计提供贷款担保 960 家 22439 万元，贷款担保放大规模平均为 2.3 倍，一定程度上缓解了中小企业融资难的问题。

2. 融资保障能力提高。广泛拓展适合中小企业的融资渠道。截至 2010 年 11 月末，循化县投资融资公司为 8 家中小企业提供贷款 3130 万元，融资保障能力有所提升。

3. 优化信用环境。地方政府部门和金融机构积极开展中小企业信用等级评估工作，重点支持信用等级较高的中小企业发展。人民银行积极开展中小企业信息采集工作，并最大限度地为中小企业办理贷款卡等业务提供便利，促使中小企业及早进入全国征信系统。

二、存在问题

（一）金融对中小企业贷款难

一是企业自身竞争力不强。主要表现：中小企业发展具有盲目性，经营规模较小，自身资金实力不足，经营产品单一，技术含量低，抗风险能力较弱。二是信贷资金风险高。目前县内多数中小企业生产能力薄弱，竞争能力不强，抵御风险的能力较差，资信度不高，信贷资金风险高。三是中小企业信用信息获取难。企业财务管理制度不够规范，信息不透明。部分中小企业经营管理资料不健全、不完整、不系统、不规范，信用评级难度较大。由于信息不对称，直接影响银行对中小企业融资的积极性。

（二）金融生态运行环境欠佳

一是中小企业贷款诚信度有待提高。目前，中小企业还没有建立起有效的法人治理结构，产权关系模糊，企业生命周期较短，持续性不强，容易产生逃废银行债务的败德行为。个别企业的欺诈行为和由此引发的抽逃资金、拖欠账款、逃废银行债务、恶意偷税欠税、产品低劣等问题在一定程度上影响了中小企业的整体形象，降低了银行对民营企业的信任度，成为制约中小企业融资的突出问题。二是缺乏相关部门配合。尽管近年来各地加强了金融环境建设，社会信用度有所提升，但大部分地区信用缺失问题未根本解决。在金融债权诉讼中，银行债权胜诉容易、执行困难，公检法等部门在对银行债权利益维护上缺乏有力支持，金融资产很难得到有效维护。三是信用服务体系不健全。虽然成立了专门服务中小企业的贷款担保机构，但包括信用担保、信用评定、业务培训等多项内容的社会化信用服务体系尚未真正建立，信用担保机构运作不规范、机制不健全、缺少充足的担保基金，很难充分发挥其作用。

（三）社会中介作用发挥不规范

作为衔接银企信用关系纽带的社会中介，会计、审计、评估、登记、公证、保险等，部门分散、环节众多、手续烦琐、收费不菲。据了解，目前中小企业办理贷款，企业资产评估登记要涉及土地、房产、车辆、工商及税务等众多部门，而且各部门都要收取费税，增加了融资成本，在一定程度上抑制了中小企业贷款意愿。

（四）适合县域地区的信贷体系尚未构建

扎根于县乡的中小企业的发展有赖于基层金融机构的有效支持，其信贷活动具有其自身的特点，基本属于“短、小、频、急”。而金融机构经多年改革，商业银行普遍建立了总分行制的垂直管理体系，但这也造成贷款审批环节多、路径长、速度慢，与中小企业需求“短、小、频、急”的特点不相适应，不仅增加了贷款难度，同时也弱化了企业贷款的信心。

三、建议

（一）加强地方政府对中小企业发展的支持

中小企业是国民经济的主导力量，是大企业的摇篮，地方政府要充分发挥服务职能，加强对中小企业发展的支持。加快组织建立规范的担保机构，通过资本注入、投资引进、风险补偿、减免税收等方式加大对担保机构的支持。实行对符合条件的中小企业担保、贴息、减税等扶持政策，加强对社会资金支持中小企业发展的引导，落实促进创业投资发展的税收优惠政策。增加金融机构对中小企业增量贷款的适当奖励，鼓励金融对中小企业增加信贷投放。

（二）加快建立科学规范的现代企业制度

中小企业要发展，必须通过转变经营机制，引进人才战略，健全内控机制，建立符合市场经济规则的现代企业组织形式。要围绕生产经营，强化生产、销售、核算、诚信等各个环节的规范管理，在激烈的市场竞争中，提高企业创新能力，发挥自身转型灵活所长，走高科技发展之路，依靠科技成果转化，加快企业技术改造，不断推出新理念、新发明、新产品，增强企业自身造血机能，提高市场竞争能力，消除银行顾虑，争得更多信贷支持。

（三）不断创新适应中小企业的信贷产品

商业银行在完善风险管理的同时，针对不同地区的经济特点、市场完善程度及发展趋势，改进贷款授权授信制度，适当降低贷款准入门槛。对规模相对较大、信誉较好的中小企业在客户评价的基础上，公开额度授信，减少管理层次、简化审批程序，以适应中小企业资金“金额少、频率高、使用急”的需求特点。同时，商业银行要改变贷款方式，变被动贷款为主动贷款，积极完善财产抵押制度和贷款抵押物认定办法，采取动产、应收账款、仓单、股权和知识产权质押等方式，缓解中小企业贷款抵质押不足的矛盾。

（四）为改善金融服务创造良好金融环境

企业经营者要树立“信用是企业最重要的资本”的观念，逐步建立健全企业信用管理体系。针对中小企业信息不透明和信用不佳的现状，尽快建立中小企业信用信息网，不仅有利于商业银行把握授信风险，进行更广泛的客户选择，而且也有利于中小企业真正树立起诚信观念，打造信用形象和信用品牌，主动争取商业银行的信赖和支持。政府部门要担负起宣传、倡导、推动、引领的责任，加大对经济领域失信行为的依法打击力度，通过社会信用体系的健全和完善，规范市场经济秩序，维护优良金融环境，促进银行信贷投放，支持中小企业持续健康发展。

（五）尽快健全中小企业信用担保体系

建立信用担保体系，解决担保难题，构建以中小企业为主要服务对象，以融资担保服务为主业，以商业性和互助性担保机构为主体，担保机构和再担保机构配套协作，有较强融资担保能力的覆盖全县中小企业的信用担保体系。鼓励担保机构积极为本地中小企业提供信用担保，创新担保方式，切实解决中小企业存在的抵押担保难的问题。

（原载《青海金融》2012 年第 8 期）

县域特色产业升级与金融支持的实践研究

——以循化撒拉族自治县为例

徐振华　黄军成

一、引言

循化县经济由于底子薄、基础差等历史遗留问题，造成产业发展不尽如人意，因此进行产业结构升级改造是当前任务的重中之重。完备健全的金融服务体系是保障产业升级改造的中坚力量，要想实现金融支持在产业结构升级中的作用，必须要正视且厘清目前循化县金融发展中存在的问题以及金融支持过程中存在的阻力，通过完善金融支持产业融合的传导机制，促使社会经济发展取得突破性的成效。从另一个角度来看，产业结构的升级也为金融发展提供了丰富的资金来源和渠道，为金融机构的信贷政策的实施提供了强劲动力与保障。因此，循化县金融发展水平和金融发展效率对推动当地产业结构的升级具有重要意义，有助于增强循化县新兴产业的竞争力，促进循化县由经济大县向经济强县迈进。

二、金融支持产业结构升级的相关理论

（一）金融支持的含义

狭义的金融支持就是指经济发展过程中金融发展水平对产业结构升级的促进作用。衡量金融支持程度的指标主要有金融业贡献程度以及金融业对其他产业的带动作用。从目前来看，我国金融支持的作用渠道主要是银行市场和资本市场，最终依赖于银行

信贷支持和资本市场支持的全面统一。

（二）产业结构升级的含义

产业结构升级主要体现在：伴随技术及经济的进步，产品生产效率提高，进而产品附加值增加；产品生产规模的增加，使规模经济发挥效用，进而提高生产过程的效率，完善组织结构；产业发展深度增加，产品技术含量升高。产业结构升级的内涵主要包括：一是产业体系变大，包括部门数量增多、部门关系复杂、产业关联度提高；二是产业层次提高，包括技术创新、资本实力增强、劳动供给充足；三是产业关系紧密，包括产业间聚集度提高、产业耦合度提高。

（三）金融支持产业结构升级的相关理论

金融发展理论。现行的金融发展理论主要包括金融结构理论、金融抑制理论、金融深化理论、金融约束理论。金融结构理论认为金融机构和金融工具对金融结构具有关键性影响。金融抑制主要体现中央银行以及监管当局对其他金融机构经营规模和资本运营的行政干预。金融深化即金融自由化，是指为推进利率汇率市场化而采取的防止政府相关决策对利率形成机制产生扰乱的措施。金融约束主要侧重于介绍政府制定的金融政策，主要目标是为各部门提供资金支持，从而提高金融市场的效率。

产业结构理论。威廉配第认为，经济发展水平存在差距的主要原因是产业结构存在差异。在各产业发展中，收入最低的当属农业，商业的收入最高，工业的收入位于中间。在配第提出相关理论之后，亚当·斯密从产业部门、产业发展以及资本投入三方面论述了相关发展顺序。科林－克拉克通过实证研究，不断完善相关理论框架，指出国民收入的增长具有一定的规律性。

三、金融支持循化县产业结构升级的现状分析

（一）循化县金融发展现状

近年来，循化县政府部门认真贯彻落实稳经济的战略目标，2020 年，全县生产总值达 7 亿元，人均可支配收入达 4000 元，全年投资近 40 亿元，发放拉面贷款 4000 万元，促进 2 万余人就业。另外，政府对于贷款额度为 20 万元以下的信贷用户予以全额

贴息，对于贷款额度在 20 万元以上的贷款用户，进行 50% 的利息补贴，从而大大降低了信贷风险，并促进了贷款发放的效率。2019 年底，拉面产业贷款总额为 7 亿余元，拉面产业贷款余额占全县贷款余额 40%；全年农业银行扶持产业用户 3000 家，贷款总额 3 亿元，邮储银行扶持产业用户 2000 家，贷款总额 4 亿元。当前循化县具有信用用户 4500 家，评定信用村 60 个、信用乡 1 个，信用贷款余额达到 1 亿多元。

（二）循化县产业结构升级现状

循化县注重一二三产业融合发展，结合金融供给侧结构性改革，努力推动产业优化升级，挖掘“三农”发展潜力。首先以现代特色农业为发展主力，主要作物为核桃与线辣椒，农业发展已经形成集约化、规模化、产业化发展趋势，目前耕地面积近 23 万亩，蔬菜种植面积达到 4 万亩，产量达到 10 万吨以上，实现蔬菜产值 1.5 亿元。第二特色产业为现代民族工业，目前存在个体工商户近 4000 户，企业 2500 家，龙头企业 1 家，省级产业化领头企业 5 家，已经形成包括清真食品、民族用品等产品完整的产业链。循化县的拉面产业远近闻名，2020 年，循化人在全国各地近 100 个城市发展拉面店铺 8000 多家，平均从业人员近 4 万人，先后创建了多个像“撒拉人家”等这样的餐饮品牌。

（三）金融支持循化县产业结构升级的现状

近年来，循化县金融大力支持乡村振兴战略实施，县域特色普惠金融全面开启，陆续搭建银企合作平台，为中小企业融资提供了极大的便利，有效克服了疫情影响，推进了中小企业健康发展。近 70 户贷款产业用户获得信贷资金 700 余万元，主要发展当地农牧产业以及拉面产业，60% 的贷款用户在北上广等城市发展了自己的产业体系，这些产业主体利润可观，其中 40 户营业额达到 1000 万元，6 户农牧业养殖户年收入达到 21 万元。2019 年，国家开发银行扶持循化县 14 个产业项目，累计发放贷款 1.5 亿元，循化县国民生产总值达到 15 亿元。努力推进“工业强县，商贸活县”战略，为企业发展提供了优质的发展环境，企业规模不断扩大，利润率不断提升，但是目前依然存在融资困难、融资昂贵等问题，因此循化县正不断加强银企合作建设，主要针对特色旅游产业、城乡基础设施、拉面产业等领域加大资金支持力度，为实体经济的发展注入活力。

四、金融支持循化县产业结构升级存在的问题

（一）信贷支持动力不足

2019年末，循化县银行等金融机构与青海省金融机构存贷比相差近30个百分点，信贷资金供不应求，资金活力严重不足。其主要原因：首先，大型商行，尤其是国有银行的权限主要集中于二级分行，县域营业网点利差收入被平均，因此造成信贷投放的积极性大大减弱。其次，由于近年来银行业务的扩张发展，银行从业人员收入形式多样化增加，导致信贷人员营销压力减小，从而信贷营销额降低。信贷收入的降低以及信贷责任的改革，导致信贷人员转变业务方向，降低对地方信贷支持的信心。

（二）直接金融发展滞后

在产业结构升级过程中，直接金融支持是重中之重。首先，随着产业的升级，风险随之增加，资本市场本身具有风险分散的功能，充分利用好直接金融的支持作用有利于产业机构升级的稳健推进。其次，资本市场具有信息反映功能，发展状况良好的企业，更容易获得直接金融支持，信用状况恶劣的企业，将会自动退出市场。由于循化县经济总体发展状况不佳，导致直接金融机构相对较少，资本市场发展速度与产业结构升级过程中的资金需求不匹配，上市企业寥寥无几，因此证券化率较低，又因为企业以传统农牧业为主，高科技产业市场占有率极低，因此造成了产业升级的缓慢推进。

（三）金融创新力度不足

金融创新有利于推进产业升级的快速协调发展。从目前来看，对产业结构升级有突出贡献的金融创新代表主要是私募股权投资和创业风险投资，高技术的金融创新对产业结构升级具有明显的推动作用。当前，循化县缺少系统的金融体系去保障金融创新，金融创新依然处于初级发展阶段，金融创新过程中存在思想、理念、制度落后的情况。从本质上说，金融创新的根本目的在于满足不断变化的市场需求，与实际市场需求相反的金融创新是没有价值的，反而会产生大量的经济泡沫，破坏金融市场的秩序。

（四）金融结构不规范

产业结构升级的方向主要是向第三产业转移，第三产业占据产业市场之后，如果直接融资市场不健全，最后只能依靠国有金融机构去提供资金支持。国有银行进行业务发展，首先要考虑存贷差，其次要控制风险的大小，为了保证信贷资金的安全，首先要考虑的信贷对象是中大型企业，注重对国家基础设施项目的信贷支持，因此导致小微企业资金来源匮乏，其产业升级的项目计划也得不到充足的资金支持，最终影响产业的升级发展。但在实际经济发展过程中，恰恰产业升级的主体主要集中于发展潜力大、前景光明的小微企业，这些企业在国有金融机构以及直接金融机构难以获得资金支持，最终只能把资金需求集中于民间借贷市场，但是民间借贷市场规模小、承受风险能力弱，只能满足企业短期小规模的资金借贷，对于产业升级这种大的投资项目，明显力不从心，更不能满足企业的技术换代及设备更新等对大额资金的需求。由于资金的限制，大部分进行产业升级的中小企业只能进行小范围的产业升级，技术改革不能全面实施，最终导致产业发展的长期滞后局面。

五、金融支持循化县产业结构升级的政策建议

（一）扩大金融发展规模

只有不断扩大金融规模，才能为产业发展提供充足的资金支持，从而促进产业结构发展更加合理。金融规模的扩大主要考虑以下几点：①打通循化县与全国其他经济发达地区金融业相互学习的渠道，学习经济发达地区金融发展与支持的先进经验。循环县要准确把握时代契机，不断优化金融组织体系，充分利用西部大开发带来的优惠政策，加大与东部沿海地区的金融交流互鉴，为循化县乃至青海省下一阶段的产业升级做好准备。②政府机构应适当发挥引领作用，通过制定相关优惠政策与条例吸引投资机构的关注与支持，鼓励相关投资机构在循化县建立长期工作部门，金融机构的扩大能有效促进循化县金融体系的繁荣发展，从而为当地产业发展创造条件。

（二）促进金融创新，提高金融效率

虽然循化县金融机构的数量和质量都已经有了明显的提高和改善，金融工具也层

出不穷，但是目前依然存在金融发展效率低等问题，金融系统的深度发展并没有达到预期。金融体系的不断完善虽然效果显著，但是与东部经济发达城市相比依然有较大差距。为缩小与经济发达地区在金融效率方面的差距，循化县政府应全面总结历史经验，积极学习外部实践经验，结合自身金融发展水平，探索一条具有循化特色的经济金融发展道路，并不断创新金融工具和金融产业，提高金融服务质量，推动整个金融体系朝着高效率方向发展。

（三）拓宽融资渠道，推动产业升级

金融创新能够推动融资渠道的拓宽，因此要重视新型融资方式的引进，金融机构要根据金融发展形势，加大技术投入，主动支持有潜力的企业去进行改革，尽力满足企业的不同资金需求，开展多元化信贷支持模式，用不同的融资方式去适应不同的企业，有针对性地支持产业结构的升级改造。同时加强金融机构的有效监管，适当降低信贷投放的门槛，以促进广大中小企业的融资规模，从而确保全局性的产业升级。

（四）建立和完善直接融资方式

从目前来看，循化县直接融资渠道狭窄，明显阻碍了产业结构升级的长远发展，因此首先应该重视直接融资市场的建立与完善，包括建立更加完善的债券市场，完善企业短期融资计划，满足不同群体，尤其是中小企业群体的融资需求，同时改善债券的发行方式，大力推进市场化改革。对于股权融资，应该开拓场外交易市场，多层次的市场结构有利于为企业的创新提供强有力的资金保障，培养具有特色的市场主体，运用现代通信手段，实现新型特色产业与直接融资市场的良性互动。

参考文献

［1］胡乃武，王春雨．加入 WTO 与我国产业结构调整．中国人民大学学报，2002（3）．

［2］程瑜，王玉玲，闫敏．FDI 与产业结构升级：西部的实证研究．经济问题，2012（7）．

［3］武晓霞．省际产业结构升级的异质性及影响因素——基于 1998—2010 年 28 个省区的空间面板计量分析．经济经纬，2014，31（1）．

［4］田卫民．金融发展缘何抑制了经济增长——来自中国省际面板数据的经验证据．经济问题，2017（1）．

（原载《上海商业》2021 年第 2 期）

循化县乡镇企业发展的分析研究

马维胜

循化撒拉族自治县人多地少，交通不便，20 世纪 70 年代末以前经济长期处于徘徊状态，使人产生“山穷水尽疑无路”的困惑，对发展前景缺乏信心。然而，80 年代以来，随着改革开放的不断深入，10 万多循化各族人民以自己的智慧与勤劳，在困境中开辟出一条新路——大力兴办乡镇企业，使前途暗淡的循化经济顿生异彩，颇给人以“柳暗花明又一村”的感觉。本文试图对该县乡镇企业发展的有关问题进行分析和探讨。

一、现状及特点

自 1980 年大规模推行家庭联产承包制后，使循化地区长期被集体化所掩盖的人口与耕地紧张关系突出地表现出来，为大量剩余劳动力走向非农产业提供了可能。从 1981 年起，以劳务输出为主要特征的乡镇企业开始起步，从 1987 年起，循化乡镇企业进入了一个较快发展的时期，以年均 30% 以上的速度向前发展。到 1992 年，全县乡镇企业达到 1274 家，完成产值 3010 万元。所从事的产业涉及农业、工业、建筑业、交通运输业、商业、饮食业及其他服务行业。

乡镇企业的发展不仅增强了地方经济实力，增加了农民收入，而且对循化地区经济结构的重塑起到了决定性作用。它正有力地改变着传统的农村经济结构模式和劳动力就业结构。到 1992 年，全县乡镇企业产值占工农业总产值的 46.7%，从业人员达 4272 人，占当年全县劳动力总数的 11.43%，如果加上大量零散外出人员，全县非农产业人数远不止此数，人们普遍看到的情景是：经营土地的主要是妇女和老人，而绝大多数青壮年男子在外从事非农性质的经营。这不仅使循化收到“不尽财源滚滚来”的经济效益，大大促进了地区商品经济的发展，有效解决了大量剩余劳动力的就业问题，加速了脱贫致富的步伐，而且更重要的是使循化的经济结构得到调整，长期形成的依靠土地惨淡经营的经济状况有了改观。乡镇企业已经成为循化经济的“半壁江山”。

循化乡镇企业的发展已形成自己的特点，主要表现在以下几个方面：

（1）组织结构特征——个体、私营企业比重增大。循化地区原有社队企业基础薄弱，再发展的制约因素较多。改革开放后主要采取了个体私营经济的方式。1992 年，个体私营企业数、从业人员和产值分别占全县乡镇企业总数的 90.8%、52.6 和 53.5%。其中分布于交通运输等部门的企业完全属个体私营性质。

（2）产业结构特征——第三产业比重大。循化地区由于市场条件差，信息不灵，工业投资领域狭小，加之地方财力不足，集体经济实力微弱，农民资金规模有限，因此，不容易将资金投向规模要求相对高的农业和工业领域。相比之下，第三产业对市场信息及资金规模等要求较低，在这一领域里，劳动力对资金、技术的替代弹性大，而且循化地区乃至整个青海原有农村社区功能不足，因此使循化地区的大量剩余劳动力和资金流向交通运输业、商业及其他服务业。1992 年，分布于第三产业的企业占全县乡镇企业总数的 50.24%，其比重在全省相对较高。

（3）空间结构特征——向外延伸性强。循化地区人多地少，市场规模狭小，为了克服因此造成的困难，循化县委、县政府鼓励农民拓展活动空间，通过异地建厂、异地生产、异地销售和异地施工等方法，使大量企业和劳动者走出县门，向外延伸开发市场，取得了良好的效益。1992 年，县外企业完成产值 1000 多万元，占全县乡镇企业总产值的 1/3。同时还通过采金、饮食服务等多种渠道，大搞劳务输出，使乡镇企业初步形成立足本地、积极向外的格局，而且这种格局大有进一步强化的态势。

二、再发展的优势与难点

循化乡镇企业已经有了良好的起点，但从企业数量、规模、素质等方面考察，它仍处于初始的发展阶段。因此，如何实现新的飞跃是个重大课题。为此，有必要先分析进一步发展的优势与难点。

（一）优势

党中央决定加速发展中西部地区乡镇企业，并从政策等方面予以扶持，这无疑又是一个发展的机遇。中西部地区的干部职工通过多年的实践，已经积累了不少成功的经验。就循化地区而言，除上述优势外，还具有以下优势。

（1）区位优势。说起区位优势，一些人可能不以为然，自古以来循化地区远离城市，哪有区位优势可言？其实从经济区位角度看，循化的区位优势得天独厚。在历史上，循化地区“据黄河上游，为番、汉门户”，也就是说，循化处于以汉族为主体的农业区与以藏族为主体的牧业区之间，是农牧业两大经济区的交接处，而且还是西宁—临夏—兰州这条历史古道的中心，因此历史上就成为茶马贸易的中心。当前随着商品经济的发展，农牧区的交流十分活跃，而且广大牧区由于自然条件、市场规模、技术环境等多方面因素的影响，加工工业及服务业较为滞后，大量的畜产品以初级产品形式运出产地，邻近的农业区又成为吸收、消化这些畜产品的重要集散地，因而使传统的茶马贸易又增添了新的内容。在两种经济类型间的交往过程中，循化正在发挥着桥梁与纽带的作用。

（2）资源优势。循化的资源优势主要表现在气候、水能两大方面。循化气候属大陆性季风类型，黄河沿岸每年平均气温 8.7℃，最低气温 -19.9℃、最高气温 33.5℃。地势从南到北逐步升高，气候差异较大，因而形成川水、浅山、脑山和牧区四类地区，不同地区各有优势。川水地区不仅粮食单产高，而且适宜发展瓜果、蔬菜等园艺业；浅山和脑山地区适宜种植青稞、豆类、油料等，牧草丰厚、利于农牧兼营，而且天然林区广阔，动植物资源丰富，形成诸如孟达自然保护区等风景名胜；牧区地势平缓，且因靠近农区，生产条件相对良好。水能资源也是循化的一大优势，黄河在县境内全长约 90 千米，从古什群峡口至积石峡口，水流急，落差大，仅拟建的公伯峡、积石峡两个水电站装机容量可超过 250 万千瓦。此外还可兴建一批中小型水电站。这些水资源的利用，不仅能为乡镇企业的发展提供廉价的动力能源，而且还可以进一步改善农业生产条件，形成不少独具特色的旅游景点。

（3）民族优势。循化是个以撒拉族为主体、多民族杂居的县份。1991 年底，全县人口 101484 人，其中撒拉族占 60.41%，藏、回、汉族分别占 23.94%、8.72%、6.83%。撒拉族人民具有吃苦耐劳，不惧风险，坚忍不拔的民族品格，同时又有不拘一业、多种经营的传统，且善于把握机遇。他们除掌握本民族语言和汉语外，还兼通藏语，在商品经济的大潮中敢于涉足生命禁区，爬雪山、入沙漠，不少人献出了宝贵的生命。正如著名社会学家费孝通先生所说：“每一个民族在中国民族大家庭中，都有它自己的优势，循化的撒拉族就很突出，虽然它的人口不多，但是它具有别的民族不具备的条件。他们有强健的身体，善于在高原上做强劳动，又善于经商，上青藏高原做生意、搞劳务。”[①] 循化的其他民族也各有优势。这些都为社会经济发展提供了良好的人文基础。

（二）难点

同广大经济欠发达地区一样，循化乡镇企业的发展也受到多方面因素的制约。

（1）市场困扰。循化地区的乡镇企业尤其是加工业发展受市场因素限制较大，这主要表现在两个方面。第一，本地区市场有效需求不足。作为国家重点扶持的贫困县，循化地区的消费还基本上滞留在以满足温饱为中心的低级阶段，目前尚有不少人口未能解决温饱。1992 年，农牧民人均纯收入只有 362 元。这种温饱型或贫困型的消费层次所表现的市场特征是生活自给性强，市场需求狭小，使企业之间很容易引起过度竞争，从而限制企业数量增加和规模扩大。第二，县外市场的胁迫。循化地区有限的市场早已被来自县外的商品所占领，其中国有商业部门商品主要来自东部沿海区地，个体商户的商品多来自临夏等地，广大消费者已形成“优质买‘上海’，便宜买‘临夏’”的消费心理。这使得本已狭小的市场更难以开拓，使投资者可供选择的空间不大。

（2）要素制约，即资金、技术、管理、信息等方面的制约。从资金角度看，循化乡镇企业起步之时恰逢国家紧缩银根，财力严重不足使地方扶持企业的愿望难以付诸行动，使多数项目处于争取资金或等待观望状态，仅 1992 年审批项目中，在建项目还短缺资金 505 万元，已批未建项目 61 个，除农民自筹部分外，2408.5 万元借款或贷款没有保证，使项目申报人不敢投入自有资金。这种局面还引起原有企业的更新改造难以启动。从技术要素来看，乡镇企业发展受制于技术补给不足，乡镇企业的职工基本上是刚刚放下犁把的农民，几乎没有受到现代教育和现代工业的熏陶，全县乡镇企业职工中高中以上文化程度的只有 90 人，初中文化程度的 502 人，小学以下文化程度的高达 3680 人，分别占总数的 2.1%、11.7% 和 86.2%。在这种情况下，企业生产难以采用现代工艺，而只好倾向于吸附劳动力多、技术要素替代弹性大的部门，再生产过程中内涵的扩大再生产缺乏基础。从管理水平看，许多人只因为是投资者或企业产权所有者而成为管理者，从未问津过现代生产，文化素质低，管理素质差，甚至连经济核算等基本管理手段也难以实施。管理方式落后，家长式的管理仍是主要方法，管理结构的优化更难以实现。从信息要素来看，通信设施落后的制约性很强，大量有关生产技术、市场供求等方面的信息难以及时传递。这些要素的制约使乡镇企业的再发展缺

① 索文清整理：《费孝通谈甘青少数民族地区经济发展问题》，载《青海社会科学》，1987（6）。

乏动力。

（3）观念约束。撒拉族在经济观念方面具有许多优势，如提倡多种经营、诚实劳动、善于把握机遇等。但是，长期的农业环境也不可避免地使他们存有一些消极观念，小富即安的心理较为普遍，反映到生产经营活动中就是缺乏长远打算，在处理积累与消费的关系时，忽视积累，出现挣多少钱花多少钱。只见挣钱不见富裕的现象，导致农民陷入“扶贫—脱贫—返贫”的怪圈。这些观念直接影响了扩大再生产的进行，使生产规模的扩大缺乏保障。

事物的发展总是处于这种矛盾状态，一方面有优势可供利用，另一方面受消极因素的制约，使前进的路途困难重重，这就决定了只有艰辛的努力，才会有成功的喜悦。经济发展更是如此。

三、对策构想

发展乡镇企业，首先要摆正它在整个经济中的地位，并对发展目标和模式进行选定，在此基础上寻求发展的途径。

（一）地位、目标及模式选定

（1）地位。从静态来讲，循化县的乡镇企业产值已占全县工农业总产值的近 1/2，地位举足轻重。从动态来看，乡镇企业又是全县最有潜力的部门。种植业、畜牧业等尽管有气候等优势，但土地和草场面积小，自然灾害频繁，发展潜力相对不足；传统工业又受制于市场环境、地方财力、管理方式等因素的影响，发展态势微弱，而乡镇企业近几年不仅以 30% 以上的速度递增，而且其潜力远未挖掘，虽然目前问题和困难还较多，但这些问题和困难都是属软约束范畴，通过努力是可以改变或缓解的。根据系统论创始人维纳的说法，越是薄弱的环节越容易出成果，存在问题之处正是潜力蕴藏之地，只要使难题稍有缓解，便可能取得明显成效。因此，从发展角度看，乡镇企业是事关循化地区经济增长速度快慢、10 万多人口生活之贫富和地方财力之强弱的重要部门，应作为近期全县经济工作之重点。

（2）目标。抓住机遇加速发展是当前全国经济之主旋律，这是一个良好的机遇，能否踏上这班车，关系到各地经济前景之好坏。而党中央关于加速发展中西部地区乡镇企业的决策，更使乡镇企业发展进入“黄金季节”。循化地区应趁此良机实现新的飞跃。循化县确定的发展乡镇企业的目标是："八五"末全县乡镇企业总产值达到6500万元，年递增24.56%；到2000年达到1亿元，年递增20.11%。按年均14%的人口增长速度计算，届时全县人均乡镇企业产值将达到840元左右。从循化实际来看，这个目标是适宜和可行的。实现这个目标，可以分为两个阶段：第一阶段是在原有基础上以扩大乡镇企业总规模和解决剩余劳动力为主要任务的再启动阶段，其主要特征是以外延的扩大再生产为主，大致到"八五"末期；第二阶段是以提高企业素质、优化部门结构为主要任务的完善阶段，其主要特征是内外兼顾，以内涵的扩大再生产为主。

（3）模式。模式选定必须从自身特点出发，做到发挥优势，克服难点。按上述分析，循化乡镇企业具有区位、资源、民族等优势，同时又受到市场需求不足、各种要素短缺、观念落后等方面因素的制约。鉴于此，循化乡镇企业的发展要以脱贫致富为目标，走以市场和资源双重导向的模式。其基本内容是：以县内外市场为主体，发挥劳动力资源丰富且善于异地经营、地方自然资源相对丰富等优势，通过扶持个体私营经济的方式，大力发展劳务输出和劳动密集型产业，以弥补资金和技术之不足，逐步推动企业向新的规模和水平上升。这一模式的特点是：在所有制方面，以集体、个体私营经济为主；从事行业，以包括劳务输出、商业、运输业、农副土特产品的生产和加工等内容的劳动密集型行业为主；从市场角度看，既强调满足县内市场，又倡导向外延伸。

（二）相关对策

实施上述目标和模式，不能单靠企业的自然发展，还需要有力的政策去引导和培育。

（1）扶持个体私营企业成长，并逐步以股份制推动企业规模升级。"多轮驱动，多轨运行"是个好的经验，但是就市场规模狭小、地方财力紧张、集体实力脆弱、管理技术落后的循化来说，发展个体私营企业更为适宜，更易操作。这些企业财产界定明确，在承担风险和资产收益上有更大的约束力和刺激力，作为所有权主体的农民在进入市场时，在人、财、物及产、供、销各方面具有完全的自主权，而作为乡镇办或社队办企业不同程度地受到各种条条框框的限制，经营的灵活性、对市场的适应性等都相对较差。因此，目前应当从金融、税收、审批及扶贫资金等方面大力支持个体私营企业。另外，要搞好各种咨询工作，帮助企业逐步走上股份制道路，实现资金联合，推动企业规模升级。

（2）多方争取资金。资金短缺是各地普遍存在的问题。解决这一问题，可以从以下四个方面入手。一是积极争取政府支持。循化是撒拉族聚居区，被国务院确定为重点扶持的少数民族贫困县。没有循化的振兴也就没有撒拉族的兴旺。因此，国家和政府应从各民族共同繁荣的高度予以扶持。二是积极引进县外资金。这方面县委、县政府已制定了许多优惠措施。目前主要是对外宣传不够。三是争取海外投资，如加强与中东国家的联系与交往，邀请海外循化籍同胞到县内参观考察，还可争取国际金融组织的支持等。四是提倡艰苦创业，增加积累。针对循化地区企业和个人普遍存在忽视积累的现象，教育农民积极增加生产性投入。此外，县内要合理使用现有资金，以规模和效益为原则，将信贷资金和扶贫资金等的重心转向见效快、效益好、风险小的行业。

（3）因地制宜，调整乡镇企业内部结构。企业层次低下是个突出问题，而且整个乡镇企业内部结构缺乏合理性，其表现之一是分布于第一产业的企业偏少。1992 年，农业企业的产值只占乡镇企业总产值的 8.9%。从资源特征看，循化地区具有发展“绿色企业”的良好优势，可以上一批投资少、见效快的小牧场、小果园、小林场等项目，既可增加收入，又可为加工型企业提供原料。

（4）以向外延伸为手段解决市场需求不足问题。这方面应充分发挥撒拉族外出经营的优势，鼓励农民异地经营，异地销售。同时，有关部门要以服务为宗旨，为企业走出县门牵线搭桥，提供信息，并设法保护异地企业和个人的合法权益。

（5）努力提高职工素质和管理技能。经济的发展归根到底是取决于人的素质，而人的素质的提高是个漫长的过程。为了从根本上解决这一问题，要进一步加强基础教育，同时要大力兴办职业教育，使更多的学生拥有一技之长，这是提高人员素质的关键。在目前情况下，要积极引进县外人才，并对现有职工进行在岗培训。同时还应发挥循化籍县外人才的作用，呼吁在外从事有关经济管理实际工作及其相关研究人员等，发挥自己的专长，为循化经济发展献计献策。只要全县上下步调一致，县内县外齐心协力，循化乡镇企业的前景是喜人的。

（原载《青海民族研究》1993 年第 3 期）

青海循化撒拉族自治县发展乡镇企业的对策研究

张爱儒

一、循化乡镇企业发展的现状

青海循化撒拉族自治县是全国唯一的撒拉族自治县。改革开放以来，循化县委、县政府立足本地实际条件，以农业为基础，大力发展地区工业和第三产业，优化产业结构，开发当地资源，各业合理布局，在发展农村经济中取得了可喜成绩。

循化撒拉族自治县把发展个体、私营为重点的乡镇企业作为振兴农村经济的突破口，坚持走"巩固提高、加速发展"的路子，解放思想，抓住机遇，大干快上。使全县乡镇企业的发展呈现出速度加快、规模扩大、项目增多、效益好转的好势头，实现了产值、销售收入、利润等主要指标的同步增长。1994 年，实现了产值比 1992 年翻一番的目标，创造了乡镇企业的历史最好成绩。全县乡镇企业总数达到 1287 家，其中产值超过千万元的企业有 2 家，产值超过百万元的有 20 家。全县乡镇企业安置剩余劳动力 4872 人，占农村劳动力总数的 12.9%。全年共完成产值 7010 万元，占全县工农业总产值的 74.4%，其中工业总产值 3724 万元，比上年增长 108.4%，建筑业、交通运输业、商业饮食业的产值比上年分别增长 54.5%、43.5% 和 28.4%。

目前，个体私营企业占全县乡镇企业数、从业人数和产值的比重已分别达到 92%、56% 和 59%。1994 年，共加工生产牛绒 163 吨，牛绒衫 5 万件，蓝湿革 4 万张，牛毛毡 2 万条，奶粉 136 吨，罐头 80 吨，砖瓦 550 块，钢窗 4.3 万平方米，石灰 852 吨，煤砖 2000 吨，太阳灶 250 台，蕨菜 190 吨等。共完成乡镇企业总收入 6449 万元；上交税金 324.4 万元，比上年增长 140.2%；实现利税 783 万元，比上年增长 140.3%；发放职工工资 1121 万元，比上年增长 21.2%。

二、存在的问题

循化县乡镇企业的发展在解决农村剩余劳动力就业、农畜产品加工增值、发展农村经济中发挥出很大作用。然而，与经济发达地区相比，差距依然很大，存在许多困难和问题。

1. 从容观因素看，通信落后，交通不便，运输效益低，成本高；乡镇企业发展的规模、速度及经济效益的进一步提高受到限制。同时由于自然条件和基础设施地区分布的差异较大，造成地区间经济发展不平衡。乡镇企业在黄河沿岸发展较快，脑山地区发展缓慢。截至 1994 年底，上部五乡（镇）完成产值 549 万元，占全县乡镇企业总产值的 7.83%，人均产值 134 元，而下部五乡（镇）完成产值 5261 万元，占全县乡镇企业总产值的 75.05%，人均产值 974 元。而且这种差距越拉越大。

2. 从主观因素看，循化是少数民族聚居地区，人的思想观念较为保守，文化教育水平较低，受传统意识影响较大，绝大多数人不能放开手脚加大资金的投入，缺乏创新精神。同时，乡镇企业发展上的法制不健全，家族式的乡镇企业排外情绪高、裙带意识严重等，也阻碍了乡镇企业的进一步发展。

3. 资金短缺。由于资金严重短缺，使新建项目资金到位率低，有些项目成了“半拉子”工程，不能及时投产。也由于资金的制约，使多数企业只能停留在初加工上，不能进行深层次的、科技含量高的技术改造。

4. 企业规模小。1994 年末，各乡镇企业的流动资金和固定资金平均占有额只有 1.58 万元和 1.84 万元，平均人数 3.79 人，平均产值 5.45 万元，难以取得规模经济效益，并使乡镇企业技术结构低级化，不仅技术人才奇缺，而且倾向于吸附劳动力多、技术要素替代弹性大的特点，使得许多企业与手工作坊相差无几。设备陈旧、很难进行附加价值高的产品生产，而且现有职工素质低，企业管理水平低，影响了乡镇企业技术向高级化发展。

5. 政府宏观调控机制不健全，致使资源配置不合理，阻碍了乡镇企业的进一步发展。

6. 市场困扰。一是本地人口少，而且收入水平低，市场有效需求不足；二是无力开拓县外市场，本县市场反被县外商品充斥，导致县内企业间在低层次过度竞争。

三、加快发展乡镇企业的对策

在全方位考察和认识循化县乡镇企业的基础上，我们认为今后一个时期，循化地区乡镇企业的发展对策如下：

1. 进一步转变思想观念，充分利用地区优惠政策，解放思想，抓住机遇，发挥撒拉族人民吃苦耐劳，外出经营，以诚待人，讲求信誉的优良传统，保障乡镇企业持续、健康、快速发展。

2. 加大政府宏观调控力度，重点扶持有发展潜力的优势企业，加强基础设施、交通、邮电、服务等，不断扩大生产规模向社会化大生产过渡。

3. 扩大资金投入。这是乡镇企业发展的核心。发展是硬道理，没有投入就没有产出，这一条抓不住，大发展就没有基础和依靠。面对乡镇企业的迅猛发展，资金需求量大和供求不平衡的实际，要坚持“向上争，向外引，向下借，向内控”的原则，千方百计多渠道筹措资金。一是领导重视，强化服务意识，争取企业项目资金；二是争取信贷资金及时到位；三是发挥农行投入的主渠道作用；四是建立自我积累，自我发展机制，增大自筹资金比例；五是广泛接纳社会闲散资金，变消费资金为生产资金；六是引导企业发挥资源优势，争取县外资金。

4. 不断深化改革，强化企业经营机制。坚持多轮驱动，大力发展股份制企业，走相对集中、连片发展的路子。针对循化贫困面大、地区间发展不平衡这一实际，乡镇企业的所有制结构应当是多层次的。近期可以把个体、私营和股份制企业作为发展的重点，同时抓好工业小区的建设。注重效益，把乡镇企业的发展和小城镇建设有机结合起来。

5. 抓紧提高乡镇企业职工队伍和企业家队伍的素质。建立一支懂技术、善经营、会管理、廉洁奉公、开拓进取、艰苦奋斗的乡镇企业家队伍。

总之，发展乡镇企业是增加农民收入，实现农村小康的希望所在；是增加农业收入，推动农业现代化的重要保证；是振兴农村经济，缩小城乡差距的根本途径；是实现农村工业化，全面建成工业化国家的必由之路；是推动农村精神文明建设，提高全民族整体素质的物质基础。因此，应当从当地实际出发，因地制宜，抓住机遇，从而促进循化县乡镇企业的全面发展。

（原载《青海民族研究》1997 年第 2 期）

纾解民营企业融资困境的政策理路研究

——以青海省循化撒拉族自治县为例

黄军成　肖昂　李梦瑾　马玉珍　黄鑫磊

一、引言

融资难、融资贵问题一直是制约我国民营企业发展的“痛疾”，也是我国民营经济发展急需完善的“发展重症”。为解决这一问题，国家出台了一系列行之有效的政策措施，如2018年成立了“国家融资担保基金”、各级地方政府的各类专项基金，通过债券、信贷、股权融资等一系列融资方式振奋了民营企业的发展信心，有效缓解了民营企业的融资困难。但是要彻底解决民营企业融资困境，需要我们深入调查研究，探寻问题背后的深层次原因，从系统性、全局性的视野综合施策，不断化解民营企业融资难题。

美国经济学家莫迪格里尼（Modigliani）和米勒（Miller）提出著名的“MM理论”，指出企业的最佳资本结构是债权融资，该理论也成为现代资本结构理论的基石。

1984年，美国金融学家迈尔斯（Myers）和智利学者迈勒夫（Majluf）提出了公司金融领域中著名的“优序融资理论”（Pecking Order Theory），认为由于信息不对称，公司新项目融资时按优先顺序进行，如公司内部盈余、债务、股权融资等。从实践上看，我国民营企业融资结构主要表现为以内部融资为主、外部融资受限、其他融资占比较小的结构。在这种情况下，公司未来的发展将会更加依赖内部融资。近年来，国内学术界从不同视角分析、研究民营企业融资问题的成果较多，这些研究成果从不同的视角提出了解决民营企业融资难的对策建议。如赵鹏程，从金融结构对民营企业融资影响视角出发，借鉴西方发达国家金融体系和小微企业融资的经验，提出完善中国金融体系促进小微企业融资建议；胡斌认为，我国金融结构和金融管制政策与小微企业融资需求不匹配，提出实行系统性的金融结构措施，兼顾金融机构、金融工具和金融市场三个要素协同发展，来解决中小微企业融资难题；刘小刚从金融体制和相关市场主体两个角度，分析、研究民营企业的融资行为特征，提出改善民营企业融资环境和融资行为的思路；卜振兴从政府部门和金融机构的角度分析民营企业融资难问题，提出信贷政策要保持统一性，注重各个政策相互协调，以避免给市场传达混乱的政策信息，提高对民营企业贷款风险容忍度；靳小翠站在民营企业债券融资的角度，认为政府设定的债券融资门槛高、手续繁杂，并且投资者对民企债券缺乏信心，建议政府牵头成立担保公司，为民营企业增信担保；钟成林等从“群体性金融声誉”和“个体性金融声誉”角度提出了解决民营企业融资困境的思路；朱泯静提出从丰富金融品种、健全金融体系、建立偿债准备金、完善信用机制多个方面采取对策，以更好地缓解民营企业的融资困境。

综上所述，我国学者已从金融体系、金融政策、金融市场、金融声誉、民营企业自身等多个层面提出了解决民营企业融资困境的对策，为本文进一步研究提供了宝贵的启示。

二、循化县民营企业特征及其融资现状

中华人民共和国成立以来，循化县经过几代人的艰苦奋斗，民营企业不断发展壮大，成为循化县社会经济中重要的组成部分。无论是20世纪60年代中期到70年代末期的小工业、小作坊经营阶段，还是20世纪80年代大办乡镇企业、民营企业快速发展的阶段，或是20世纪90年代至今，发展民族特色产业和品牌，通过“龙头企业+合作社+基地+农户”模式带领群众脱贫致富的新阶段，民营企业都扮演着非常重要的角色，成为循化县整体脱贫、经济高质量增长不可或缺的中坚力量，循化县也成为青海省民营经济发展最为活跃的地区之一。截至2018年12月，循化县有民营企业105家，其中规模以上11家，工业个体户351家，民营经济占全县经济总量的99.8%，成为引领循化县小康社会建设的主要抓手，初步形成了突出地方文化特色、民族特色为主的食品加工、民族用品加工、农畜产品加工、旅游纪念品加工、轻纺类加工的无污染、低耗能、环保节约型的民营产业发展雏形。

纵观循化县民营企业发展的历史，是在中国共产党领导下，以撒拉族为主的企业家群体通过艰苦奋斗，勇于创新，实现“站起来”“富起来”“强起来”伟大飞跃的历史，也是循化各族人民百感交集的脱愚史、脱贫史、奋斗史。如今，循化县整体脱贫驶入建

设小康社会的快车道，民营经济也进入了新的发展阶段，表现出不同的发展特征。

（一）区域文化特色鲜明

目前，循化县申请注册的各类商标有386件：循化薄皮核桃、循化花椒、循化线辣椒等获国家地理标志证明商标；有XWJT（兴旺集团）、雪舟、布哈拉、仙红、撒拉黄河石艺、白驼、三江源、好地8件全国驰名商标；振荣、忠华、圣驼、雪域红、穆巴热克、驼乡码头、哈三、呼绿斯、安晟、岗拉、腊姆、沙海泉12件获青海省著名商标；循化薄皮核桃、浩得、娜迪娅、麦汁顿、雪驰、巴力嘎嘎6件获青海省海东市知名商标；循化花椒、达山、尕撒拉、盂达山、绿丫尔、圣乐、百勒凯蒂等13件获循化县好商标。循化县也成为青海省商标注册量、全国驰名商标和地理标志证明商标拥有量最多的县，丰富了“循化模式”发展的精神谱系，如“爱国爱家、厚德诚信、崇尚生活、敢闯敢拼、自强不息”的循化精神，“百折不挠、勇敢坚毅、不惧风险、互相帮助、诚实经商、讲求信誉”的商业精神，“勇于创新、敢为人先、坚韧智慧、凝聚团结；吃苦耐劳、善于学习、精益求精、不断纠错、改进和提升质量”的“拉面精神”。这是在长期勇于进取、创新发展中积累的一笔巨大的无形资产，也是循化县民营企业创新发展的亮点和希望所在，反映出循化撒拉族自治县整体脱贫实现小康社会的综合竞争力，代表着供给侧结构和需求结构改革升级的方向。

（二）支撑地方经济发展作用明显

从工业企业的角度来看，改革开放以来，循化县民营经济（工业）产值占工业企业总产值的比重呈现上升趋势。尤其是自2005年以后，该比重达到99%以上，趋近于100%，说明民营企业支撑地方经济发展作用明显（见图1）。

从图2第三产业占生产总值的结构来看，循化县存在与全国相同的共性问题，同时，也有其个性问题。共性问题表现在，第三产业结构不断调整，第一产业占比总体呈现下降趋势，第三产业占比不断提高，2018年首次超过第二产业。差异性表现在，循化县产业结构调整滞后于全国，我国第三产业增加值在2012年首次超过第二产业，而循化县在2018年第三产业增加值超过第二产业。此外，循化县第一产业占生产总值的比重明显高于全国水平，我国2009年以后，第一产业占全国总产值的比重低于10%，循化县是15%左右。因此，民营企业在产业结构调整、乡村振兴、产业扶贫等方面有较大发展空间，可利用自身产业优势在小康社会建设中发挥更大的作用。

年份	占比	年份	占比
1991	62.81%	2005	99.71%
1992	67.92%	2006	99.63%
1993	50.88%	2007	99.80%
1994	78.77%	2008	99.72%
1995	77.36%	2009	99.76%
1996	87.36%	2010	99.78%
1997	92.45%	2011	99.83%
1998	95.77%	2012	99.85%
1999	95.35%	2013	99.87%
2000	94.27%	2014	99.90%
2001	92.49%	2015	99.91%
2002	92.59%	2016	99.93%
2003	94.13%	2017	99.91%
2004	97.22%	2018	99.80%

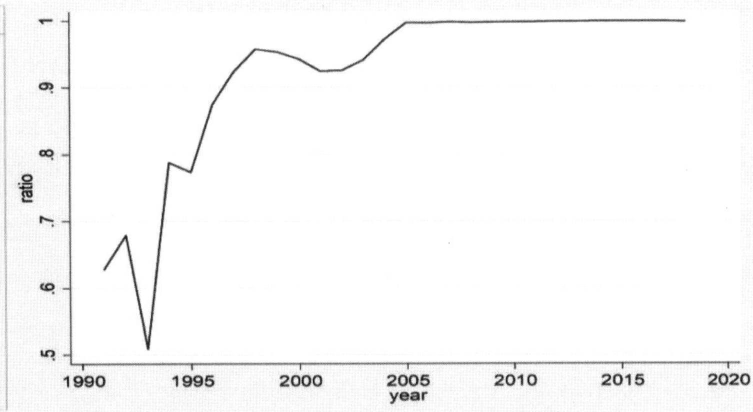

图 1　民营经济（工业）产值占工业总产值比重[①]（单位：%）

年份	第一产业	第二产业	第三产业
2011	22.91%	35.03%	42.06%
2012	20.73%	38.72%	40.54%
2013	20.08%	41.04%	38.88%
2014	17.31%	42.81%	39.88%
2015	16.10%	43.16%	40.74%
2016	14.73%	44.72%	40.55%
2017	14.58%	43.09%	42.33%
2018	15.86%	37.80%	46.34%

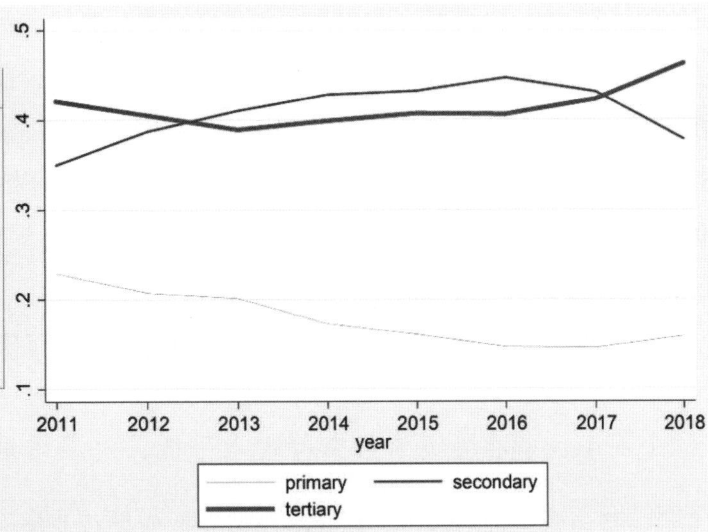

图 2　循化县生产总值中产业比例情况（单位：%）

（三）普遍存在融资需求

循化县民营企业由于自身规模小、市场竞争压力大、技术创新弱等原因，经营存在一定困难，并且融资渠道狭窄，普遍存在融资难的问题。问卷调查显示，2018—2020 年以来循化县融入资金的民营企业占 67%，其余 33% 的企业没有融入资金，2018 年 53% 以上的企业有融入资金活动。企业普遍反映需要或者非常需要融入资金，用以满足流动资金不足、购买机器设备、投资新项目、扩大产能、构建厂房、增产增效等

① 资料来源：根据循化县历年统计年鉴和相关部门的调查资料整理计算得出。

需求。其中，73% 的企业需要融资解决流动资金不足问题，7% 的企业需要进行产品研发、市场开拓、引进技术或管理人才，20% 的企业急需解决短期资金需求。

从循化县民营企业融资模式来看，其主要依靠内源融资，具体方式包括银行贷款、向其他机构借款、向亲朋好友借款、从其他企业融资、向股东和员工集资等，且全部企业以通过银行渠道获取融资作为主要的融资来源。民营企业对信托计划、融资租赁、发行债券、发行股票、质押股权、供应链融资、信用担保、债转股等外源融资方式接触甚少，再加上外源融资的国家支持机制不健全，外源融资的渠道基本被堵截。因此，当遇到资金困难时，民营企业首先想到的是银行贷款。目前，循化县民营企业融入资金的方式仅限于银行贷款、各类政策性贷款、亲友借款、向其他企业借款和民间借贷等方式，属于间接融资范畴，但对新兴产业、高风险项目的融资一般难以达到需求。即使银行贷款，也需要一定比例的优质资产作为抵押，品牌、市场、技术等无形资产在贷款中体现不出应有的价值，使贷款额度一降再降，满足不了民营企业进一步发展的需要。此外，从资产负债率的角度看，循化县民营企业资产负债率平均只有 31%，远远低于 70% 的资产负债率警戒线。理论上，适宜的资产负债率水平是 40%—60%，说明循化县民营企业负债融资有较大的发展空间。

三、循化县民营企业融资难、融资贵的原因

（一）民营企业自身经营管理水平低，发展质量不高

一是经营管理不规范。循化县民营企业所处行业绝大多数是产品附加值不高、竞争激烈的传统行业，这就在很大程度上决定了盈利空间。民营企业大多沿袭传统的家长式决策方式及管理模式，容易在经济下行压力下对国家政策领悟不深，使市场竞争战略决策的正确性和准确性大打折扣，甚至造成重大失误，影响企业高质量发展。调查中发现，不少民营企业还未建立现代化的经营理念。有些民营企业自身财务的管理人才严重不足，财务管理水平有限，自身的账务处理不够及时、规范，与我国金融机构对民营企业授信过度依赖财务报表之间产生较大矛盾，影响了融资。据调查，循化县民营企业当中均设有专门的会计岗位，但多数企业会计人员没有会计职称，被调查企业每年都会编制财务报告，但定期向外披露的企业仅占 27%，除银行外，从不向其他单位披露的企业占比 20%，向国家征信系统披露财务报告的企业占比 53%。循化县

民营企业自身盈利能力不强，缺乏现代化管理理念且对外披露的财务信息的真实性与可靠性低是其融资难、融资贵的重要原因。

二是缺乏合格的抵押担保品。循化县民营企业普遍存在资本缺乏、融资规模小、期限短、成本高的特点。商业银行在审批贷款时的审批环节复杂，同样一笔贷款如果金额较小，其单位贷款贷前审查和贷后调查成本较高，加之民营企业经营和财务状况信息透明度低，金融机构多偏向于向有优质资产做抵押的民营企业贷款，这与中小民营企业受自身规模限制存在矛盾。调查显示，循化县民营企业在向银行贷款时普遍会遇到合格的抵押品不足、缺少担保人等问题，并且从银行获取贷款的民营企业的担保方式主要是财产抵押，使用质押担保、第三方担保和信用担保等方式的企业极少，不存在浮动抵押方式。值得注意的是，仅 30% 的民营企业抵押担保贷款余额已经接近上限，大部分企业由于缺少质量较高的合格抵押担保品而在贷款过程中遇到阻碍。实质上，缺少合格的抵、质押担保品是制约循化县民营企业融资难、融资贵的主要原因。

三是研发投入低，企业竞争力不强。循化县民营企业主要涉及食品加工业等传统行业，其中食品加工在民营企业中占比达 53%。由于循化县民营企业自身实力有限，不具备自主创新所需要的资金、人才、技术、设备等基础。调查显示，循化县民营企业由于资金匮乏，无力进行研发投入，影响了企业进行技术改进和创新发展，削弱了企业的核心竞争力，制约了民营企业做大、做强。

（二）金融市场与机构放贷审慎

一是缺乏与民营企业的长期合作。一般来说，我国金融机构与中小民营企业的关系普遍存在脆弱性，缺乏长期合作关系。受信息不对称、贷款审批权限等因素的影响，金融机构过度站在风险与收益的角度看待民营企业融资，而非深入了解企业的经营特征和生产周期性，进而不能把握贷款的精准投放。调查反映，循化县民营企业与银行建立长期合作关系的较少，接受调查企业中仅占总清数的 27%。此外，部分民营企业在银行融资过程中遇到了存贷挂钩、以贷转存、长时间压贷、直接抽贷和断贷等情况。金融机构与民营企业关系的脆弱性，导致二者之间用相互质疑的眼光看待彼此，进而影响民营企业融资。

二是存贷差影响金融资源配置效率。从图 3 中可以看出，2002—2018 年的 17 年中，因受益于国家和地方政府的各项政策，循化县金融机构各项存款余额均呈现出快速增长态势，年均增速达到 24%，这也充分说明循化县小康社会建设日益发展和财富不断积累，提高了全社会资金的丰裕程度，推动储蓄存款快速增长。数据显示，17 年间，发生贷差的年份是 2002 年、2004 年、2005 年、2006 年，其余年份均为存差，存贷款之间的差额快速增加已成为循化县经济发展不可忽视的影响因素。

较大的存贷差说明金融机构贷款增长与经济增长不协调，不利于经济健康持续发展，表明存款资金资源中有一部分没有实现优化配置，造成了地区资金浪费或流失。从图 3 中可以看出，循化县存贷比起伏变化较大，2002—2009 年存贷比变化较大，表现很不稳定，2009 年开始存贷比表现平缓，最低为 25%，最高为 39%。从银行盈利的角度讲，存贷比越高越好，这样有利于银行降低资金成本，提高盈利能力。从银行抵抗风险的角度讲，存贷比例不宜过高，存贷比过高导致银行发生支付危机，易产生系统性金融风险，对地区或国家经济产生较大的危害。县域金融机构网点因没有贷款权利，使金融机构网点成为存款点，导致循化县域资金大量外流，加剧了循化县资金匮乏程度，大部分民营区企业、个体工商户和广大农户难以得到信贷支持，使得有限的县域金融资源无法高效利用。

年份	年末存款余额	年末贷款余额	存贷差余额	存贷比
2002	24698	56551	-31853	2.29
2003	35902	11204	24698	0.31
2004	40133	61231	-21098	1.53
2005	47341	61827	-14486	1.31
2006	58022	60808	-2786	1.05
2007	77166	57628	19538	0.75
2008	93662	22886	70776	0.24
2009	114559	28984	85575	0.25
2010	169723	42997	126726	0.25
2011	215112	71888	143224	0.33
2012	255635	87490	168145	0.34
2013	270222	105259	164963	0.39
2014	413300	106700	306600	0.26
2015	489833	143348	346485	0.29
2016	563278	171698	391580	0.30
2017	648010	188880	459130	0.29
2018	655774	203275	452499	0.31

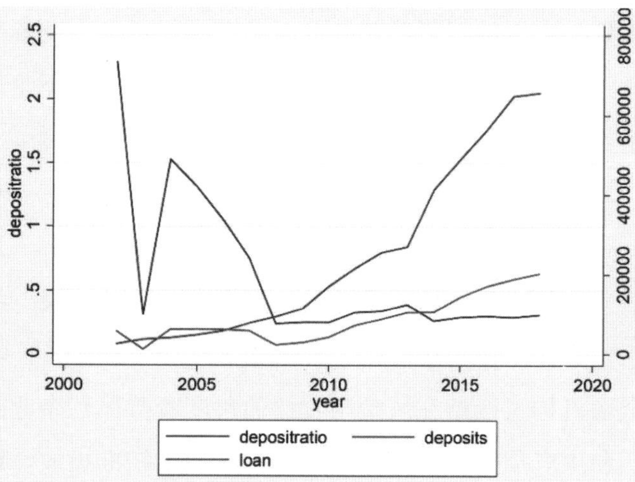

图 3　2002—2018 年循化县存贷变化情况（单位：万元）

三是银行抵御金融风险的压力增大，放贷更加审慎。受宏观经济下行和民营企业经营状况随市场变化持续下行压力的影响，银行提高了贷款门槛。尽管短期流动资金贷款期限为 1 年，受银行贷款审核等方面的限制，实际使用时间不足 1 年。当贷款到期需还款时，企业通过各种办法高息拆借过桥资金还款。调查显示，循化县民营企业为了解决流动资金不足的问题，探索设立信贷过桥基金，但由于文化、习俗等因素影响，信贷过桥基金实施的效果不突出，企业融资难的困境并没有彻底解决。同时，商业银行作为企业需要利润最大化，防范各种金融风险的金融机构，在政策执行上存在防控金融风险与金融服务实体经济之间联系不紧密的问题，放贷更加审慎，慎贷、惜贷、缩贷等现象依然存在，导致企业创新发展受到资金短缺的影响，给生产经营带来巨大的压力，部分企业甚至有面临停产的情况。

（三）地方政府融资服务体系建设不完善

一是信用担保体系不完善、不合理。循化县中小民营企业融资特点是“短、频、急”，金融机构信贷业务流程、管理体系、授权环节等相对复杂，难以满足民营企业的融资诉求。2008 年，循化县仙红辣椒开发有限公司、循化县投融资公司、循化县恒祥畜产品开发有限公司共同出资成立了“循化黄河信用担保公司”，为民营企业融资提供担保配套服务，截至 2019 年底，循化县只有这 1 家县域信用担保公司，担保行业发展非常缓慢。在风险约束条件下，由于信息共享机制不健全，金融机构贷款审查环节中在贷前调查、贷时审查、贷后检查等环节容易出现道德风险和逆向选择，加大了金融部门获取信息的成本，导致金融机构不愿意对难以提供有效担保或抵押的企业进行信贷支持。

二是民营企业对政府扶持政策的获得感不强。近年来，各级政府为民营企业的发展出台了一系列的支持政策，帮助民营企业解决发展中存在的实际困难和问题。这些政策措施对发展成熟、有一定基础的企业扶持较多，对真正需要扶持和有潜力的初创、小微企业扶持得相对较少，令很多中小企业的感受是扶持政策锦上添花的多、雪中送炭的少。据调查，循化县民营企业人力资源紧张，缺乏专门人员和精力去分析理解各类各级扶持政策，导致企业对政策的获得感不强。

四、纾解循化县民营企业融资困境的政策理路

（一）强化民企内在素质，提升综合实力

一是充分发挥企业家在企业经营管理中的作用。循化县民营企业经过几代人艰苦创业，在残酷的市场竞争中涌现出一些优秀企业家，他们在市场磨炼中敢为人先、敢闯敢拼、自强不息，洞察市场和产业发展方向，具有丰富的市场洞察力和营销经验，

在组织带领群众奋发努力、开拓市场、艰苦创业、不断创新、提升企业核心竞争力等方面表现出来的优秀品质，使之成为企业价值发现者和创造者，这是创新发展的有生力量，是循化县小康社会建设的宝贵财富，值得全社会珍惜、尊重和学习。

二是注重价值创造，不断提升产品附加值。从图 4 循化民营企业价值链“微笑曲线”来看，循化县民营企业生产的产品目前主要在获利低位区域，粗加工、低端制造多，精细化加工水平不高。因此，产品附加值低，产品关联度不高。虽然在做强做优过程中，品牌建设有了长足的进步，但是在获利高位的技术、专利、品牌挖掘利用、服务等方面还有较大的发展空间。因此，不断延长产业链，加强技术创新，充分发挥品牌多的优势，深度挖掘品牌的内在价值，提升产品附加值，使生产的产品从获利低的制造区域逐渐发展到获利高的区域，完成价值创造—价值生产—价值实现的转变，是提升企业核心竞争力的主要路径，也是提高循化民营企业获利能力的内在动力。

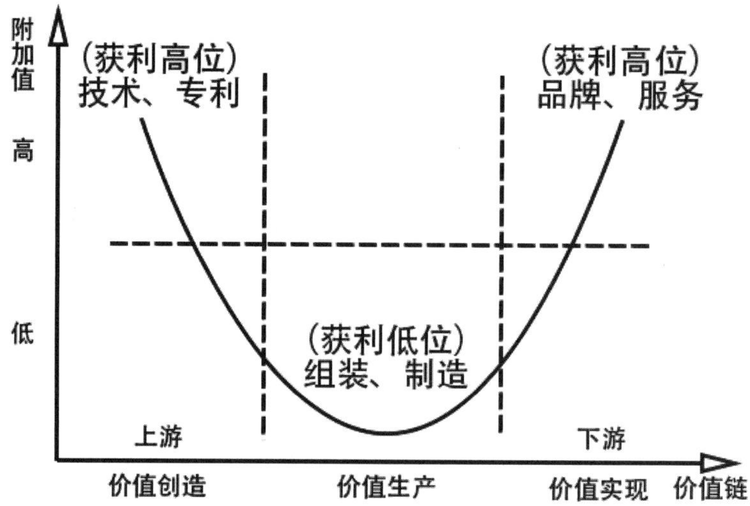

图 4　循化县民营企业价值链“微笑曲线”

三是精准配置资源，优化、重组、加快企业转型升级。循化县民营企业同质化竞争压力大，生产同类产品的企业多、资源配置效率不高。基于此，我们认为，从循化社会经济发展的实际出发，围绕民族用品、特色农牧业、清真食品、文化旅游产品以及矿产资源综合利用等方面进行结构调整，通过收购、兼并、重组等资本运营方式，组建集团化公司，充分利用每家企业拥有的一切社会资源，通过精准配置，使循化民营企业的发展具有无限的张力，为循化县小康社会建设注入强大的发展动力。

（二）创新金融服务体系，拓展民企融资渠道

一是构建循化村镇银行，加大金融支持力度。2017 年发布的国务院《“十三五”促进民族地区和人口较少民族发展规划》明确指出，“推动符合条件的民间资本在民族地区依法发起设立民营银行和消费金融公司，参与、发起、设立村镇银行”。为了弥补民营企业短期资金不足，循化县民营企业家自发组织起来进行过桥基金试点，从中不难看出民间资本对于过桥贷款的兴趣比较浓厚，企业有强烈的融资诉求。基于此，我们认为循化撒拉族自治县具备设立新型村镇银行的条件，可以按照股份制投资管理的方式，吸收金融资本、民间资本等以“农商微贷模式”构建“循化村镇银行”，资本额的多少采取股份制形式，双方按协议分配利润。村镇银行的市场定位以民营企业、个体工商户、城乡创业者等为主体，通过差异化、特色化、集约化发展的路径，为循化民营经济发展送去金融的源头活水，为人口较少民族地区经济发展做出更大的贡献。

二是品牌融资。品牌是企业的灵魂，品牌在企业无形资产中扮演着重要的角色，是无形资本融资的重要组成部分。我国《公司法》规定，无形资产可以占公司股本的 20%。将品牌等无形资产折股资本化是企业无形资产资本化运作的一条基本途径，借助外界某些成熟的、可以利用的资源，将品牌或资源的性格和特点进行有效的捆绑和嫁接，利用最少的资金达到塑造自己形象的目的，进而转化为市场上的竞争力。目前，循化县有 8 件全国驰名商标、12 件青海省著名商标、6 件青海省海东市知名商标、13 件循化县好商标，充分利用“品牌”这一资本，折价入股，或是进行抵押贷款、品牌授权、品牌兼并等有效途径，为企业筹集资金，满足企业发展需要，有利于提高循化民营企业品牌的知名度，有利于规模化经营和低成本扩张，进而提升企业竞争力。

（三）优化金融生态环境，构建亲清政商关系

一是优化金融生态环境，构建亲清政商关系。循化县各级政府应高度重视和改善金融生态环境，加大政策宣传力度，不断增强社会诚信意识、还贷意识。同时，适当放宽对金融机构的业务限制，调整、扩大县域金融机构的业务范围，促进其进行金融创新，满足民营企业走向市场的需求和企业金融创新的需求。适当减低收费标准，减轻银企负担。严厉打击逃废债。加大打击、制裁拖欠和逃废金融债务的行为，营造良好的金融环境。

二是建立信息共享平台。民营企业融资是一项长期工程，各个部门与民营企业之间

的信息不对称是阻碍民营企业融资难、融资贵的重要原因，要想长期解决信息不对称问题，需要政府牵头，联合民营企业、金融机构、工商部门、税务部门等，充分利用信息技术和金融科技，联合建立信息共享平台，长期跟踪企业生产经营状况，从而达到多方共赢的局面。对于金融机构而言，信息共享平台的建立，有利于其降低企业信息获取成本，从而更准确地分析企业的财务状况、融资需求和风险特征，变被动为主动地为民营企业提供融资。对于民营企业而言，信息不对称问题的解决有利于其降低融资成本，并且能够更及时、快速地获取融资。对于工商部门、税务部门而言，信息共享平台的建立，有利于其长期跟踪民营企业的生产经营状况，提高工作效果和效率。

三是探索新型政银保新机制。寻求企业、银行、保险和融资担保平台之间多方合作链条，探索新型合作机制。例如，银行与融资企业建立助农贷、农权抵押贷和证银保结合贷等新型贷款合作模式；保险公司为企业提供新农保等业务，在深化合作中可以结合企业发展特征，创新保险品种，支撑企业融资；同时，保险公司还可以与融资担保平台签订结构性保险协议等相关合作文件，以保障自身收益性，通过银行、保险等主要金融机构与融资担保平台的各项贷款保护协议，形成多方合作共同体，以期降低整体融资风险。

（原载《青海民族大学学报》2020 年第 3 期）

青海省循化撒拉族自治县民营企业融资诉求与政策回应

黄军成　王庆福

民营经济已成为国民经济的重要组成部分和经济增长的主要来源，特别是在满足人们多样化和个性化需求、实现社会专业化协作、进行科技创新和增加社会就业总量方面发挥着重要的作用。青海省循化撒拉族自治县是一个多民族聚居的地区，少数民族人口占总人口的94.1%，以撒拉族为主。截至2005年底，循化县共有各类民营企业1260家，其中具有一定规模的企业有42家，规模以上工业企业10家，吸纳农村剩余劳动力就业3850人，上缴税金1573万元，而同期该地区的财政收入为3327万元。民营经济在GDP中的比重约占53.7%，形成以畜产品加工、特色农产品生产、民族工艺、建筑建材、客货运输、餐饮服务为主的经济结构，成为推动循化县经济发展的主导力量。

一、循化县民营企业融资的现状

企业融资过程实质上是资金供求的配置过程，即企业能否获得资金，以何种形式、何种渠道取得资金，通过资金的流动，实现资源的优化配置和经济效益的提高。融资难已成为民族地区民营企业进一步发展的“软肋”，因此，解决好民族地区民营企业融资难问题，不仅关系到民营经济的发展，同时也是保证民族地区就业、加快社会主义新农村建设的重要课题。

（一）循化县民营企业外源融资比较困难

民营企业的融资分为内源融资和外源融资两个方面，内源融资是促进民营企业发展的基础性资金，它主要来自企业内部，如业主的自有资金、亲友借贷、员工入股，是企业不断将自己的资金转续为投资的过程，对资本的形成具有原始性、自主性、低成本性和抗风险性的特征。据调查，循化县有84.6%的民营企业存在资金不足的问题，有85.3%的企业需要再融资。而这其中有83.73%的民营企业认为从金融机构获得贷款十分困难，贷款服务需求无法得到满足。在实地调研中，一些民营企业家纷纷表示“资金对小企业来说，就如同我们生活中不可或缺的水，没有它，我们无法生存，更别说在市场上遨游和闯荡了”。据统计，我国民营企业初始资本90.5%以上来源于企业创立者的自有资金，它们往往只能依靠自我积累、慢慢“滚雪球”，或者通过非正式渠道融资。

循化县是国定贫困县，也是金融高风险地区，民营企业融资的内外部条件比较差，企业往往通过自由资本的积累来扩大企业规模，很难获得债券或权益性的资金，内源性融资受到很大限制。在外源融资方面，1260家企业中只有雪舟三绒、伊佳民族用品有限公司、循化天香两椒有限公司等极少数几家民营企业获得了银行贷款，其他企业未能得到金融机构的资金支持，融资难度大。

（二）循化县民营企业获得财政融资的比例较小

循化县由于经济发展长期落后，地方政府的财政收支状况十分拮据，据统计，2005年，全县财政收入为3327万元，财政支出为1.4051亿元，地方财政收支严重失衡，属于“吃饭财政”，能够用于支持地方经济发展的资金严重不足，虽然地方政府力图增加投资，却因自身积累能力太差，财政投资的数量和比例难有大的提高。2005年，循化县民营企业的固定资产投资中，国家及有关部门的扶持资金为1657万元，占当年总投资1.421亿元的11.7%。

（三）循化县民营企业吸引外资的能力较弱

近年来，循化县政府根据国家产业政策的导向，认真改善投资软环境，清理和更正投资环境中存在的不利因素，完善投资中的制度、措施，积极组织企业加大招商引资项目的宣传力度，通过政府引导、企业积极参与各种洽谈等活动，2005年共引进区外资金6393万元，其中青海雪舟三绒集团混纺纱项目从内蒙古鄂尔多斯引进资金3260万元，青海雪舟三绒集团西宁大白毛公司高支纱项目从河北省引进资金1400万元，青海雪驰清真牛羊肉食品开发有限公司清真牛羊肉精加工项目从山东引进资金133万元，循化毛纺织品公司羊绒纱项目从深圳引进资金1600万元。在第六届“青洽会”期间，签约项目4个，其中合同签约3项、意向性签约1项，签约资金达27450万元，引进区外资金2260万元。但是由于起步较晚、投资环境较差，在引进国外资金方面，至今还是空白。在吸引大项目、消化先进技术、模仿能力和创新能力方面仍然处于劣势，引进的项目仍以劳动密集型、传统产品和小项目为主。

二、制约循化县民营企业融资难的原因分析

近年来，循化县民营企业的发展虽然取得较大成绩，但由于起步较晚，存在着很多问题，这既是金融政策、银行管理等外部因素制约的结果，也是民营企业内部存在的管理弊端等方面因素综合而成的。

（一）外部原因

1. 从政府角度看，缺乏相应的政策支持

首先，不同的政策待遇依然存在。尽管与前些年相比，循化县民营企业发展的政策环境已大为改观，无论认识上还是政策措施上，政府给民营企业的发展给予了适当的鼓励和扶持。但也存在着市场主体因身份、地位不同而受到不同对待的事例，在民营企业的创办和经营过程中，存在着审批过于复杂、摊派过多的问题。

其次，机构职能不到位、制度不健全和政策环境不理想。这体现在民营经济的政策政出多门，不仅政府的计划部门在制定关于民营企业的政策，工商管理、税务等部门也在制定政策，有时会出现相关条款混乱甚至相互矛盾的情况。民间投资者在获取投资信息、选择投资方向、争取技术或资金支持等方面不能普遍得到有效的服务，往往因此而造成决策失误、投资失败等现象。

2. 金融生态环境发育先天不足

首先，国有商业银行经营战略的转变及现有的经营模式有待于向更利于民营企业间接融资方向转化。1998年以来，从防范化解金融风险和增加银行效益的角度出发，实行“大银行、大城市、大行业”发展战略，国有商业银行逐步从县级市场退出，压缩基层经营机构，县以下的金融服务范围缩小。目前，循化县只有建设银行、农业银行和农村信用合作社，营业网点不断减少，金融服务比较单一。同时，国有商业银行资金实行统一运筹的策略，资金重点投向经济发达地区和优势行业，导致循化县民营

企业难以得到贷款。

其次，国有商业银行扁平化管理和现行信贷管理体制制约了民营企业融资。当前循化县国有商业银行县支行由于实行扁平化管理，信贷管理权限很小，中小企业贷款由青海省一级的分行直接审批，基层商业银行只有贷款推荐权，无贷款发放权，使县域金融很难满足民营企业的融资要求。同时，各商业银行总行制定的小企业信贷管理办法是根据经济发达地区小企业状况和全国小企业贷款标准来制定的，由此导致了循化县的民营企业难以达到国家标准，使循化县建设银行、农业银行两家县支行每年向上级行推荐的小企业贷款项目和自主审批的小企业贷款逐年减少。另外，信贷零风险及一些不够合理的信贷考核机制，使基层商业银行信贷人员工作积极性严重受挫，缺乏主观能动性和客观创造性，在放贷与饭碗的选择中，以保饭碗为主。不仅如此，由于信贷业务量的急剧萎缩和机构的撤并，承担日常的信贷工作任务都十分勉强，难以顾及难度大、责任重的民营企业贷款。

最后，融资信息不对称。这体现在银行对申请授信的民营企业难以了解，既没有充分的时间也没有合适的渠道。一是因为这类企业太多；二是因为有些信息本身就缺乏，无从获得；三是不少企业成立时间较短，其信息真实性难以甄别。这样必然导致银行谨慎对待民营企业的融资要求。由于信息不对称，国有商业银行对民营企业的融资存在一定的市场失效现象。

（二）内部原因

1. 企业自有资金不足、自我积累有限，造成内源融资困难

民营企业在本单位内部筹集所需的资金，主要是通过以前的利润留存进行资本纵向积累。循化县民营企业自有资金少，自身积累能力差，基础薄弱，资产负债率高，受青海省金融市场融资功能不完善的影响，通过资本市场筹资的可能性很小，而通过集资入股和民间借贷的方式获得的资金规模有限，并且融资成本高，因此，银行贷款成为循化县民营企业融资成本最低和操作最为简单的融资手段。据调查，循化县民营企业中，95% 以上的企业融资首先选择银行贷款，融资的主渠道是银行贷款。从国外的情况来看，美国中小企业的资本来源中，内源融资一般都在 50%—60%，高的时候达到 80%。可以说，在世界范围内，企业特别是中小企业基本上是靠自身的积累逐步发展壮大的。

2. 民营企业组织水平和产业水平低、成长性差

一是循化县民营企业所处产业的水平比较低，其主体行业仍然以“夕阳产业”、

劳动密集型为主，产品自主开发能力低，产品结构单一，经不起原材料、产品结构等市场因素的波动，经营风险较大，这种产业的归属性决定了循化县民营企业一般处在竞争性较强的领域，生存难度大，企业绩效低，影响了银行信贷投入的积极性。二是民营企业经营管理水平低。随着民营企业的快速发展以及同外界经济组织联系的多样化、广泛化和复杂化，民营企业在生产、营销、财务等方面的管理水平跟不上企业发展的步伐，致使经营管理机制陷入困境。

3. 民营企业在一定程度上存在道德风险，短期化经营行为较为普遍

民营企业还没有建立起有效的法人治理结构，产权关系模糊，企业生命周期较短，持续性不强，容易产生逃避银行债务的败德行为。银行的实践也表明，一些民营企业由于内部管理不规范，向银行提供的账目、报表水分大，使银行很难掌握其真实的生产经营和资金运用状况，无法甄别贷款企业实力及信用的良莠，加大了贷款风险，严重损害了民营企业的整体信用，降低了银行对民营企业的信任度。

4. 民营企业普遍存在着贷款担保、财产抵押难的问题

循化县有民营企业 1260 家，固定资产比较少，而银行贷款常要求财产抵押，特别是要求固定资产抵押，这就使许多固定资产较少的企业对贷款可望而不可即。尽管目前少数地区已有担保基金，但仍处于试点阶段，量少面窄，对本来就“先天不足”的民营企业贷款难有足值的抵押担保。

三、解决循化县民营企业融资难的途径

造成循化县民营企业融资难是多方因素共同作用的结果，因此，解决循化县民营企业融资难问题的对策不能头痛医头、脚痛医脚，而应当采取突出重点，全方位下手的综合对策。

（一）进一步优化环境，为民营企业发展提供一流平台

良好的发展环境是民营企业快速发展的重要前提和决定因素，因此发展民营企业，必须要营造良好的发展环境。从当前循化县民营企业发展的情况看，缓解民营企业融资难问题，绝不是政府的救济、同情、怜悯、施舍和恩赐，也不是政府直接配置社会资源，更不能用计划经济的思维方式解决市场经济运行过程中出现的问题。而是需要政府、银行、企业共同努力，为民营企业的发展探索一种不同于大型国有企业的经济

运行机制，激发民营企业发展的活力，使其成为循化县经济新的增长点。为此，以科学发展观、和谐社会为指导，根据循化县民营企业发展的特点，创新和设计适应循化县民营企业发展的融资经营管理模式、业务流程、产品及服务手段等，以创新求突破，以创新求发展。因此，政府应进一步规范行政执法部门的行政行为，坚决杜绝执法行为与部门利益挂钩的现象，实行检查、收费、罚款报请制度；健全服务体系，从创新机制入手，营造公开、公正、方便、快捷、高效的优质服务环境；改革行政审批制度，加快由行政审批制向登记备案制过渡的进程，简化办事程序，提高办事效率。

（二）构建符合循化县民营企业发展实际的融资体系

在不同的发展阶段，民营企业对融资的需求各不相同，其来源渠道也不同。从循化县的实际来看，除了部分资金企业自筹外，其余的资金来源主要靠银行。这也正是像循化县这样的经济欠发达的民族地区所形成的融资体系，也是造成融资难的一个重要方面。为此，建立民营企业资本性融资体系已势在必行。可根据民营企业发展的特点，建立中小企业发展公司，适度发行企业债券，以缓解民营企业融资难问题。

创立为民营企业信息咨询和理财服务的体系。循化县民营企业的现状是各类产品的市场需求、价格变动等信息来源闭塞，经营理念传导受阻，市场应对能力差，缺乏足够完整的财务信息，财务分析能力不足。而建立以信息和智力为主要内容的理财服务，不仅具有为金融经营和企业经营双重服务的显著特征，而且对金融业及整个经济的发展也具有不可低估的促进作用。信息咨询和理财服务体系的建立，不仅可以解决信息不对称，传导经营理念和管理经验，同时可通过会计代理、财务顾问的形式为企业提供融资安排等理财服务。

加强民营企业信用体系的建设。建立统一的企业信用信息中心，收集、汇总税务、海关、金融、社保、治安、司法等系统的企业信用信息，记录企业纳税情况、信贷记录、合同履约率、遵守法律等情况，供社会查询，以增加企业信用信息的透明度。同时，应当完善企业资信评估体系。由于资信评估在经济发展中的特殊作用，因此这类行业的发展已是刻不容缓。但从循化县的情况看，还没有形成统一完整的资信评估体系，要防范和化解民营企业债务性融资风险，银行信贷和信用担保机构必须与征信体系建设结合起来，通过征信体系为信用评级中介机构的发展提供基础条件，银行和担保机构可以利用评级机构对企业评定的结果，防止、化解融资风险和担保风险。

深化商业银行的改革。商业银行要彻底转变观念，明确认识到支持民营企业发展是金融业义不容辞的责任。大力推进客户经理制，对小企业提供诸如结算、汇兑、转账、财务管理、咨询评估和资金清算等方面的配套服务，不断开辟为小企业服务的新渠道，帮助小企业提高经营素质，增强金融意识，协助企业建立科学的会计、财务制度，使企业逐步走上规范化、法制化轨道，最终实现银企双赢之目的。

（三）增强民营企业自主创新能力，提高整体素质

民营企业要扩张规模，提升档次，最根本的是要增强创新能力，提高民营企业的整体素质。循化县民营企业家整体文化素质不高，在做大做强企业的过程中存在着知识储备不足、人力资源不足的问题。解决这一问题，应从以下几方面入手：一是建议政府主管部门在加大对管理层进行理论知识培养的同时，组织一些专家、学者、政府人员、企业管理者深入不同行业的企业中，真正了解和掌握他们在生产、经营和管理中出现的实实在在的问题，针对不同的问题，找出不同的办法，切切实实地解决一些实际问题。或者培育一些经营管理和自身效益好的企业作为典范，组织企业去学习、观摩。这样，不仅从理论上得到了提高，同时也可以为企业在发展中存在的问题找出切实可行的办法，以整体提高企业经营管理的素质。二是加大企业人才培养力度，根据民营企业的需要，适时组织不同规模和不同类型的人才招聘会、见面会，牵线搭桥，指导协调。大力实施人才租赁和人才代理办法，为企业拓宽用人渠道。鼓励支持民营企业制定实施吸引人才、留住人才的管理办法，逐步形成有效的人才市场机制。三是切实加强民营企业人力资源的管理。生存是民营企业最紧要的问题，活下去是硬道理。民营企业做大的过程，实质上就是人才汇聚的过程；做大的结果，常常是因为加入的新人带来了企业突破的机会。

（四）鼓励民营企业开展合法的民间融资

民间融资是个人与个人之间、个人与企业之间的融资，包括借贷、集资和捐赠，形式不一。如亲朋好友之间的私人借贷、民间招商、企业内部集资、个人资产抵押借款、典当行、个人捐赠等，国外还有私人基金、会员制商店等。民间融资一直是个人投资创业的主要融资方式，也是民营企业最基本的原始资本和创业资本来源。在国外，中小企业发达的意大利和法国，家族成员之间的融资也是中小企业最主要的融资方式。因此，在当前循化县民营企业融资渠道不畅的情况下，在加强引导和监管的基础上，鼓励民营企业开展合法的民间融资仍有必要。一方面要合理引导民间金融互助组织的

建立和完善，增强行业自律行为；另一方面加紧出台相应的规章制度，规范当前的民间融资活动，使其不至于产生较大的金融风险，又不至于扼杀民营企业正常的民间融资行为。

参考文献

[1] 万瑞嘉华经济研究中心 . 中小企业投融资策略 . 广州：广东经济出版社，2002.

[2] 人民银行西宁中心支行课题组 . 欠发达地区中小企业融资问题研究 . 青海金融，2006（1）.

（原载《青海民族研究》2007 年第 4 期）

循化撒拉族自治县个体私营经济发展状况[①]

马伟　马晓军

地处青海东部以撒拉族为主的循化县，由于历史原因，个体私营经济姗姗来迟。但是，自党的十一届三中全会以来，县政府抓住机遇，加大了政策倾斜力度，使全县个体私营经济不断发展。

一、发展现状及特点

自 1978 年以来，循化县委、县政府鼓励和大力支持私营经济的发展，使其成为发展县域经济最具活力的增长点之一。从总体上看，近年来，循化县私营经济始终保持了快速发展的态势。一是速度加快。1999 年，全县个体私营企业已发展到 1260 家，其中个体工商户 1193 户，从业人员 2561 人，注册资金 1378 万元；私营企业 67 家，从业人员达 3160 人。年产值达 30 万元以上的有 60 家，百万元以上的企业有 47 家，千万元以上的企业有 4 家。二是政府对发展个体私营经济重要性的认识不断提高，采取正确引导、积极支持、营造经营环境、强化服务和管理等措施，刺激私营经济的发展。2000 年，新上私营企业项目 11 项，注册资金 2500 万元。三是经营领域渐次拓宽。个体私营经济从商业零售点、小餐饮、小建筑和小修理等一些技术含量低的企业迈向工业企业、农副产品加工、交通运输、建筑建材、商贸饮食、规模种养等大行业、大集团。四是经营规模日益扩大。1995 年，全县个体工商户注册资金额为 828.6 万元，私营企业注册资金总额为 2185 万元。1998 年底，个体工商户和私营企业的注册资金分别达 1175 万元和 6658 万元，比 1995 年分别增长 41.8% 和 204.7%。五是经济、社会效益明显提高。截至 1998 年底，全县个体私营经济年实现产值 17928 万元、利润 1489

① 本文相关数据来源于循化县相关部门调研资料。

万元、税金800万元，分别比1995年增长137%、104%和105%，吸纳劳动力5721人。六是经营水平不断提高。个体私营经济由分散经营转向集中经营；由家庭经营转向社会性合作经营，并通过参股、兼并、承包、租赁等形式向规模化、集约化方向发展；由一般性经营转向资源开发和农副产品深加工等。由此，形成了具有地方特色的产业。主要表现在以下四个方面：

第一，以绒毛加工为主的个体私营企业居主导地位。1998年底，全县绒毛企业有38家，形成一个完整的牛绒系列产品加工体系。1998年实际生产牛绒300吨，牛绒衫57万件，完成产值1.2亿元，实现利税近1500万元。

第二，建筑建材、商饮服务、交通运输业全面发展。几年来，以个体私营为主的建筑队伍从无到有、从小到大。大小建筑企业已发展到14家，其中以生产红砖、预制板为主的建材企业达10家。商饮服务已成为循化发展第三产业的“主力军”，从业人员达2810人，拥有各类餐馆500余家，并逐步向北京、武汉、广州等城市延伸。个体私营交通运输业已成为循化个体私营经济的主要力量，全县以贩运“三材”为主的300多辆货车穿梭于青海、甘肃、新疆、四川等省区。250多辆大客车鱼贯于西宁、格尔木、拉萨、成都等大中城市，加强了地区间的经济联系，方便了群众生活。

第三，规模经营日趋形成。到1998年底，全县总投资和年产值分别超过500万元以上的企业达15家，培育出青海三绒集团公司、洗毛厂、毛纺织公司、肌醇厂等一批投资规模在千万元以上、产值超千万元的私营企业。目前，三绒集团公司从德国引进13台电脑提花机，使牛绒衫的花色、品种、质量均上了一个新台阶，为企业上规模，产品上档次，提高市场竞争力打下了良好的基础。

第四，私营企业管理向规范化方向发展。随着私营企业的发展和市场的不断扩展，对私营经济的规范管理、规模经营、科技含量和市场占有率提出了更高的要求。对此，循化县委、县政府立足本县实际，提出了“先上马，后规范，先发财，后发展，加大投入，增加总量，逐步增强县域经济”的目标，使全县私营经济得以快速发展。先后组建了三绒集团、雪域客运集团、兴旺建工贸集团，目前正在组建撒拉尔绒业集团、西海豹纺织集团、循化县建筑建材集团、循化县肉食品集团四大企业集团，实施集团战略、名牌战略，使私营企业管理向现代企业管理过渡。

二、发展个体私营经济是循化经济发展的必由之路

江泽民同志在党的十五大报告中指出：“非公有制经济是我国社会主义市场经济的

重要组成部分。”这一重要论断，不仅为我国深化改革，完善新的所有制结构奠定了理论基础，也为民族贫困地区发展个体私营经济消除了顾虑和障碍，开辟了广阔的发展前景。基于这一总情势，以及循化县情，均表明发展民族经济必须要依靠个体私营经济。个中缘由分述如次：

1. 循化县落后的生产力状况要求必须优先发展个体私营经济。生产力发展水平低，人多地少，基础设施建设薄弱，教育、科技发展相对滞后是制约循化县经济发展的主要因素。在这种状况下大力发展个体私营经济有其明显的优势：一是个体私营经济经营灵活，可吸纳农村剩余劳动力，能在短期内融集一定的闲散资金，改变传统落后的生产手段和生产方式，通过全员化劳动，规模化经营，机械化生产，促使生产力水平的提高；二是个体私营经济的主体是群众，部分不甘受穷的群众走出去办企业，获得了实惠，其“光环效应”可带动其他群众加入自我脱贫致富的行列；三是个体私营经济优胜劣汰的竞争机制有利于提高人的综合素质，同时，也可间接地推动循化县科技、文化、教育等事业的发展；四是私营企业的经营者十分注重走专业化、特色化、科技化的路子，实施名牌战略，树立企业形象，培养善于驾驭市场的管理人才和科技人才，用经济杠杆掀起技术革命的热潮。所以说，大力发展私营经济是循化县加快脱贫步伐、改变落后面貌的必然选择。

2. 循化县生产要素的配置要求优先发展个体私营经济。循化县生产要素配置的基本要求是从最大利益角度出发，以尽可能少的投入换取尽可能多的产出。而个体私营经济，一是无效投入少，回报率比较高；二是人的潜能得到充分的发挥，按劳分配的原则得到了最彻底的体现；三是员工与企业真正结成了利益共同体。因此，发展个体私营经济有利于循化县生产要素的合理配置，从而在政府财政少投入或不投入，少担风险或不担风险的情况下，就可顺利地实现政府预定的发展目标。

3. 循化县脱贫致富的总目标要求优先发展个体私营经济。当前循化县所面临的最大任务是脱贫，不是仅靠国家的扶持，主要取决于自身的努力。而靠自身发展的捷径之一就是大力发展个体私营经济。同国有集体企业及其他经济组织形式相比，完全依靠市场生存和发展的私营企业，以其产权清晰、运转灵活、风险自担、介入市场能力强、效益明显的独特优势在该县已呈现出旺盛的生命力。不仅如此，在个体私营企业中，农村剩余劳动力，特别是贫困劳动力得到了转移和安置，并有了较稳定的收入，可见个体私营经济无疑是循化县贫困群众增加收入、实现脱贫致富的有效途径。

4. 国民经济的结构比重要求优先发展个体私营经济。个体私营经济在全县国民生产总值中的比重达到61%，全县个体私营企业上缴税金占地方财政收入的61.9%。可见私营经济已成为循化县国民经济的重要组成部分，有利于国民经济结构调整，推动社会进步。

5. 缩短城乡差别必须优先发展个体私营经济。近年来，循化县个体私营企业立足县域资源，不断开发新型产业，极大地推动了全县农业产业化的进程。如以牛绒加工为主的畜产品加工业带动了全县规模养殖、贩运育肥的发展；以饲料加工带动了粮油作物的生产；以辣子加工、浓缩果汁生产带动了经济作物种植业、果品业的发展等。同时也促进了科技信息、人才、劳动力商品交易市场的发展，有效地实现了农村一、二、三产业的协调发展。在个体私营企业蓬勃发展的驱动下，循化县已形成街子、积石、白庄、文都4个较大的农村集镇，特别是集中了20多家私营企业的民族经济开发区的建设，证明了个体私营经济推进了循化县在小城镇建设、加快缩小城乡差别、推动城乡一体化进程方面起了典型示范作用。

综合上述分析可知，个体私营经济是在循化县致力发展经济、加快脱贫致富过程中探索、总结出来的一条最宝贵、最成功的经验，是该县经济发展的潜力所在、机遇所在。实践证明，在该县个体私营经济已不是应不应该发展、要不要发展的问题，而是必须进一步放宽政策，优化环境，加快发展步伐，更加突出个体私营经济的主导地位。

三、发展个体私营经济中存在的问题及建议

近年来，循化县个体私营经济取得长足发展的同时，也存在着许多不容忽视的问题，突出表现在以下五个方面。

第一，投入严重不足。近几年，循化县虽然在拓宽融资渠道、吸纳外资方面做了大量的工作，金融部门发放贷款和群众自筹也逐年增加，但与个体私营企业因技术改造、实施规模经营所需资金相比，缺口相当大。这无疑影响了企业的扩大再生产。

第二，产业、产品结构单一。全县38家牛绒产品生产厂家中，个别企业资金、技术、人才等实力雄厚，站稳了脚跟，多数规模小的企业处于半停产状态，其根本原因就是产业结构升级慢，产品结构不合理。

第三，整体素质不高。个体私营企业从业人员文化素质低，缺乏专门技术、管理人才，严重影响其经济运行的质量。

第四，发展不平衡。该县个体私营企业的个数、注册资金、从业人员等各项数据

表明，城镇、川山地区占80%以上，而中上部地区只占20%左右，这种经济发展的不平衡，延缓了中上部地区的脱困。

第五，部分重点企业运行不佳。投资近千万元以上的几个重点企业处于停产和半停产状态，资金沉淀严重，未能发挥应有的效益，即影响了个体私营经济的整体发展水平。

对此，循化县政府及社会要有清醒的认识，必须采取切实有效措施，促其尽快走出困境。为此：

1.进一步解放思想，放手发展个体私营经济。党的十五大确定了非公有制经济在社会主义市场经济中的地位，并写进了《中华人民共和国宪法》，这对个体私营经济的发展起到了很好的法律保护作用。循化县各级机关及群众要从县情出发，着眼于21世纪的经济发展战略，明确发展目标，在保证社会主义公有制经济占有主导地位的前提下，大力支持非公有制经济（个体私营经济）的发展，使其得以健康地运行。

2.加强引导，拓宽产业领域。产业结构相对单一、地区间发展不平衡是制约循化地区个体私营经济全面发展的一大因素。从全县个体、私营企业的个数、注册资金、从业人员的分布情况看，城镇、川山地区占80%以上，而道帏、尕楞、岗察等偏远地区只占20%左右；再从行业布局来看，除牛绒行业外，重建筑建材、交通运输，而轻农业深度开发和产业发展，也就是说，从事商贸、饮食、运输、服务业所占比例大，而从事开发、生产加工、科技型、外向型的企业户数相对比例小。要解决这些问题，最根本的是要立足县情、乡情，立足当地和市场需求，制定出一个更加科学合理的发展个体私营经济的长远规划，加大宏观调控力度，进一步明确主攻方向，实现“四个结合”，推动个体私营经济向新的领域进军。一是以农业基础为重点，把发展个体私营经济与推进农业产业化进程相结合。利用当地资源和传统技术，兴办投资少、见效快的经营项目，重点扶持和引导个体私营经济向种养业、加工业以及为农业生产服务的行业拓展，培育更多的具有当地特色的专业化个体私营企业群体，逐步向“一村一品、一乡一业”的专业村、专业乡方向发展，加快独具特色的“小规模、大群体”，“小商品、大市场”的产业格局的形成，并促进个体私营经济向多渠道、多形式方向发展，逐步从第三产业向一、二产业延伸，使其在一、二产业的比重有较大的提高。二是以搞活国有、集体企业为目的，把发展个体私营经济与企业改制相结合。按照党的十五大精神，打破所有制界限，以盘活沉淀资产，搞活国有企业为目的，以推进资本运营为重点，以采取参股、购买、租赁、兼并等多种形式引导个体私营经济的参与企业改制。三是以市场建设为依托，把个体私营经济发展与小城镇建设相结合。以街子工业区为重点，形成布局合理、集中连片、统一管理的市场建设格局，促使城镇建设与个体私营经济相互促进，共同发展。四是以招商引资为手段，把个体私营经济发展与扩大开放相结合。要实现新一轮个体私营经济大发展，不仅靠政府的支持和银行扶持，还必须凭借外资外力，大搞招商引资，吸引外地个体私营企业家来循化办厂。要积极引导个体私营企业面向内外市场，发展跨行业、跨地区、跨所有制的联合与合作，形成一批具有一定实力的生产型、科技型、外向型企业集团，使其不断上规模、上档次。要通过以上“四个结合”逐步实现“四个转化”，即由流通服务型向生产实业型转化；由简单的劳动密集型、加工型向高科技含量、高附加值方向转化；由粗放向集约、集团、专业区域化转换；由单纯依靠贷款，自身资本滚动发展向利用社会资产存量方向转化。

3. 依靠科技，提高经济效益。科技创新是衡量企业综合素质高低的重要标准，也是保证企业在激烈的市场竞争中始终立于不败之地的重要法宝。科技应用率低是循化县个体私营经济发展存在的最突出问题，直接影响了企业整体素质的提高，给企业的持续发展埋下了隐患。解决这一问题，首先是要让个体、私营企业在思想上树立科技是企业发展的生命力的意识；其次在扭转这一不利局面的措施上下工夫。一是鼓励个体私营经济多方引进资金、技术、设备，不断嫁接、改造自己，努力提高技术和装备水平，并根据市场需要，积极采用新技术、新工艺、新材料，不断开发高科技含量和高附加值的新产品，加快产品升级换代，培育拳头产品，提高市场占有率。同时，突出产品特色，强化产品质量，以特产打开市场，以优质巩固市场。二是支持个体私营企业加强与大中专院校、科研机构的联合与协作，共同研制开发新产品。鼓励个体私营企业创办科技型企业，支持在职科技人员到个体私营企业工作、任职或兼职。三是政府帮助企业加强人员培训工作，教育和引导企业切实树立科技意识、人才意识和管理意识。

4. 规范管理，提高整体素质。目前，因循化县个体私营经济还仅仅处在初级阶段，从事个体私营经济的人员成分繁杂，文化程度不一，文盲、半文盲占相当大的比例，企业人员素质低，管理松散，这些制约着个体私营经济的发展。因此，政府必须进一步加强对个体私营经济的规范管理，促使其健康快速发展。具体要抓好以下几点：一是加强形势教育、职业道德教育、社会主义市场经济法制教育和理想教育为主要内容的政治思想工作，增强个体私营企业经营者的创业意识、爱岗敬业意识、依法经营意识，引导个体私营企业的经营者集中精力发展生产，谋求效益。二是充分发挥党团的基层战斗堡垒作用，根据个体私营企业自身的特点，因地制宜地建立党团的基层组织，健全组织生活，加强党团教育，通过这种形式，团结和带动广大个体劳动者和私营企业主为现代化建设服务。三是转变管理模式，努力将个体私营企业目前家族式的管理模式转向现代化的管理模式，推动管理的制度化、规范化、科学化。重点扶持一批较大的私营企业改善内部经营管理，大胆引进经济发达地区的先进管理方法和经验，建立适应市场竞争的现代企业制度，规范组织形式，优化内部经营机制和激励机制，大胆引进科技和管理人才，把生产管理权交给会管理、懂技术的人，把经营权交给会理财、懂营销的人，以弥补私营企业科学文化水平低和管理欠科学的缺陷。

（原载《青海民族研究》2000 年第 3 期）

综合性研究

撒拉餐单

费孝通

今年八月十五日（1987 年），我从青海的西宁动身去甘肃的临夏，路过两省边界上的循化撒拉族自治县，住过宿。该县负责同志热情地用撒拉族通行饭菜招待我们。品尝之后，我想到《中国烹饪》的读者未必有此机会。当时记下了菜单，回来写此简报。

先介绍一下这个不大为人熟悉的撒拉族。撒拉族是我国的一个人数较少的民族，一共有六万人，主要居住在青海东部黄河出省口的循化这个地方。1954 年成立了循化撒拉族自治县。还有少数住在毗邻的甘肃省境内，据说新疆也有一些撒拉人。在电视纪录片《唐蕃古道》里有一集介绍他们的生活。

我在循化参观了当地古迹骆驼泉。导游把我带到泉边的一个只有我半身高的石刻骆驼前面，讲了一段故事。他说，在古时候有七个中亚细亚人从撒马尔罕，赶了一队骆驼，一直向东方来寻找乐土。他们不知走过了多少沙漠和草地，有一天一早醒来，找不到了骆驼。他们分头寻找，终于在一个水泉里找到了它们，但却已变成了岩石。他们恍然大悟，这是真主要他们落脚的地方。这石化了的骆驼据说至今还在泉水里。我按着导游的指点，确实看到水下有一块高低不平的岩石，但辨不出这是骆驼的哪一部分。为了使这个故事形象化，早年的撒拉人用石头雕刻了一头骆驼跪在泉边。不幸它没有免遭文革“红卫兵”的毒手，硬是被砸得粉碎。这次我们见到的石骆驼是“文革”后重雕的。

这段故事信不信由你。但是撒拉族的先人来自中亚西亚是可以考证的历史事实。他们信仰伊斯兰教，而且身材高大，还留着和维吾尔族类似的面形。他们称藏族作“阿舅”，说是因为早年来此的祖先娶了藏族妇女，子孙才得到繁衍。这在他们体质上也能见到证据。由于得到了藏族的遗传因素，他们很容易适应青藏高原的自然条件。混血是提高民族体质的生物规律。撒拉族人在青藏高原上是有名的强壮劳动者。在过去西北还没有公路和铁路的时代里，高原上的木材都是从黄河上运出去的。而从青海到甘肃这一段黄河落差极大，峡谷一个接着一个。在这急流险滩上放木排，能行动自如，履险如夷的好汉，多是撒拉人。前几年建筑青藏公路，最困难的是越过唐古拉山的那一段，海拔在三四千米之间，空气稀薄，含氧量少。现在一般过客能支撑着伏在车座里过山，已经算是好样的了。不难想象建筑时所要付出艰苦的重劳动。谁能顶得住？这里又是撒拉人的用武之地了。至今我还听到有人说，如果没有这样能吃能干的撒拉人，青藏公路也就难通了。但是撒拉人听了这话，却笑着说，这又算得什么呢？看来今后青藏高原的开发，还是少不了他们的。

我这几年多次去甘肃、青海，目的是想了解一下处于青藏牧区和中原农区之间的那一条历来是农牧桥梁的陇西走廊。循化的撒拉族还处在这条走廊里，农牧结合是他们经济的特点。他们不仅从中亚带来了牧业的传统，又从藏族阿舅学到了高原作业的本领，而且由于地处低凹的谷地，气候较四周温暖，宜种庄稼和瓜果，不失为高原边缘上的绿洲，农业也比较发达。无怪早年久涉沙漠和山岭的骆驼队到此不愿再向前行走而化为岩石了。

撒拉餐单也充分反映这个民族亦农亦牧的特点。我从这张餐单上看到了这个民族的优势和前途。

入席前，桌上已摆满了六盘干果糖食，其中有来自远地的红枣、核桃、葡萄干、杏脯、糖花生。刚坐下，穿着民族服装的服务员为各人端上了一个盖碗，并向碗里冲上滚烫的开水。这叫“碗茶”。碗上有盖，碗底有托的细瓷碗，我幼年时在苏南家乡早就见过。这是过节过年时，或有贵客上门时才用的茶具。在京戏舞台上也有时可以见到，知县老爷一抬盖碗，就表示送客，来人不得久留了。我家乡招待贵客的盖碗里只有茶叶，而撒拉族却加上了三四颗连壳的桂圆，还有一块冰糖。茶叶、桂圆、冰糖都不是西北土产。这种碗茶有个外号叫“三泡台”。我问了一些人，仍不得其解。“三泡台”不但通行于撒拉族，在甘肃、青海农村里很普及。我每到一家农户，刚坐定，总能享受到这又香又甜的清茶。看来是从汉区引进的待客礼俗。只看这种瓷器就绝不会是牧区土货，何况其中的桂圆每年都得大量从福建运来。古人说“礼失求之野”，也许是文化传播的规律。用现代语言说，这也是地域间的“时间差”。

撒拉族信仰伊斯兰教，禁烟酒，所以席间以茶代酒，对我不善喝酒、又怕闹酒的人特别惬意。尤其是手边的碗茶，终席不离，而且不断加水加温，对油咸并重的荤腥颇有调济、润喉的作用。接着端上了一大盘“馓子”。馓子是油炸面条的一种。油条可说是全国通行的群众性食品。我的家乡称“油炸桧”，相传是老百姓痛恨秦桧这个奸臣，把面粉捏成他的模样，放在油锅里煎，用以泄愤。“馓子”没有我家乡的油条那样粗，而是只有筷子那样细的条条，绕成一束煎成。面粉里加上鸡蛋和花椒水，煎成的细条条，既松又脆。

接着馓子上桌的是“碗菜”。这道菜的碗是普通的大口碗。碗里是一种糊，由羊肉、大白菜、土豆、粉丝煮成。这是典型的农牧结合品。牧区一般不种蔬菜，也不长土豆。主要的原因是在游牧时代，牧民逐水草而居，不能有较长时间守住一片土地。现在部分牧民已经定居或半定居，他们在定居的地方都已圈上一片土地种起蔬菜来了，逐步走上牧农结合的道路。我看这是牧业发展的方向，不但牧区可以种蔬菜给人吃，而且可以种精饲料来喂牲畜，发展为牧业服务的农业。这道“碗菜”给我的启发不少。其实，碗菜里多加些水，由糊变成汤，就成了苏式大菜里的“罗宋汤”，也是赫鲁晓夫的“土豆烧牛肉”了。这是中亚的特产，说不定这“碗菜”还是赶骆驼东来的那伙撒拉先人们遗下来的传统菜谱。

碗菜之后是糖包、肉包、花卷、菜及各类主食，其中有一大盘是羊油炒饭，在汉区是不易尝到的。它不同于新疆维吾尔族的“抓饭”，不同之处是饭里没有加葡萄干、胡萝卜等成分，也不用手抓来吃。

我上面把面食和米饭称作“主食”，表明我还是存着汉人的观念。如果从牧区民族的观点来说，主食还在下一道的“手抓羊肉”。到过牧区的人不用我对手抓羊肉多加描写。不论是蒙古族或藏族，都喜欢吃，而且大量的吃，不厌的吃，不愧是食中之主。按撒拉族的通行习惯，上菜时羊尾巴必须对准主客。主客就得用刀把羊尾巴割下，抓在手里送入口中，这是礼貌。这次客人中以我的年龄为最高，羊尾也就冲着我。羊尾比较嫩，所以我的满口假牙还能应付，其他部分则很难享受。这是因为甘青的牧区一般海拔高，不用高压锅煮羊肉，水的沸点是煮不烂羊肉的。我多次望肉兴叹，年老无用了。这次得此羊尾，颇足解馋。

撒拉餐单是多民族的综合体，想尽收其美，势必重峦叠嶂地使人食不暇接。刚吃过牧区的手抓羊肉，接着摆上塞外的火锅子，我没有考察过火锅子的来源，只知道它分布很广，在日本至今盛行。我们在撒拉族吃到的其实就是涮羊肉。我提到这是东来顺的名菜，主人似乎很熟悉，顺口说：“他们的羊肉还不是这里去的？”我领会这句话的意义是：“天下鲜美的羊肉无不出于此地。”主人的豪情盛意，使我连连点头。涮羊肉我是嚼得动的，话也用不着多说了。

最后还有一手，是“雀舌面”。面之种类多矣。我过去总以为面食花色到了山西也就达顶峰。想不到撒拉族还能在面食上独出心裁，破了纪录。雀舌面指面粒的形而言的。它不是条形，不是块状，而是模仿麻雀舌尖的大小厚薄和形状制成的面粒。我不知道怎样制成的，只觉得进口后，不拖舌、不哽喉，对老年人特别适宜。

结尾是一杯冷冻的酸奶。大量肉食之后以此收场，妙在一个酸字上。撒拉餐单别具一格。我希望有一天在各大城市里有专设撒拉馆子，可以供应群众一尝农牧结合的独家风味。

1987 年 9 月 1 日补记

（原载费孝通：《费孝通文化随笔》，北京，群言出版社，2000）

关于甘青少数民族地区经济开发协作区建设的构想①

索文清整理

新华社记者请费老谈谈对当前青海少数民族地区改革形势的看法。费老说：地处青藏高原、具有400万人口的青海省，是中国西部一块多民族的聚居区，这一地区的东部在西北开发的事业中居于很重要的地位。它的特点和甘肃临夏一样，都处在中国的大农区和大牧区的走廊里边，是两大地区农牧产品流通的贸易中心。发展大西北，发展西北民族地区的经济，必须走商品化道路，从封闭的自然经济过渡到商品化经济，这就需要有一支沟通农牧业地区商品交流的队伍。我这次访问互助土族自治县，就看到了一支沟通城乡经济的“倒蛋部队”（按：指往来于互助和西宁之间的一支贩运鸡蛋的队伍，大约有800人），沟通城乡经济要有一支贩运队伍，沟通农牧区经济的发展同样需要有一支贩运队伍。要促进大牧区的发展，就要改变牧业的性质。我看到了回族有这样的本领。这次到青海，发现土族、撒拉族同样也适于做这个工作。历史赋予我们各民族一大人才资源，这个人才资源不是短期造出来的，是历史遗留下来的财富，我们必须充分利用，把它发挥出来。这个看法，是我在去年访问甘肃临夏时提出来的，这次访问青海，更加深了我的这一想法。

第二点，我要谈谈海东和海东地区在青藏高原开发中的地位。这块地方人口集中，约有180万人，从青海来讲，是农业最发达的地区，历史上又是茶马贸易的中心，是农牧业两大地区的接合部。我们在此地吃的碗菜里边有肉有菜就反映出农牧结合的象

① 著名社会学家、民族学家费孝通教授为临夏、海东民族经济开发协作区的建立，不辞劳苦，多次亲赴甘、青两省民族地区进行实地考察。今年8月8日至8月17日，费老第二次到青海，走访了海东六县。在循化，他接受了新华社、青海日报社、海东报社等记者的采访，就青海民族地区的改革形势、协作区建立的前景以及如何改变牧区经济结构、开发青藏高原等问题，发表了精辟的谈话。以下是这次谈话的内容。

征。这地方的少数民族在商业流通上有能量，循化的撒拉族贩运青藏高原的羊，在这里屠宰然后贩运到商业发达的农区去，循化成了一个惹人注目的转运中心。从 1982 年开始到 1884 年不过两年光景，它的效果已看得很清楚。在商品流通上，海东的循化和临夏同样，对开发和繁荣青藏高原有很大的意义。看来，这条用商品流通的渠道打开青藏高原繁荣的大门的路子可能走对了。

对整个海东来说，我想应该发展多种经营，这地方农业潜力很大，牧业搞饲养也不错。同临夏相比，两个地区的相同处是工业都不发达，乡镇企业刚刚开始，规模都很小，农畜产品的加工业也不多，要以商促工。商业看来有点基础了，工业没有底子。农业上海东比临夏强，而在商品流通方面则不如临夏。现实是农工业两地都没有大的发展，所以双方协作，还有取长补短的一方面，还要有共同发展的一方面。

我希望临夏、海东地区能成为一个供应青藏高原牧区所需要的日用品的生产基地，来促进牧区经济的发展。只有用牧民们喜欢的、适用的日用品来促使他们进入流通领域，牧区经济这盘棋才能搞活。用这个办法来改变牧区经济结构的路子，是否走得对，大家可以讨论，我也在摸索。我希望临夏、海东这两个地区大家都能发展乡村工业，因为这些地区有条件，首先是具备了流通渠道，比如像劳务、商业贩运的能力。同时，也有发展乡镇企业的资金，这些资金现在都散在民间，不是没有，而是没有想办法集中起来。

进入 80 年代以后，全国农民的生活水平至少提高了两三倍，过去每年人均不到 100 元收入，现在达到了 300 元至 400 元。应看到已经有不少资金散在民间，可以想法子把它集中起来，变成再生产的资金建立乡镇企业。临夏成立了河州穆斯林融资公司，这是一个向私人筹集资金、专为个体和集体工商业者服务的资金融通组织，很适应穆斯林群众的宗教信仰和习惯，这种集资的形式就可以借鉴。

技术力量这两个地区都还很薄弱，必须从东部地区引进，我访问的地方不多，可从海东看到了不少成功的例子，当然也有教训，所以要好好总结经验，研究一下如何向东部地区进技术、人才，也可以从东部吸收一部分资金，有了资金、技术，加上本地的劳动力，在短时间里有可能把乡镇企业搞起来。将来牧区的自然经济有了变化，牧区的市场比较广大稳定，可以说海东在发展乡镇企业的条件是具备的。

青海日报记者中间插话说，看来费老是把临夏、海东经济协作区当作一块开发边疆民族经济的试验田，您是否打算用《民族区域自治法》给这两个地区带来好处，或者说给它们争得一定的优惠权利？费老回答：这问题提得好。我这几年就是在研究怎样把民族地区的经济发展起来，或者叫作“边区开发”。我一直认为民族地区的发展，必须是民族本身的发展，不能离开民族的发展来讲发展民族地区的经济，否则会走上美国、加拿大等国的道路。这几年，我走了很多民族地区，到过包头，也去过海南岛，在一些地区出现了一种现象，就是民族地区可能发展、进步了，但这些地区中少数民族的经济、文化却没有得到相应的发展。这些地区的资源被开发了，但是少数民族没有得到多大好处。这些现象一定要避免。应该是通过发展少数民族本身，发展民族地区经济，同时也不排除国家资源的开发，不排除用外边的劳动力去开发，但是一定要把当地少数民族的经济、文化提高起来，来迎接大西北大规模开发的高潮。我想这个前景已经为期不远了，时间很紧迫，我们要多做工作。宋省长讲的“主动进位”“两元结构”的意思是符合这一精神的。

少数民族人口在青海占了近40%，因此在青海各项工作的开展中必须考虑到这一地区民族的发展。每一个民族在中国民族大家庭中都突出，都有它自己的优势，循化的撒拉族就很突出，虽然它的人口不多，但是它具有别的民族不具备的条件。他们有强健的身体，擅长在高原上做强劳动，又善于经商贩运，上青藏高原做生意，搞劳务。将来在高度发达现代化的民族大家庭中，各民族不可能是封闭的，是要在共同繁荣的大家庭中，各自贡献自己的力量。

为什么撒拉族具备特殊的优势？这要从历史上去研究。撒拉族的发展同藏族有亲姻关系，称藏族作“阿舅”。一个民族不能孤立、封闭、排外，民族越小，越要开放，否则人的素质就要降低，这一点我想大家是可以理解的。开放、搞活，同样也适用于民族经济的发展。开放对人的素质的提高，对民族的振兴是必要的。

中央在几年前制定了《民族区域自治法》，其中指出了中国民族之间的差距，看到了要缩短差距必须有政策。这些基本政策，都在《民族区域自治法》中有所规定，有所反映。乌兰夫同志这次到内蒙古自治区参加四十周年庆典，特别讲了贯彻《民族区域自治法》的重要性。他为制定这个自治法付出了心血。他强调，各民族无论大小，都要重视《民族区域自治法》的实施，有了法不付诸实施，还有什么用？我们要找出付诸实施的办法来，在少数民族地区，就要依法办事，用法律保障民族地区和各民族人民的发展进步。

现在，少数民族在全国范围内的地位越来越显得重要了。我们在临夏、海东搞协作区，就是想找出发展民族地区经济和促进少数民族繁荣的办法来，这是一个跨省区的试验田，有许多问题还需要进一步研究、探索、总结。同样，这个协作区的成立，作为具体落实《民族区域自治法》的试验田，也需要进一步探索。像临夏、海东经济协作区，如何落实《民族区域自治法》，要由两省的同志共同来研究。从自治地方单位法规的制定到具体实施，要有步骤地进行，大家商量着去做，有了这块试验田，就可以利用自治法来寻觅各自地区经济发展的途径。

有的记者接着向费老提出，像青海这样的省份，要发展就必须开放，但是开放就要冲击大企业，反回来又要采取保护性措施，您认为怎样解决这一矛盾？费老说：在过渡时期，出现这种现象并不奇怪，因为像青海这样的西部省份同东部省区相比，有很大的“落差”，“落差”大，竞争不过，只有保护原来的设备，原来的产业结构。比如西宁的毛纺业就是采取了这种保护措施。首先要承认事实，不能不照顾本地区的利益，两千万元的产值数目很大，不控制一下就会出问题，要保持两千万元的产值，就要在毛纺企业上打算盘。现在实行的保护措施是在原料上打主意。就是控制较低的羊毛收购价格来降低成本。我想人家可以用抬高羊毛价格把羊毛截走。而能在高价原料的条件下取得利润，那是由于经营水平高。所以西宁的毛纺业应当赶紧改革技术和经营，才能和外地竞争。改革才能开放，开放才能促进改革。这个道理在这里表现得很清楚。我想出路应该是改变企业的技术和经营。做到这点一下子不容易，要逐步地调整。在保证羊毛供应的情况下，逐步改革。搞几个毛纺厂，做个试验，或者对外联营，或者承包。从外边引进技术、机器，甚至资金。当地的毛纺业改革成功了，羊毛价格也就可以开放。羊毛价格提高又可以促进青海的牧业，形成良性循环。现在，中央的政策是要开放搞活，本地的企业落后是事实，所以改革势在必行。当前，必须抓紧把毛纺工业经营质量提高。方法很多嘛？东部的丝绸业这几年变化很大，每年都在革新，其中的办法可以借鉴。

我看青海的乡镇企业要赶先进水平，国营企业也要赶上国内水平，抓企业经营的改革不是一下子就能见效的，可以逐步展开，找出适合本地区可行的路子，需要承认因地制宜，多种模式。但想依靠行政手段保守老水平，恐怕事实上维持不下去的。黄金问题也是一样。我们的采金业要走现代化道路，现在还是老的采金方法，马步芳时代的老办法，采金人的生命都没有保障。今后要走现代化的经营道路，换言之就是要按经济规律办事，使国家、集体和个人都受益。

有人问费老，在致富的道路上，青海海东走什么模式的路子。费老说：看来既走不了苏南模式，也不能走温州模式，黄淮农业区的模式值得学习。豫东的民权县有“一条龙”的经验：全民、集体、农民个体户三种所有制结合起来，以千家万户生产农产品为基础，搞集体加工，国营企业最后搞成品，这种方式最容易学，而且见效较快。我在湟源曾提出，发展工业必须从千家万户着眼，不是为办工业而办工业，办工业就要考虑当地的各族群众，着眼于当地各族人民的利益，使他们富裕起来。办地方工业切忌仓促上马，不要贪大，看着好看，弄不好可能一下子背上包袱，使自己长期陷入被动。

临夏、海东经济开发协作区的优势是看得很清楚的，它是将来发展牧区经济的纽带，搞流通的桥梁。不要狭隘地看待协作区，仅仅看到两个地区之间的互通有无的作用，还要把它看成是一个联合体，在共同性的基础上发展农牧两大区的桥梁，为整个青藏高原的繁荣服务，这叫作携手共进。当然协作区内部的各民族人民可以各有不同的分工，有的民族可以偏重在农业、矿业、提供原料，有的民族可以偏重在加工制造业，有的民族可以偏重在流通，发展商业和运输。但是大家要共同考虑的一个问题是将来怎样打开青藏高原的市场，把广大的牧区发展起来，用什么办法，大家可以讨论交流。

这几年，在流通活动中，自然形成了许多贩运和贸易中心，这是好事，因为老百姓愿意这样搞，符合客观需要。湟源和临夏在历史上就是茶马贸易的中心，有重要的经济地位。今天，我们仍然要力促这两地的经济联系，只不过要从实际出发，对出现的新问题很好地研究。现在，已经有铁路和公路连接了海东几个县，交通更方便了，如何发挥这些城镇的作用，还要我们做实事求是的调查。

费老说：我想大西北在相当长的时间里还会是以牧业为主，矿业的开发必然会日益推进。牧业的现代化是最大的课题。改变牧业结构，第一步就是要发展商品经济，打破牧区的自然经济。这需要我们研究主要生活在青藏高原的藏族的优势是什么？藏族可以在海拔4000米以上的高原上劳动生息千百年，站住脚跟，发展牧区，这就是优势，是其他民族所无法比拟的。我们还要研究藏族生活的高原环境、气候、生态和他们的文化传统。要发展藏族的文化，必须先把经济发展起来。只有先把经济水平提高起来，我们的这套新教育才能进去，钱才不至于白花。

最后，当有记者问到费老对这次青海之行有何观感时，费老深情地说：青海是一个宏大而有魅力的地方，越观察越有意思，越有劲头，由于时间短促，许多都是一隅之见，偶有所得，不过可以用一句话概括我的观感：引人入胜，学而后知不足。我愿意和青海的同志们一道，和年轻的同志们一道，今后继续探索，争取明年，我再上青海高原来。

（本文由索文清记录整理，发表前经费老亲自阅定）

（原载《青海社会科学》1987年第6期）

对青海海东地区穆斯林群众拉面经济的思考

鲁临琴　桑才让

拉面是一种迅速便捷且实惠便宜的快餐食品。近几年来，青海海东地区穆斯林群众走出山门、跳出农门、跨进城门，到全国各地开拉面馆，使一碗普通的牛肉拉面成为青海海东地区穆斯林群众的“发家面”“致富面”。据统计，到2005年4月，青海海东农民在全国100多个大中城市开办的拉面馆已达8000多家，从业人员超过6万人，户均年收入在10万元左右。拉面经济不仅使青海农民走出了一条脱贫致富的大道，而且开阔了眼界，转变了观念。拉面经济具有重要的经济意义和社会意义。

一、青海穆斯林拉面经济的形成及特点

拉面经济是以青海的牛羊肉资源为主要原料，运用青海农村的富余劳动力，以独立经营为主要形式，在全国各大城市经营拉面生意的经济模式。拉面经济最早始于20世纪80年代初，以化隆回族自治县阿什努乡、加合乡的回族农民韩录、马乙卜拉、冶二买为代表的第一批不甘贫穷的农民，带着青海的牛羊肉、亲戚朋友，率先来到厦门创业经营，开创了青海农民在东南沿海城市开办拉面馆的先河。后来，以他们为依托，很多化隆人也先后来到厦门经营拉面，到90年代末，在厦门的青海拉面馆达到100多家，从业人员700多人，年收入百万元，使化隆拉面在当地成为很有名气的一种快餐。90年代以后，青海化隆拉面开始向全国更多的城市发展。据2005年的统计，化隆人在近10年的时间里，在厦门、上海、广州、苏州、杭州、无锡、温州、宁波、北京、深圳等100多个城市开办了8000多家拉面馆，从业人员6万多人，年收入达到上亿元。化隆人经营拉面的成功对青海海东农村起到了强烈的示范和带动作用。自90年代以后，青海海东地区其他各县的农民，特别是循化的撒拉族农民和民和的回族农民也先

后到东部的各大城市经营拉面。为鼓励和扶持更多的人走出去，2000 年，海东各县出台了一系列优惠政策。比如，为外出开办拉面馆的贫困农民提供小额信贷资金、提供免费技能培训、办理劳务输出证以及外出所需的证明。这些政策的制定和出台，极大地推动和促进了青海拉面经济的发展。2000 年以后，民和、循化、平安、互助、乐都等县的少数民族群众也纷纷外出创业，经营拉面馆，在珠江三角洲、长江三角洲、京津唐地区及福建、山东等沿海省市发展势头迅猛。

青海拉面经济模式具有以下特点：

（1）以青海的农畜产品为主要原料，以当地农村的富余劳动力为经营主体。青海有丰富的牛羊肉资源，而且无污染、纯天然，品质很好，是制作拉面的最好原料。因此，青海人无论在哪里开拉面馆都要使用青海的牛羊肉。现在凡是有拉面馆的地方都有专门经营青海牛羊肉的长途运输公司和商行。青海海东农村富余劳动力多，他们都能吃苦耐劳，青海拉面馆都喜欢雇用他们。①

（2）经营者都是穆斯林群众，并且大多数人是农村能人。做拉面生意是穆斯林群众的特长，现在在各地开办的 8000 多家拉面馆全部都由穆斯林群众经营。这些穆斯林群众一般都是有经营头脑、敢闯敢干、有一定文化水平的村中能人。他们的年龄一般在 25—35 岁。他们中的很多人以前就在本省开过拉面馆、跑过运输或做过生意。

（3）拉面经济已初步形成产业链。青海目前已初步形成以拉面馆为主，多业并举的产业链。有一定资金的人以专门从事清真拉面馆为主，搞餐厅经营；没有资金的人从事餐厅务工为主，赚取劳务工资；在外地开设餐馆时间较长、资金较多的人，以餐馆转让中介服务为主、餐馆经营为辅，主要赚取餐馆转让中介服务费；个别资金实力雄厚的人，专门从事清真牛羊肉长途贩运业务，赚取利润。拉面经济促进了以餐馆经营为主，餐厅务工、餐厅转让中介服务、牛羊肉贩运等为辅的多业并举的产业链的形成。

（4）多数拉面经营者能够采取适当的经营策略。青海拉面馆在东部地区的发展中，都特别注重经营策略问题。他们在经营中精心选择经营场所，突出青海牛羊肉特色，打造价格优势和质量优势，善于凭借和利用当地的优惠政策。

二、青海穆斯林拉面经济发展的动力

青海拉面经济发展的动力是由推力和拉力两个方面构成的。其推力因素主要有以

① 杨春英：《拉面经济——青海化隆县农民脱贫致富的有效模式》，载《甘肃农业》，2005（7）。

下几个方面：[①]

（1）青海海东地区人多地少，发展空间有限。海东是青海农业人口最集中的地区，全区有 43 万农村富余劳动力，占全省的一半多。其生产条件、生活条件差，是国家扶贫开发重点地区之一，到 2003 年年底，全地区仍有 15.5 万贫困人口，其中 8.3 万人是绝对贫困人口。2003 年，海东农民人均纯收入只有 1256 元，远低于全省农牧民的平均水平。由于干旱缺水、自然灾害频繁，农业效益很低，农民辛苦劳作一年的收入还不及外地一般劳务输出 1—2 个月的收入。严酷的自然环境使海东地区的农民认识到，要想脱贫致富必须走出去。

（2）政府的组织和倡导。海东各县政府出台了鼓励农民外出务工的优惠政策，在 70 多个大中城市设立了专门为务工农民服务的办事处，定期举办拉面技术人员培训班，协调各方关系，积极给外出农民提供小额贷款。

（3）致富欲的驱使。一方面，市场经济给村民的生活和观念带来了积极的影响，农民再不是安于现状、不求进取、怕变求稳的社会群体，他们的能动性已经被极大地调动起来了，他们正在不断改变和超越自己，在自觉地接近和吸取现代文明，把生活和生产的目光更多地投向农业和农村之外更宽广的领域。这可以说是青海农民走出去的内在动力。另一方面，封闭性的村庄逐步向开放性转变，导致了人们的致富欲强化，每个村民都不愿在村落社会中被边缘化。

（4）穆斯林群众的闯劲和冒险精神。强烈的闯劲和冒险精神是穆斯林民族的一个显著特征。改革开放的社会环境和市场经济为这种民族精神的发扬创造了更好的条件，这是拉面经济形成和发展的关键。

青海拉面经济发展的拉力因素主要有：

（1）东部地区的发展空间和市场效益。拉面在西部地区已呈饱和状态，进一步发展的空间很有限。相反在东部地区，一方面拉面这种快餐食品还是一个新事物，发展的空间较大；另一方面其具有自己的优势和特色，适合快节奏社会人们的需要，很容易打开局面。另外，拉面在东部地区的效益也很诱人：在东部地区每一碗拉面的成本与青海差不多，但是价格与青海相比要高出 3—4 元。

（2）优惠政策多，经营环境宽松。在许多地区经营拉面，除卫生费以外，需要缴纳的工商管理费、营业税以及其他费用很少。

（3）示范和带动效应。最先出去创业并获得成功的拉面经营者们对同一地区的人

① 洛桑：《海东发展拉面经济的调查》，载《青海日报》，2005-04-09。

们的榜样、示范和带动作用是不可低估的，很多拉面经营者就是在他们的影响和带动下走出去的。

（4）城市生活环境的吸引。城乡二元结构的逐步解体使农民越来越多地接触到现代城市文明，并为其所吸引。

总之，青海拉面经济的形成和发展是推力因素和拉力因素共同作用的结果，是市场经济优化资源配置的结果，是地域和职业双重流动的结果。①

三、穆斯林拉面经济对青海经济社会发展的作用

（1）拉面经济已成为增加农民收入、摆脱贫困的重要途径。“三农”问题的核心是农民的增收问题，拉面经济在青海海东农民增收中起到了举足轻重的作用。近几年，海东地区的穆斯林群众凭借国家政策优势和沿海城市巨大的市场需求，在市场竞争中大显身手，在短短的两三年时间内，依靠拉面经济的发展，摆脱了贫困，走上了富裕的道路。据了解，到沿海城市经营拉面生意2—3年的农民，大多数有10万元以上的自有资金，有的高达百万元以上。全区拉面经济的年收入达到4亿元以上，占全区劳务总收入的38%。拉面经济已成为促进海东地区农民脱贫致富的重要途径。

（2）拉面经济已成为农村富余劳动力转移的重要渠道。农村富余劳动力的转移是解决“三农”问题的重要途径。近年来，青海海东地区在农村富余劳动力的转移方面做了很多有益的探索。但是由于农民的文化水平较低，没有技术专长，因此始终没有找到一条适合农民特点的有效的转移途径。拉面经济的兴起则有效地改变了这种状况。拉面是穆斯林群众的传统产业之一，穆斯林群众在经营拉面生意方面有着很多优势。拉面经济使海东地区的农民找到了一条适合自己的发展之路，从这几年的情况看，拉面经济越来越成为青海海东富余劳动力转移的主渠道。据统计，近两年海东地区有6万多人直接从事拉面业，还有近万人从事与之相关的产业。2006年，青海拉面馆的总数将会超过1万家，直接从业人员超过8万人。

（3）拉面经济已成为解放思想、转变观念的主要推动力。观念是行为的先导，观念的正确与否、先进与否决定着人们行为活动的成功与否。由于历史和现实的原因，在农业和农村问题的解决中，农民观念的更新和解放一直是一个不可忽视的重要问题。穆斯林群众在市场经济大潮中，不仅获得了经济方面的巨大成功，而且解放了思想，转变了

① 阴汉武、李克祥：《劳务输出是促进农村经济的一副良药》，载《西海都市报》，2006-04-28。

观念，为今后更大的发展创造了条件。拉面经营者已经摆脱了小农思想，能在更加宽阔的视野里思考自己的发展问题。一些挣了钱的拉面馆经营者，不再仅仅满足于家庭式的经营方式，而是在谋求经营上档次、上规模、上水平。有的拉面经营者正在跃跃欲试，将目光投向港澳台地区以及韩国、日本和东南亚各国的市场。另外，他们对转变整个青海农民的观念也起了不可忽视的作用。在他们的影响下，青海越来越多的农民把泥脚从扎得很深的乡土中拔出来，纷纷走向陌生的地区和领域，谋求发展。①

（4）拉面经济带动了相关产业的发展。青海是一个资源型省份，资源优势比较明显。拉面经济在开发青海牛羊肉资源、变资源优势为经济优势方面发挥着重要的作用。从这几年的情况看，拉面经济已成为青海牛羊肉资源的主要消费领域，每年仅拉面需要的牛羊肉就达十几万吨，有力地解决了青海畜产品的售卖难问题。另外，还形成了围绕和服务于拉面经济的一些产业链，如牛羊肉运输业、牛羊肉商行、技术培训业、职业介绍、中介组织等。

四、青海穆斯林拉面经济在发展中面临的困难及需要注意解决的几个问题

青海穆斯林群众拉面经济的发展，也面临着一些问题和困难，主要有以下几个方面：

（1）发展资金短缺，融资困难。目前拉面经济的最大问题是发展资金问题。资金问题对于已经获得一定发展的人和即将步入这个领域的人来说，同样比较突出。已经获得一定发展的经营者，正在着手扩大再生产，急需发展资金；想步入这个领域的人也需要基本的启动资金。银行贷款应该是拉面经济发展的重要融资渠道，但是由于目前银行担保制度还不够完善，农民从银行获得的贷款非常有限。

（2）协调机制不够完善，青海拉面馆相互之间的竞争态势已经形成。合理的布局是拉面经济发展的重要因素之一。青海拉面馆在人口比较密集的城市里，最初相互之间的距离都比较远，一般为 1 千米，相互之间的竞争不明显。但是随着拉面馆数量的不断增加，拉面馆相互之间的距离越来越近，从最初的 1 千米缩短为 400 米、300 米，有的只有 100 米。有的地区相互之间的竞争越来越明显、越来越激烈，不但影响到拉面馆的收入，而且也影响到相互之间的关系。

（3）与当地政府之间沟通和联系的桥梁还没有完全形成。由于诸多原因，青海拉面馆和当地政府之间还没有建立起必要的沟通和联系的桥梁，导致当地政府不能充分

① 鲁临琴、桑才让：《走出省门的拉面汉们》，载《攀登》，2005（3）。

理解青海拉面馆经营中所遇到的诸多困难而提供有益的帮助，如在银行贷款方面、政策方面、治安方面等。

（4）孩子的入托和入学问题比较难。拉面经营者一般都想把自己的孩子带到城市里读书，让自己的孩子接受良好的教育。但是目前制约因素很多，除了极少数外，绝大部分人和孩子两地分居，不能把孩子带到城市来、进入城市教育系统。这些制约因素主要是制度问题、经济问题。

（5）缺少技术水平较高的拉面工。拉面工是拉面馆中最重要的技术人员，在一定条件下，拉面工的水平如何直接关系到一个拉面馆的成功与否。这两年随着各地拉面馆数量的急剧增加，使高技术的拉面工越来越紧缺。有些人在城市里找好了拉面馆的地址，也办好了各种经营手续，但由于找不到好的拉面工而不能开业。

青海穆斯林群众拉面经济的发展刚刚起步，进一步发展的空间还比较广阔，在以后的发展中需要注意解决以下几个问题：

（1）规范经营，树立青海拉面馆的良好形象。市场不但需要开拓，而且也需要培育，青海拉面馆如果要谋求大的发展，必须注意市场的培育问题。目前最主要的是要做好这样几件事情：统一管理、统一标识、统一执照，逐步实现规范化、标准化经营；继续保持优势，突出青藏高原牦牛肉拉面的特色，提高素质，增强服务意识，营造民族文化氛围，注意对外宣传。

（2）发挥政府的引导和协调作用。虽然拉面经济是群众的一大创造，但是在具体的发展过程中却离不开政府的支持和帮助。目前需要解决的是：完善扶贫贷款制度，建立比较稳定、畅通的融资渠道，成立各地拉面协会，统一协调、解决拉面经营者之间的相互关系和与当地政府的关系，积极与当地政府协调，解决外出务工人员子女的入托难和上学难问题，加强职业培训，注意培养高技术的拉面人员，建立农村社会保障制度，解决外出务工人员的后顾之忧，积极与国家有关部门联系，为那些想走出国门的拉面经营者牵线搭桥。

（3）广开门路，谋求多元化发展。根据笔者的观察和了解，除了拉面经济之外，增加农民收入还有多种途径和可能，我们可以把增加农民收入的问题放到更加广阔的视野中去思考。如依托拉面馆向当地企业输送农村富余劳动力，培训掌握阿拉伯文的人才，为中东等地的企业家和商人提供翻译人员和管理者，发挥拉面馆的窗口作用，积极推介青海的特色农牧产品，等等。

（原载《青海社会科学》2006 年第 4 期）

西部少数民族地区农村劳动力的转移

——青海“拉面经济”现象的分析

吴文钰

一、青海拉面经济现状

据统计，目前青海海东地区群众在外经营的拉面馆近 2.2 万家，从业人员达 16 万人，占全区外出务工人员总数的 31%，拉面经济收入已占到全区劳务收入的近一半，年实现收入近 10 亿元。拉面馆经营数量大幅增加，规模不断扩大，收入明显提高。部分店已经发展为拥有若干家连锁店的连锁企业，年收入达百万甚至千万元以上，不少拉面馆还开到了东南亚等地。据相关部门提供的统计数据，拉面馆大多分布在东南沿海地区，在珠三角、长三角地区开办经营的拉面馆总数达 12035 家，从业人数达 90262 人，其中广东省 4683 家 35122 人、江苏省 2036 家 13000 人、上海市 2125 家 14000 人。

二、青海拉面馆的特征

（一）区位特征

从宏观上看，在国内大多城市中都可以看到青海拉面馆，尤其是在经济较为发达的东南沿海城市中，分布更多。据统计，目前分布在珠三角和长三角的青海拉面馆总数达 1.2 万多家，占到海东地区在外经营拉面馆总量的一半以上。从微观区位上看，拉面馆一般分布在人口密度高、流动性大的城市城郊结合部，其中高校、车站、路口等人流密集的区域周围分布最多。

（二）家族经营

经营拉面馆的基本上是青海海东地区的回族、撒拉族等信仰伊斯兰教的群众，其经营一般都以家庭、亲友或同村等人员共同经营，典型的亲帮亲、邻帮邻模式。一般都是某人在外面某个城市获得成功后，介绍或雇用亲戚或同村的人一同经营，经营成功后再招来更多的熟人经营。例如，化隆县巴燕镇上加合村，全村 1629 人，村支书马忠云率先带领家人到上海开起了牛肉拉面馆。由于经营有方，服务周到，生意十分兴隆。村民们亲帮亲、邻帮邻，托亲带友到上海、广州、深圳等地开饭馆，生意越做越好。

（三）低端中式快餐

青海拉面馆的顾客大多为低收入者，如高校学生、城市务工人员等。拉面馆一般开在流动人口密集的地区，那里租金相对便宜；拉面馆原料主要是牛羊肉、面粉和少量蔬菜，因此开店成本相对较低，通常只需要几万元就可以，这非常适合想从事经营但又缺少资金的农民。同时，拉面制作简单、省时、营养丰富、价格低廉、四季皆宜，青海拉面馆中产品也比较齐全，有面、米饭、汤，基本能满足一般的餐饮要求，拉面这种食物的特点也比较符合当今城市快节奏的生活，而且由于价格低廉受到低收入群体的欢迎。

三、拉面经济为什么会成功?

著名学者哈佛大学教授迈克尔・波特在其论著《国家竞争优势》中，提出了国家竞争优势的“钻石模型”，并用钻石模型解释产业集群的形成过程。① 波特认为，一个国家（或地区）的某些产业之所以能够持续创新和升级，获得竞争优势，主要取决于该国产业的以下四个方面的条件：①生产要素条件；②需求条件；③相关产业和支持产业的表现；④企业的战略、结构和竞争对手。上述四项关键要素形成波特的“钻石体系”，这关系到一个国家的产业或者产业环节能否成功。另外，在国家环境与企业竞争力的关系上，还有“机会”和“政府”两个变数，这是“钻石模型”的附加要素。钻石体系内的各关键要素相互强化，相互促进，形成一个完整的系统，构成动态的激励创新的竞争环境，成为一国产业国际竞争力的源泉。本文基于波特的钻石模型原理，

① ［美］迈克尔・波特：《国家竞争优势》，李明轩、邱如美译，北京，华夏出版社，2002。

来分析青海拉面产业之所以成功的原因所在。

（一）生产要素

首先，青海拉面馆选用产自青海高原的牛羊肉，天然无污染，品质优良；从拉面馆的主要人力资本拉面师傅来说，青海海东地区农村居民，尤其是穆斯林群众喜欢吃面食，普遍具有传统的拉面手艺，在经过简单的统一培训后即可上岗。海东地区自2000年以来十分重视农村富余劳动力的转移问题，主要措施就是加大职业技能培训力度，其中餐饮等行业的培训十分红火，为餐饮业大力发展提供了人力成本竞争力强的厨师。其次，店内聘用的其他人员基本是来自青海的穆斯林群众，默契度高，而且薪水比所在城市聘用一般人员要低。

（二）需求条件

目前我国正在经历大规模的城市化时期，大量的农村富余劳动力涌入城市中寻求就业，在东南沿海大城市中数量尤其庞大，但其消费需求却被忽略了，城市流动人口消费市场尚有很大缺口。拉面这种食品被国人普遍接受，手工拉面更是受到普通消费者的欢迎。青海拉面及时地发现了这个市场，以其价格低廉、方便、营养丰富等迅速进入了这个市场。

（三）相关产业和支持产业的表现

青海拉面产业的发展离不开青海畜牧业的发展和青海职业培训的发展。青海幅员辽阔，草原广袤，畜牧业历史悠久。饲养量最大、分布最广的藏系绵羊和藏牦牛是青藏高原的特有品种，存栏数达2400万头（只），其中藏牦牛存栏数居全国第一位，占世界总存栏数的三分之一。2000—2006年，青海省实施生态畜牧业发展战略，牧区畜牧业得到稳定发展，同时农区的畜牧业也得到政府支持，如“西繁东育”工程等，青海畜牧业发展迈向产业化、规模化。

（四）企业的战略、结构和竞争对手

竞争激烈、进入门槛低。拉面店规模都很小，一般只有一间店面，4—5人经营；由于进入门槛低，开店数量增长很快，尤其近年来在有些大城市几百米之内竟有2家甚至更多青海拉面馆，这种同业竞争有利于业主不断采用各种方法提升竞争力。就拉

面食品的竞争对手而言，拉面馆的竞争者为各种小食店，同这些小食店比，青海拉面馆具有不少优点：首先，产品独特，不易模仿。青海拉面为回族、撒拉族等穆斯林群众擅长，另外青海拉面原料运用了独产于青海高原的牛羊肉等材料，其产品具有独特性。其次，拉面食品产品比较丰富，有各种花式品种，而且还提供盖浇饭等南方人比较喜欢的食品，另外还提供汤类等食品，能满足普通用餐需求，并且这种需求具有长期性，这是许多小食店所不具有的。再者，由于经营拉面馆的都是来自同一个地方的穆斯林群众，有相同的原料供应商，彼此之间社会交往非常频繁，对拉面馆提升经营水平、抵御各种风险都有积极作用。

（五）政府支持

首先，拉面馆的成功离不开地方政府的支持。青海化隆县政府给予外出开拉面馆的当地农民提供了免费劳务培训、帮助争取贷款、办理介绍信、在拉面馆所在城市设立办事处等服务，给拉面馆业主以很大的支持。例如，仅在 2000 年和 2008 年，化隆县政府为扶持在外地从事拉面经济的外出务工人员，提供了 3000 多万元的贴息贷款，很大程度上解决了开店无资金的窘况。[①] 为进一步加强对外出务工人员的协调服务工作，政府在劳务人员相对集中和重点用工城市（地区）设立了 172 个驻外劳务办事处，在开展用工调查、搜集、考证、发布用工信息、组织劳务输出、人员培训和在维护务工人员合法权益、处理各类矛盾纠纷等方面发挥了积极作用。此外，拉面店的所在地政府的民族部门也给予了很大支持，如广州、佛山、南宁、武汉、上海市民委对外来少数民族务工群众在生产生活各方面给予关心支持，要求基层干部群众了解和掌握国家的民族政策、穆斯林群众的风俗习惯，理解少数民族异乡创业致富的背景和难处，最大限度地给予支持和帮助；在某些城市，有政府介绍信的甚至免收营业税等。

（六）机会

大城市，尤其是东南沿海大城市积聚了大量的城市流动人口，其消费潜力很大，同时随着国民经济的稳定增长和城乡居民收入水平不断提高，城镇居民外出、旅游者的就餐消费也呈稳定增长态势，对快餐食品的需求不断增加，牛肉拉面这一特色快餐有着可观的潜在消费空间。另外，伴随国家扩大内需、加快服务业发展战略的实施，牛肉拉面产业化迎来了新的发展机遇和更广阔的发展空间。

① ［美］迈克尔·波特：《国家竞争优势》，李明轩、邱如美译，北京，华夏出版社，2002。

（七）其他因素

地处西北的穆斯林群众虽然居于自然条件恶劣的内陆山区，但他们天生具有良好的经商致富能力，具有善于经商等的优秀传统文化；另外，还具有吃苦耐劳、不畏艰辛、诚实经营等的良好品质，内地很多城市中很多拉面馆都是 24 小时营业，还有外送等业务，虽然拉面利润薄，但是凭借吃苦精神，他们获得了初步成功。

四、拉面经济的效应

（一）收入效应

据统计，青海拉面馆普遍获得了不错的收入。每家拉面馆目前年均纯利润在 5 万元以上，高的甚至达到几十万乃至数百万元，远远高于青海省当地农村的家庭收入，拉面经济的收入已占到青海省海东地区劳务收入的 50% 以上，年收入近 10 亿元。经营拉面馆已成为全地区少数民族农民收入的主要来源。

（二）就业效应

保守估计，青海拉面馆直接带动的就业人数在 20 万人左右，“拉面经济”模式的发展，吸纳了化隆县近三分之一的农村劳动力。据统计，2008 年，化隆县劳务输出规模 10.85 万人次，而其中常年在外从事餐饮服务业的就达 6.6 万人。省外转移人数占比达到 80% 以上，外出人数最多的巴燕镇有 3000 多人在外从事清真餐饮业，该镇的下胡拉村外出人员多达 400 人，占全村剩余劳动力的 88%。

（三）社会效应

通过市场经济的锻炼，农民的思想观念发生了根本性变化，特别是在实践中学到了有关投资、生产、销售等方面的知识和技能，法律意识、市场经营意识、社会意识大大增强，教育和婚育观念发生很大变化。目前仅化隆县从事拉面经济的农民子女在内地沿海就学的就有近万人，不少在外经商成功的化隆人回家乡后大力投资民族教育。化隆拉面经济的成功还给青海其他地区的农民以极强的示范效应，带动了其他地区农民的经商意识和致富意识。拉面经济的成功，使得封闭落后的青海主动与外界形成互动，这对青海的发展具有深远的意义。

（四）相关产业效应

经过十几年的发展，拉面经济已初步形成以餐馆经营为主，当地牛羊贩运育肥、农畜产品及民族特色食品供应、花椒等调味品生产供应、务工、餐厅转让中介服务等为辅的多业并举的产业链，在吸纳剩余劳动力、增加农民收入方面发挥了重要作用。由于“拉面经济”的发展，使广州、深圳、厦门、上海等地的清真牛羊肉配送业应运而生。目前就广州、深圳、厦门、上海 4 个大城市就有 16 家，仅广州一个城市的拉面馆每年需要的清真牛羊肉达 2 万吨以上。[①] 可以预料，这种相互带动所形成的产业“链条”，将会给青海海东，乃至青海农村全面建设小康社会、繁荣青海农村经济产生深远的影响。延伸这个产业链条，不断推进产业优化升级，将是青海实现城乡统筹发展，把青海的农村问题拿到全国大中城市的积极尝试。

（五）回流效应

经过了多年的劳务输出，化隆县农村劳动力中有不少人掌握了技术、学到了管理经验，增强了创业意识，积累了资金，也有了闯世界的勇气和经验，回到家乡成为脱贫致富的榜样。在地方党委和政府的号召下，一部分成功者纷纷回到青海开始创办餐饮、服务、交通运输、养殖、加工、冶炼等经济实体。在省内化隆籍近百家较有优势、有规模的私营企业中，约有 50 家企业就是通过外出发展“拉面经济”积累资金后回乡创办的。一部分劳务收入被用于农业生产投入，如维修农田设施、添置农业机械、购置温室棚圈发展设施农业等，进而提高了农业劳动生产效率。同时，劳务输出使退耕还林后的农村富余劳动力大量外出，农村的剩余土地可由少部分人承包耕种，有利于发展规模种植和特色作物，从而加快了农业结构调整。还有一部分以“拉面经济”为龙头的餐饮业经营者投资办教育，促进了农村教育事业的发展。[②]

---

① 芦玉林：《青海牛羊肉产业：延伸“拉面经济”产业“链条”》，新华网青海频道。

② 孙发平、马桂芳：《“拉面经济”——青海省化隆县解决“三农”问题的一种有效模式》，载《攀登》，2005（2）。

五、启示

（一）利用比较优势发展地方经济

发展经济需要的条件很多，但一个地方能否获得发展要看本地的比较优势。化隆县地处西北贫困地区，自然条件差，拥有的优势资源是穆斯林群众的拉面手艺，正是发掘了拉面这个独特的比较优势和特色产业，化隆拉面才走向了市场，成为当地农民脱贫致富的捷径。

（二）充分利用国内广阔的市场空间

我国正在经历大规模城市化时期，国内消费市场正在持续蓬勃发展，虽然各个产业竞争越来越激烈，但国内市场仍然有巨大潜力，是我国各地经济发展最大最好的市场。因此，各地应该把眼光着眼于全国市场。

（三）地方政府应该大力扶持

从拉面经济发展可以看到，拉面经济的发展离不开地方政府的支持。在市场经济体制下，政府应该有所为、有所不为。政府支持产业的发展应该从信息、政策等方面下力气，为发展跑路子、跑市场，促进产业不断升级持续发展。

六、结语

从上文分析中可以看出，青海拉面经济的成功得益于众多因素，其中一些是当地独有的资源要素，因此其发展模式不能完全照搬或复制，对其他地区而言各地应该因地制宜，找出本地的比较优势，加以强化才能获得成功。应该看到，青海拉面经济还处在发展的初级阶段，规模小，利润低。另外，绝大部分拉面店的经营方式仍然是家庭式的粗放经营，服务观念淡薄、卫生不达标、管理和经营不规范、业主文化水平低等一系列问题，导致“被取缔关闭”等现象越来越多；另外，青海拉面还存在产品品种不够多样化、品牌意识差等不利因素，[①] 从可持续发展角度看，还存在跟所在城市社

① 鲁临琴：《农村富余劳动力转移问题探讨——以青海海东地区穆斯林群众拉面经济为例式》，载《人口与经济》，2006（5）；罗志光、姬明琦：《化隆县“拉面经济”含金量调查》，载《青海金融》，2008（10）。

区互动少、没有针对所在城市饮食习惯的产品改良等问题，因此拉面产业的发展需要在政府、行业协会的引导和支持下，进一步提高管理服务水平，提升青海拉面形象，确立品牌优势，加大产品研发，如此才能带动实现持续健康发展。

（原载《西北人口》2010 年第 2 期）

民族贫困地区呼唤科技

——循化撒拉族自治县科技状况调查

马维胜　马光辉　马芳

据第四次全国人口普查数据显示，循化撒拉族自治县总人口 10.6 万人，其中撒拉族占总人口的 60.4%；人均耕地 1.3 亩。由于地理封闭、交通不便、信息闭塞等因素的影响，该县社会经济的整体发展水平比较低，全县尚有 59.3% 的人口未能解决基本生活问题，贫困面很大；地方财政收入只有 470.9 万元，财政状况十分困难；文化教育水平低，文盲与半文盲人口比重大。目前还是国务院确定的贫困县。其贫困的原因是多方面的，但科技的落后是主要原因之一。

一、科技发展概况

新中国成立前，循化县科技事业发展十分落后，不仅区域内部的技术发明和创新是稀少的，也很少有外界的新技术输入，整个社会处于传统经验的逐步积累阶段。新中国成立后，循化县的科技事业有了较快发展。

（一）科技机构逐步完善，科技队伍逐步壮大

该县自 1958 年成立县科委起，到目前已相继成立了科协、科技学会、研究会、科技推广中心及科技服务部等科技机构近 20 个，10 个乡镇还成立了乡镇科普协会，其会员已达 878 人。各类科技人员由 1949 年的 3 人增加到 1996 年 6 月的 1518 人，其具体构成与分布状况列表如下（表 1）：

表 1　循化县科技人员构成与分布表（单位：人）

专业技术职称、人数、系列名称	合计	工程技术	农林	畜牧	经济	中小学教师	会计	卫生技术	统计	图书资料	文馆	中专教师	体育	新闻	播音	档案	律师公证
高级	17	—	2	—	—	8	—	6	—	—	—	—	—	—	—	1	—
中级	231	25	12	15	11	113	7	39	1	1	2	1	—	1	1	—	2
助理	633	77	16	38	45	296	58	78	1	2	8	2	1	1		3	7
初级	609	60	12	10	5	415	29	70	—	3	1	—	—	—	2	2	—
未评聘	28	—	—	—	—	25	—	—	—	—	—	—	—	—	—	3	—
合计	1518	162	42	63	61	857	94	193	2	6	11	3	1	2	3	9	9

从表 1 可以看出，科技工作已深入农业、工业、教育、文化、卫生等各个领域。全县每千人中有科技人员 14.5 人。据统计，在农村具有一技之长的能工巧匠有 3000 多人，占乡村劳动力总数的 10% 左右。

（二）科技成果推广应用取得成果

科技成果在生产领域的推广和应用，是实现科技与经济结合的关键，是促进科技进步与经济发展的重要环节。四十多年来，尤其是 20 世纪 80 年代以后，科技成果的推广应用对循化社会经济的发展起到了重要作用。

1. 农业方面

循化县是个以农业为主的县，农业人口占全县总人口的 31%。新中国成立后，科技人员以优良作物品种的推广为中心，引进推广了高原 606、青春 533、670–4 等多种小麦品种，每一优良品种的推广都使粮食亩产提高 15%—20%；同时还实施了地膜覆盖、配方施肥、间套复种、病虫害防治等多项科技成果的应用，提高了农作物的产量和质量。20 世纪 90 年代起的带状田，增产效果极为明显。使用各类科技成果所产生的综合效益，可通过 1949—1995 年全县粮油增长状况表来反映（见表 2）。

表 2　循化县 1949—1995 年粮食增长状况表

年份	播种面积（亩）	比 1949 年增减（%）	比 1978 年增减（%）	总产量（公斤）	比 1949 年增减（%）	比 1978 年增减（%）	平均单产（公斤）	比 1949 年增减（%）	比 1978 年增减（%）
1949	99640			9781375			98		
1955	110120	+10.52		13748836	+40.56		125	+27.55	

续表

年份	播种面积（亩）	比 1949 年增减（%）	比 1978 年增减（%）	总产量（公斤）	比 1949 年增减（%）	比 1978 年增减（%）	平均单产（公斤）	比 1949 年增减（%）	比 1978 年增减（%）
1965	123895	+24.3		1533745	+56.80		124	+26.53	
1975	117798	+10.22		26376130	+169.66		224	+128.57	
1978	120326	+20.76		27572700	+181.89		229	+133.67	
1980	121158	+20.49	+0.69	29313950	+199.69	+6.32	242	+140.94	+5.68
1985	119748	+20.18	−0.48	22518403	+130.22	−18.32	188	+91.84	−17.9
1990	136844	+37.33	+37.73	33235000	+239.78	+20.54	242	+146.96	+5.68
1995	144783	+45.31	+45.31	31328600	+220.29	+13.62	216	+120.41	+5.68

从表 2 可知，由于依靠科技，使粮食单产比 1949 年有了极大提高，从而使播种面积增加不到 45% 的情况下，全县粮食总产量提高了 220%。

农业的机械化程度也有了提高。到 1995 年底，全县农业机械总动力达到 70233 千瓦，比 1978 年增长了 225%；大小型拖拉机 3345 台，比 1978 年增加 536%；机耕地面积和机播地面积分别为 74000 亩和 74450 亩，分别比 1978 年增加 60% 和 152%。此外，排灌、收割、运输等机械也有增加。机械化程度的提高，对农业劳动生产率的提高打下了一定基础。科技还在畜牧、园艺、林业及农业结构调整等方面也起到了较好的促进作用。

2. 乡镇企业方面

乡镇企业的异军突起是近几年循化经济发展的象征，它的发展过程，实际上就是世世代代以农业为主的循化各族人民认识、学习、引进和应用现代科技的过程。乡镇企业发展之初，一批有远见卓识的撒拉族企业家以培养和引进管理人才、技术人才为起点，通过引进设备和各种生产工艺技术，在畜产品及农副土特产品加工、交通运输、建筑等方面形成一定的生产能力。不少企业还在县外寻求合作伙伴，以提高自己的技术水平，目前已有 7 家企业与西宁、上海、兰州等地企业进行联营。牛绒加工自成体系，产品中的科技含量逐步提高，产品质量与市场竞争能力明显增强。乡镇企业的管理水平也有一定提高，已培养出具有一定管理技能的人才队伍，其中专业技术人员达 120 人（初级职称 106 人、中级以上职称 14 人）。1993 年以来，有 3 人分别荣获全国乡镇企业家、全国优秀青年乡镇企业家和全国少数民族优秀厂长、经理称号。

一大批新技术、新设备的引进与管理水平的提高，推动了乡镇企业的快速发展。到 1995 年底，全县乡镇企业产值已超亿元，占当年工农业总产值的 64.7%。县内出现了产值超百万元的乡镇企业 30 家，超千万元的企业 2 家。

表 3　循化县乡镇企业发展状况表

年份	企业（个）	从业人员		产值			
		绝对数（人）	占当年农业人口数比量（%）	绝对数（万元）	占当年工农业总产值的比重（%）	利润（万元）	固定资产（万元）
1961	6	80	0.19	6.15	—	—	—
1980	116	883	1.16	99.5	5.25	8.94	33.3
1985	832	1973	2.40	773	38.32	148	317
1990	1205	3223	3.51	2168	35.13	—	1329
1995	1295	5122	5.29	10050	64.70	795	5515

值得一提的是，在乡镇企业中，对设备、技术、管理、人才等要求相对较高的乡镇工业有了较大进步，根据乡镇企业局 1995 年工作总结资料显示，当年乡镇工业企业达 572 家、工业总产值达 7050 万元，分别占当年乡镇企业数和乡镇企业总产值的 45% 和 67%。

3. 国有企业方面

由于大环境的影响，国有企业面临不少问题，全县 12 家国有企业中，4 家企业亏损，5 家企业利润量在万元以下。尽管企业亏损的原因是多方面的，但设备陈旧、工艺落后、管理水平低是所有亏损企业的共同特点。以循化县毛革厂为例，该厂建于 1990 年初，从 10 万元固定资产和 10 名职工起家，当时主要生产皮夹克。由于技术落后，产品质量难以保障，投产当年就亏损 9 万余元，从 1991 年起，该企业引进新设备及牛绒生产技术；1993 年又投资 32.3 万元购置 10 台分梳机，扩大生产能力。1993 年完成产值 300 万元，实现利润 33.3 万元。同时还进一步完善管理制度，实施全员质量管理等现代管理方法。到 1995 年底，已形成每年 5 万件的牛绒衫生产能力，固定资产达 399 万元。洗毛厂、印刷厂等企业也是通过技术改造与提高管理水平，增强了产品的市场竞争能力。可见，科技的进步是国有企业摆脱目前困境的重要前提。

4. 产业结构与劳动生产率的变化

改革开放以来，循化县产业结构变化是较快的。1982 年，在社会总产值中，第一、二、三产业产值分别为 1735.55 万元、380.85 万元、359.71 万元，分别占 70.1%、15.4% 和 14.5%，到 1995 年，上述指标分别达 9296.14 万元、9588.4 万元和 2174.6 万元，分别占当年总产值的44.1%、45.5%和10.4%。尽管第一产业的产值有了增长，但其比重下降26个百分点；第二产业比重增长30.1个百分点。第三产业虽有发展，但比重却下降了4.1个百分点。全员劳动生产率也发生变化。以农业总产值计算的农业劳动生产率由“六五”期间的529.3元/劳动力增加到“八五”的853.6元/劳动力；按总产值计算的乡镇企业全员劳动生产率由“六五”末的6026元/人，提高到“八五”的19621元/人。

从上述分析可以看出，科技已对循化县社会经济的发展起了一定的推动作用。然而，我们在粗略了解循化县情的基础上，还有一种极为深刻的感受，即循化县社会经济的进一步发展还必须依靠科技，这既是发挥循化各种优势之需要，也是克服目前存在的各种社会经济问题、实现脱贫致富的客观要求。循化县具有不少优势资源，如因良好的气候条件而形成了青海高原发展种植业和园艺业的黄金地带，以黄河干流流经县境内形成的丰富的水电资源，以孟达天池、骆驼泉为代表的自然及人文旅游资源，以置身青藏高原而形成的畜产品加工与集散能力，等等。这些优势资源的深度开发都必须依靠科技。同时，循化县在发展过程中，也面临着许多矛盾与困难。我们用下面的三组资料（表4、表5、表6）分别反映人口与土地之间的矛盾、农业自然灾害问题及企业职工素质问题。

表4　1949—1995年间人口人均耕地变动情况

项目年份	耕地面积（亩）			农业人口（人）	人均耕地（亩）		
	合计	水浇地	浅脑山地		合计	水浇地	浅脑山地
1949	120463	46195	74268	38728	3.11	1.19	1.92
1960	187532	56104	131428	44745	4.19	1.25	2.94
1970	147000	59000	88000	56361	2.61	1.05	1.56
1980	142917	67681	75236	75843	1.90	0.91	0.99
1990	136900	70100	66800	91831	1.48	0.76	0.72

表5　循化县企业职工文化程度构成（单位：人）

企业类型	大专	中专	高中	初中	小学及以下	合计
国有企业（1961年）	5	9	175	256	246	691
乡镇企业（1992年）	—	—	90	502	3680	4272

从以上资料可以看出，循化县作为一个以农业为主的县，人均耕地呈下降趋势，积石镇等地，人均耕地面积只有0.65亩，农业问题将日趋严重。地方工业的发展又受到职工素质较差、管理水平较低等因素的严重制约，加之县级财政紧张、资金短缺的

问题，工业发展也是困难重重。因此，尽管在一定时期内还需要重视外延的扩大再生产，但是仅仅依靠外延的扩大再生产很难实现地方经济的振兴，这种方式因受到客观条件的限制已无多大潜力。所以，要进一步促进循化社会经济的发展，就必须尽快实现由粗放型向集约型的转变，走以科技进步为重要标志的内涵扩大再生产道路。

二、存在的问题

如果只从纵向来看，我们应当为循化县科技进步及其所发挥的作用而喝彩。但与科技相对发达的地区进行横向比较，循化科技事业还处于较低的层次，而且进一步发展又面临许多问题。其中最突出的问题有以下两点：

首先，科技发展缺乏必要的物质基础。科技的发展速度与对科技的投入力度往往是成正比的，然而，由于经济的落后，循化地区往往缺乏投资能力。一方面，由于缺乏吸引区外资金的能力，使得科技投入的渠道趋向单一化；另一方面，由于地方财力、企业效益、群众收入水平的限制，区域内自身的投入能力又严重不足。表 6 反映了自改革开放以来循化县财政的科技投入状况。

表 6　1978—1995 年循化县财政科技投入情况表

年份	财政收入（万元）			财政支出（万元）	科技支出（万元）	科技支出占财政支出的比重（%）
	地方收入	国家补助	合计收入			
1978	123.8	646.9	770.7	778.5	15.9	2.04
1980	91.7	630.9	722.6	773.3	15	1.94
1985	122.9	1086.5	1209.4	1273.7	3	0.24
1990	212	1204.2	1416.2	1596.7	2.6	0.16
1995	322.5	1790.1	2112.6	2343	0.2	0.0085

注：1995 年预算科技支出为 3.7 万元，实际支出 0.2 万元。

从表 6 可以看出，全县财政支出总额由 1978 年的 778.5 万元增加到 1995 年的 2343 万元，增长 201%，而同期科技支出则由 15.9 万元下降到 0.2 万元。而到 1996 年，县财政预算中没有安排科技支出。科技投入的逆向变动趋势，不完全是由政府不重视科技所致，而是与严重的财政赤字有关。改革开放以来，国家出台了包括财政管理体制、工资体制及物价等方面的改革措施，与之相伴而产生的是财政统收统支的体制被打破，物价上涨较快，工资增长幅度较大，而循化县这样的经济基础比较薄弱的地区，财政收入的增长速度却相对较慢。在这种情况下，财政赤字难以避免，而且赤字规模有不断增大之势，由过去的“吃饭财政”变成了“要饭财政”，目前连干部职工的工资都无法保障，不能按时支付工资的状况已有多年。因此，县财政预算中未安排专门的科技投入也是可以理解的。

其次，科技进步还缺乏适宜的环境。一方面，由于地理环境相对封闭，现代工业文明辐射力不强，科技信息传播不足，致使人们对科技缺乏认识和了解。尽管近年来随着一些科技项目的推广应用并取得一定成绩，使人们的科技意识有所提高。但从根本上讲，包括农户和企业在内的微观经济组织和部分干部对科技成果的推广应用还缺乏足够的热情与内在冲动。另一方面，科技进步还受制于人口素质的影响。循化地区文化教育发展相对滞后，因而全县人口的文化素质较低。在总人口中，文盲、半文盲比重很大。据第四次全国人口普查统计资料显示，大学（大专）、高中（中专）、初中、小学四种文化程度的人口每千人拥有量分别只有 4.6 人、34.14 人、72.3 人和 191.59 人；在全县 99142 人中，不识字或识字很少的人口达 54942 人，撒拉族女性人口文盲、半文盲率高达 92.27%。到 20 世纪 90 年代的今天，九年义务教育的普及率还不到 60%，有些村的文盲率高达 90% 以上。此外，循化县科技的发展还受到科技人员的行业分布、专业结构、学历结构不合理的限制。

三、科技发展的对策

显然，民族地区贫困的一个重要原因是科技落后。因此如何结合实际，探索民族贫困地区科技发展显得至关重要。

（一）正确理解“科技兴县”战略

近些年来，民族贫困地区和其他地区一样，纷纷提出“科技兴县”“科技兴农”等口号，不论从哪方面讲，这种战略选择无疑是一种正确的抉择。

科学技术是第一生产力。从根本上说，科技推动并规定着经济的发展，经济发展决定着科技的发展水平。我们既要看到科技促进经济振兴的强劲作用，也要看到经济实力对科技发展的催化和牵动作用。要实施“科技兴县”战略，首先要认识到经济发展落后的限制。在目前尚未形成健全的科技与经济相互促进机制的状况下，由于经济发展水平的限制，在增加科技资金投入的需要与实际投入能力之间，形成十分突出的矛盾，成为“科技兴县”进程的“瓶颈”。要解决这一问题，显然不是短期内办到的。

因此，要对科技发展的艰巨性、长期性有足够的认识。

同时，实施“科技兴县”战略还取决于自然资源条件、人口素质、教育文化发展水平。而循化县这样的民族贫困地区的现实是人口负担沉重、人口素质低、文化教育落后。人才匮乏、资金短缺、管理水平低等，这既是科技发展水平低的表现，也是科技进一步发展的重大障碍。因此，提出“科技兴县”的战略并不意味着全县就能在极短的时间内出现飞跃。只有从有限的资金中挤出尽可能多的部分投入到教育及基础设施的建设中，才可能创造实施“科技兴县”战略的社会环境。

发展科技，进而振兴社会经济是一个庞杂的系统，是艰巨、渐进的过程，切忌急功近利，否则会欲速不达。那种用削弱教育和科技的办法来换取经济较快增长的行为，更是一种极其危险的短视行为。应从基础入手，逐步创造“科技兴县”的良好社会环境。有了这种长期作战的韧性与耐心，科技工作才能走上健康稳步发展的轨道。

（二）要加大科技扶贫的力度

科技的发展需要增加投入。但是在以解决温饱为主要目标的民族贫困地区，究竟如何解决科技投入不足的问题呢？我们认为，发展科技首先是地方的行为，它需要贫困地区自身通过财政拨款、银行贷款、引进区外资金及加大企业的科技投入等形式实现，这是保证贫困地区科技投入的基础。但是，鉴于贫困地区财政紧张，企业效益差，各种融资渠道较狭窄的现实，仅仅依靠自身的力量，是难以实现科技进步的。这就需要国家通过科技扶贫等方式，帮助这些贫困地区摆脱目前困境。从国内外科技发展来看，在科技事业的起步阶段，国家和政府的投入是科技进步的重要前提。几十年来，国家对民族地区的支持是巨大的，没有这种支持就不可能有民族地区今天的发展。但是，目前循化是贫困县，有近60%的人口未解决温饱问题，社会发展程度很低。因此，国家不仅应在安排诸如银行资金、扶贫资金、以工代赈、“星火计划”等项目时，适当向这些地区倾斜，而且还应采取特殊政策和灵活措施，帮助民族贫困地区科技事业的发展。

（三）确定“分解目标，分段实现”的思路

针对民族贫困地区社会经济发展的总体水平及科技发展的现状，我们提出“分解目标，分段实现”的思路，将“科技兴县”的整个过程分为三个阶段，即起步阶段、稳步发展阶段和目标实现阶段。

起步阶段的主要目标是：解决社会对“科技兴县”的共识问题，树立依靠科技进

步的思想，制定符合县情又切实可行的战略规划和操作步骤，并建立评价“科技兴县”的综合指标体系。

稳步发展阶段是在起步阶段的基础上，具体实施第一阶段提出的战略规划，并在实践中进行“追踪决策”。这一阶段的核心任务是对战略规划的实施进行组织、控制、调节和激励，通过科技进步促进经济振兴和社会发展，逐步达到预期成效。

目标实现阶段是一个检测和完善阶段。这个阶段要严格按起步阶段所确定的综合性评价指标体系，检测“科技兴县”的各种目标的实现情况，尤其是检测全县是否形成了科技、经济协调发展的良性循环机制，并尽可能完善。

从目前情况看，循化县的“科技兴县”正处于起步阶段。这个阶段是后两个阶段的基础，关系到“科技兴县”的前途和命运，更是“科技兴县”从文件形态走向实践的关键时期。从可操作的意义上讲，这一阶段应做好以下几方面的工作：①大力宣传“科技兴县”战略，实现社会对“科技兴县”的共识，促进人们观念的转变，形成一个弘扬科学精神、鼓励创新、有利于“科技兴县”的社会环境。②分析“科技兴县”的优势、劣势及优劣转化的可能性，确定战略目标、总体规划及实施步骤。③建立“科技兴县”的决策系统、决策咨询系统、决策执行系统、实施协调系统和决策监督系统。④完成“科技兴县”的立法程序，确保决策实施的连续性，避免决策因人而异，中途夭折。⑤建立“科技兴县”的综合评价指标体系，保证“科技兴县”过程能在科学规范内进行。⑥确定“科技兴县”的突破口，合理配置科技、经济社会力量，运筹好人力、物力和财力。为此，各行业、各部门都应有自己的科技工作重点。例如，农业应以增加玉米带状田面积、良种推广面积和病虫害防治为重点；乡镇企业应以增加畜产品加工的附加值为中心；国有企业以制度创新和挖潜改造为核心；社会事业则以加强基础教育、职业教育和调动包括科技人员在内的各方面人员的积极性为主。⑦拓展资金渠道，筹集“科技兴县”的投入资金。

的确，像循化撒拉族自治县这样的民族贫困地区在实施“科技兴县”战略、走向脱贫致富方面已经有了多年探索的经验，依靠科技走向振兴之路成为越来越多的人的共识。然而，在走向振兴的道路上，这里所面临的困难要比经济发达地区多得多、严重得多。但只要树立雄心壮志，艰苦奋斗，“科技兴县”的目标一定能实现。控制论创始人维纳有一句名言：“存在问题之处正是容易出成果之地！”我们相信这一点。

（原载《青海民族研究》1998年第1期）

新时期高原美丽乡村建设与精准扶贫调查研究

——以青海省海东市循化县查汗都斯乡红光上村为例

任慧敏

青海省为实现全面建成小康社会的目标，加快改善各地区人民的居住环境，为人民群众创造“田园美、村庄美、生活美”的乡村生活条件，为推进新农村建设和城乡一体化的进一步发展，提出了建设高原美丽乡村政策，打造独具特色的乡村发展模式。新时期要充分认识推进高原美丽乡村建设的重要作用，认真学习相关政策，积极落实相关项目，全力推动高原美丽乡村建设。

一、青海省高原美丽乡村建设的政策支持

高原美丽乡村建设是美丽乡村建设与高原精神的结合，是美丽中国建设的重要组成部分，是全面建成小康社会的重大举措，是在新时代生态文明建设的理念指导下的农村变革的新发展，体现了民族地区人民群众对美好生活的向往。

深入贯彻落实党的十九大、中央农村工作会议及中央一号文件精神，依据环境整治打基础、文化建设树灵魂、产业发展强支撑、平安建设做保障的发展思路，以精准扶贫为平台，推进高原美丽乡村建设。坚持把高原美丽乡村建设与精准扶贫、产业发展、民生改善相结合，科学合理地规划新农村，打造“宜居”的美丽高原乡村，努力提升民族地区居民的生活品质，增强民族成员的幸福感。坚持科学建设，因地制宜。充分考虑不同地域的自然条件、现存资源以及民族文化的差异，制定符合自身实际情况的目标与任务，将民族地域特色与现存产业规划充分衔接，深入发掘民族地区优秀文化的内涵，彰显独具特色的高原乡村风情。坚持以人民为中心，循序渐进发展。始

终把人民的利益放在首位，充分发挥人民群众的主体地位，积极发动民族成员参与高原美丽乡村建设，尊重民族成员的意愿，积极采纳民族成员的意见或建议。坚持开发与保护相结合，实现可持续发展。坚持将生态环境保护的理念贯穿于高原美丽乡村建设的过程中，建设生态环境优美的新农村，展示高原农村的特色生态，发展特色生态农业产业。坚持高原乡村的基础设施建设，将乡村的住房改造、产业发展以及生态建设有机结合，合力推进高原美丽乡村建设。

二、查汗都斯乡红光上村扶贫情况概述

青海大力实施高原美丽乡村建设，将高原美丽乡村建设与脱贫攻坚结合。高原美丽乡村建设是基于农村、农业、农民三个方面的建设，针对这一情况我们围绕农村精准扶贫政策的实施与落实情况进行实地调研。

（一）查汗都斯乡红光上村基本情况介绍

查汗都斯，系撒拉语，意为盐碱滩。明、清时由撒拉族土司或撒拉族世袭千户管辖，新中国成立后沿旧制设为苏志乡辖地。1966 年 10 月 3 日，改名为红旗公社。1984 年 6 月社改乡，更名为查汗都斯乡。其地处循化撒拉族自治县西端黄河南岸谷地，距县城 17 千米，平均海拔 1892 米，总面积 103.71 平方千米，是循化县红色文化独有、特色农业聚集、旅游资源丰富、川地面积最大的乡镇。

查汗都斯乡红光上村，原名赞卜乎上村，地处循化县的最西端，距最近的县城 22 千米，距查汗都斯乡政府 5 千米。红光上村是著名的红色文化传承基地，西路红军为此地修建了“红光清真寺”，他们将自己的信仰用镰刀、斧头的形式刻画在清真寺之中，同时为这里的孩子们修建了红军小学。全村现有 178 户 890 人，耕地 198 亩，党员 16 人，其中女党员 4 人。是循化县确定的一般贫困村之一，2017 年确定建档立卡户 19 户 64 人，其中一般贫困户有 8 户 30 人、低保户有 11 户 34 人。村里投资了 16.2 万元针对一般贫困户采取产业脱贫的方式，对低保户进行兜底脱贫。还有 50 万人的互助资金项目。目前已使用了 30 多万元，村里的账面上还有十来万元，计划在年底之前发放到位。目前，全村有 40% 的人口在村，从实施精准扶贫政策以来，危房改造项目正在进行，450 万元资金扶贫项目已经开展。

（二）查汗都斯乡红光上村扶贫工作开展情况

1. 认真开展“精准识别”工作

查汗都斯乡红光上村村委在 2017 年开展了贫困人口建档立卡工作，并于当年完成了贫困人口信息网络录入工作。按照省市县部署，精心组织开展了新一轮的贫困村、贫困人口识别工作。工作中，广泛宣传，明确了时间节点，细化了有关要求，严格工作程序，全面完成了识别到户工作。积极建立贫困户档案，对每一个贫困户资料进行整理，建立“精准扶贫贫困户资料袋”，其中包括青海省建档立卡贫困户精准管理手册、扶贫手册、贫困户档案、入户调查问卷、脱贫攻坚政策百问以及精准扶贫政策问答手册等，全方位了解分析贫困户的信息。

2. 认真研究制订扶贫到户工作方案，积极推进帮扶到户工作

查汗都斯乡政府十分重视农村扶贫开发及扶贫到户工作，责成扶贫和移民局、教育局、金融办等单位分别牵头制定相关文件。乡政府及村委专门组织召开了相关会议，讨论推进农村扶贫开发工作的实施方案和推进贫困村基础设施建设工作方案。认真落实精准扶贫的动员精神及要求，开展前期摸排、精准识别和建档立卡，为精准实施提供正确可靠的基础数据。针对贫困户的不同情况仔细分析其致贫原因，划分不同的扶持类别，制定相应的帮扶措施。例如，2017 年，红光上村根据贫困户数量，按照贫困户意愿需求，结合贫困户实际情况，确定村贫困户产业发展项目，产业发展项目户共 8 户 30 人，其中餐饮业 3 户 15 人、养殖业 5 户 15 人。

3. 扶贫攻坚工程的组织实施情况

根据中共循化县委办公室、循化县人民政府办公室关于《循化县 2017 年度贫困退出检查验收工作实施方案》文件精神，对查汗都斯乡的脱贫攻坚工作进行专项检查验收。验收组紧紧围绕村退出脱贫户 6 项指标（贫困户年均可支配收入达到或超过确定的年度人均可支配标准、有安全住房、义务教育阶段学生无因贫辍学、参加城乡居民基本养老保险、参加城乡居民基本医疗保险、有意愿的劳动力参加职业教育或技能培训），对全乡 17 个行政村 328 户 1258 人做到 100% 的全覆盖，并且对每个村 3—4 户非贫困户进村入户检查，确保工作做到以下要求：进一步精准分析、精准施策。进一步精准分析贫困原因，根据贫困户实际情况，按照先易后难原则，精准制定实施脱贫措施。进一步做好脱贫攻坚工作规划。既要研究制定总体规划，也要研究制订年度工作计划，保证各项工作按规划计划进行。进一步细化脱贫攻坚工

作措施。切实做到一村一措施、一户一办法，把各项脱贫攻坚措施做细做实。进一步做实脱贫攻坚具体项目。调整种植结构、发展养殖业、开展劳务输出等都要具体到每一户贫困户、每一个贫困人口上，细化到贫困户增加多少收入以及在项目实施中可能出现的困难问题和解决服务的具体措施上。进一步争取各有关部门的支持。进一步规范脱贫攻坚项目申报程序，研究确定的脱贫攻坚项目要坚持按照村报乡、乡报县的程序进行。

三、"精准扶贫"工作存在的困难和问题

在推进高原美丽乡村建设与精准扶贫攻坚过程中，尽管取得了一定的成效，但仍然存在一些问题。

（一）村里资金投入不足

扶贫资金短缺，资金来源渠道单一。村运转经费仅有 4 万元。村里没有集体经济，扶贫资金主要来源于中央财政扶贫专项资金和地方财政资金。首先，中央和省级的财政专项扶贫资金是有限的，而地方各级的贫困人口众多，这些资金分配到各个贫困户中就变得少之又少。其次，地方财政收入受到地方经济发展水平制约，贫困人口越多的地方往往经济越落后，财政收入也越低，用于扶贫的资金也就越有限。没有资金保障，许多扶贫项目也就无法落实，扶贫工作会严重受阻。高原美丽乡村建设是全方位的，它涉及乡村发展的各个方面，需要做的工作有很多，由于诸多因素的制约，部分扶贫项目初始的良好发展并不能延续，项目无法顺利实施，虽然各个村委都在通过各种渠道想各种办法，但是仍然与高原美丽乡村建设的要求存在差距。

（二）群众思想认识不到位

宣传不到位，贫困户扶贫政策知晓率低，贫困户对帮扶责任人仍然不熟悉。脱贫攻坚工作进展不平衡，贫困村的脱贫工作不论在进度上还是在质量上均明显优于非贫困村。脱贫工作不深、不细，尤其是档案资料填写不规范，个别户还存在逻辑错误，致贫原因分析笼统，没能真正找到穷根。"不作为、假扶贫、走过场"的现象屡见不鲜，贫困户申请获得帮扶资格后，并没有从本质上改善他们的生活状态，只是获得了一些物质上的支持，生活水平依旧如此。但是在政府的名单中他们却成为已经脱贫的，这

种为完成任务而不顾实际的做法很多地方都有发生。如果这样的情况出现过多，那么整体的扶贫效果会非常不理想。同时，部分农户仍然存在“等、靠、要”的思想，仍有继续等待政府投入劳力、资金的情况，没有充分发挥新农村建设农民主体作用，导致部分建设项目进度较慢，工作进展不平衡。

（三）群众脱贫增收难，自我发展能力差

许多贫困人口所在的地区具有独特的自然禀赋和特殊的民族文化，这里的人民受自然条件和社会条件的制约，基础设施不健全，公共服务水平跟不上，村民自身的文化水平、教育程度都比较低，使得个人的自我发展能力不足，很难实现自行脱离贫困。同时，由于贫困户的致贫原因各不相同，对待不同类型的贫困人口还没有制定出完善的符合个人需要的因户制宜的办法，特别是对孤寡老人和小孩的关注。要知道产业发展依旧是扶贫的治本之策，而产业的发展受经济水平、社会生产力、国家政策等条件的制约。农村产业有其局限性，发展的单一性决定了其难以形成扶持贫困户的支柱产业，扶贫产业项目受市场的影响较大。项目从投入到收益间隔时间长，给扶贫产业项目的选定带来困难。部分贫困户的传统思想根深蒂固，自主发展能力不足，发展特色产业难，出现增产不增收现象。

（四）扶贫的精准度不高，积困返贫现象多

目前对于贫困人口数量的识别是由下级向上级上报。同时，贫困人口的总数并不是逐一核对的人数，而是经过各级单位统计的结果，在这个过程中很可能存在这样或那样的误差。这样就会很容易造成应该得到帮扶的没有得到帮扶，而不应该得到帮扶的却得到了帮扶，严重影响了扶贫的精准度和效果。获得帮扶的前提是贫困户需要自己申请，而贫困户申请的前提是知道国家有这样一项政策。在现实生活中，贫困地区信息闭塞，获得信息的渠道十分有限。许多原因导致贫困户不能及时申请而错过了识别的工作环节，错失了被帮扶的机会。贫困户精准识别标准单一，并且工作难度较大。当前，一方面我国个人及家庭资产信息平台不完善，家庭微观统计体系不健全，难以准确获取贫困户家庭的收入情况。另一方面经济收入的情况只是说明地区发展的一个因素，并不能从综合的角度考虑到导致贫困的原因，我们要从各个方面考察和衡量存在其他可能的状况。

四、推进“精准扶贫”工作的对策建议

习近平指出：“精准扶贫，关键的关键是要把扶贫对象摸清搞准，把家底盘清，这是前提。”精准扶贫贵在精准、重在精准，必须要做到“八个精准”，即扶贫对象精准、政策落实精准、项目安排精准、资金使用精准、措施到户精准、因村派人精准、责任落实精准、脱贫成效精准。

（一）正确认识精准脱贫的政策，确保思想先脱贫

随着经济社会的不断发展，有想法、有办法、能力较强的农民群众，基本上已经脱贫了，目前剩下的贫困户都是由于各种原因的阻碍未能走出贫困。对于这部分困难群体，客观原因是没有致富门路，但从根本上说，还是脱贫致富的思想意识不强。只有充分激发他们自身强烈的致富愿望，精准扶贫工作才能取得事半功倍的效果。脱贫致富终究要靠贫困群众用自己的辛勤劳动来实现，要靠自己的努力改变命运，摒弃“等人送小康”的心态，应该有自己的志气，有新的精神状态，真正自强自立起来。要用好的教育手段，大力弘扬勤劳致富的社会风尚，特别是发挥好乡村干部在村里的威望和人脉，通过加强宣传教育，进村入户一对一做思想工作，动员贫困人员亲属等方式，激发贫困群众的致富主动性，真正把扶志工作落到实处。同时，采取媒体宣传、干部宣讲、文化下乡等方式，在全社会营造以好逸恶劳为耻、以勤劳致富为荣的良好氛围。同时，也要用好法治手段。大力推进法治扶贫，以法治建设为契机，着力推进法治宣传教育，加大对赌博等违法行为的打击力度，让群众知法、懂法、敬法，自觉远离赌博等不良陋习，引导群众自觉把更多的时间和精力放到脱贫致富上来。

（二）加大对贫困地区和贫困人口的投入力度

加大对贫困村的专项扶贫资金投入，取消或减少贫困地区公共基础设施项目的地方配套，结合各村实际重新规划，坚持“本土化”，充分彰显各村的特色，防止“千村一面”。积极改善村民的生产生活条件。对贫困人口比较集中，水、电、路等基础设施条件滞后的贫困村组，统筹各类涉农资金和社会帮扶资金，切实加大通路、通电、安全饮用水、农田水利和信息通信等基础设施建设力度。抓好卫生院、卫生所的工作，建设和完善乡镇的综合文化站、行政村文化活动室，扎实推进广播电视户户通工程，

提升农村公共服务水平。加快贫困地区危旧土坯房改造进度，确保全面完成农村危旧土坯房改造任务，着力提高贫困群众居住水平。通过教育的手段，提升贫困人口自身的技能，促进其就业，防止贫困代际相传。

（三）提高扶贫精准度，大力推进产业扶贫

按照“发展特色种植业，稳步推进农村经济产业化”的思路，加大对产业发展的政策扶持力度，促进产业的多元化发展，实现由传统的生产方式向现代化的转变，千方百计增加农民的收入。认真贯彻落实各项支农惠农政策，认真检查农产品质量安全的工作，实现其持续稳定的发展。实践证明，产业化扶贫是扶贫开发的必由之路，也是精准扶贫的必然选择。红光上村村委把传承和弘扬西路红军严守纪律、团结互助、奋力拼搏、一心为民的精神作为加强自身建设的核心，始终按照建设“红色支部、富民支部”的要求，依托独有的西路红军红色资源和丰富的水资源优势，依托红色党建与绿色产业，坚持保护和发展并重的原则，充分挖掘独有的红色遗迹和文化资源，努力打造全省乃至全国的红色教育实践基地；打造特色村庄，发展特色农业，积极推进绿色农产品的种植，尝试新型的发展模式。同时建设一支充满新鲜血液的干部人才队伍。

（四）拓宽群众致富渠道，加快贫困人口脱贫致富步伐

明确人才培养范围，制订长期计划，进行系统培养。以党政人才、教育人才、卫计人才、农村致富带头人为重点，采用多种方式，创新培养路径。促进乡村人才的培育，积极引导贫困人口学习专业技能，发掘其自身发展的优势，拓宽其自主创业的渠道。把村干部培养成小康建设带头人，把党员培养成致富能手。将党员干部的优势充分发挥出来，引导缺技术的农民积极参与农村产业发展，学习一门脱贫致富的技能，提升其发展的潜力。

五、结语

新时期，高原美丽乡村建设进一步巩固发展了扶贫攻坚成果，打造了一种基础设施较为完善、富民产业粗具规模、生产生活条件显著改善、基本公共服务和社会保障水平显著提升的乡村发展模式，进一步强化了美丽乡村建设与扶贫开发的关联度，切实提高了民族地区人民群众的受益度。

参考文献

[1] 张源江 . 新常态下贵州扶贫开发机制创新及支持对策 . 当代经济，2017（6）.

[2] 王国勇，邢溦 . 我国精准扶贫工作机制问题探析 . 农村经济，2015（9）.

[3] 中办国办印发关于创新机制扎实推进农村扶贫开发工作的意见 . 人民日报，2014-01-26（1）.

[4] 戴旭宏 . 精准扶贫：资产收益扶贫模式路径选择——基于四川实践探索 . 农村经济，2016（11）.

[5] 邢曼玉 . 要切实把五大发展理念贯穿到高原美丽乡村建设的全过程 . 青海日报，2016-03-20（1）.

[6] 杨青 . 海东合力推进高原美丽乡村建设 . 海东时报，2016-09-01（A01）.

[7] 邢曼玉 . 青海高原美丽乡村建设惠及近 10 万农牧民 . 青海日报，2015-02-22（1）.

[8] 贯彻实施乡村振兴战略建设高原美丽乡村 . 青海日报，2018-03-20（4）.

[9] 于靖园 . 青海省建设高原上的美丽乡村 . 小康，2018（7）.

[10] 邵秀芳 . “高原美丽乡村” 惠及循化 2.6 万群众 . 海东时报，2017-11-21（A05）.

（原载《边疆经济与文化》2018 年第 8 期）

西部经济欠发达地区小城镇规划研究

——以青海省循化撒拉族自治县总体规划为例

羊晓萍　李东　王芳

循化撒拉族自治县位于青海省东部。东西长 90 多千米，南北宽 40 余千米，总面积 2100 平方千米，距省会西宁 164 千米，黄河干流横贯县境北部。1999 年末总人口 11.27 万人，其中撒拉族 6.81 万人，占总人口的 60.45%，也占到全国撒拉族总人口的 75% 以上，积石镇是循化县唯一的建制镇，也是循化县城所在地，城市化水平为 45.71%，现状用地近 1 平方千米。

循化县现状经济中，农业经济仍占很大比重，农业以种植业和牧业构成为主，全县工业基础薄弱，经济总量较小，位于海东六县后列，是国家和全省的重点扶贫县。

一、西部经济欠发达地区的自然、社会、经济特征

循化县位于青海省东部，受自然条件等多方面影响，对外联系不便，仅有临平公路（省道）通过，受地质条件影响，路况较差，严重影响循化通行能力。循化距省会西宁 164 千米，距海东地区驻地平安县 130 余千米，在一定程度上制约了旅游业和经济的增长。

青海省地域非常辽阔，面积约 72 万平方千米，人口仅 500 多万，但境内多为高山、戈壁，生存条件恶劣，可供居住的地区面积非常小。循化属农业县，境内多山，人均耕地不足 0.0867 公顷，川水地区和积石镇不足 0.0580 公顷（我国人均耕地 0.0800 公顷），人多地少矛盾较为突出。

由于自然和历史条件的影响，青海省经济欠发达地区人口素质较低，人才匮乏，

市场经济意识较淡薄，市场体系发育程度低。循化县城积石镇文盲约占总人数的9%，小学以下水平约占28%，全县青壮年文盲率高达47%，严重影响了地区产业性质和经济发展。

青海经济欠发达，地区交通等基础设施建设十分滞后。循化县积石镇和街子镇属于城镇基础设施相对最好的两个城镇，但由于各方面的原因，与其他县城相比，差距较大，起码的给排水设施都不完善，很难起到中心城镇的集聚效应，也直接影响了该地区旅游事业的发展。

1999年，循化县工业总产值为22968.4万元，占总产值的56.78%，比上年同期增长12.11%，三产比例为1∶1.9∶0.47，处于产业结构发展低度单一的层次。从产品结构来看，以建材、农副产品加工工业为主，但缺乏拳头产品，加之地处偏远，市场容量有限，严重影响了地区工业发展。

二、西部经济欠发达地区经济和城镇发展策略

针对欠发达地区经济总量较低，城镇发展欠账较多的现实，应采取“练好内功，抓好经济，做好规划，明确重点，分期实施”的发展战略。“练好内功，抓好经济”，指各乡镇应从实际出发，制定各具特色的发展战略，建立合适的与地方经济紧密结合的工业；“做好规划”，指各乡镇都应做建设规划，科学指导城镇建设；“明确重点，分期实施”，指不论从地区角度或各自城镇角度，都应明确建设重点，集中有限的人、财、物等，实施最基础和紧要的项目，为日后发展着想。

中央西部大开发的战略实施和山川秀美工程的启动，资金、技术、人才信息等发展因素向西部的倾斜，青海省旅游业和基础设施建设先行的战略为经济欠发达地区发展带来诸多机遇。欠发达地区要正确分析区域发展的制约因素及发展潜力，抓住这一有利时机，充分利用外界支援，牢牢把握跳跃式发展的有利时机。

（一）大力发展科技教育事业，提高劳动力素质

坚持把科学技术和教育培训放于优先发展的战略地位，把经济发展逐步转移到依靠科技进步和提高劳动者素质的轨道上来，在抓“普九”和提高教职工素质的同时，充分利用现有职校和技校进行行业再教育，为经济的发展奠定基础。同时积极引进人才和项目，建立有利于本区发展的人才机制，通过派出去和引进来，以及内部重视与

自身提高等方式，增强劳动者个人素质。在生产中，积极倡导、宣传、普及、鼓励各行业的科技投入与创新，带动各行业自身的发展。

（二）创造高质量的生态环境系统，抓紧基础设施建设

青海经济欠发达地区一般来说自然条件比较恶劣，人口密度虽然比较低，但聚集程度非常高，对仅有的一点环境较好的区域的生态平衡影响非常大。通过党中央“再造山川秀美大西北”的政策引导，逐步退耕还林，并通过城镇基础设施的改善，改善居住条件，退居还林，这样既可以保护生态环境，又可以改善人们的居住环境。

基础设施薄弱是制约当地发展的主要因素，青海经济欠发达地区基础设施的缺口非常大，因此，要有选择、有重点地进行基础设施投资，加强对外交通网络建设，大力发展通信事业，构筑好区域基础设施构架，为区域经济的发展提供良好的硬件设施。

（三）充分发挥资源优势，大力发展第三产业和旅游业

资源因素所带来的开发和附加因素常可以带动地区城市的崛起和城市化水平的迅猛发展。青海省有着丰富的以自然风光、宗教旅游、民族风情为特色的旅游资源和民族地方产品（如工艺品、撒拉族民居、藏医药等），合理有效地开发这类资源，从而带动相关的交通、商贸、餐饮以及旅游市场的开发，也会促进区域城镇的迅速发展，形成城镇发展特色。

循化县是全国唯一的撒拉族自治县，循化撒拉族民族文化和藏传佛教的人文景观与孟达自然保护区的自然景观共同构成了循化的旅游优势，应积极吸引外资，充分挖掘旅游资源，做好全县的旅游总体规划，同时利用开展撒拉文化节的机会，大力宣传循化的旅游特色，兴建一批高水准、有特色的旅游设施，同时，完善提高循化与兰州、西宁等省会城市的交通联系，真正凸显旅游业的财政支撑作用。

三、循化县县城用地空间发展构想

规划将县城的城镇性质定为：全县政治、商贸、文教、旅游服务中心，全国知名的撒拉族文化中心，黄河上游旅游特色明显，建筑风格独具，以第三产业和农副产品加工业为主的园林化地区中心城市。

（一）城镇规模

我国的小城市，特别是西北地区的小城市，由于城市化水平较低，普遍存在城区内非农业人口不多，而建成区范围内居住生活着大量的农业人口在城市中从事第三产业，他们享用着城市的各种服务设施和基础设施。因此规划结合小城市的实际情况，来确定人口的统计和涵盖范围，循化县城远期至2015年为3.5万人。根据各项城市建设用地比例结构存在的问题、小城市建设发展规律以及国家对主要建设用地的规定要求，规划确定远期人均建设用地指标为105平方米/人，故至2015年城市建设用地规模为380公顷。

（二）总体布局

依照全县的“九五”规划及2010年远景规划所确定的目标、政策，积极寻求循化县城市发展方向，有效地组织城市内外交通，协调基础设施建设，运用新建区与老城区合而不连的布局手段，使城市既形成有机整体又不致过于集中，从而形成良好的城市环境和城市形象。

城市用地布局调整，一要满足近期依托老城区，满足各种需要对城市建设的要求和一定的工业项目的开发建设；二要从远期发展的需要，重点建设新建区以增强城市的吸纳能力。规划过程中重点做了向北发展与向西发展两个布局方案。向北发展可以使城市以老城区为核心向北逐步扩展，根据用地规模要求，基本上要发展到木匠滩以北的地区。此方案的主要优点在于，城市发展紧凑，工程投资较少，能改变现状东西狭长的弊端，不利之处是城市过于拥挤，距黄河较近，不利于沿河防护绿地和游览景观的形成，更和国家关于“保护黄河上游生态环境”的大政策相违背，而且积石峡电站的建设会使水位上升，造成城市与河道更近，也不利于城市防洪。另外，城市新水源地、地表水取水口在城市的正北方向，水厂与城市很近，故向北发展，不利于水源的保护，也很难形成现代化小城市的新面貌。

经过方案比选，规划布局采取向以西发展为主，向北适当扩展并控制在木匠滩以南的结构。形成近期以老城区挖潜，适当向北发展填空补齐；远期向西发展新建区，老城区与新建区之间用公共绿地分隔的“一城两点，合而不连”的城市布局形态，新区位于瓦匠庄。规划区总面积380公顷，其中旧城区215公顷，新建区165公顷。在交通组织上强化两片区之间的联系，由南环路，积石大街及黄河路（北环路）三条东西向主干道连接两个片区。

根据实际情况、各项建设用地的布置状况以及用地规模大小等因素，确定老城区的职能是全县的政治管理中心、商业金融服务中心、文教医疗中心。新建区则是一个相对独立的城市次中心，以工业的开发建设为龙头，有一定的生活服务配套设施。工业应以农、畜、果产品深加工和技术含量较高的项目为主体，改变城市功能单一的状况，从而增强中心城市的吸纳和辐射作用，提高城市的首位度。

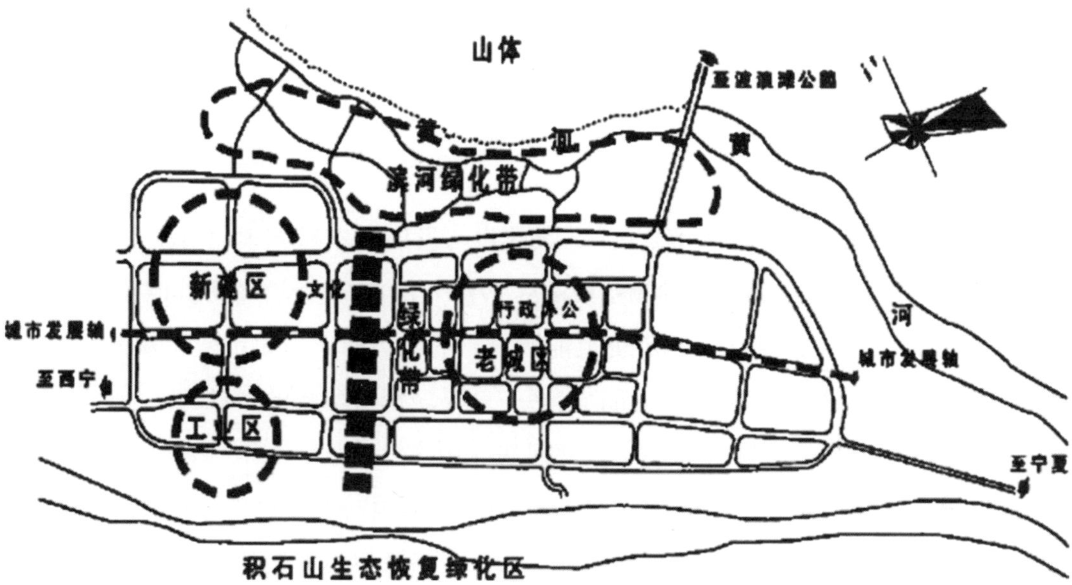

图 1　循化县县城规划图

根据城市所在区域的自然生态环境状况以及城市可持续发展的需要，将绿地系统规划成两大部分：生态绿地（生态保护与恢复绿地系统）和城市绿地系统。前者为城市发展的依托和背景，后者是为城市内部生活、生产活动服务的城市绿地。

良好的生态环境是城市赖以生存的基本条件，搞好城市的生态本体是城市发展的基础。积石山、南山和黄河，在县城生态环境中起着重要的作用，因此，规划生态绿地，主要由积石山、南山生态绿化恢复区和黄河沿岸生态防护绿地、黄河景观游览区组成，面积约 220 公顷。

［原载《西北建筑工程学院学报（自然科学版）》2001 年第 4 期］

地域环境与城镇特色关系初探

——以青海循化撒拉族自治县县城总体规划为例

武联　李建伟

小城镇是“农村之首，城市之尾”，其建设与发展是农村城镇化与城乡一体化的重点。[①] 改革开放以来，我国的建制镇数量从 1978 年的 2173 个增加到 2004 年的 19883 个，无论是规模还是速度，都是历史上前所未有的。然而，在城市快速发展的同时，小城镇却面临着特色的严重缺失。所谓特色，就是城镇所蕴含的个性与品质，是城镇在形成与发展中所具有的地理环境、自然风貌、历史沿革、形态结构、历史底蕴、名人胜迹、民俗风情和经济技术条件等的总和。[②] 在小城镇的规划和建设中，如何解读地域环境，塑造城镇特色，是一个值得重视的问题。本文以青海循化撒拉族自治县（以下简称循化县）县城总体规划为例来探讨对于特殊地域环境下的小城镇规划问题。

一、小城镇规划特色缺失的原因

（一）随意改造地形地貌，丧失自然环境的根基

自然生态环境是城镇形成的基础，特定的自然地理条件既是城镇长期发展适应的结果，也是小城镇之所以呈现与众不同景观面貌的根基。小城镇长期在与周边环境相互作用中形成了和谐共融的关系，地形地貌的改变，必然引起城镇形态的变化，“皮之不存，毛将焉附”，城镇历史形成的特质也将随之改变。规划随意改造城镇所依赖的自然空间环境，使城镇丧失了根基，结果不仅造成了人力、物力和财力的浪费，而且还

① 陈皓峰、马勃：《对重点小城镇规划的思考》，载《城市规划》，2002，26（4）。
② 陈怀录、苏芳、冯宗周：《西部小城镇规划问题与对策》，载《建设科技》，2004（17）。

破坏了城镇固有的特质。[①]

（二）经济上的人为“跨越”导致传统生活方式的逐渐消失

小城镇以传统农业区为辐射对象，与广大的农村地区紧密地联系在一起。在规划过程中，对小城镇所在的区域经济分析不到位，对农村剩余劳动力缺乏科学的论证，将小城镇与其所处的农村居民点人为地割裂开来，对于城镇长期发展的历史过程和社会经济模式、生产生活模式缺乏重视和研究，更谈不上特色的建设。

（三）简单套用规划模式造成景观上的趋同

为了加强小城镇的规划管理，《中华人民共和国城市规划法》将小城镇列入城市的范畴，但不等于小城镇规划就可以简单套用大城市的模式，因为小城镇与大城市所拥有的功能和所承担的职能不完全相同，而规划时往往忽视对其风格特点的研究，对历史渊源、文化背景、风土人情等个性特质把握不准，片面追求大尺度的空间景观，简单地划分道路和进行功能分区，由此，从建筑小品到景观环境都在不断弱化，缺乏特色。[②]

（四）对于保护与发展问题缺乏行之有效的方法

所谓保护与发展，就是指在对城镇所依托的自然环境和历史积淀所形成的人文环境的保护和继承的前提下，力求提高居民的生活水平，促进社会经济的可持续发展。目前，小城镇的规划目标更多地侧重于居民生活水平的提高和社会经济的发展，而对于与其密切相关的地域环境缺乏系统全面的认识，更关键的是缺乏完整有效的方法，致使规划研究更多地停留在表面或单一的层次上，城镇特色常常简化为建筑形式和各种符号的运用，不利于地方特色作为一个整体进行和谐发展。[③]

（五）规划设计粗制滥造，规划管理滞后无序

规划是建设的前提，高层次的规划带来高品位的建设。[④]小城镇数量多，规模小，经济发展缓慢，经济欠发达地区的小城镇规划更是流于形式，盲目性大。规划设计单位往往为完成生产任务，对小城镇的现状分析不透彻，规划定位不明确，空间结构设

① 李天富：《小城镇规划中的保护和发展地方民族文化问题》，载《今日民族》，1999（4）。
② 扈万泰、杨艳红：《西部中小城市规划创新的若干思考》，载《改革》，2004（4）。
③ 扈万泰、杨艳红：《西部中小城市规划创新的若干思考》，载《改革》，2004（4）。
④ 吴怀静、杨山：《欠发达地区小城镇特色建设问题及创新初探》，载《江苏商论》，2005（2）。

计不合理，结果造成规划粗制滥造[1]，规划管理滞后无序，建设用地随意性大，用地类型严重混杂，产业和居住用地功能相互干扰，城镇空间发展无序化严重。

二、地域环境解读

（一）地域环境的内容

按照系统学的观点，城镇地域环境包括自然生态环境、社会人文环境和人工物质环境三方面的内容。这三个方面相互作用、相互依存，维系着城镇的生存和发展，并形成独特的地方文化。其中，自然生态环境是城镇形成的基础，是其得以延续的资源宝库，空间格局与自然协调是保持和发扬地方特色的重要内容。由于各地自然生态环境条件的差异，因此对自然生态环境的适应最能体现地方性的特征。社会人文环境发展往往体现着不同时代的特征和需求，对其适应既是人类文明进步的标志，也是城镇环境发展的动力所在，既是居民价值观产生变异的标志，也是城镇发展的内涵所在。人工物质环境是城镇居民长期以来不断改善自然生态环境条件的产物，体现了人类的劳动和智慧，既是文化信息的载体，又是居民生存质量的直接体现。

（二）地域环境的属性

城镇地域环境具有自然和社会双重属性。其中，自然生态环境和人工物质环境隶属于自然属性，而社会人文环境则隶属于社会属性。

1. 自然属性

就自然属性而言，具有整体性、有限性、区域性等特点。各个自然地理要素在不同的区位上相互联系、相互作用形成一个有机的整体。[2]对于特定的自然要素而言，其规模和容量有一定限度，对小城镇的建设与发展影响较大的自然环境要素包括自然气候、地形地貌和环境景观。特定的自然地理条件是小城镇形成的前提，规划中应尊重地域环境的复杂性，同时对其提炼、升华。[3]如利用山地丘陵作为城镇的背景创造丰富的空间层次，利用水体增加灵感起到画龙点睛的效果。

① 杨莹、李建伟、刘兴昌等：《功能性郊区发展的定位分析——以长安秦岭北麓发展带为例》，载《西北大学学报（自然科学版）》，2006，36（4）。

② 胡兆量、陈宗兴、张乐育：《地理环境概述》，10—20页，北京，科学出版社，1994。

③ 雒占福、陈怀录、蒲欣冬：《西部小城镇总体规划应注意的问题——以甘肃省庆阳市环县曲子镇为例》，载《小城镇建设》，2004（4）。

2. 社会属性

就社会属性而言，具有明显的继承性、整合性、重塑性和适应性等特点。小城镇的发展是一个连续的过程，不同时期社会、经济的变革是城镇性质和主导功能演进的基本动力。抓住小城镇的本质特征，保持发展的历史脉络和城镇内部各种功能相互作用的合理性，挖掘地区文化底蕴，充分发挥资源优势，构筑鲜明的产业特色是小城镇规划特色体现的一个重要环节。①

三、规划案例研究

（一）研究区概况及特点

1. 研究区概况

循化县位于青海省东部边缘的黄河谷地，西北距西宁 164 千米，东北距兰州 175 千米，是青海通往内地、发展经济的门户。循化县现状经济中，农业经济仍占很大比重，农业以种植业和牧业构成为主，全县工业基础薄弱，是国家和青海省的重点扶贫县。循化县城所在地积石镇人口约 1.5 万，是农耕文化和游牧文化、汉文化与藏文化的交流过渡性的城镇。

2. 城镇特点

（1）特色鲜明的民族文化。撒拉族在固有的传统文化的基础上，采取拿来主义的方式，兼容吸引了周围藏、汉等民族的文化，使其逐渐成为一种独具风格的文化。循化作为我国唯一的撒拉族自治县，不仅民族风情浓厚，其饮食、服饰、建筑文化均具有多民族特色，而且具有黄河上游共同的充满野趣和史诗般辉煌的黄河生态与古文化的特色。

（2）气候温和的“青海小江南”。循化县地处黄河上游大陆腹地，是黄土高原向青藏高原的过渡地带。虽然在大地理区属于高寒地区，但就青海而言，是种植条件最好的地区之一，森林覆盖率为 20%，境内多变的地形地貌，相对温和的气候，造就了循化县群山连绵、树木葱郁、物产丰富的独特自然景观，被誉为“青海小江南”。

（3）风光秀丽的自然景观。以野生植物保护为主的孟达国家级自然保护区被誉为“青海高原的西双版纳”，以全省 1/30000 的面积汇集了全省 1/4 的物种，有药用植物 77

① 吴云清：《小城镇规划的创新与设计——以南京市六合区新集镇为例》，载《地域研究与开发》，2004，23（1）。

科326种。丰富的物种、旖旎的风光，每年吸引大量的国内外游客前来参观旅游或进行科学研究，同时还有以“天下黄河循化美”的积石峡谷为主体的黄河水道旅游资源。

（4）底蕴深厚的人文景观。循化县的人文景观不仅具有青海第二大清真寺——街子清真寺、撒拉族发祥地——街子骆驼泉，以及民风质朴的撒拉民居建筑等旅游资源，而且还有撒拉族先民携带至此的珍贵手抄本《古兰经》、已故十世班禅大师故居、纪念塔和文都大寺，以及安多天然佛塔和著名藏传佛教大师喜饶嘉措的故居、纪念馆等人文景观。

（二）规划对策

针对以往小城镇规划中在发展定位、用地选择、空间结构等方面存在的问题，规划必须因地制宜，以人为本，突出城镇的自然环境及社会文化特色。①

1. 发展定位

城镇的发展源于所在区域经济社会的总体发展及其在区域中的特色机制，根据区域特点和自身特色，重点从两个方面来认识城镇的性质。

（1）撒拉族是一个具有悠久历史文化传统以及鲜明民族特色的民族，挖掘、保护、发展、弘扬民族传统与文化资源，应是城镇的一项重要职能，也是带动第三产业和发展旅游业的重要条件和优势。

（2）城镇现状工业基础薄弱，受到资源、技术、区域位置等因素的制约，传统工业不应是经济发展的支柱。从县域生产力布局发展框架上来分析，循化有着丰富的以自然风光、宗教文化、民族风情为特色的旅游资源和民族地方产品，合理有效地开发这类资源，从而带动相关的交通、商贸、餐饮以及旅游市场的开发，可以促进区域城镇的迅速发展，形成城镇发展特色。因此，其发展定位应为全国知名的撒拉族文化发祥地，以发展旅游及旅游服务为主的生态园林城市。

2. 用地选择

规划过程中重点做了向北发展与向西发展两个布局方案（见图1）。向北发展的主要优点在于可以使城镇以旧城为核心向北逐步扩展，改变现状东西狭长的弊端，工程投资较少；不利之处在于城镇过于拥挤，不利于沿河防护绿地和游览景观的形成，而且积石峡电站的建设会使水位上升，不利于城镇防洪。向西发展，旧城与新城之间以干道连接，用公共绿地分隔，形成“一城两点，合而不连”的布局形态，对居民特有的社会生活方式冲击较小，便于城镇空间结构和道路交通的组织，有利于地方特色的

① 张建英：《论民族地区的小城镇建设》，载《青海民族研究（社会科学版）》，2002，13（1）。

形成；不利之处在于城镇布局松散，加大工程投资。在特定的自然空间环境中充分考虑承载能力，遵循小城镇发展过程中逐渐形成的自然环境脉络与历史文化脉络相协调的原则，确定合理的用地发展方向，经过方案比选，规划布局在现状功能结构的基础上，采取向西发展为主、向北发展为辅的方案。

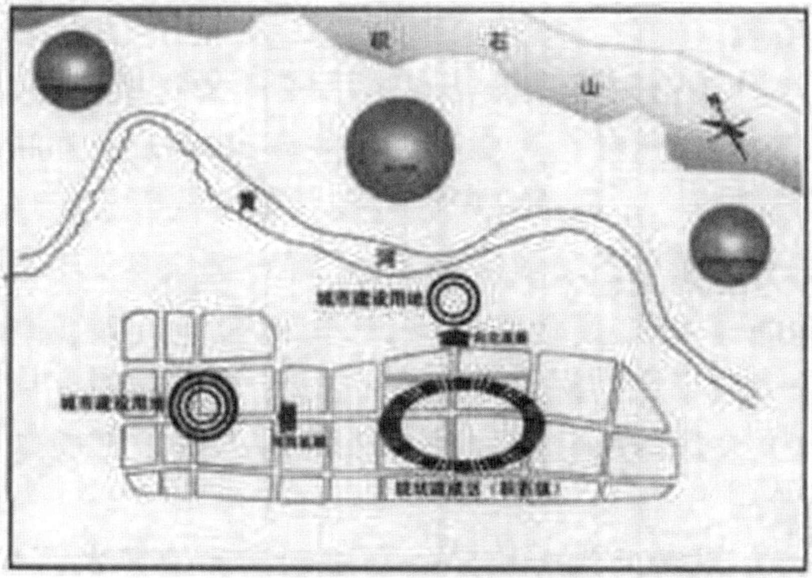

图 1　城市发展用地选择示意图

3. 空间结构

根据发展定位、用地发展方向，城市布局遵循“发展外围组团，优化布局结构、完善城市功能，显山露水增绿、塑造城市个性，南北拓展空间、东西延伸发展”的原则展开，实现“中心城区、外围组团、轴向布点、带状发展”的总体布局规划（见图 2）。

城市总体职能以路网结构作为切入点，配合空间景观序列的组织，由四个外向型功能区支撑，即城区黄河以北加入村旅游、文化、服务区，波浪滩旅游度假区，托坝生态旅游区，高坡山农民及移民安置新区。通过各类功能的延伸和重组，使小城镇的结构在其固有的秩序上合理演化，从而保证发展的历史延续性，同时为地方民族文化的保护和发展提供一种深层次的结构和背景环境空间。

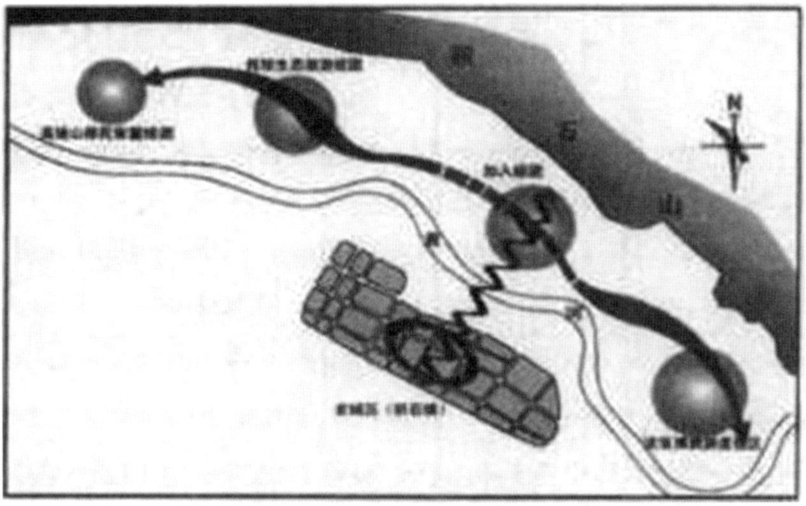

图 2　城市空间结构示意图

四、结语

（1）小城镇规划特色缺失的原因是多方面的，既有小城镇自身条件的限制，也有规划管理人员的责任。只有从地域环境的角度，将自然环境与人文历史有机地融合在一起，才能使小城镇走上内涵式发展道路。

（2）城镇地域环境具有自然和社会双重属性，应从自然生态、社会人文和人工物质环境三个方面来进行剖析。小城镇的规划建设必须重视其自然环境的分析，重点研究其所依托的交通区位、地形气候、地质条件、自然资源等，从而把握城镇的立地条件；历史文化的积淀与继承，逐渐形成丰富的文化内涵，人文环境特色的发挥可以推动小城镇社会全面发展。

（3）随着西部大开发的实施和旅游资源的开发，循化的发展建设将呈现强劲的发展势头，文章从发展定位、用地选择和空间结构三个方面对其进行思考，为其发展提供参考，其研究方法对我国小城镇，特别是经济欠发达的中西部地区具有借鉴意义。

［原载《西北大学学报（自然科学版）》2006 年第 5 期］

丝绸之路经济带背景下循化地区经济发展

韩盼

2013年9—10月，国家主席习近平出访中亚和东南亚国家，提出了共建“丝绸之路经济带”和“21世纪海上丝绸之路”的倡议，得到国际社会的高度关注。国家发改委、外交部、商务部联合发布的《推动共建丝绸之路经济带和21世纪海上丝绸之路的愿景和行动》中明确指出：“要充分发挥青海民族人文优势，加快西宁开发开放，推进形成面向中亚、南亚、西亚国家的通道、商贸物流枢纽、重要产业和人文交流基地。”青海作为唐蕃古道的主要通道，是中原通向西域的必经之地，是古丝绸之路上的重要枢纽之一，使不同的民族汇聚到河湟地区，各民族之间和睦共处，促进了不同的文化不断交流、交融，使青海地区成为伊斯兰文化、藏传佛教文化及儒家文化的汇聚地。本文以青海省循化撒拉族自治县为个案，研究“丝绸之路经济带”倡议对民族地区经济发展的带动作用。循化县在丝绸之路经济带构建与发展的重要时期，借助丝绸之路经济带建设的有利条件，挖掘本地区经济发展的内在动力，探寻市场竞争中可持续发展的民族特色产业（主要是穆斯林食品及民族用品产业为主），发展对外贸易。

一、丝绸之路经济带背景下循化地区经济发展的优势分析

（一）特殊的地理区位优势

循化撒拉族自治县，东与甘肃省积石山保安族东乡族撒拉族自治县为邻，南与青海省同仁县及甘肃省夏河县相邻，西与尖扎县相接，北边与民和回族土族自治县和化隆回族自治县相邻。它是甘肃省与青海省之间的交界地区。随着县城与周边地区基础交通设施建设的逐步完善，使之成为周边三州两县地区的区域中心。据循化县

“十三五规划”，将建设军民两用机场，清水至官亭至兰州高速公路，街子至隆务高速公路作为重点专项规划实施。另外，循化地区与兰州市和西宁市在地理空间上形成一个正三角形，循化县被覆盖在西宁市和兰州市规划的两小时经济圈范围内。因此，循化县具有接受西宁、兰州双重辐射，承接产业转移，实现产业升级，带动周边区域协调发展的优势。区位优势使循化地区向东可以与临夏地区进行联系与合作，进行农畜产品贸易流通，整合花椒、核桃等产业资源，使撒拉族清真食品产业链向深加工方向延伸；向西依托黄南藏族自治州和甘南藏族自治州，整合畜牧业资源，为清真食品产业发展储备天然优良的牛羊肉资源，共同协作发展清真食品产业。

（二）民族文化优势

循化作为全国唯一的撒拉族自治县，是撒拉族的主要聚居地，县内居住着撒拉、藏、回、汉等多个民族。撒拉族是一个不断吸收和融合周边民族而形成的新的民族，它的祖先是在元朝时期，从中亚撒马尔罕一带迁徙到今天循化地区的撒鲁尔人，以撒鲁尔人为主体，吸收了周边的蒙古族、藏族、回族及汉族等的文化和风俗。撒拉族多信仰伊斯兰教，全县建有 129 座清真寺，伊斯兰文化氛围浓厚，清真寺成为循化县一道亮丽的风景线。循化的撒拉族与土库曼斯坦在族源方面有着很深的渊源。经过 20 世纪 50 至 70 年代对撒拉族族源的考证，认为撒拉语与同语族的其他语言如乌孜别克、土库曼、维吾尔、哈萨克等语言一样，属于黏着语类型语言，属于乌古斯支系。宗教文化的认同感是连接撒拉族与中亚相关民族的主要纽带，为循化民族特色产业走向国际化创造了良好的环境和合作空间，带动了循化地区经济的发展。例如，土库曼斯坦与循化县政府建立了良好的经贸联系，土库曼斯坦大使一行到循化考察访问时，双方可以用撒拉语进行沟通和交流。独特的语言优势、宗教习惯等因素，使撒拉族成为丝绸之路经济带这一国家建设的重要通道和关键节点，丝绸之路经济带对循化地区清真食品及民族用品产业具有很强的带动作用，循化县清真食品及用品产业也将中亚五国作为主要的对外贸易的出口国。根据数据可知，循化地区清真食品及用品产业的发展速度很快，2014 年，循化县清真食品产业从业企业大约 37 家，实现产值近 5 亿多元，从业人员 1500 人左右。其中，畜产品加工企业 15 家，农产品加工企业 22 家。

（三）政策优势

循化县作为全国唯一的撒拉族自治县，又是国务院确定的首批扶贫开发工作重点县和重点扶持发展的人口较少民族地区，国家和政府在政策方面给予了很大的支持，出台了多项民族地区发展的优惠政策。例如，在国家和政府的倡导下，搭建中外清真食品交流和发展的平台，举办中国（青海）国际清真食品及用品展览会，为清真食品产业的发展提供了良好的环境和合作的平台。除此之外，在循化县筹建清真用品、清真食品工业园区，为撒拉族清真食品及用品产业向产业链模式发展打下了坚实的基础。

二、循化地区融入丝绸之路经济带的战略构想

丝绸之路经济带建设这一国家战略对循化地区来说，既是一次能够带动地区经济发展的崭新机遇，同时又面临着种种的挑战。

（一）面临的挑战

1. 发展基础薄弱，竞争、创新能力不高

循化地区的民族特色产业起步晚、规模小，缺乏更大、更有影响力的品牌，没有形成产业链，致使自身发展的基础和实力不强。第一，民族服饰及用品产业基地中龙头企业分散在西宁、循化、化隆等地区，各自拥有自己的生产设备和技术，每个企业有各自的销售途径和生产工厂，没有形成良好的规模和产业链、产业群，在同质产品的竞争中没有形成规模效益，从而大大地影响了企业的经济效益。第二，农畜产品仍处于初级阶段，附加值低，科技创新能力弱，产品达不到国际食品认证体系的标准，影响了在国际市场竞争中占有的市场比例。第三，大部分外贸企业的技术设备比较落后，生产线落后于其他国际企业。第四，缺乏品牌意识，打造核心品牌的意识较弱，缺乏品牌打造的先进理念、规划及具体措施，企业只注重生产不重视品牌的建设，多数特色优势产品企业营销能力有限，影响特色优势产品的向外推广。

2. 对外贸易市场主体单一，贸易整体规模小

循化县利用民族和文化的优势与中亚国家开展对外贸易。虽然在一定程度上受到地理位置的局限，但是整体上对外贸易的形势是较好的。循化地区经济在青海省的发展中起着中流砥柱的作用。积极引进外商，搭建平台，加强宣传，扩大了对外贸易。从全省整体的对外贸易来看，据西宁海关统计，2013 年，青海进出口贸易总额 14 亿美元，增长 21.2%。其中，进口 5.5 亿美元，同比增长 29.5%；出口 8.5 亿美元，同比增长 16.3%；实现贸易顺差 3 亿美元。循化地区对外贸易的主要产品是穆斯林服饰及用

品等。在青海穆斯林服饰加工领域，无论在生产经营规模还是生产技术和营销网络方面，青海伊佳布哈拉集团公司是亚洲最大的穆斯林服饰用品生产企业，也是目前我国在中东市场最具竞争力的穆斯林用品企业之一。“布哈拉”品牌的全球市场份额为25%左右，年均出口增长在30%以上，2013年生产总值约1.3亿元，出口量占企业总产量的90%，随着企业生产经营规模的扩大，企业已经在青海循化、乐都设立分厂，在宁夏成立分公司，并计划在新疆等地建设分厂。循化地区虽然在穆斯林服饰及用品产业对外贸易方面取得了显著的成绩，但是整体上存在着对外贸易主体单一、整体对外贸易规模不高的问题。从全省范围来看，据2013年数据资料，青海的出口主要集中在日本、巴基斯坦、美国、韩国等国家的市场，对上述国家的出口占全省出口总额的46.6%；主要的进口国家有印尼、澳大利亚、德国等，上述国家的进口占全省进口总额的67.3%。从以上数据可以看出，整体上存在着进出口市场过于集中的问题。就循化地区对外贸易情况而言，也存在着同样的问题，对外贸易主体单一，主要集中在中亚国家。虽然有龙头企业起着典型示范作用，但整体上规模效益并不高，且与新疆、宁夏的清真食品及用品产业的发展相比，产业特色不明显。虽然青海举办多次清真食品及用品展览会，但特色不突出，而且与西北五省区相比较，青海整体的对外贸易总额位于西北五省区之末。

（二）战略构想

针对循化撒拉族自治县在地区经济发展方面面临的种种挑战，提出了以下几点构想。

1. 加强政府服务职能，为地区经济发展搭建大而有影响力的平台

政府是循化地区经济发展的推动者、服务者及战略规划者，在市场经济发展的过程中，扩大对外贸易和对外开放程度，沟通国与地区之间、地区与地区之间的经贸合作和交流都离不开政府的宏观调控。所以，首先政府应该为地区发展搭建更大、更好、更有影响力的平台，加强区域的合作与交流，与周边省区建立联动协调机制，关注丝绸之路经济带沿线国家的市场特点、发展特征和政策变化，根据变化和特点，制定更适合本地区经济发展的模式。其次，借助政府组织的青洽会、藏毯会、清食展等重大展会活动，组织民族特色企业积极参与国内及世界级企业会议，开辟新的交流方式，进一步扩大经济交流和贸易往来。最后，政府加大对民族企业的资金支持力度，培训企业相关人员，出台相关的优惠政策。政府服务职能的转变，需要不断地完善服务内容、优化服务方式、提升服务质量，发挥政府的战略决策、统筹规划、环境改善、平

台建设作用，加强国家与地方政府间的合作、交流，形成友好的合作平台，开创对外开放的新局面。

2. 实施产业集群战略，发展规模经济

循化地区通过实施产业集群战略，对相同或类似企业进行资源整合，使经济增长方式由粗放型向集约型转变，提高市场竞争力，扩大市场的占有率，发挥出规模经济带来的各种实际效益。同时通过企业间的合作和交流，减少了企业的生产成本。企业是经贸交流合作的主体，在基础设施、信息通信、农牧业、战略性新兴产业、生态环保等领域通过产业集群，实现优势互补、共同发展，将具有高原特点的民族特色产业和农畜产品，通过“公司 + 基地 + 农户”的生产经营模式，强化公司与农户的合作力度，提高农户种植、养殖的积极性，带动农户增收，确保公司生产原料的来源。利用资源优势，打造特色产业链，推动民族特色产业和特色农畜产品等绿色产业的发展，通过这种经营模式，使撒拉族特色农业和民族特色产业得到快速发展。实施产业集群战略，通过利用现有产业基础和科技水平，推进循化与丝绸之路经济带沿线国家在人文交流、特色产业、旅游业等领域的合作。以循化地区与土库曼斯坦的合作为例，服饰是民族文化和宗教信仰的载体，穆斯林服饰生产并不是简单的服装加工，而是需要通过服饰展现出伊斯兰文化要素及其精神内涵，将民族文化符号展现在服饰上。循化县与土库曼斯坦在清真食品及民族用品产业的合作过程中，从撒拉族和土库曼斯坦的民族渊源入手，进行民族和文化研究，挖掘产业特色，创新民族服饰及用品产业的发展模式和产业文化，加强循化地区与土库曼斯坦的经贸合作。

3. 加强与丝绸之路经济带沿线国家的人文交流

文化作为人类在不同历史阶段建立在一定物质基础之上的文明进程及其成果，对人们的思想观念、道德风范、知识结构以及心理素养均有着深远的影响。习近平总书记提出的建立“丝绸之路经济带”的重要构想中，人文交流与合作是重要内容之一。开展形式多样、丰富多彩的人文交流与合作，可以使不同国家、不同民族、不同信仰的人民超越社会制度和意识形态的异同，在潜移默化中沟通了解，增进友谊，建立信任，达到增进理解、促进合作的目的。所以，文化交流是各个国家及地区、各民族尊重差异，协调立场，巩固、深化关系，开展合作的前提和基础。历史上，撒拉族的祖先与土库曼人有很深的渊源关系。近年来，双方的民间交流很频繁。2007 年，海东地委原书记王小青率团赴土库曼斯坦进行友好访问；2009 年，组织循化县代表团赴土库曼斯坦举办“中国撒拉族”展览；2010 年 3 月，组织青海民族大学教授赴土库曼斯坦参加国际学术研讨会；同年 5 月，组织循化县撒拉族少儿艺术团赴土参加“阿瓦扎——友谊之乡”国际天才儿童艺术节等。循化地区加强了与土库曼斯坦的人文交流，促进了经济发展，实现了双方共赢。

丝绸之路经济带的建设与发展为循化地区经济发展提供了崭新的机遇与挑战。循化地区充分利用撒拉族与土库曼斯坦的历史关系，发展民族特色产业，带动了民族地区经济跨越式发展。

（原载《柴达木开发研究》2016 年第 1 期，本书收录略有删改）

循化撒拉族自治县经济发展探析

秦瑾

一、循化撒拉族自治县改革开放前经济发展状况

循化撒拉族自治县位于青海省东部黄河谷地，总面积2100平方千米，平均海拔2300米，年均气温为8.6℃，夏无酷暑，冬无严寒。受地理环境的影响，循化撒拉族自治县主要从事农牧业。在改革开放之前，循化撒拉族自治县社会生产力水平低下且发展缓慢。新中国成立初期，循化地区还是封建土地所有制制度，1952年，循化县响应国家提出的《中华人民共和国土地改革法》，在该县实行土地改革，整个工作贯彻执行土地改革的总路线，发动群众，进行反霸斗争，没收分配，健全政权组织。土地改革后，全县贫农、雇农和中农分得土地10372亩，房屋5405间，牲畜5050头，粮食63912公斤。随后实行农业合作化运动，1956年，合作社收益达223.15万元，其中农作物和畜牧业收益分别为203.62万元和4.69万元，完成了对农业的社会主义改造。但是由于受"左"倾错误思想的指导，1973—1976年，全县粮食总产平均每年只增长9%。1978年，农业生产总值达到1155.85万元，畜牧业生产总值为149.48万元，全县总耕地面积由1949年的120463亩增加到143730亩，全县农牧业人口由土地改革后的40541人增加到72120人，人均劳动收入由191.2元增加到364.32元。[①]很明显，在1978年改革开放之前，在党和政府政策的积极推动下，农牧业得到了一定的发展，经济呈现缓慢增长的趋势，人民的收入有所增加。

循化撒拉族自治县积极贯彻党和政府的政策，根据不同时期的政策要求，发展私营工业、集体工业、全民工业和乡镇工业。例如，1962年中共中央《关于城乡手工业若干政策问题规定》提出后，该县把国营企业改为集体所有制企业；1966年后，在大

① 循化撒拉族自治县志编纂委员会编：《循化撒拉族自治县志》，北京，中华书局，2001。

办“五小”工业号召下，建立国营企业。1978 年工业生产总值达 254 万元，比 1954 年增加了 249 万元，工业生产明显增加。①

二、循化撒拉族自治县改革开放后经济发展状况

随着对外开放政策的实施，西部大开发、精准扶贫等政策相继实施，循化各族人民抓住机遇，使本地区经济取得了长足进步。全县实现生产总值 2018 年达到 32.2 亿元，同比增长 8.5%；城镇和农村人均可支配收入分别达 29491 元和 10662 元，社会消费品零售总额为 9.5 亿元，同比增长 9.2%，同时人们的生活质量也在提高。该县撒拉族成为全国人口较少民族“率先整体脱贫摘帽”的民族。2019 年，脱贫攻坚工作迈入巩固提升阶段，大大改善了人民的生活水平。

（一）特色农作物的发展

循化撒拉族自治县依托当地的资源优势和特殊的气候特点，为顺应市场经济的发展，加大对农业结构的调整，成为农业增效、农民增收的重要措施。循化发展以“一核两椒”为主的特色优势产业，以及优质油料为主的优势作物和冬小麦、马铃薯。经过近几年的农业结构调整，薄皮纸核桃、辣椒和花椒种植规模化，深加工增加了其附加值，薄皮纸核桃、辣椒和花椒的种植产值在原来的基础上成倍提高，大大地调动了劳动人民的积极性。近年来，出现了“一核两椒”等加工企业，形成了“循化线辣椒”“循化薄皮纸核桃”“循化花椒”这三个国家地理标志证明商标，产品远销国外。2017 年，循化县以线辣椒为主的特色农作物种植面积达 18.8 万亩，每年可产线辣椒 2339 万公斤，种线椒的收入达到种植业收入的 24%。这些辣椒除了鲜销以外，还被加工成辣椒面和辣椒酱。目前，循化县以辣椒为原料的加工企业有两家，每年加工辣椒占整个循化县线辣椒的 1/3 以上。不仅达到了特色农产品增值的目的，也解决了农民出售产品的后顾之忧。巩固扩大特色种植面积，完成各类农作物种植 23.22 万亩，比 20 世纪末增加了一倍多。2018 年马铃薯平均单产 2550 公斤，比 2017 年的平均单产 2460 公斤增产 90 公斤，增幅达 3.6%；油菜平均单产 190 公斤，比 2017 年的平均单产 178 公斤增产 12 公斤，增幅达 6.7%。特色种植使农民打破了传统模式，获得了更多回报，全县农民人均收入不断增加，特色农作物种植越来越被农民接受，成为农民致富的有

① 循化撒拉族自治县志编纂委员会编：《循化撒拉族自治县志》，北京，中华书局，2001。

效途径。[①]

党的十一届三中全会后，循化撒拉族自治县放宽政策，出现许多养殖专业大户。循化撒拉族自治县境内山多坡多草多的自然特点，为畜牧养殖业的发展提供了天然优势。该县针对近年来群众从事牛羊贩运育肥积极性高涨、畜牧业势头强劲的实际，提出了建设全农区畜牧业示范县的目标。循化县积极推进禁养区环保问题整改工作，稳定农区畜牧业产业规模，出土的牛羊肉具有高营养价值，受到国内外消费者的青睐。根据自身实际采取草原放牧和家庭养殖相结合的方式，大力发展“公司＋农户”模式，截至 2018 年，全县草食畜社会饲养总量达 131 万头（只），比 2012 增长了 21.2 万头（只），2012—2018 年一直呈增长的态势，成为农牧民的主要收入来源。

（二）特色旅游业蓬勃发展

进入 21 世纪，“十一五”规划、“十二五”规划、“十三五”规划都提出要大力发展旅游业。循化县积极响应，凭借独特的自然风光、人文景观和民族风情，各种可开发利用的旅游景点多达 92 处。2015 年，村“两委”积极响应国家“十三五”规划和实施精准扶贫工作中大力发展旅游业的号召，该县积极修编《全域旅游发展规划》和《乡村旅游发展规划》，实施了撒拉尔水镇一期白驼湾景区、撒拉族民俗文化园及骆驼泉景区等一批重点旅游项目，促进旅游景区向全域旅游转变。近年来，循化县先后投入 6000 万元支持 20 个乡村旅游扶贫项目，实施“旅游＋”战略，打造出上坊村“撒拉人家”、红光村“红色文化”、乙日亥“花海基地”等乡村旅游示范村。丝绸之路经济带的发展，提供给循化地区经济发展新的空间。循化地区充分利用撒拉族与土库曼斯坦历史文化渊源的关系，发展民族特色旅游业，使本民族地区经济得到快速发展。旅游业的发展，辐射到周边，也为周围富余劳动力这些精准扶贫对象提供了就业机会，集体经济发展壮大，贫困户收入增加，促进了全县在规定的时间内整体脱贫。[②]

表 1　2012—2018 年循化县旅游业全年接待人数（单位：万；％）

年份	2012	2013	2014	2015	2016	2017	2018
全年接待人数	116.38	140	151	173.65	186	223.16	260.56
同比增长	20.36	20	12	15	12	20	16.76

注：资料来源于青海省循化县人民政府报告。

① 青海百科全书编纂委员会编：《青海百科全书》，北京，中国大百科全书出版社，1998。
② 马成俊、马伟编：《撒拉族与丝绸之路民族社会研究》，北京，民族出版社，2015。

表 2　2012—2018 年循化县旅游业综合收入（单位：亿元；%）

年份	2012	2013	2014	2015	2016	2017	2018
旅游业综合收入	4.1	5.34	6.9	8.28	10	13	15.7
同比增长	45	30	30	20	20	30	20.13

注：资料来源于青海省循化县人民政府报告。

从表 1 和表 2 可以看出，循化县全年接待游客由 2012 年的 116.38 万人次增加至 2018 年的 260.56 万人次，增加 1.24 倍，游客人数 2018 年比上年增加 16.76%；旅游综合收入从 2012 年的 4.1 亿元增加至 2018 年的 15.7 亿元，增加了 2.83 倍，2018 年比上年增加 20.13%。2019 年，循化县精心打造"青藏之旅 · 首游循化"全域旅游品牌，仅 2019 年"五一"期间，全县就接待游客 77980 人次，实现旅游综合收入 4366.84 万元，旅游人次和收入再创历史新高。党和政府的政策支持使循化撒拉族自治县特色旅游经济蓬勃发展，进一步推动了对外开放的深度和广度，不仅促进了当地经济的发展，而且改善了当地居民的收入，使政策真正地惠及人民。

（三）特色产业快速发展

自 2005 国家扶持人口较少民族发展规划提出以来，循化县撒拉族建立街子清真食品产业园和"国家级标准化养殖示范区"——白庄养殖园区为中心，初步形成了以加工企业为主的"撒拉人家"餐饮业在全国形成了较高的知名度，餐饮品牌"撒拉人家"已成为本县脱贫致富的重要方式，撒拉族清真食品产业集群和品牌形成。2018 年，该县大力扶持发展拉面经济，优化劳务服务，强化信贷支持，配套托底政策，推动"带薪在岗实训 + 创业"等惠民政策落地落实，实现拉面产业转型升级、扩面增量、品牌升值，全年新增拉面馆 240 家，累计达到 7450 家，转移农村劳动力 4.65 万人次，实现劳务收入 4.5 亿元。在 2019 年通过扶持"撒拉人家"示范店、建立品牌连锁加盟店、拉面龙头企业开展标准化、品牌化、规范化经营，使拉面产业品牌不断壮大，不断提高拉面产业竞争优势，努力提高"撒拉人家"品牌的知名度和社会影响力。

2018 年 9 月，全县整体实现脱贫摘帽，成为全国第一个区域性整体脱贫摘帽的少数民族县。精准脱贫工作有力有效，群众内生动能不断增强，从而更有利于本地区的发展。

三、循化撒拉族自治县经济发展经验

（一）党和政府特殊的政策支持

1. 财政补助。新中国成立到20世纪末，循化撒拉族自治县行政、经济活动、社会运转等基本依靠中央财政和省财政拨款和补贴。1986年12月25日发出《关于印发〈支援经济不发达地区发展资金管理办法〉的通知》，据统计，从1952年到1990年这39年间，国家拨给循化撒拉族自治县财政补助款累计18387.4万元。进入新世纪以来，国家发改委先后下拨大批资金用于支持该县的经济建设和社会发展，交通、民居、电力、通信等基础设施得到很大发展。

2. 贫困救助。党和政府将贫困救助作为本县经济发展的一项特殊政策。20世纪中期，根据“一般照顾重点救济”的原则，采取发放救济款、各种贷款等措施，帮助贫苦农牧民解决经济困难问题，建立家园，安居立业。20世纪80年代中期我国开始扶贫开发，而后扶贫方式由救济式转为开发式，采取区域开发、科技下乡等综合措施帮助贫困地区，以发展地方特色经济，摆脱贫困。进入新世纪，从循化撒拉族自治县实际出发，政府改变以往扶贫模式“一刀切”的做法，利用补偿式扶贫和参与式扶贫等扶贫方式。在精准扶贫的指导下补短板，2018年9月，该县实现了整体脱贫“摘帽”，调动了群众的积极性，扶贫工作进入了巩固时期。

3. 金融扶持。随着经济体制改革的不断深入和发展，逐步放宽了循化撒拉族自治县银行信贷政策，支持农牧业户和集体从事各种生产和经营，贷款方面取消自有资金比例限制，在城镇按需对国有企业、民族手工业和农副产品收购等生产、流通所需资金给予贷款扶持。进入新世纪，国家对循化撒拉族自治县实行一系列的金融优惠补贴政策。2007年，全省青年创业小额贷款项目在循化县首次发放，共发放青年创业小额贷款520万元，支持户数65户，使一大批农牧民由此走上了致富发展的道路。全县金融机构货币放贷总量不断扩大，并实施优惠利率政策，为该县经济社会发展提供了良好的金融投资环境。

4. 项目支持。随着改革开放的深入，中央不断增加对民族地区建设扶持的力度，农业方面为该县制定了免征、免购、减征等政策，西部开发战略也在本县实施。进入新世纪后，在“十五”“十一五”“十二五”规划的基础上，对循化撒拉族自治县实施了一系列重点建设项目，如现代农业示范园建设项目、工业园区基础设施建设项目、孟达天池旅游基础设施建设项目、黄丰电站项目等项目。紧紧地抓住“十三五”规划、扶持人口较少民族发展、脱贫攻坚等政策机遇，积极掌握主动权，切实做好基础工作，为实现交通、水利、能源、旅游、美丽乡村等带动性强的项目的发展，不断努力把政策变成符合实际的项目，使项目能够得到更好的实施和发展，为今后本地区的发展打牢根基。此外，党和政府在对循化撒拉族自治县项目加大扶持的同时，国家财政补助和转移支付也在增加。

新中国成立以来的实践证明，在循化撒拉族自治县本身的社会经济条件下，给予其特殊的政策扶持，是该县经济发展的一条重要经验。

（二）培养主人翁责任感和调动群众积极性

循化撒拉族自治县人口最多的是撒拉族，据第七次全国人口普查数据显示，有16.51 万人，占全县总人口的 62.9%。该县经济的发展状况与这里人口居多民族的积极性有密切的关系。然而，因其处于西北内陆的青藏高原上，环境闭塞，虽然改革开放的春风吹进了本地区，但是人们陈旧的思想观念仍然阻碍着循化撒拉族自治县人民建设全面小康社会的进程。新中国成立 70 年以来，在党中央和政府的正确指导下，循化撒拉族自治县人民的思想观念有了很大的变化。在新时期，引导人们摆脱消极的思想和一些陈旧的意识，培养循化撒拉族自治县人民建设家园的主人翁意识和调动人民群众的积极性还是一项艰巨的任务。

新中国成立至今，国家相继出台了一系列经济政策，同时循化撒拉族自治县也积极贯彻和落实了党和政府制定的各项经济政策，不论是在改革开放前，还是在改革开放后，都对该县的经济发展产生了重要影响，特别是近几年来，党和政府大力投入资金、项目工程等，促进了该县经济的快速发展，改善了该县人民的生活水平，提高了生活质量，为民族地区的和谐稳定创造了物质基础。

（原载《北方经贸》2020 年第 6 期，本书收录略有删改）

循化撒拉族自治县建设全面小康社会分析

翟瑞雪　翟岁显

循化县位于青海省东部黄河谷地，总面积2100平方千米，是全国重点扶贫县，又是唯一的撒拉族自治县。循化县的小康社会建设不仅具有重要的经济意义，更具有重要的政治意义。

一、循化县全面建设小康社会的比较分析

（一）2003年循化经济发展横向比较

将循化与化隆、互助、门源和祁连等县域2003年的部分发展指标进行比较，可以发现2003年循化经济发展存在以下几个特征。

1. 乡村人口占总人口比例过高

农村人口多，劳动生产力存在闲置，同时，土地资源有限，可容纳的劳动力数量有限，这种情况导致人均土地资源产出低，劳动力资源利用不高，影响了农民收入的提高和农业的可持续发展。

2. 三产从业人数处于较高水平，但占总人口比例小

第三产业被认为是活跃经济发展的产业，循化县三产从业人员相对其他县域比重较大，但是总体上，第三产业的从业人员数量只维持在总人口的3.3%，表明其第三产业发展仍然缺乏有效动力牵引，对就业人口的吸引不足。

3. 社会生产总值不高

社会总产值反映了一个国家和地区在一定时期内的经济发展水平，2003年，循化的社会生产总值只有44281万元，在一定程度上影响了人民生活水平的提高、社会福

利的改善以及政府对基础设施的投入力度。

4. 旅游资源和旅游收入呈现出不协调的局面

循化县 2003 年旅游人数为 19 万人次，在五县中居第二名，但旅游收入只有 23.2 万元，与互助和化隆分别相差 676.8 万元、56.8 万元，旅游收入总量极小，这与其 19 万人次的旅游人数以及众多的旅游景点不相符。

（二）2004 年循化经济发展横向比较

1. 乡村人口占总人口比例仍然过高并且有上升趋势

与 2003 年的 10.55 万乡村人口相比，2004 年增加了 0.35 万；而土地生产率在一定时期内不会有显著的提高，人地矛盾仍严重制约着农村经济的发展和农民生活水平的提高。

2. 高中升学率处于落后水平

2004 年，循化的高中升学率只有 38%，与最高的互助县（92.8%）相差 54.8 个百分点。总体上说，教育的落后有自然条件和社会经济发展水平等方面因素的影响，但根本的，是人的教育意识的强弱。

3. 农民文化娱乐消费在消费支出中的比例小于其他四县

循化的农民文化娱乐消费占消费总支出的比重小，说明现阶段农民的生产生活仍是以满足基本的生存条件为主。同时，2004 年，循化地区社会生产总值虽然增长迅速，但仍远远落后于化隆、互助和门源三县，而且第三产业产值所占社会生产总值比重小，处于中间位置。

（三）2000—2004 年循化县部分经济指标比较分析

1. 农业比重相对较高

循化县三次产业比重由 2000 年的 14 : 49.5 : 36.5 转变为 2004 年的 20.2 : 49.2 : 30.6，第一产业比重有较大幅度的上升，而第三产产值比重有较大幅度的下降，第二产产值比重基本维持不变。这与近几年循化调整农业产业结构和种植结构，优化整合农业生产资源有很大关系，同时，受自身发展影响和制约，尤其是基础设施的制约，循化的第三产业比重开始下降，但是对循化的第三产业比重下降，尤其是第一产业比重过高却不能依据传统的评价标准，这是因为循化本身的发展优势就在于第一产业，尤其是特色农业方面。因此，从长期看，循化的第一次产业将会持续上升，比重也将会有所上升。

2. 第三产业从业人数增长幅度不大

与 11 万多的总人口相比，每年只有不到 4% 的人口从事第三产业，说明由于地理位置，循化的第三产业发展落后，也说明了循化人民还没有完全从传统的经济发展观念中解放出来，没有充分意识到第三产业对经济发展的巨大促进作用。

3. 农民收入总体上呈增长趋势，但增长速度缓慢

2004 年，循化农民人均纯收入为 1770 元，比 2000 年的 1236 元增加了 534 元，平均每年增加 168 元。究其原因，主要在于循化在经济发展中加大了对“三农”问题的解决力度，实施农业发展战略，如西繁东育、劳务输出和优化种植结构等，这些措施的实施增加了农民的收入。但是，由于宏观环境和“三农”自身的特点，农民增收速度仍然比较缓慢。

二、循化县建设全面小康社会的主要途径

（一）壮大特色农业

一是发展传统的“两椒”产业，即花椒和辣椒。首先，深化和完善市场化运作，引入市场机制，完善农业生产的法律体系；其次，扩大农牧“企业 + 农户 + 市场”的范围，让更多的企业参与“两椒”以及其他农产品的收购；最后，依靠科技，更新品种，巩固“两椒”种植的绝对优势。二是发展新兴特色经济，即发展核桃产业和其他种植产业。循化县毗邻黄河，气候温和，日照充足，土壤中富含多种矿物元素，可以充分利用这种得天独厚的自然地理优势，进一步优化农业种植业结构。2001 年，循化县在稳定传统特色产业辣椒的同时，通过市场调研，从山西等地引进了大量新品种苗木，并逐年对县内情况适宜的 3100 亩果园进行了改造，定植各类苗木 21 万株，其中薄皮核桃 17 万株，重点培植了忠华核桃园、苏只核桃园等规模化生产基地，淘汰了原有的经济效益不高的品种。

（二）发展劳务经济

循化县 2004 年总人口为 11.3 万人，其中农村人口 10.9 万人，占总人口的 96.5%，可转移和输出的劳动力资源极其丰富。据统计，2004 年，全县输出劳务 3.6 万人次，全年培训劳动力 7228 人次，劳务收入达到 8186 万元，人均劳务收入占农牧民人均总

收入的44%，劳务收入已经成为循化农民增收和致富的又一条途径，这也是循化建设全面小康以及农村实现小康的主要途径。发展劳务经济必须注意以下几点：

一是提高劳务输出质量。劳务转移的实际已经说明，转移的成功率以及工作的待遇都与劳动者本身的素质有着很大的关系，因此，应该加强劳务培训工作，同时，积极联系省内外的用工单位，进行订单培训，抓住机遇发展劳务经济。

二是加强劳务输出的后期管理。劳务的输出，必须树立大局意识和可持续发展意识。一方面是对输出人员进行职业教育，通过良好的个人形象树立起循化的劳务形象，从而为劳务的持续输出打好基础；另一方面是对劳务输出人员的切身利益进行必要的维护，如劳动保护、社会保障、工伤赔偿以及子女的就学等，使劳动力能安心在外就业。

三是劳务转移要以稳定农业为前提。在实际工作中，不能一味地追求劳务转移的数量，这样有可能造成农业生产人员的不足，出现土地抛荒等现象，这与转移剩余劳动力的初衷是不符的。循化县是农业县，农业生产具有很大的区位优势和特色优势。因此，必须在不影响农业生产的前提下进行剩余劳务的转移工作，既能使转移的劳动力收入有所增加，又能使从事农业生产的劳动力边际效益实现最大化。

（三）发展旅游经济

循化县旅游资源按类别可分为自然景观、民族文化、宗教建筑以及农业景观4个大类，旅游景点达30余处。随着西部大开发进入第二阶段，循化县的旅游业也面临着巨大的竞争和市场机遇。因此，首先，必须加强对重点旅游资源的保护，同时积极开发新的旅游资源；其次，加大对旅游资源的宣传力度，适当的时候要走出国门，扩大和树立循化旅游的影响；再次，做好农业生态的旅游开发，实现农业生态旅游资源在增加农牧民收入和稳定农业生产的双重作用；最后，扩大旅游融资力度，充分吸收和利用社会闲置资金，尤其是民间资本参与旅游资源的开发，从而使资源的效用得到最大限度发挥。

（四）转变政府职能，大力发展民营经济

民营经济在推动循化地方经济发展中起到了至关重要的作用，不仅吸收富余劳动力，增加农牧民收入，而且带动了当地农业和副业的发展。建设小康社会任重道远，发展民营经济对于加快小康社会建设的步伐有着重要意义。作为政府决策者，一定要

在宏观环境上创造更加适合民营企业生长的环境。一是政府必须始终坚持对外开放，加快经济结构的战略调整和产业升级。政府必须以全新的角度思考问题，靠创新思维指导，用改革的办法谋求赶超。二是政府必须转变职能，为民营经济发展创造良好环境。培育民营经济增长动力，增创发展新优势，就要转变政府的统筹能力，把职能从用行政手段指挥和管理经济转变到用市场手段服务和调控经济上，帮助企业更好地参与市场竞争，引导经济建设走上完全按经济规律办事，完全按市场规律运行的自由、健康、良性循环的发展轨道。

（五）加快城市化和小城镇建设

经济的发展不仅意味着收入的增长，同时也意味着结构的优化，城市是工业文明的发源地和聚集地，是现代经济增长的源泉，一个国家或地区的经济发达程度通常与它的城市化水平成正比。同时，劳动力从劳动边际生产率低的农村地区向劳动边际生产率高的城市地区流动，本身也具有多种效应，即增加地区需求、有利于经济结构调整、促进第三产业发展以及刺激技术进步等。循化县的城市化从目前的水平看，还处于一个较低的水平，所以推进城镇化还有很大的空间。在推进战略上，首先应该选择城市化和城镇化并举的战略，即以积石镇及其辐射区为城市化推进的重点区域，增强这些城镇在经济发展方面的带动效应和扩散效应，通过这一地区的城市化发展，带动其他周边地区的经济发展；其次要加强以街子镇、文都乡和白庄镇等乡镇的小城镇建设，充分发挥这些小城镇在各自经济区域中的地理、信息和技术等方面的优势。

循化的经济总体上是在发展，但其发展水平仍处于一个中等偏下的位置，尤其是关于人民生活的项目，如社会生产总值及人均收入等明显落后，影响了循化人民物质生活和精神生活水平的提高。在新的历史时期，循化必须充分发挥自身的特色优势，走依靠特色产业壮大县域经济的道路，才能尽快实现小康社会。

（原载《民族论坛》2006 年第 10 期，本书收录略有删改）

图书在版编目（CIP）数据

循化区域经济研究文集 / 马维胜主编 . -- 北京 :
民族出版社 , 2023.11
ISBN 978-7-105-17138-5

Ⅰ . ①循… Ⅱ . ①马… Ⅲ . ①区域经济发展—循化撒拉族自治县—文集 Ⅳ . ① F127.444-53

中国国家版本馆 CIP 数据核字 (2023) 第 231705 号

循化区域经济研究文集

策划编辑：李志荣
责任编辑：李志荣
封面设计：金　晔
出版发行：民族出版社
地　　址：北京市和平里北街 14 号
邮　　编：100013
电　　话：010-64271909（汉文编辑一室）
010-64224782（发行部）
网　　址：http://www.mzpub.com
印　　刷：北京盛通印刷股份有限公司
经　　销：各地新华书店
版　　次：2024 年 1 月第 1 版　2024 年 1 月北京第 1 次印刷
开　　本：787 毫米 ×1092 毫米　1/16
字　　数：412 千字
印　　张：21.75
定　　价：100.00 元
书　　号：ISBN 978-7-105-17138-5/F · 498（汉 391）